U0802551

ENVI 遥感软件综合实习教程

徐永明　编著

科 学 出 版 社

北　京

内 容 简 介

本书以ENVI 5.3为基础，通过浅显易懂的叙述和丰富的实例，全面系统地介绍ENVI软件及其在遥感相关领域的综合应用。全书分两篇：第一篇为基础操作篇，涵盖了ENVI软件工作环境、遥感数据读取、数据预处理、图像增强、波段运算、图像分类、制图输出、ENVI与IDL交互等方面的内容；第二篇为综合应用篇，包括土地覆盖分类、植被动态监测、生态环境评价、城市热岛和水体叶绿素浓度反演等专题内容。

本书可作为高等院校、科研院所遥感及相关专业本科生及研究生的参考教材及自学用书，也可供遥感领域广大科研和技术人员参考使用。

审图号：GS（2019）743号

图书在版编目（CIP）数据

ENVI遥感软件综合实习教程/徐永明编著. —北京：科学出版社，2019.3

ISBN 978-7-03-060859-8

Ⅰ. ①E…　Ⅱ. ①徐…　Ⅲ. ①遥感图象–图象处理–教材　Ⅳ. ①TP751

中国版本图书馆CIP数据核字（2019）第049063号

责任编辑：王腾飞　沈　旭/责任校对：杜子昂

责任印制：赵　博/封面设计：许　瑞

科 学 出 版 社出版

北京东黄城根北街16号

邮政编码：100717

http://www.sciencep.com

北京华宇信诺印刷有限公司印刷

科学出版社发行　各地新华书店经销

*

2019年3月第　一　版　开本：787×1092　1/16

2025年1月第六次印刷　印张：17 1/4

字数：410 000

定价：89.00元

（如有印装质量问题，我社负责调换）

前　言

作为一个新兴的专业，遥感科学与技术专业强调理论和实践能力并重，既要求学生掌握遥感及相关学科的基本理论知识，也要求学生能够灵活运用专业软件和编程语言完成基本的遥感图像处理和信息提取任务。笔者近些年来承担了遥感科学与技术及相关专业多门遥感理论和实践课程的教学工作，在实践课程尤其是综合实习课程的教学过程中，感觉到现有的教材和工具书很少能够把遥感软件与遥感理论很好结合，因此自行编写课程讲义。在这些年的教学过程中，不断有新的经验、感悟和思考，终成此书。

全书内容共分为两大部分。第一部分“基础操作篇”包括 8 章：第 1 章主要介绍 ENVI 软件；第 2 章主要介绍遥感数据文件的读取和保存；第 3 章主要介绍遥感数据预处理；第 4 章主要介绍遥感图像增强；第 5 章主要介绍波段运算和应用；第 6 章主要介绍遥感图像分类；第 7 章主要介绍遥感制图；第 8 章主要介绍 ENVI 与 IDL 交互。第二部分“综合应用篇”包括 5 章：第 9 章基于 MODIS 数据进行青海省土地覆盖分类；第 10 章基于 MODIS 数据进行锡林郭勒植被动态变化监测；第 11 章基于 GF1/WFV 进行南京市生态环境评价；第 12 章基于 Landsat8/TIRS 进行北京城市热岛研究；第 13 章基于 Landsat5/TM 反演滇池水体叶绿素 a 浓度。

本书由南京信息工程大学教材基金项目“遥感软件综合实习教程”和南京信息工程大学大气科学与环境气象实验实习教材建设项目“遥感数字图像处理实习教程”资助。研究生李宁、何苗、吴笑涵参与了本书第 3 章、第 9 章、第 10 章、第 11 章的撰写以及全书的校对，在此表示由衷的感谢！书中行政区划矢量数据由全国地理信息资源目录服务系统提供，HJ/CCD、GF1/WFV 数据由中国资源卫星应用中心提供，GF2/PMS、GF4/PMS 由遥感卫星应用国家工程实验室南京研究中心提供，FY3/VIRR 数据由国家卫星气象中心提供，Landsat5/TM、Landsat8/OLI 及 TIRS 由 USGS GloVis 提供，EOS/MODIS、ASTER GDEM 由 NASA Earthdata 提供，COMS/GOCI 由 Korea Ocean Satellite Center 提供，在此一并表示感谢！

本书第一篇“基础操作篇”的所有实习数据已通过科学出版社在线资料共享，访问科学商城（www.ecsponline.com），检索图书名称，在图书详情页“资源下载”栏目中可获取本书附带学习资料。此外，也可以通过 360 云盘下载，地址为 https://yunpan.360.cn/surl_ymICQHatJKF。第二篇“综合应用篇”因数据量过大，因此暂不提供下载，该篇绝大部分数据均来自各个遥感数据网站，读者可以自行在相关数据网站申请下载。

由于笔者水平的限制，疏漏之处在所难免，欢迎广大读者批评指教。

徐永明

2018 年 11 月

目　　录

第二篇　综合应用篇

第一篇　基础操作篇

第 1 章　ENVI 软件简介

本章数据列表

文件名	描述
TM_NJ_20100819(.hdr)	南京市 2010 年 8 月 19 日 Landsat5/TM 数据

1.1　ENVI 概述

ENVI（Environment for Visualizing Images）是美国 Harris Geospatial Solutions 公司基于 IDL（Interactive Data Language）语言开发的一套遥感图像处理系统。其最早版本由美国 Research System Incorporated 公司（经多次并购重组后，现为 Harris Geospatial Solutions 公司）在 1994 年发布，历经多年发展和更新，目前最新版本为 ENVI 5.5。

ENVI 软件提供了全方位的遥感图像处理功能，包括遥感数据的输入输出、图像预处理、增强、分类、信息提取、光谱分析、矢量数据处理、地形分析、雷达数据处理、二次开发等功能。与其他遥感图像处理软件相比，ENVI 由于和 IDL 语言的高度集成，在二次开发方面的优势尤为明显。它与 IDL 语言能够方便地进行数据交互和函数调用，可扩展性非常好。

除了 ENVI 主模块提供的各项功能以外，ENVI 还以扩展模块的方式提供了一些专题功能。目前，ENVI 主要的官方扩展模块有大气校正模块（FLAASH）、高程提取模块（DEM Extraction）、面向对象空间特征提取模块（ENVI EX）、正射校正模块（Orthorectification）和 NITF 模块（NITF）等。FLAASH 模块提供了大气校正功能，能够消除大气和光照等因素对地物反射的影响，获得地表真实反射率；DEM Extraction 模块提供了根据卫星或航空影像立体像对快速提取 DEM 数据的功能；ENVI EX 模块提供了根据图像空间特征和光谱特征从高分辨率数据中提取特征信息的功能；Orthorectification 模块提供了基于传感器物理模型的图像正射校正功能；NITF 模块提供了对 NITF 格式文件的读写等支持。此外，还有很多 ENVI 官方以及第三方扩展模块，提供了各种各样的扩展功能，如本书后面用到的 HDF5 扩展模块、Landsat7/ETM+坏道填补扩展模块、MODIS 处理扩展模块、RuleGen 决策树分类扩展模块等。

1.2　ENVI 工作界面

ENVI 早期版本的工作界面为经典的三窗口工作界面。从 5.0 版本开始，ENVI 提供两种工作界面：一种是三窗口经典工作界面，另一种是单一集成窗口工作界面。两者的功能基本类似，只是界面风格存在差别。集成工作界面与 ArcMap 界面风格相近，主要功能集成在工具箱中，更有利于初学者入门。而经典界面的三窗口风格便于查看和分析大尺寸遥感数据，更适合用于遥感相关科研工作。本书如果没有特别说明，均采用 ENVI 的经典工作界面。

1.2.1　ENVI 经典工作界面

Windows 开始菜单→ENVI 5.3→Tools→ENVI Classic 5.3 (64-bit)，启动 ENVI 5.3 的经典工作界面。如果需要进行 ENVI 与 IDL 的交互，选择 ENVI Classic 5.3 + IDL 8.2 (64-bit)，同时启动 IDL 和 ENVI 经典工作界面。

ENVI 经典工作界面启动以后，只有一个主菜单。主菜单有 File、Basic Tools、Classification、Transform、Filter、Spectral、Map、Vector、Topographic、Radar、Window 和 Help 共 12 个菜单项，提供了文件管理、基本工具、分类、变换、滤波、光谱分析、

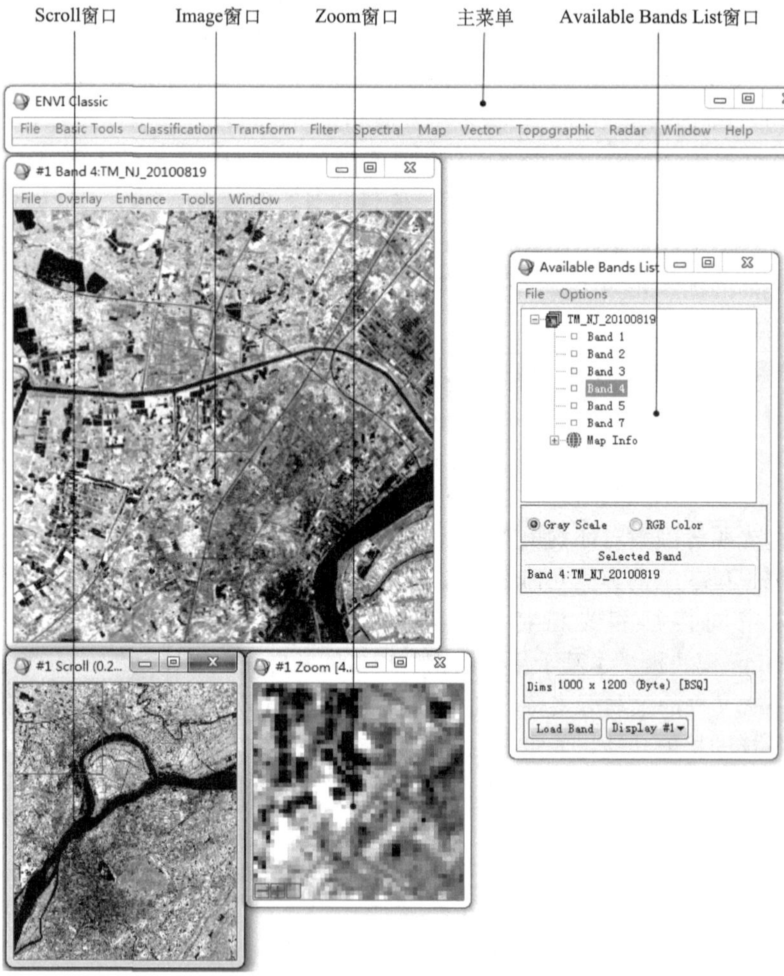

图 1.1　ENVI 经典工作界面

地图、矢量、地形分析、雷达、窗口管理和帮助等方面的功能，涵盖了 ENVI 的绝大多数功能。

ENVI 主菜单→File→Open Image File，选择一景遥感图像打开，弹出 Available Bands List 窗口，显示该遥感图像的所有波段。在 Available Bands List 窗口选择一个波段，点击 Load Band 按钮载入，该波段图像会以三个窗口显示在屏幕上。主菜单、Available Bands List 窗口和三个图像显示窗口共同构成了 ENVI 经典工作界面的主体（图 1.1）。

ENVI 的三窗口经典界面是针对遥感图像尺寸通常比较大的特点设计的，非常适合查看和对比大尺寸遥感图像。Scroll 窗口（默认尺寸：256 像素×256 像素）显示重采样后的整景遥感图像，无论图像尺寸多大，都按比例（缩小比例显示在 Scroll 窗口标题栏）抽样取像元值到该窗口显示。当载入的图像尺寸小于 Scroll 窗口默认尺寸时，Scroll 窗口不出现。Image 窗口（默认尺寸：400 像素×400 像素）以 1∶1 比例显示 Scroll 窗口内红色矩形框内的图像，窗口内图像无缩放。Zoom 窗口（默认尺寸：200 像素×200 像素）以一定放大比例（放大比例显示在 Zoom 窗口标题栏，默认为 4 倍）显示 Image 窗口内红色矩形框内的图像。

通过 **ENVI 主菜单→File→Preferences** 打开 System Preferences 对话框，其中的 Display Defaults 选项卡可以修改 Scroll 窗口、Image 窗口和 Zoom 窗口的尺寸、窗口布局、矩形框颜色等。

1.2.2　ENVI 集成工作界面

Windows 开始菜单→ENVI 5.3→64bit→ENVI 5.3 (64-bit)，启动 ENVI 的集成工作界面（图 1.2）。如果需要进行 ENVI 与 IDL 的交互，选择 ENVI 5.3 + IDL 8.5 (64-bit)，同时启动 IDL 和 ENVI 集成工作界面。

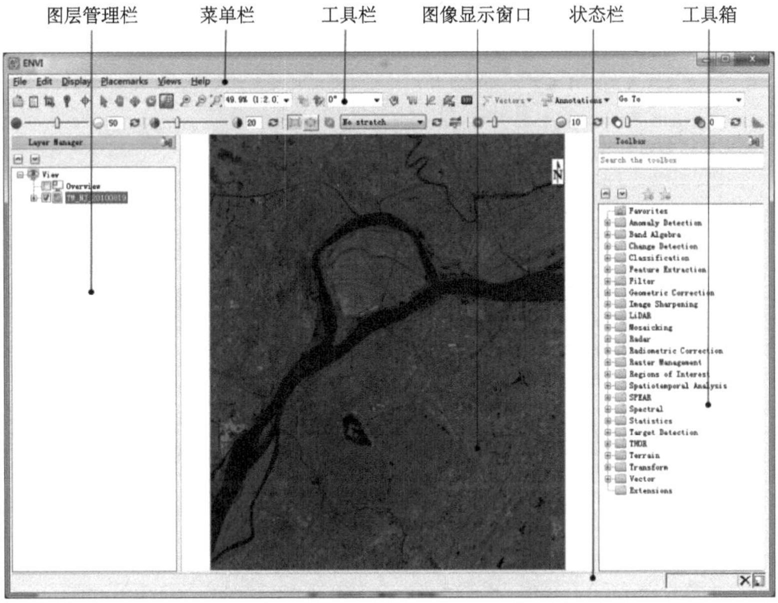

图 1.2　ENVI 5.3 集成工作界面

ENVI集成工作界面与ArcMap等软件的工作界面相似，主要由菜单栏、工具栏、图层管理栏、图像显示窗口、工具箱和状态栏等构成。

菜单栏主要包括File、Edit、Display、Placemarks、Views和Help等6个菜单项，提供了文件管理、编辑、显示、位置标记、视图和帮助等方面的功能。工具栏提供了常用功能的按钮，包括文件与数据管理、数据查询、数据浏览、绘图、感兴趣区、矢量工具、注记、显示、测量等方面的诸多常用按钮。图层管理栏用于管理所读入的图形和图像图层。图像显示窗口显示载入的图像和矢量数据。工具箱提供了ENVI的工具，包括异常检测、波段运算、变化检测、分类、特征提取、滤波、几何校正、图像融合、激光雷达、镶嵌、雷达、辐射校正、栅格数据管理、感兴趣区、流程化工具、光谱、统计、目标检测、高光谱流程化处理、地形、变换、矢量和扩展等，可以在工具箱窗口中的搜索框内直接输入工具名称进行快速查找。状态栏给出了鼠标当前所在位置的经纬度以及图像的投影坐标系。

1.3　ENVI基本设置

ENVI主菜单→File→Preferences，打开System Preferences对话框（图1.3）。该对话框包含7个选项卡：User Defined Files（用户自定义文件）、Default Directories（默认路径设置）、Display Defaults（默认显示设置）、Plot Defaults（默认绘图设置）、Grid Line Defaults（默认网格线）、Previous Files List（最新使用文件）以及Miscellaneous（杂项设置）。其中比较常用的是Default Directories和Miscellaneous。

图1.3　System Preferences对话框

点击 Default Directories 选项卡，切换到默认路径设置选项卡（图 1.4）。在此选项卡中，Data Directory 文本框用于设置默认打开文件路径，Output Directory 文本框用于设置默认保存文件路径。建议将这两个路径设置为常用的工作目录，这样不需要每次打开文件都花费时间切换到工作目录。

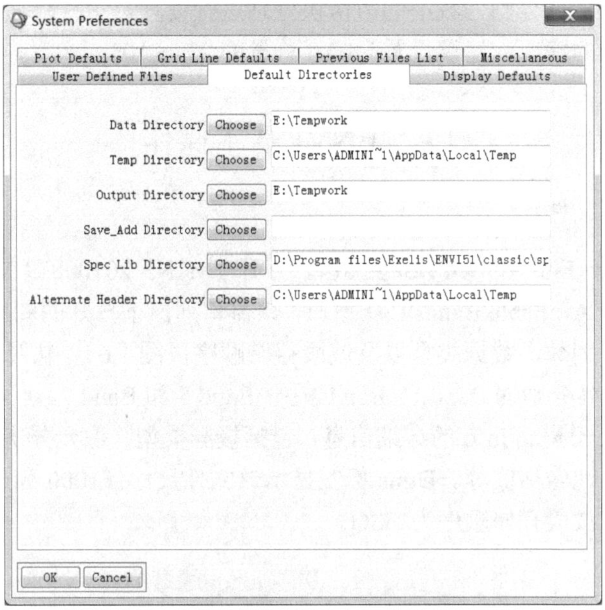

图 1.4　系统设置窗口的默认路径设置选项卡

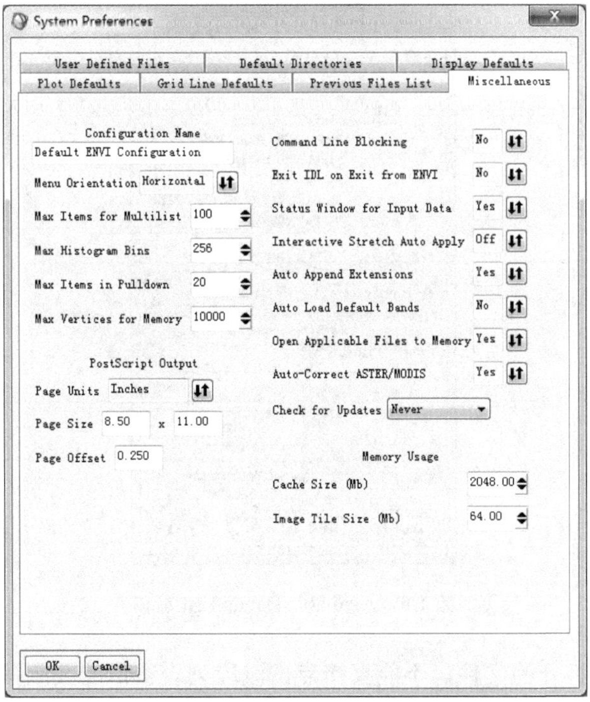

图 1.5　系统设置窗口的杂项设置选项卡

点击 Miscellaneous 标签，切换到杂项设置选项卡(图 1.5)。在此选项卡中，Cache Size (Mb)文本框用于设置 ENVI 缓存大小（单位为 Mb），此项需要根据用户电脑配置来设置，高的缓存能够有效避免 ENVI“数据分配失败”错误，建议设置为物理内存的 50%～70%；Image Tile Size (Mb) 文本框用于设置 ENVI 分块大小（单位为 Mb），ENVI 默认对数据进行分块运算，将数据分割为较小的影像块分别进行处理，这样能避免在大数据处理过程中出现内存不足的情况，建议设置为缓存总量的 2%～10%。

1.4 ENVI 基本操作

1.4.1 打开和关闭文件

ENVI 主菜单→File→Open Image File，打开 TM_NJ_20100819 文件。ENVI 打开的图像文件会出现在 Available Bands List 窗口，该窗口列出了打开的图像文件、所有波段、Map Info 信息、行列数、数据类型以及波段存储顺序（图 1.6）。从图中可见，该文件包含 6 个波段，波段名分别为 Band 1、Band 2……Band 5 和 Band 7。点击 Map Info 前包含加号的小方框可展开 Map Info 的详细信息，包括投影类型、像元分辨率、基准面、左上角的经纬度以及大地坐标值等。Dims 标签显示该文件尺寸（1000 列×1200 行），数据类型为字节型数据，波段存储顺序为 BSQ。

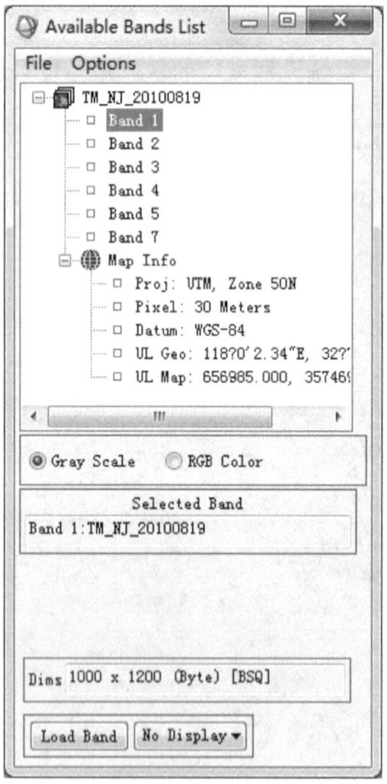

图 1.6　Available Bands List 窗口

如果想关闭所打开的文件，不能直接点击波段列表窗口的关闭按钮，那样只是不显示 Available Bands List 窗口而已，并不会真正关闭文件。关闭文件的正确做法是在

Available Bands List 窗口鼠标右键点击想要关闭的文件，**右键菜单→Close Selected File**，或者 **Available Bands List 窗口菜单→File→Close Selected File**，也可以通过 **Available Bands List 窗口菜单→File→Close All Files** 关闭所有打开的文件。

1.4.2　显示文件

图像文件的显示方式有两种：Gray Scale（灰度模式）和 RGB Color（彩色模式），默认为灰度模式。选中窗口内的某一个波段后（注意：是选中波段而不是文件）点击 Load Band 按钮，载入灰度图像。点击 RGB Color 单选框可切换为彩色模式，在该模式下分别选择 R、G、B 色彩通道所要显示的波段，然后点击 Load Band 按钮，载入彩色合成图像。

ENVI 默认用后来载入的图像自动替换显示窗口内的原有图像，如果想保留原图像，可以点击 Display #1 按钮，在弹出的下拉列表中选择 New Display，打开新的显示窗口，然后再载入图像。

需要注意的是，ENVI 默认对打开的图像进行 2%线性拉伸增强以获得更好的显示效果，所以显示的并非图像本来面目。如果需要去掉拉伸增强效果，可以通过 **Image 窗口菜单→Enhance→Linear 0-255** 恢复图像真实显示效果。

1.4.3　信息查看与统计

在 Image 窗口某处双击鼠标左键，打开 Cursor Location / Value 窗口（图 1.7）。该窗口给出了当前鼠标所在像元的行列号、屏幕 RGB 色彩值（增强后的 RGB 值）、投影类型、大地坐标值、经纬度坐标值和真实数据值。在中文操作系统下，经纬度会出现乱码，可以通过安装 ENVI 经纬度乱码扩展模块来修正这一问题。

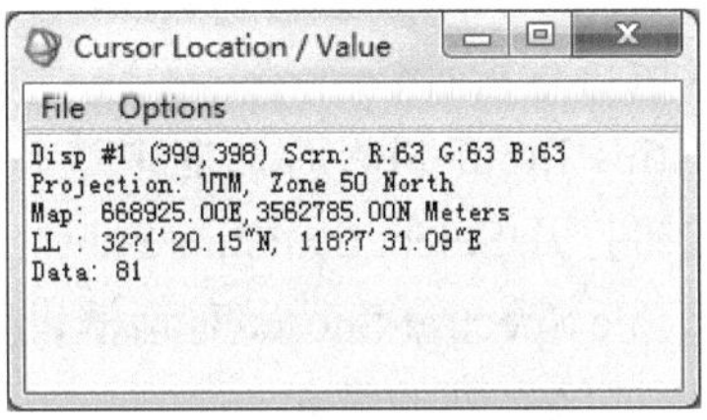

图 1.7　Cursor Location / Value 窗口

在 Available Bands List 窗口用鼠标右击 TM_NJ_20100819 文件或者其中某个波段，**右键菜单→Quick Stats...** 打开 Statistics Results 窗口（图 1.8）。Statistics Results 窗口上部绘图栏给出了各波段平均值、最小值、最大值以及标准差的变化曲线图，在图上点击鼠标右键，**右键菜单→Plot Key** 可显示各条曲线的图例。Select Plot 下拉列表用于切换图形显示内容，比如显示某个波段的直方图或者所有波段直方图等。Statistics Results 窗口下部给出了该文件/波段的统计信息数值，包括各波段的最小值、最大值、平均值、标准差，以及各个波段的直方图和累计直方图（直方图和累计直方图各有两种，分别为像元数和像元百分比直方图）。

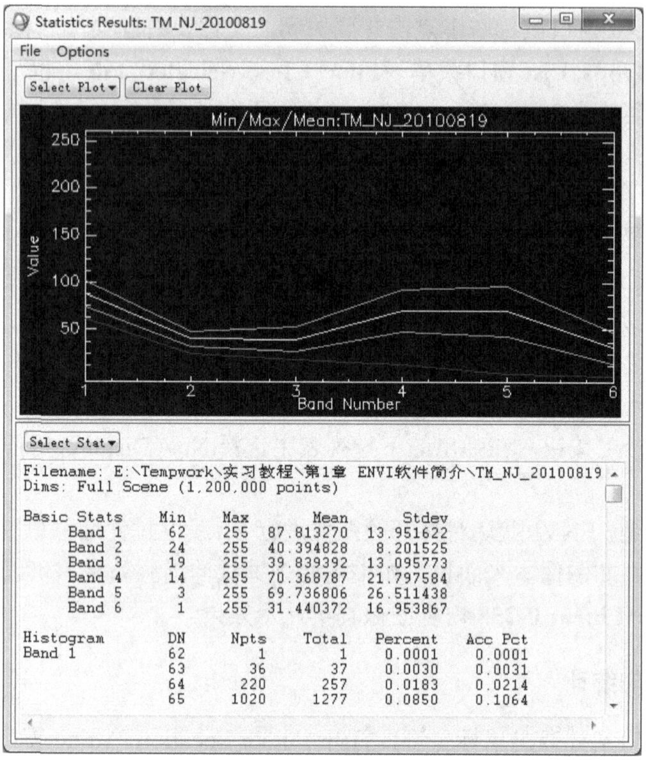

图 1.8　Statistics Results 窗口

ENVI 主菜单→Basic Tools→Statistics→Compute Statistics，可以对文件或者波段进行更有针对性的统计。Quick Stat 只能针对整个文件或者波段进行统计，而 Compute Statistics 可以针对某些特定区域进行统计。

在打开的 Compute Statistics Input File 对话框中选择要进行统计的遥感数据文件（图 1.9），点击 Stats Subset 按钮打开 Select Statistics Subset 对话框设置统计的空间范围；点击 Spectral Subset 按钮打开 File Spectral Subset 对话框设置统计波段；通过 Select Mask Band 按钮设置掩膜波段屏蔽研究区之外的像元。

设置遥感数据的空间范围和波段之后，点击 OK 按钮打开 Compute Statistics Parameters 对话框，设置要统计的要素（图 1.10）。Basic Stats 复选框用于设置进行基本的统计（最小值、最大值、平均值、标准差等），Histograms 复选框用于设置统计直方图，Covariance 复选框用于设置统计协方差矩阵、相关系数矩阵、特征值和特征向量等。Output to a Statistics File 和 Output to a Text Report File 复选框分别用于设置将统计结果保存为 ENVI 统计文件（sta 文件）和文本文件（txt 文件）。

在 Compute Statistics Parameters 对话框设置要统计的要素之后，点击 OK 按钮，得到统计结果（图 1.11）。该结果与 Quick Stat 统计结果窗口内容相似，不过如果勾选了 Covriance 复选框，结果还会给出各个波段的特征值、协方差矩阵、相关系数矩阵和特征向量等。

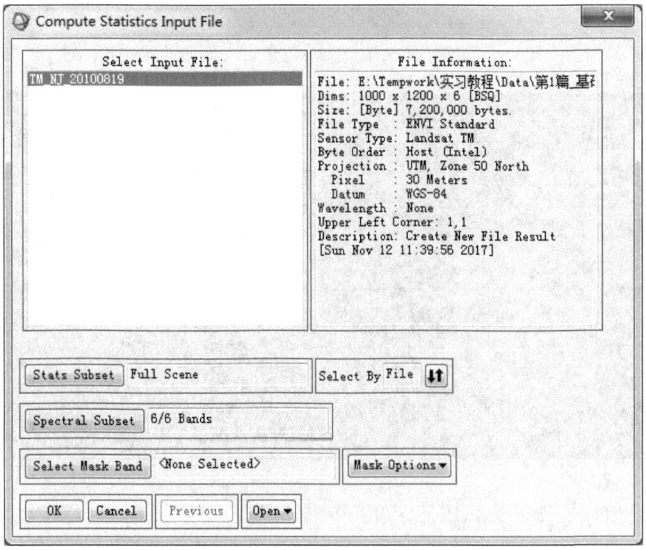

图 1.9　Compute Statistics Input File 对话框

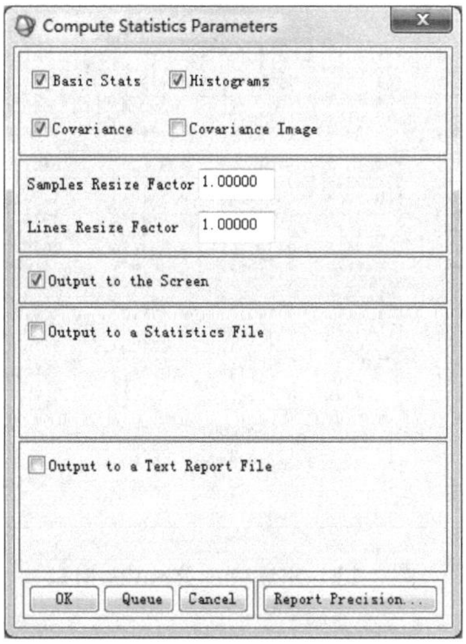

图 1.10　Compute Statistics Parameters 对话框

1.4.4　链接显示

在 ENVI 中分别打开两个或者多个图像，可将其显示窗口链接在一起进行比较。在显示窗口（Scroll 窗口、Image 窗口或 Zoom 窗口）点击鼠标右键，**右键菜单→Link Displays...**，打开 Link Displays 对话框，点击 OK 按钮将多个显示窗口链接起来。链接完成之后，在一个显示窗口中进行漫游、缩放等操作，与其链接的其他显示窗口也会同步响应。此外，在其中一个 Image 或者 Zoom 窗口按住鼠标中键并拖曳，可设置动态叠加区域的范围。

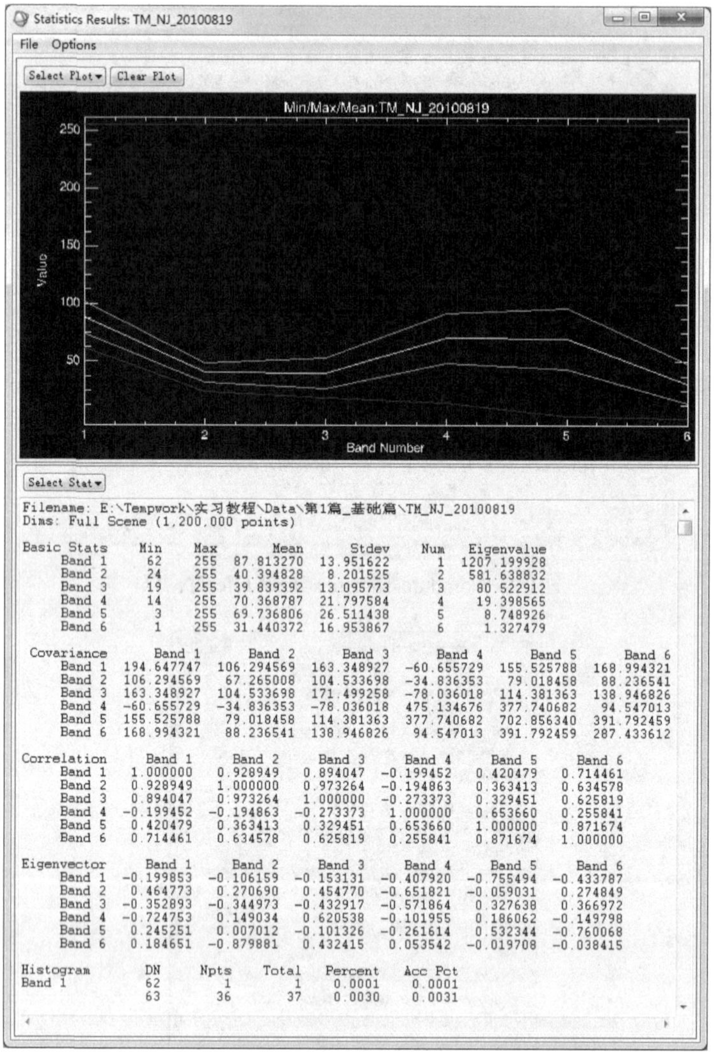

图 1.11　Statistics Results 窗口

需要注意的是，链接显示基于的是图像坐标。如 A 图像和 B 图像进行了链接显示，那么 A 图像的[1, 1]像元和 B 图像的[1, 1]像元对应、A 图像的[100, 200]像元和 B 图像的[100, 200]像元对应……因此，链接显示的遥感图像必须具有相同的空间范围、投影坐标系和空间分辨率，否则不能进行链接显示，而应该采用基于地理坐标的链接（Geographic Link）。基于地理坐标的链接基于图像的地理坐标，因此链接显示的遥感图像只要具有准确的地理坐标信息即可，不需要有相同的空间范围、投影坐标系和空间分辨率。

在任意窗口点击鼠标右键，**右键菜单→Geographic Link...**，打开 Geographic Link 对话框（图 1.12）。点击显示窗口对应的箭头切换按钮，将需要链接显示的窗口状态由 Off 改为 On，即可将这几个显示窗口基于地理坐标链接起来。

图 1.12　Geographic Link 对话框

1.4.5　像元定位

在 Image 窗口点击鼠标右键，**右键菜单→Pixel Locator**，打开 Pixel Locator 窗口（图 1.13）。在窗口中输入行列号、大地坐标值或者经纬度，即可定位到对应的位置上。

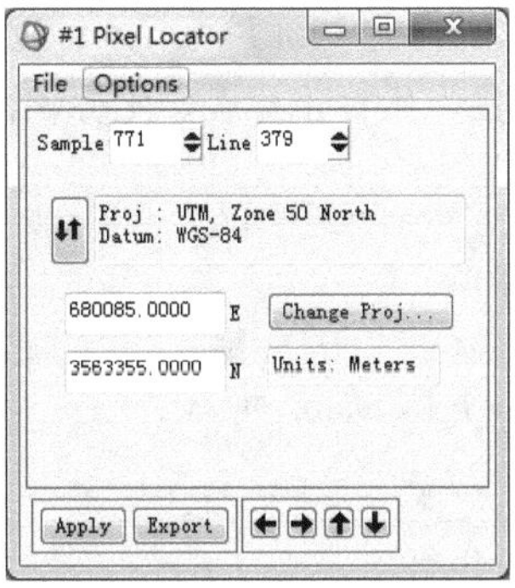

图 1.13　Pixel Locator 窗口

在该对话框中的 Sample 和 Line 文本框中分别输入列号和行号，点击 Apply 按钮可将鼠标定位到对应行列号的像元上。在下面 E、N 文本框中分别输入大地坐标的横坐标和纵坐标值，可将鼠标定位到对应大地坐标的像元上。点击箭头切换按钮可以将大地坐标切换为经纬度，在 Lat、Lon 文本框中分别输入度分秒格式的经纬度，可将鼠标定位到对应经纬度的像元上。点击 DDEG 按钮可将经纬度格式由度分秒切换为度。

需要注意的是，运用 Pixel Locator 功能时输入的坐标位置要在遥感图像范围内，否则会弹出错误对话框。

1.4.6　显示剖面

在 Image、Scroll 或者 Zoom 窗口点击鼠标右键，**右键菜单→Z Profile (Spectrum)...**，打开 Spectral Profile 窗口（图 1.14）。该窗口给出了当前像元的光谱剖面，即光谱曲线。如果该图像以 RGB 彩色合成模式显示，光谱曲线窗口会有红绿蓝三条竖线，分别对应于 RGB 合成的三个波段。

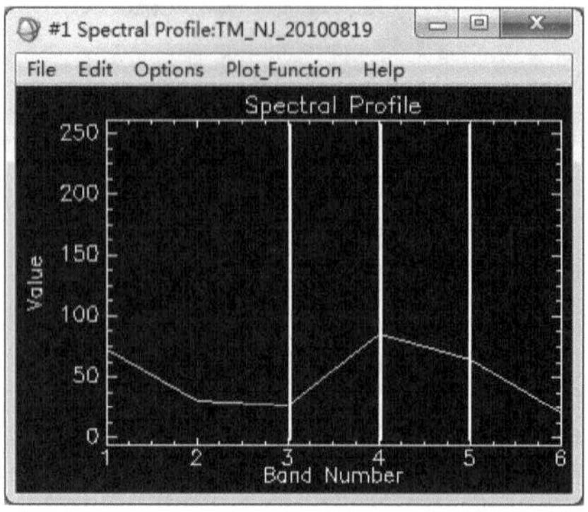

图 1.14　Spectral Profile 窗口

拖动 Spectral Profile 窗口的四个角可以直接调整窗口尺寸。**Spectral Profile 窗口菜单→Edit→Plot Parameters...**，打开 Plot Parameters 窗口（图 1.15），可以修改绘图设置，包括图标题、背景色、前景色、坐标轴标题、坐标轴范围、坐标轴刻度、空白边距等。

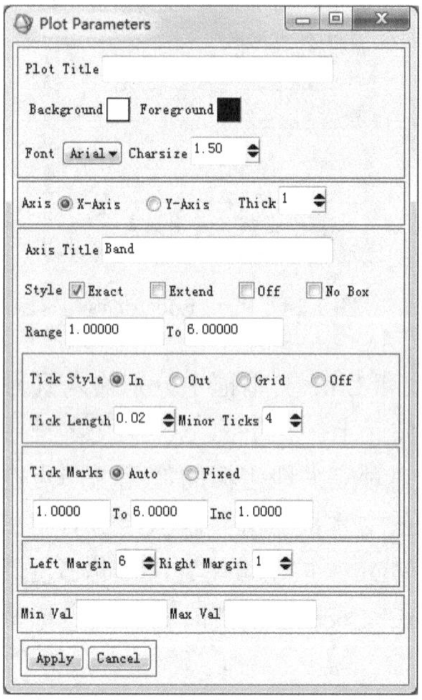

图 1.15　Plot Parameters 窗口

Spectral Profile 窗口菜单→File→Save Plot As→Image File...，可将光谱曲线图保存为 BMP、JPEG、PNG 等普通图像文件格式（图 1.16）。也可以通过 **Spectral Profile 窗口菜单→File→Save Plot As→ASCII...**，将光谱曲线数据保存为 txt 文件，便于后期导入 Excel、Origin 等软件进行绘图。

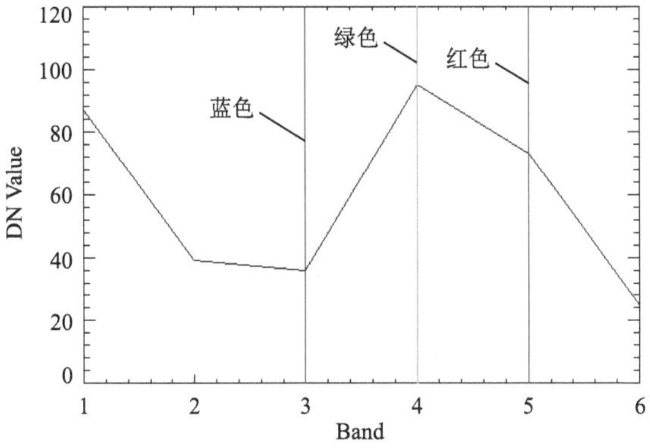

图 1.16　保存的光谱曲线图

Image 窗口菜单→Tools→Profiles→X Profile…，打开 Horizontal Profile 窗口，绘制当前位置所在行的剖面(图 1.17)。同理，**Y Profile…**可获取当前位置所在列的剖面。**Image 窗口菜单→Tools→Profiles→Arbitrary Profile (Transect)**可根据自定义的路径获取任意的剖面信息。与 Spectral Profile 窗口类似，这些剖面窗口同样可以修改绘图设置以及导出文件。

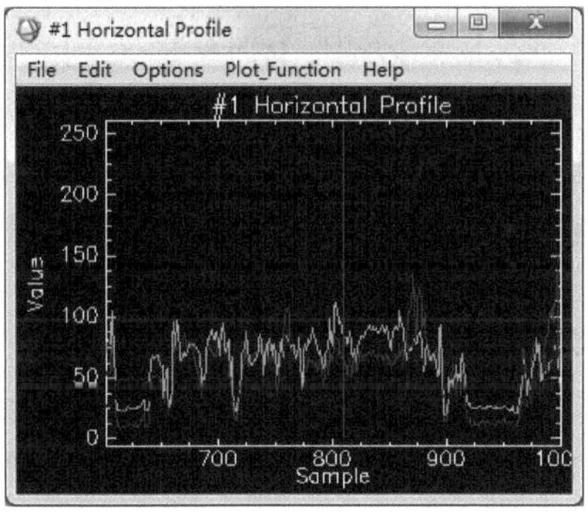

图 1.17　Horizontal Profile 窗口

第 2 章　遥感数据文件

本章数据列表

文件名	描述
COMS_GOCI_L1B_GA_20180408001641.he5	2018 年 4 月 8 日 COMS/GOCI L1B 数据
MYD021KM.A2005288.0520.005.2009117182209.hdf	2005 年 10 月 15 日 AQUA/MODIS L1B 数据
TM_NJ_20100819(.hdr)	南京市 2010 年 8 月 19 日 Landsat5/TM 数据
GF4_PMS_20170609 文件夹	2017 年 6 月 9 日 GF4/PMS 数据
HJ1B_CCD1_20180418 文件夹	2018 年 4 月 18 日 HJ1B/CCD1 数据
L5_TM_20011129 文件夹	2001 年 11 月 29 日 Landsat5/TM 数据
L5_TM_20100819 文件夹	2010 年 8 月 19 日 Landsat5/TM 数据
L8_20130811 文件夹	2013 年 8 月 11 日 Landsat8 数据

2.1　读取 ENVI 文件

ENVI 标准格式文件由两个文件组成：数据文件和头文件。数据文件为简单的二进制文件（无后缀名或采用 dat 后缀名），通常只记录遥感图像数据本身；头文件为 ASCII 码文件（后缀名为 hdr），记录存储行列数、波段数、头文件偏移量、文件类型、数据类型、波段存储顺序、地图信息、波段波长、定标系数等信息。

ENVI 主菜单→File→Open Image File 或者 **Available Bands List 窗口菜单→File→Open Image File** 直接打开 ENVI 标准格式文件和分类文件等。ENVI 读取文件时先自动读取对应的头文件获取数据文件的维数、数据类型和存储顺序等必要信息，然后才能打开数据文件。头文件内信息一定要准确，否则打开遥感数据文件时会出现异常。

打开 TM_NJ_20100819 文件，在 Available Bands List 窗口右键点击该文件，**右键菜单→Edit Header…**，打开 Header Info 窗口编辑头文件信息（图 2.1）。Samples 和 Lines 文本框分别用于设置遥感图像文件的列数和行数；Bands 文本框用于设置遥感图像文件的波段数；Offset 文本框用于设置和编辑遥感图像文件的头文件偏移量（以字节为单位，只有在数据文件本身包含了除数据之外的描述信息时才不为 0）；xstart 和 ystart 文本框分别用于设置遥感图像文件的起始列号与行号；File Type 下拉列表用于设置文件类型；Byte Order 下拉列表用于设置数据的字节顺序，PC 机都为 Host (Intel)类型；Data Type 下拉列表用于设置数据类型，常用的有 Byte（字节型）、Integer（整型）、Long Integer（长整型）和 Floating Point（浮点型）等；Interleave 下拉列表用于设置波段存储顺序，有 BSQ 波段顺序、BIL 行顺序和 BIP 像元顺序三种；下方的大文本框用于输入文件的描述信息。除了这几个常用的属性之外，还可以点击 Edit Attributes 下拉菜单进一步编辑头文件信息，如波段名称、波长、定标系数（增益和偏移）、Map Info 信息等。

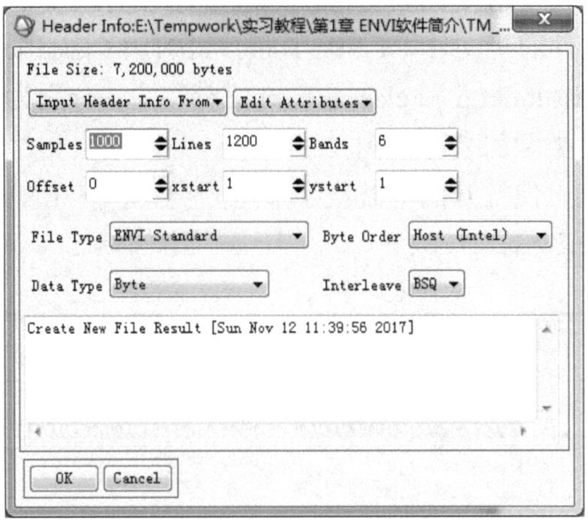

图 2.1　头文件信息窗口

除了通过 ENVI 头文件信息窗口编辑头文件信息之外，还可以通过任何一款文本编辑软件（如记事本、写字板、Notepad++、UltraEdit 等）打开头文件，直接编辑头文件信息（图 2.2）。

```
ENVI
description = {
  Create New File Result [Sun Nov 12 11:39:56 2017]}
samples = 1000
lines     = 1200
bands     = 6
header offset = 0
file type = ENVI Standard
data type = 1
interleave = bsq
sensor type = Landsat TM
byte order = 0
map info = {UTM, 1.000, 1.000, 656985.000, 3574695.000, 3.0000000000e+001, 3.0000000000e+001, 50, North, WGS-84,
units=Meters}
coordinate system string = {PROJCS["UTM_Zone_50N",GEOGCS["GCS_WGS_1984",DATUM["D_WGS_1984",
SPHEROID["WGS_1984",6378137.0,298.257223563]],PRIMEM["Greenwich",0.0],UNIT["Degree",0.0174532925199433]],
PROJECTION["Transverse_Mercator"],PARAMETER["False_Easting",500000.0],PARAMETER["False_Northing",0.0],
PARAMETER["Central_Meridian",117.0],PARAMETER["Scale_Factor",0.9996],PARAMETER["Latitude_Of_Origin",0.0],
UNIT["Meter",1.0]]}
wavelength units = Micrometers
band names = {
 Band 1, Band 2, Band 3, Band 4, Band 5, Band 7}
```

图 2.2　ENVI 标准文件格式的头文件内容

除了 ENVI 标准文件之外，另一种常见的 ENVI 图像文件格式为 ENVI 分类文件。ENVI 分类文件的实质为字节型数据文件，不过数据中的数值不表示大小，而表示不同的地物类型。在分类文件的头文件中，File Type 为 ENVI Classification。除了常规的信息之外，多了 classes、class lookup 和 class names 三行信息，分别为地物类型数量、每种地物对应的颜色以及地物类型的名称（图 2.3）。ENVI 通过头文件中的这些信息与分类文件中的灰度值对应起来，使打开的单波段字节型分类文件在 ENVI 中能够显示为彩色图像并能显示各个类别的名称。

```
ENVI
description = {
  Create New File Result [Wed Mar 28 22:47:17 2018]}
samples = 600
lines    = 400
bands    = 1
header offset = 0
file type = ENVI Classification
data type = 1
interleave = bsq
sensor type = Unknown
classes = 7
class lookup = {
   0,   0,   0,   0,   0, 255, 255,   0,   0,   0, 139,   0, 255, 255,   0,
   0, 255,   0, 238, 154,   0}
class names = {
 Unclassified, water, Building, Forest, Cropland, Veg, Barren}
byte order = 0
map info = {Transverse Mercator, 1.0000, 1.0000, 661925.0000, 3558800.0000, 2.5000000000e+001, 2.5000000000e+001,
D_Unknown, units=Meters}
projection info = {3, 6378245.0, 6356863.0, 0.000000, 117.000000, 500000.0, 0.0, 1.000000, D_Unknown, Transverse
Mercator, units=Meters}
coordinate system string = {PROJCS["Transverse Mercator",GEOGCS["GCS_Unknown",DATUM["D_Unknown",
SPHEROID["S_Unknown",6378245.0,298.2997380974651]],PRIMEM["Greenwich",0.0],UNIT["Degree",0.017453292519
9433]],PROJECTION["Transverse_Mercator"],PARAMETER["False_Easting",500000.0],PARAMETER["False_Northing",
0.0],PARAMETER["Central_Meridian",117.0],PARAMETER["Scale_Factor",1.0],PARAMETER["Latitude_Of_Origin",
0.0],UNIT["Meter",1.0]]}
wavelength units = Unknown
band names = {
 Landcover }
```

图 2.3　ENVI 分类文件的头文件内容

2.2　保存 ENVI 文件

ENVI 有两种保存文件的方式，分别为 **ENVI 主菜单→File→Save File As** 和 **Image**

窗口菜单→File→Save Image As。两者保存的方式是不同的：前一种方式保存的是数据，后一种方式保存的是增强之后的 RGB 图像。

ENVI 主菜单→File→Save File As→ENVI Standard，打开 New File Builder 对话框（图 2.4），点击 Import File…按钮选择要导入新文件中的文件。如果导入文件不止一个，可通过 Reorder Files…按钮调整文件的存放顺序。设置好导入新文件的文件之后，可以通过 Remove Superfluous Files？的箭头切换按钮设置在导入新文件后是否要删除原文件。新文件可以保存为硬盘上的文件，也可以保存到 Memory，即内存。如果保存在内存中，ENVI 关闭后该文件将不复存在。

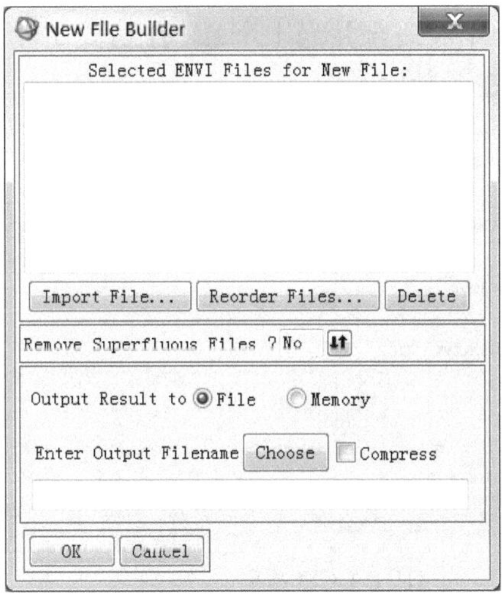

图 2.4　New File Builder 对话框

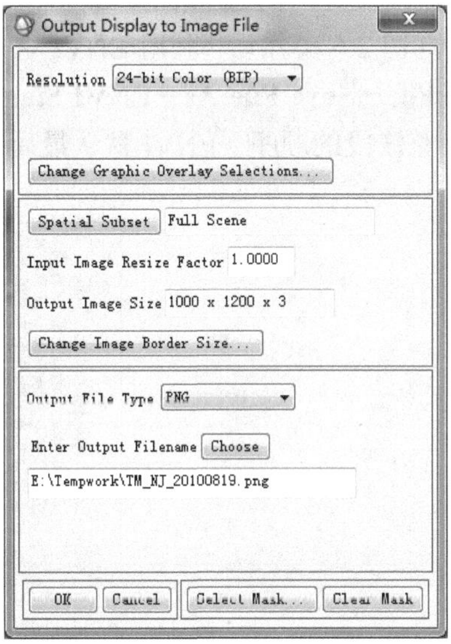

图 2.5　Output Display to Image File 对话框

Image 窗口菜单→File→Save Image As→Image File…，打开 Output Display to Image File 对话框（图 2.5）。在该对话框中，Resolution 下拉列表用于设置将文件保存为 8 位灰度图像或者是 24 位彩色图像，Output File Type 下拉列表用于设置输出的图像文件格式（ENVI 标准格式、BMP、JPEG、PNG、TIFF/GeoTIFF、ERDAS IMAGINE 等）。这种保存方式通常用于制图输出，因此很少需要保存为 ENVI 或者 ERDAS 文件等，而是保存为 BMP、JPEG、PNG 等普通图像文件格式。

2.3　读取其他格式文件

2.3.1　读取 GeoTIFF 文件

GeoTIFF 格式是在 TIFF 6.0 的基础上发展起来的，其结构严格符合 TIFF 的要求。利用 TIFF 图像格式的可扩展性，GeoTIFF 格式将地理信息记录在 TIFF 的一些预留标签（Tag）中。

GeoTIFF 描述地理信息条理清晰、结构严谨，而且容易实现与其他遥感影像格式的转换，目前绝大多数的遥感和 GIS 软件都支持该格式。该格式在遥感领域应用非常广泛，USGS 的 Landsat 系列数据、IKONOS 数据、CBERS 系列数据、HJ1/CCD、GF1/WFV、GF4/PMS 等数据均采用 GeoTIFF 文件格式。

1. 普通 GeoTIFF 文件

ENVI 可以直接打开 GeoTIFF 格式文件，类似 ENVI 标准文件的操作。以 HJ1/CCD 数据为例，该数据包括 4 个波段，每个波段单独存放为 1 个 GeoTIFF 文件。

ENVI 主菜单→File→Open Image File 直接打开 HJ1B_CCD1_20180418 文件夹内的 4 个波段文件，在 Available Bands List 窗口可以看到每个波段文件都有对应的 Map Info 信息（图 2.6）。然后，利用 **ENVI 主菜单→Basic Tools→Layer Stacking** 或者 **ENVI 主菜单→File→Save File As→ENVI Standard** 将这 4 个波段合并为 1 个 ENVI 格式文件，注意调整波段的顺序（ENVI 默认最后一个文件放在最前面）。

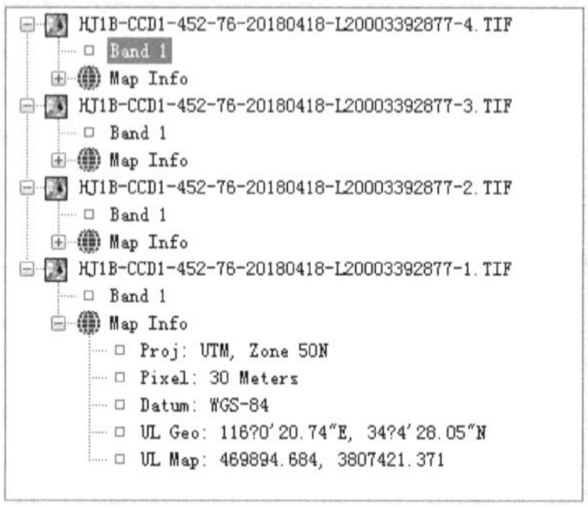

图 2.6 Available Bands List 窗口中的 HJ1B/CCD 数据

除了单个波段之外，GeoTIFF 格式文件也可以存储多个波段，如 GF4/PMS 数据在单个 GeoTIFF 文件中存储了所有 5 个波段的数据。

ENVI 主菜单→File→Open Image File 打开 GF4_PMS_20170609 文件夹内的 GeoTIFF 文件，在 Available Bands List 窗口可以看到所包含的 5 个波段（图 2.7）。

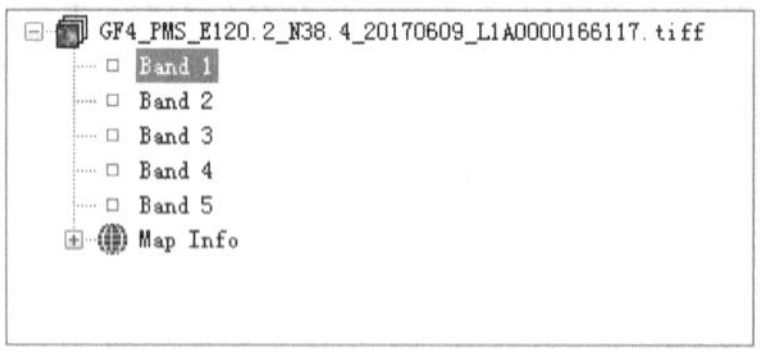

图 2.7 Available Bands List 窗口中的 GF4/PMS 数据

2. Landsat 系列 GeoTIFF 文件

USGS 提供的 Landsat 系列数据也采用 GeoTIFF 格式存储，每个波段单独保存为 GeoTIFF 文件。除了 GeoTIFF 文件之外，还有***_MTL.txt（***为 Landsat 文件名，下同）头文件数据，包含了 Landsat 数据各波段文件名称、中心波长、波段名称、定标系数、成像时间等信息。

ENVI 提供了对 Landsat 系列数据的良好支持，可以直接打开整个 Landsat 文件。以 Landsat5/TM 数据为例，**ENVI 主菜单→File→Open Image File**，打开 L5_TM_20100819 文件夹内的 L5120038_03820100819_MTL.txt 文件，能够在 ENVI 中打开该文件的所有波段：6 个多光谱波段和 1 个热红外波段（图 2.8）。

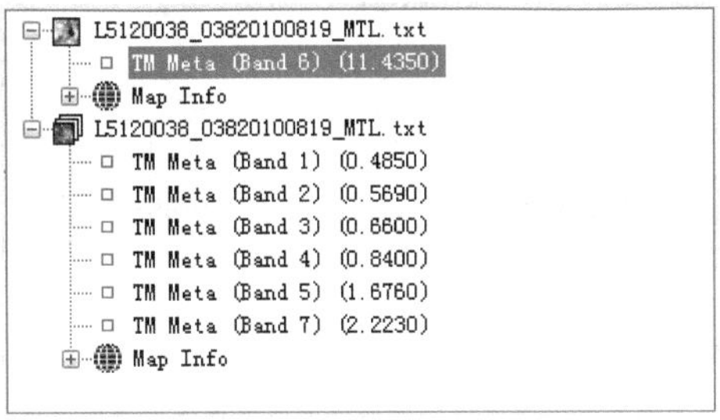

图 2.8　Available Bands List 窗口中的 Landsat5/TM 数据

在 ENVI 中以这种方式打开 Landsat 数据文件还能自动获取***_MTL.txt 头文件中的信息，如中心波长、波段名称、成像时间等（图 2.9）。可右击该文件，**右键菜单→Edit Header…**，打开 Header Info 对话框查看这些信息。

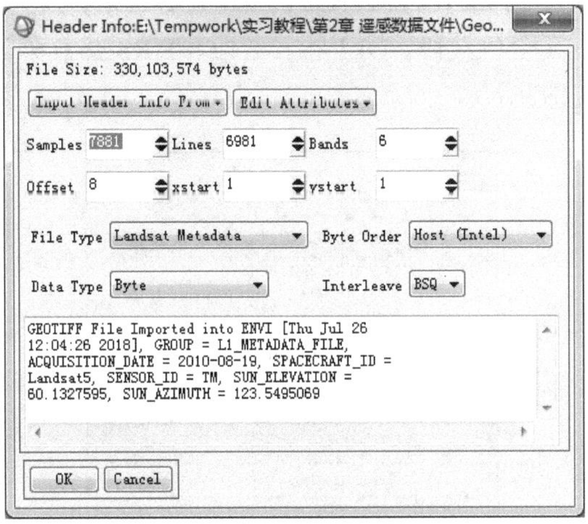

图 2.9　Landsat5/TM 的头文件信息

需要注意的是，ENVI 经典工作界面尚不支持直接打开整个 Landsat8 文件，不过 ENVI 集成工作界面支持直接打开整个 Landsat8 文件。打开 ENVI 集成工作界面，**File→Open** 打开 L8_20130811 文件夹下的 LC08_L1TP_120038_20130811_20170503_01_T1_MTL.txt，即可打开整个 Landsat8 文件（图 2.10）。

图 2.10　ENVI 集成工作界面打开 Landsat8 数据

虽然 ENVI 集成工作界面只显示了红绿蓝 3 个波段，但是所有波段都在 ENVI 中打开了。**File→Data Manager**，打开 Data Manager 对话框，可以看到所有的 Landsat8/OLI 和 TIRS 波段（图 2.11）。在 Layer Manager 面板右击该文件，**右键菜单→View Metadata**，打开 View Metadata 窗口可以查看该文件的头文件信息，包括行列数、数据类型、传感器类型、投影坐标、波段光谱信息、太阳天顶角、太阳方位角等（图 2.12）。**ENVI 主菜单→File→Save as→Save as .... (ENVI, NITF, TIFF, DTED)**可将打开的 Landsat8 文件中的 OLI 多光谱波段、OLI 全色波段、OLI 卷云波段、TIRS 热红外波段以及质量波段保存为 ENVI 标准格式等文件。

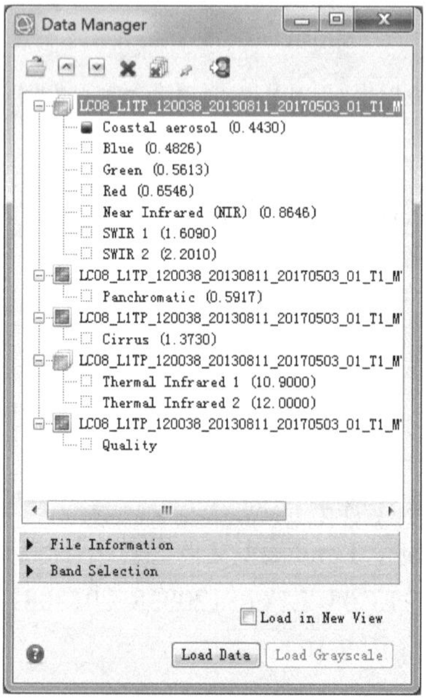

图 2.11　Data Manager 对话框

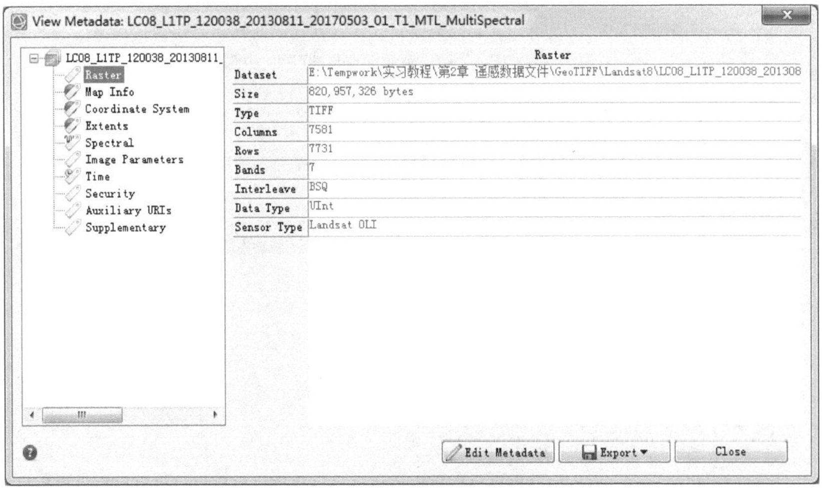

图 2.12　View Metadata 对话框

2.3.2　读取 HDF 文件

HDF 文件格式（hierarchical data format，层次型数据格式）是由美国国家高级计算应用中心（National Center for Supercomputing Application，NCSA）组织开发的一种面向对象数据格式，采用分层数据管理结构，由目录 Directory 和数据对象集 Collection 组成，通过总体目录结构可以直接从嵌套的文件中获取各种信息。HDF 是一种自描述性的文件，一个完整的 HDF 文件包含用户所需所有数据及元数据信息，用户可以根据相关规则去读取数据而不需要任何其他辅助文档。除了具有自描述特性之外，HDF 格式能够在同一个文件中包含不同类型的科学数据，包括图像、多维数组、指针及文本数据等。

HDF 格式已经被国内外多种遥感传感器作为标准的数据格式，目前广泛使用的是 HDF4、基于 HDF4 扩充的 HDF-EOS 格式和 HDF5 格式。如 EOS/MODIS、EOS/ASTER、NPP/VIIRS、HJ1A/HSI、FY3/VIRR、COMS/GOCI 等均采用了 HDF 格式存储。

在利用 ENVI 等专业遥感软件打开和处理 HDF 格式文件之前，可利用 HDF Explorer、HDFView、Panoply 等 HDF 文件浏览器浏览该数据所包含的各个科学数据集，以便对该数据有基本的了解。图 2.13 给出了 HDF Explorer 软件打开 AQUA/MODIS L1B 数据（MYD021KM.A2005288.0520.005.2009117182209.hdf）的示例。

HDF Explorer 左侧数据目录栏列出了该数据所包含的各个数据集，如 Geolocation Fields 中的 Latitude、Longitude，以及 Data Fields 中的 EV_1KM_RefSB、EV_1KM_Emissive、SensorZenith 等。

点击某数据集，可以列出该数据集的所有属性，如 EV_1KM_RefSB（1km 分辨率太阳反射波段）数据集有 long_name、units、valid_range、_FillValue、band_names、radiance_scales、radiance_offsets 等属性。双击属性名称，右侧主窗口显示该属性的值。

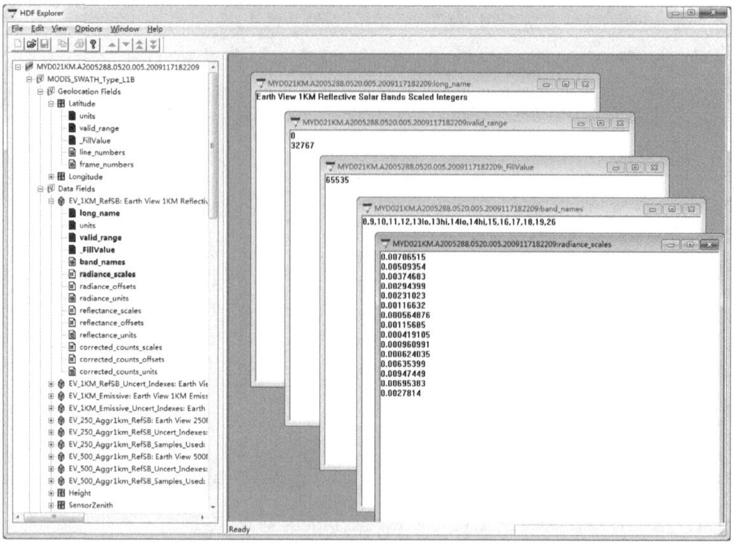

图 2.13　HDF Explorer 软件打开 AQUA/MODIS L1B 数据

1. HDF4 文件

ENVI 主菜单→File→Open External File→Generic Formats→HDF，打开 MYD021KM.A2005288.0520.005.2009117182209.hdf 文件，弹出 HDF Dataset Selection 对话框，列出该 HDF 文件的所有数据集（图 2.14）。选择某个或者某几个科学数据集打开，如果所选数据集为多波段数据，则会弹出 HDF Data Set Storage Order 对话框（图 2.15）。选择数据存放顺序（BSQ、BIL、BIP）后点击 OK 按钮，在 Available Bands List 窗口出现所选择的数据集，每个数据集显示为单独的文件。

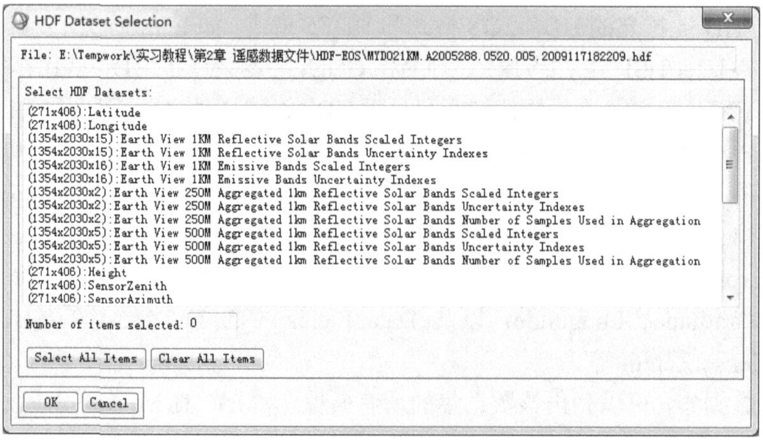

图 2.14　HDF Dataset Selection 对话框

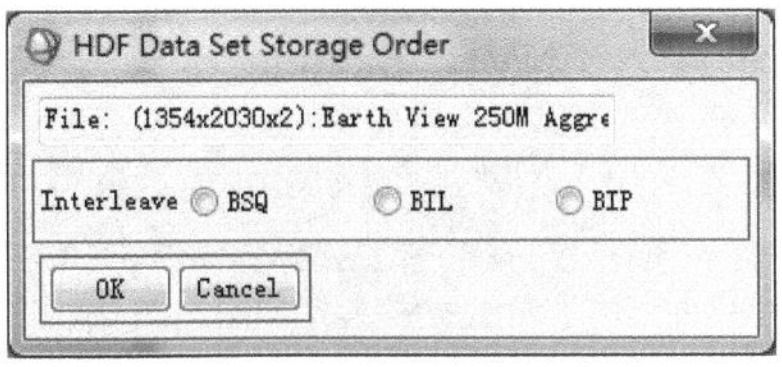

图 2.15　HDF Data Set Storage Order 对话框

处理 HDF 格式遥感数据除了需要打开数据集之外，还需要了解该数据集的某些属性，如 MODIS L1B 数据的有效值范围、填充值、定标系数等。这些属性值可以通过上面提到的 HDF Explorer、HDFView、Panoply 等 HDF 文件浏览器进行读取，也可以通过 **ENVI 主菜单→Basic Tools→Preprocessing→Data-Specific Utilities→View HDF Dataset Attributes**，选中 HDF 文件中的数据集，打开 Dataset Attributes 窗口显示数据集的属性（图 2.16）。

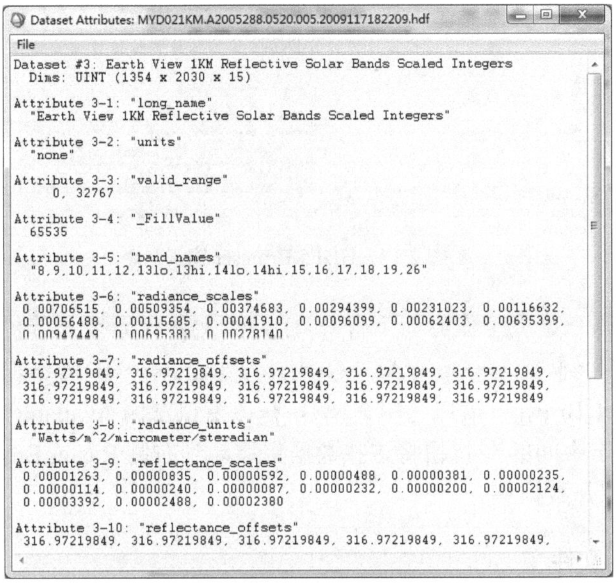

图 2.16　Dataset Attributes 窗口

2. HDF5 文件

ENVI 经典工作界面尚不能直接读取 HDF5 格式文件，需要加载 HDF5 扩展模块才能打开。将 open_hdf5_event.sav 文件保存到 ENVI Classic 路径中的 save_add 目录下（...\Exelis\ENVI53\classic\save_add），重启 ENVI 后在 **ENVI 主菜单→File→Open External File→Generic Formats** 菜单下会多一个 **HDF5** 命令，运行后可打开 HDF5 Browser 窗口（图 2.17）。

在 HDF5 Browser 窗口打开 COMS/GOCI L1B 数据（COMS_GOCI_L1B_GA_20180408001641.he5），在窗口左侧 Available Datasets 栏选中要打开的数据集，点击 Import to ENVI 按钮将选中的数据集载入 ENVI，Include data 复选框要为勾选状态，否则载入 ENVI 的数据集无法打开。

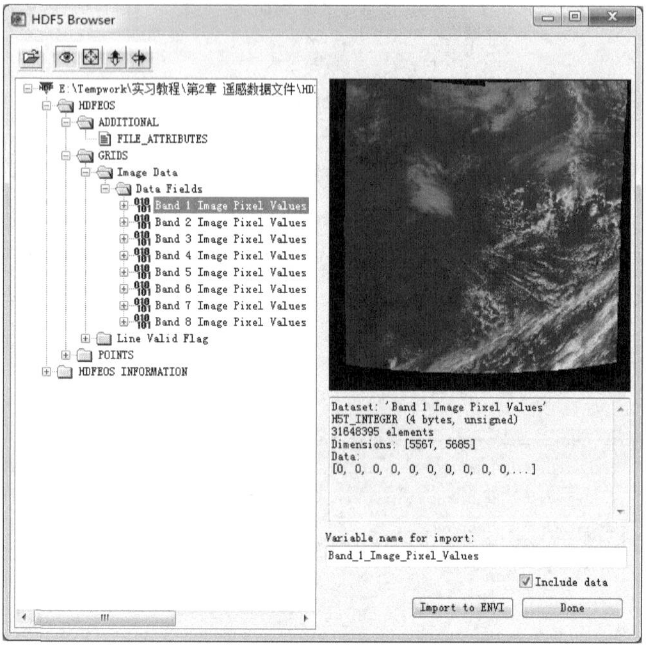

图 2.17　HDF5 Browser 窗口

也可以在 ENVI 集成工作界面下打开 HDF5 文件（无须安装扩展模块）。同样以 COMS/GOCI 数据为例，**File→Open As→Generic Formats→HDF5/NETCDF4** 选择 GOCI 文件，打开 Dataset Browser 窗口（图 2.18）。在该窗口左侧 Available Datasets 栏选中要打开的数据集，点击中间的按钮将这些数据集移动到右侧 Raster Builder 栏，点击 Open Rasters 按钮即可打开数据集。

2.3.3　读取二进制文件

某些遥感数据以二进制文件的方式存储数据。二进制文件以二进制的编码方式存储数据，按照字节型数据占 1 个字节、整型数据占 2 个字节、长整型和浮点型数据占 4 个字节、双精度浮点型数据占 8 个字节的方式将数据以一长串的二进制字节存在文件中。由于二进制文件只包含遥感图像数据值而缺乏行列数、数据格式等信息，还需要附带一个元数据文件（也称头文件，通常为 ASCII 码文件、PDF 文件或者网页文件等容易读取的文件格式）对二进制文件进行说明，比如行列数、波段数、数据类型、投影参数等。

Landsat/TM 的 EOSAT FAST-B 格式是一种典型的二进制遥感文件格式，早期从遥感卫星地面站购买的 Landsat/TM 数据均采用该格式进行存储。图 2.19 给出了 FAST-B 格式 Landsat5/TM 数据文件（L5_TM_20011129）列表。

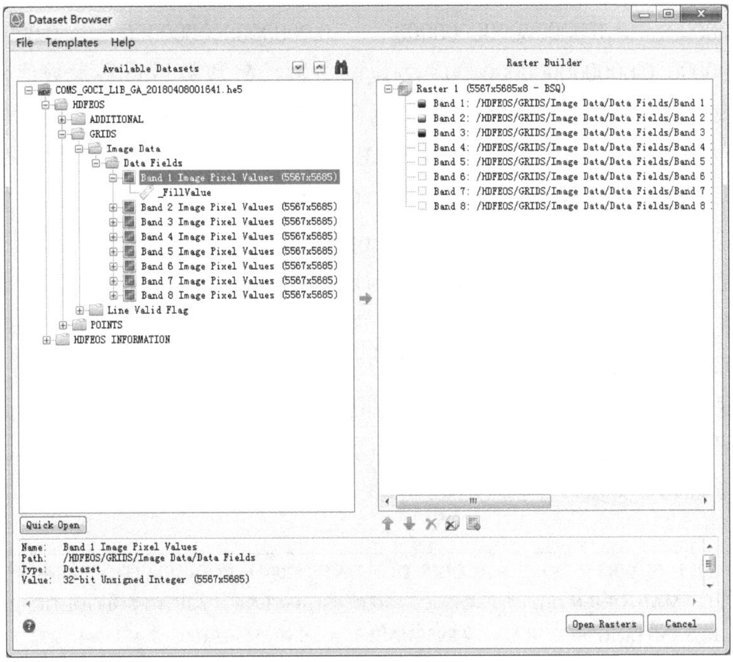

图 2.18 Dataset Browser 窗口

名称	修改日期	类型	大小
band1.dat	2003/5/9 9:22	DAT 文件	4,610 KB
band2.dat	2003/5/9 9:23	DAT 文件	4,610 KB
band3.dat	2003/5/9 9:23	DAT 文件	4,610 KB
band4.dat	2003/5/9 9:23	DAT 文件	4,610 KB
band5.dat	2003/5/9 9:23	DAT 文件	4,610 KB
band6.dat	2003/5/9 9:24	DAT 文件	4,610 KB
band7.dat	2003/5/9 9:24	DAT 文件	4,610 KB
header.dat	2003/5/9 9:22	DAT 文件	2 KB

图 2.19 FAST-B 格式 Landsat5/TM 数据文件列表

EOSAT FAST-B 格式的图像数据每个波段单独保存为一个二进制文件（dat 文件），且所有波段文件尺寸相同（热红外波段重采样为多光谱波段的分辨率）。另外有个 ASCII 码格式的 header.dat 文件，即头文件。该文件记录了产品轨道号、数据获取日期、卫星编号、投影名称及参数设置行列数、像元分辨率、四个角坐标、太阳高度角、方位角等信息。

Header.dat 文件中包含了 Landsat/TM 数据的很多信息（图 2.20），此处只介绍几个最常用、最重要的信息。“WRS =129/04300”为 Landsat/TM 数据的 WRS 编号（轨道号 129-行号 43）；“ACQUISITION DATE =20011129”为成像日期（2011 年 11 月 29 日）；“SATELLITE =L5”为 Landsat 卫星编号（Landsat5）；“PRODUCT SIZE =SUBSCENE”为产品的尺寸规格（该景数据为子景，非标准景）；“PROJECTION =TM”为数据投影类型（transvers Mercator 横轴墨卡托投影）；“PARAMETERS = 6378245.000000000000000 6356863.018773047300000 1.000000000000000 0.000000000000000 105.000000000000000 0.000000000000000 500000.000000000000000 0.000000000000000 0.000000000000000

0.000000000000000 0.000000000000000 0.000000000000000 0.000000000000000 0.000000000000000 0.000000000000000”为投影参数，参数数目及各参数值随投影变化而变化；“EARTH ELLIPSOID =Krassovsky”为椭球体（Krassovsky 椭球体）；“PIXEL SIZE = 25.00”为像元分辨率（25m）；“PIXELS PER LINE = 1530”为每行像元数，即列数（1530）；“LINES PER IMAGE = 3085”为图像行数（3085）；“UL 1023448.3109E 250223.8036N 255737.500 2772712.500”为图像左上角（upper left）像元中心的经纬度和投影坐标值，经纬度采用度分秒格式，投影坐标值单位为米；“SUN ELEVATION =38”为图像中心点的太阳高度角（38°）；“SUN AZIMUTH = 151” 为图像中心点的太阳方位角（151°）；“CENTER 1030542.3781E 244551.0980N 307308.843 2741324.550 2064 1257”为图像中心像元的经纬度、投影坐标值和行列号，经纬度采用度分秒格式，投影坐标值单位为米；“OFFSET=61”为真实景中心与标称景中心水平方向的偏移，单位为像元。要注意，此处 OFFSET 与 ENVI 头文件中的 Offset 并非一回事，不能混淆。

PRODUCT =03129351-01 WRS =129/04300 ACQUISITION DATE =20011129 SATELLITE =L5 INSTRUMENT =TM10 PRODUCT TYPE =MAP ORIENTED PRODUCT SIZE =SUBSCENE TYPE OF GEODETIC PROCESSING = SYSTEMATIC RESAMPLING =CC RAD GAINS/BIASES = 0.99992/-0.0100 2.42430/-0.0232 1.36344/-0.0078 2.62901/-0.0193 0.58771/-0.0080 3.20107/0.25994 0.38674/-0.0040 VOLUME #/# IN SET =1/1 START LINE #= 1 LINES PER VOL=21595 ORIENTATION = 0.00 PROJECTION =TM USGS PROJECTION # = 9 USGS MAP ZONE = 0 USGS PROJECTION PARAMETERS = 6378245.000000000000000 6356863.018773047300000 1.000000000000000 0.000000000000000 105.000000000000000 0.000000000000000 500000.000000000000000 0.000000000000000 0.000000000000000 0.000000000000000 0.000000000000000 0.000000000000000 0.000000000000000 0.000000000000000 0.000000000000000 EARTH ELLIPSOID =Krassovsky SEMI-MAJOR AXIS = 6378245.000 SEMI-MINOR AXIS =6356863.019 PIXEL SIZE =25.00 PIXELS PER LINE= 1530 LINES PER IMAGE= 3085 UL 1023448.3109E 250223.8036N 255737.500 2772712.500 UR 1025730.8699E 250244.2706N 293962.500 2772712.500 LR 1025811.5809E 242100.1351N 293962.500 2695612.500 LL 1023536.5535E 242040.3099N 255737.500 2695612.500 BANDS PRESENT =1234567 BLOCKING FACTOR = 1 RECORD LENGTH = 1530 SUN ELEVATION =38 SUN AZIMUTH =151 CENTER 1030542.3781E 244551.0980N 307308.843 2741324.550 2064 1257 OFFSET= 61 REVB

图 2.20 Header 头文件内容

ENVI 主菜单→File→Open Image File 直接打开 FAST-B 格式的某个波段文件（如 band1.dat 文件），会弹出 Header Info 对话框。该对话框中的 Samples、Lines、Bands 和 Offset 等属性均为未知，在未知行列数、波段数、头文件偏移量和数据类型等信息的前提下，ENVI 无法正确读取二进制数据。需要打开 header.dat 文件从中读取这些信息，输入 Header Info 对话框（图 2.21），然后才可以打开该波段文件。

打开文件之后，在数据目录中会生成与该波段文件同名的 hdr 头文件。打开一个波段文件之后，有几种方式可以打开剩下的波段文件：①以相同的方式在 Header Info 对话框输入相关参数，打开其他波段文件；②将已生成的 hdr 头文件复制几份，将其文件名改为其他波段文件名，FAST-B 格式下所有波段具有相同的行列数、波段数和数据类型，其头文件内容是相同的，然后就可以利用 ENVI 直接打开；③在 Header Info 对话框的 Input

Header Info From 下拉列表中选择 Other File...，选择刚才已打开的波段文件，导入其头文件信息，直接打开。

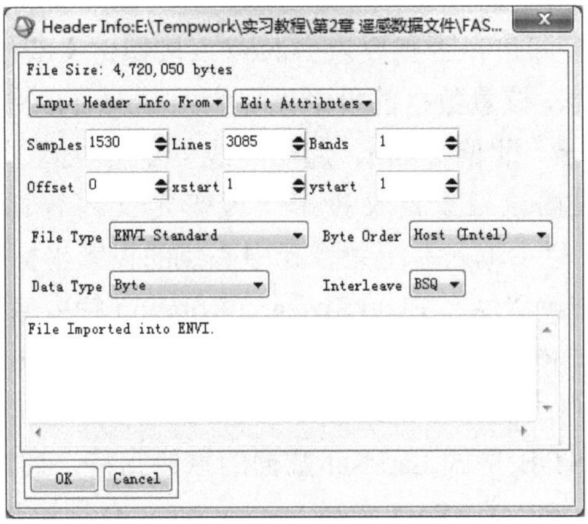

图 2.21　打开二进制文件时弹出的 Header Info 对话框

打开所有波段后，通过 **ENVI 主菜单→File→Save File As→ENVI Standard** 将这些波段保存为 1 个 ENVI 格式文件。需要注意的是，此时无法利用 **Layer Stacking** 功能进行合并，因为读入的这些波段文件没有 Map Info 信息。在 Available Bands List 窗口右击该文件，**右键菜单→Edit Header...**，打开 Header Info 对话框编辑头文件，输入 Map Info 信息。

在 Header Info 对话框点击 Edit Attributes 下拉列表选择 Map Info...命令，打开 Edit Map Information 对话框（图 2.22）。对话框上部 Image Coordinate of Tie Point 栏中的 Image X 和 Image Y 文本框用于设置某个像元的图像坐标，如左上角像元中心点的图像坐标为 1.5、1.5。中部 Map Coordinate of Tie Point 栏两个文本框用于输入前面 Image Coordinate of

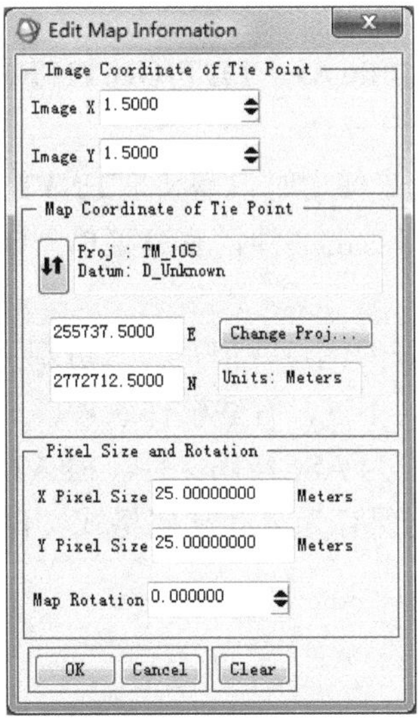

图 2.22　Edit Map Infomation 对话框

Tie Point 框指定像元所对应的经纬度或者投影坐标值，默认输入投影坐标值，可点击箭头切换按钮切换为输入经纬度或者投影坐标值。输入该点经纬度或者投影坐标值之前，需要点击 Change Proj…按钮选择或者定义投影类型。如果该数据投影类型已经在 ENVI 的投影列表中，直接选择即可，否则要点击 New…按钮定义新投影。

根据头文件中的信息，该景数据的投影设置为：transverse Mercator 投影、Krassovsky 椭球体、东偏移 500000m、北偏移 0m、起始纬线 0°、中央经线 105°、比例系数为 1。在投影定义对话框中根据该设置定义投影（投影定义内容详见 3.2.1 节）：在 Map Coordinate of Tie Point 栏中输入左上角像元中心点的投影坐标值，分别为 255737.5 和 2772712.5（来自 header.dat 文件）；Pixel Size and Rotation 栏中输入 X 和 Y 方向的像元分辨率，均为 25m。点击 OK 按钮完成 Map Info 的设置，在 Available Bands List 窗口可以看到该文件已经具有了刚才设置的 Map Info 信息。

ENVI 也提供对 FAST-B 格式 Landsat 数据的直接支持，通过 **ENVI 主菜单→File→Open External File→Landsat→Fast** 选择 header.dat 文件即可直接打开该文件的所有波段。这种方式打开的数据是以 ENVI Meta 方式打开的，各个波段仍然独立存放于硬盘上，只不过逻辑上看起来合成了一个文件而已。后期进一步处理的话还需要将其真正合成为一个文件。

虽然 ENVI 提供了对 FAST-B 格式 Landsat 数据的直接支持，但是仍然建议读者尝试利用打开二进制的方式读取 FAST-B 格式 Landsat 数据，通过上述操作掌握二进制遥感文件的读取以及如何输入 Map Info 信息。除了 FAST-B 格式 Landsat 数据之外，还有很多其他的二进制遥感数据，如 USGS 的土地覆盖产品 GLCC、GIMMS NDVI 数据等。而 ENVI 对大部分的二进制遥感数据都缺乏直接支持，需要通过上述方式读取数据。因此，掌握二进制格式遥感数据的读取方法是有必要的。

2.4　保存为其他文件格式

ENVI 主菜单→File→Save File As→TIFF/GeoTIFF，可以将 ENVI 打开的数据保存为 GeoTIFF 格式文件。

把 ENVI 和 ArcGIS 结合起来使用时，需要把 ENVI 数据导出到 ArcGIS 进行处理分析。在 Available Bands List 窗口右击文件，**右键菜单→Open File in ArcMap**，可将文件直接在 ArcMap 中打开。

ASCII 码文件具有可读性好的优点，但是与二进制文件相比，相同的数据所占磁盘空间会大很多，存储效率不高。不过，有些软件或者模式只接受 ASCII 码格式的输入文件，因此需要将 ENVI 数据输出为 ASCII 码文件。**ENVI 主菜单→File→Save File As→ASCII**，可将 ENVI 打开的数据保存为 ASCII 码格式文件。

第 3 章 遥感数据预处理

本章数据列表

文件名	描述
ASTGTM2_NJ_origin(.hdr)	南京市 ASTER GDEM 数据（未修正）
ETM+_NJ_20150505(.hdr)	南京市 2015 年 5 月 5 日 Landsat7/ETM+数据
Gulou.evf(.dbf)	南京市鼓楼区边界 evf 数据
HJ_CCD_NJ_20110513(.hdr)	南京市 2011 年 5 月 13 日 HJ1A/CCD 数据
MYD021KM.A2005288.0520.005.2009117182209.hdf	2005 年 10 月 15 日 AQUA/MODIS L1B 数据
Nanjing_districts.shp(.dbf, .shx, .prj)	南京市行政区划 Shapefile 数据
TM_NJ_20060520(.hdr)	南京市 2006 年 5 月 20 日 Landsat5/TM 数据
TM_NJ_20100819(.hdr)	南京市 2010 年 8 月 19 日 Landsat5/TM 数据
FY3_VIRR 文件夹	FY3C/VIRR L1 数据
MOD13A3 文件夹	TERRA/MODIS 植被指数产品 MOD13A3 数据

3.1 辐射定标与大气校正

3.1.1 辐射定标

辐射定标是将遥感传感器记录的无量纲 DN 值转换为具有实际物理意义的表观辐射亮度或者表观反射率的过程。

大部分的遥感卫星数据都给出了辐射定标的方程以及相关参数。以 Landsat5/TM 数据为例，其辐射定标方程为（Chander et al.，2007）

$$L_i = \mathrm{Gain}_i \cdot \mathrm{DN}_i + \mathrm{Offset}_i \tag{3.1}$$

式中，L_i为第 i 波段表观辐射亮度值，单位为 W/（$\mathrm{m}^2\cdot\mathrm{sr}\cdot\mu\mathrm{m}$）；$\mathrm{DN}_i$为第 i 波段的灰度值；Gain_i和 Offset_i分别为第 i 波段的增益和偏移值，单位与辐射亮度值相同（Landsat5 各波段的增益和偏移值见表 3.1）。

表 3.1 Landsat5/TM 辐射定标系数

波段	1984 年 3 月 1 日～1991 年 12 月 31 日		1992 年 1 月 1 日至今	
	Gain	Offset	Gain	Offset
1	0.668706	−1.52	0.762824	−1.52
2	1.317020	−2.84	1.442510	−2.84
3	1.039880	−1.17	1.039880	−1.17
4	0.872588	−1.51	0.872588	−1.51

续表

波段	1984 年 3 月 1 日～1991 年 12 月 31 日		1992 年 1 月 1 日至今	
	Gain	Offset	Gain	Offset
5	0.119882	–0.37	0.119882	–0.37
6	0.055158	1.2378	0.055158	1.2378
7	0.065294	–0.15	0.065294	–0.15

通过波段运算功能对遥感数据进行辐射定标。打开 TM_NJ_20100819 数据，**ENVI 主菜单→Basic Tools→Band Math**，打开 Band Math 对话框（图 3.1），在 Enter an expression 文本框内输入波段运算公式：0.762824*b1–1.52。点击 OK 按钮打开 Variables to Bands Pairings 对话框（图 3.2），将波段变量 b1 和 TM_NJ_20100819 数据的第 1 波段关联起来，执行计算得到波段 1 的表观辐射亮度图像（波段运算的详细操作见第 5 章）。

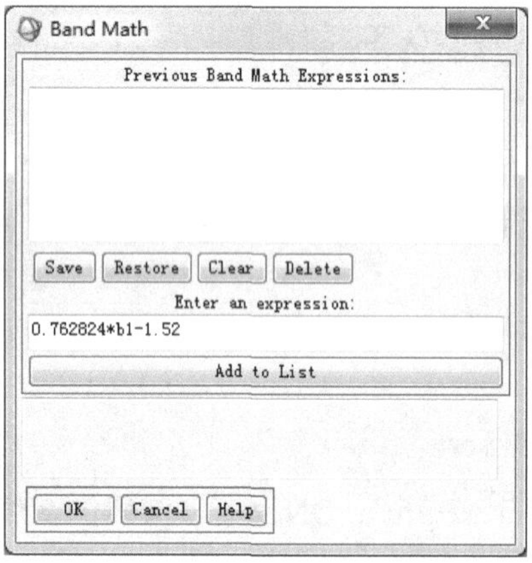

图 3.1　Band Math 对话框

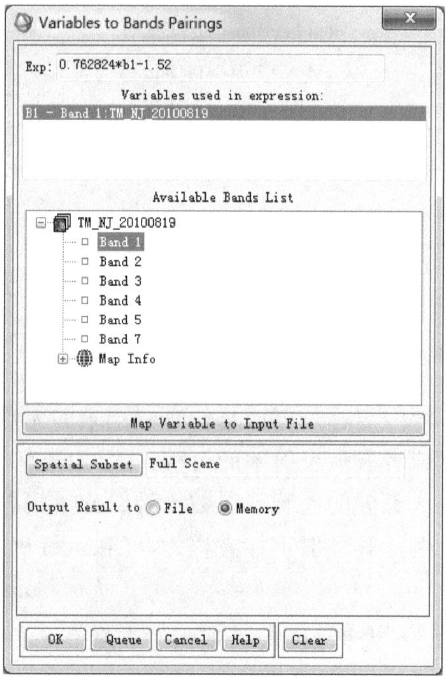

图 3.2　Variables to Bands Pairings 对话框

利用波段运算依次完成所有波段的辐射定标，然后通过 **ENVI 主菜单→Basic Tools→Layer Stacking** 或者 **ENVI 主菜单→File→Save File As→ENVI Standard** 将各个波段的表观辐射亮度数据合并为 1 个 ENVI 格式文件，得到所有波段的辐射亮度。

如果 ENVI 文件的头文件包含 Gain 值和 Offset 值，ENVI 可直接进行辐射定标处理。在 Available Bands List 窗口右键点击 TM_NJ_20100819 文件，**右键菜单→Edit Header...**，打开 Header Info 窗口。在 Edit Attributes 下拉列表选择 Gains...，打开 Edit Data Gain values 对话框（图 3.3），分别输入各个波段的 Gain 值。在 Edit Attributes 下拉列表选择 Offsets...，

打开 Edit Data Offset values 对话框，分别输入各个波段的 Offset 值。

ENVI 主菜单→Basic Tools→Preprocessing→General Purpose Utilities→Apply Gain and Offset，在 Gain and Offset Input File 对话框选择 TM_NJ_20100819 文件，打开 Gain and Offset Values 对话框（图 3.4）。由于该文件的头文件已包含 Gain 和 Offset 值，在此对话框中能看到各波段的定标系数值。如果头文件不包含 Gain 和 Offset 值，也可以直接打开此对话框输入 Gain 和 Offset 值。

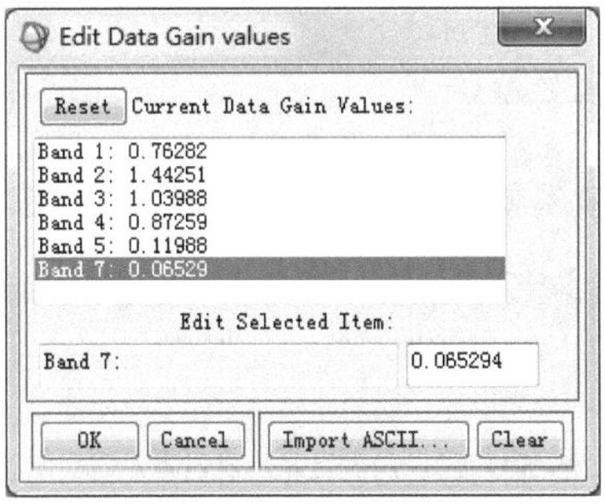

图 3.3　Edit Data Gain values 对话框

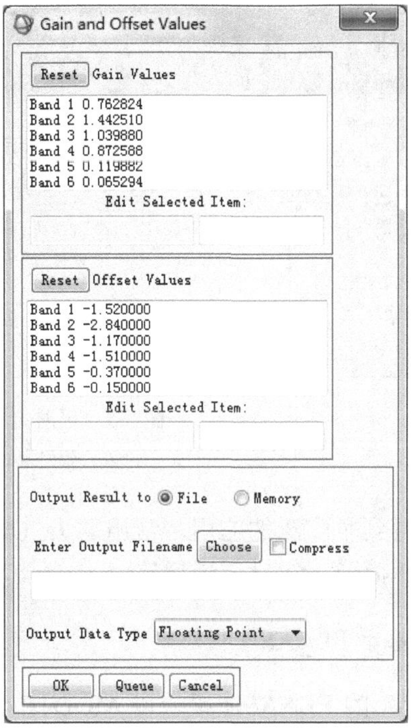

图 3.4　Gain and Offset Values 对话框

选择结果保存方式，点击 OK 按钮得到辐射定标后的表观辐射亮度。

图 3.5 给出了辐射定标前后各波段的统计结果。从图中可见，第 1～4 波段的表观辐射亮度值较高，因为这几个波段位于太阳辐照度较强的波长范围内，而第 5 和第 7 这两个短波红外波段的表观辐射亮度值明显比较低。

3.1.2　大气校正

大气校正用于消除遥感传感器成像过程中大气对短波和长波辐射的散射、吸收等影响。短波辐射（可见光、近红外、短波红外）主要受大气散射影响，长波辐射（热红外）主要受大气吸收和大气自身热辐射影响。通常大气校正指的是对短波波段的校正，主要消除大气散射的影响，关键输入参数是气溶胶光学厚度或者能见度。

大气校正的方法分为相对大气校正和绝对大气校正两大类。相对大气校正包括内部平均法、平场域法、对数残差法等，绝对大气校正包括经验方程法、暗像元法和辐射传输模型法等。辐射传输模型法能够比较准确地消除大气、观测角度等因素对辐射信号的

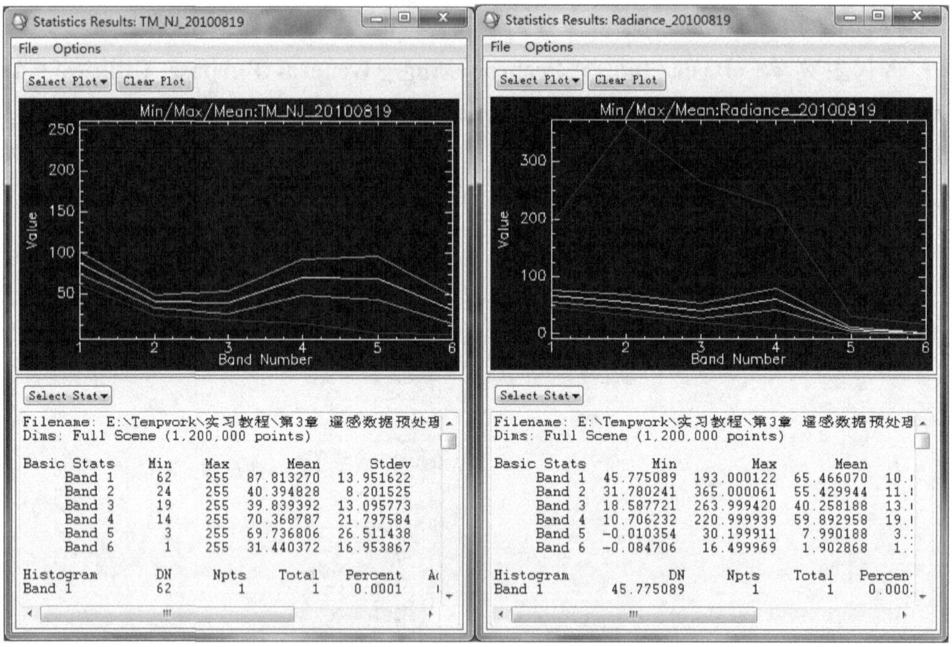

图 3.5　辐射定标前后各波段值的对比

左：辐射定标前；右：辐射定标后

影响，得到了广泛的应用。常用的大气辐射传输模型有 6S 模型、MODTRAN 模型、ATCOR3 模型、QUAC 模型等。

1. 基于 FLAASH 模块的大气校正

ENVI 的 FLAASH 模块以 MODTRAN 辐射传输模型为基础，能够对高光谱和多光谱遥感数据进行大气校正。

FLAASH 模块对输入的遥感数据有一定的要求：①必须是辐射定标后的辐射亮度图像；②必须是 BIL 或者 BIP 顺序；③已知的多光谱传感器（如 Landsat 系列、SPOT 系列等，详见 FLAASH 说明文件）要有各波段的中心波长信息，未知的多光谱传感器（如 CBERS 系列、GF 系列）要有各波段的波谱响应函数信息。

打开 TM_NJ_20100819 辐射定标后的辐射亮度文件，**ENVI 主菜单→Basic Tools→Convert Data (BSQ、BIL、BIP)**，在打开的 Convert File Input File 对话框选择辐射亮度文件，打开 Convert File Parameters 对话框（图 3.6），将 BSQ 顺序转换为 BIL 顺序。

在 Available Bands List 窗口鼠标右击 BIL 顺序的辐射亮度文件，**右键菜单→Edit Header...**，打开 Header Info 窗口。在 Edit Attributes 下拉列表选择 Wavelengths...，打开 Edit Wavelength values 对话框（图 3.7），分别输入各个波段的中心波长，并在 Wavelength/FWHM Units 下拉列表选择波长对应的单位，此处为 Micrometers（微米：μm）。

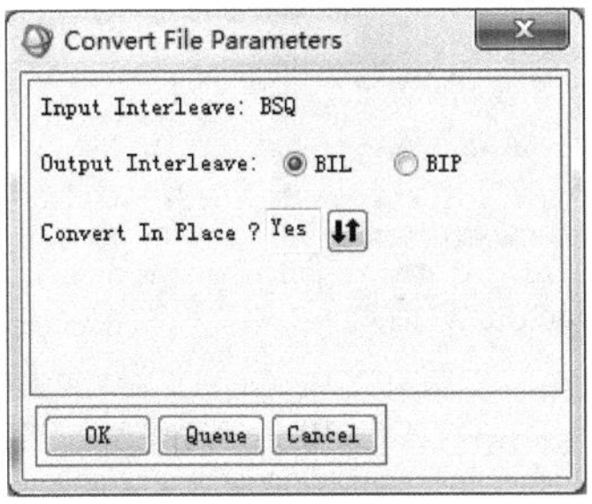

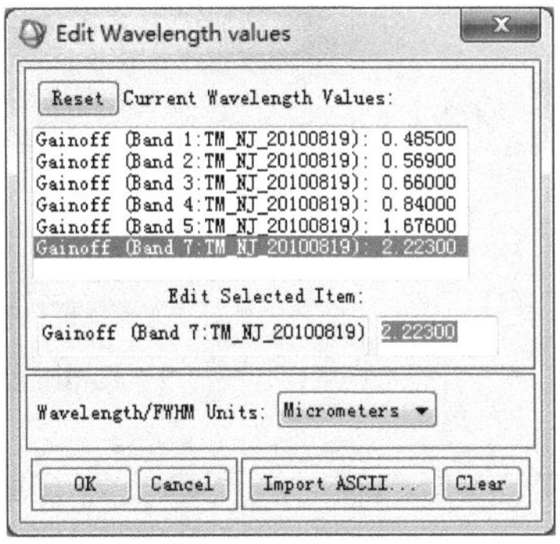

图 3.6　Convert File Parameters 对话框　　图 3.7　Edit Wavelength values 对话框

ENVI 主菜单→Basic Tools→Preprocessing→Calibration Utilities→FLAASH，打开 FLAASH Atmospheric Correction Model Input Parameters 窗口（图 3.8）。该窗口分为三个部分：上部用于设置输入输出文件，中间部分设置传感器和图像参数，下部设置大气参数。

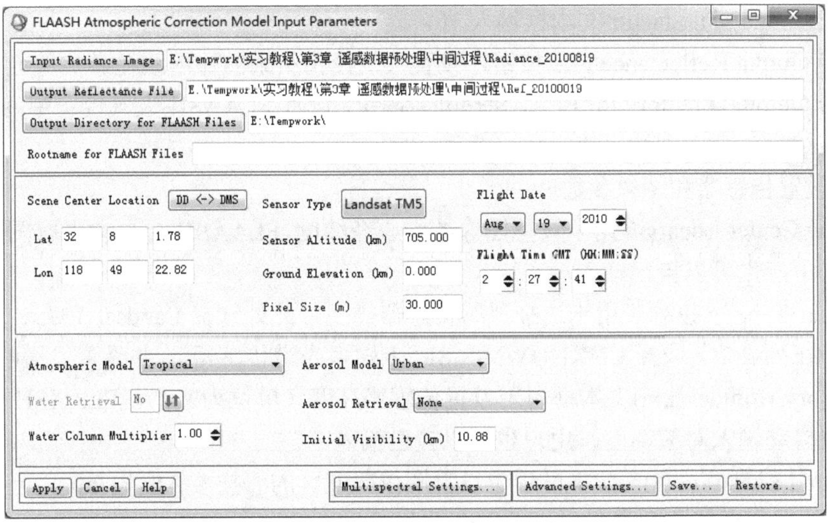

图 3.8　FLAASH Atmopheric Correction Model Input Parameters 窗口

1）输入输出文件设置

点击 Input Radiance Image 按钮，选择包含中心波长信息的 BIL 顺序辐射亮度数据文件，打开 Radiance Scale Factors 对话框（图 3.9），设置辐射亮度转换系数。如果各个波段的辐射亮度单位相同，勾选 Use single scale factor for all bands 单选框，在 Single scale factor 文本框中输入比例系数。如果不同波段采用不同的辐射亮度单位，则需要将各波段的比例系数写为 1 列 N 行的 ASCII 码文件，然后勾选 Read array of scale factors (1 per band) from ASCII file 单选框，并从硬盘中导入该文件。

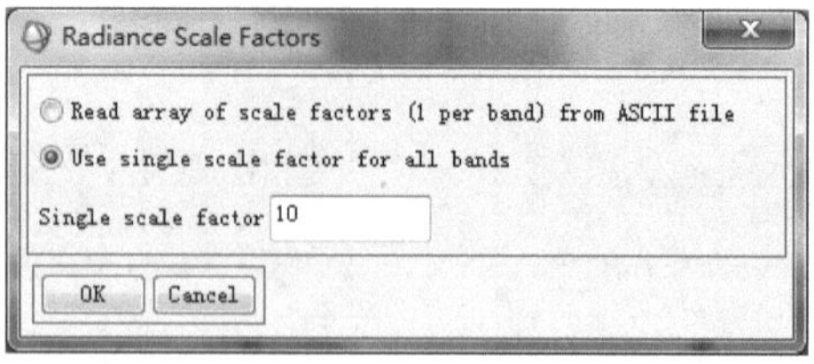

图 3.9　Radiance Scale Factors 对话框

FLAASH 模型的辐射亮度单位为 μW/（cm^2·sr·nm），如果输入的辐射亮度文件单位与此不一致，则需要设置比例系数，计算公式为

$$SF = \frac{L'}{L} \tag{3.2}$$

式中，SF 为比例系数；L'为采用 μW/（cm^2·sr·nm）单位的辐射亮度值；L 为采用 W/（m^2·sr·μm）单位的辐射亮度值。

定标后的 Landsat/TM 辐射亮度数据单位为 W/（m^2·sr·μm）)，按公式（3.2）计算得到比例系数为 10。在 Radiance Scale Factors 对话框勾选 Use single scale factor for all bands 选项，在 Single scale factor 文本框输入 10。

点击 Output Reflectance File 按钮，设置大气校正结果的输出路径和文件名。

点击 Output Directory for FLAASH Files 按钮，设置 FLAASH 大气校正中间文件（如水汽反演结果、云识别结果等）输出路径。

2）设置传感器和图像参数

Scene Center Location 用于设置图像的中心经纬度，FLAASH 会自动提取图像中心经纬度值，用户也可以自己输入。

Sensor Type 下拉列表用于选择遥感传感器类型，此处选择 Landsat TM5。如果传感器类型不在列表中，选择 UNKNOWN-MSI（未知多光谱传感器），并设置光谱响应函数。

Sensor Altitude (km)文本框用于设置传感器高度（单位为 km），FLAASH 会根据传感器类型自动输入对应高度，用户也可以自己输入。

Ground Elevation (km)文本框用于设置图像研究区的海拔（单位为 km），可从研究区的 DEM 数据或者其他参考资料中获取，此处输入 0.02。

Pixel Size (m)文本框用于设置像元分辨率（单位为 m），FLAASH 会根据图像 Map info 信息自动输入分辨率，用户也可以自己输入。

Flight Date 用于设置成像日期，此处设为 2010 年 8 月 19 日。

Flight Time GMT (HH:MM:SS)用于设置成像时间（格林尼治时间），可从 Landsat/TM 头文件（****_MTL.txt 文件）中获取，此处设为 2:27:41。

3）大气参数设置

Atmospheric Model 下拉列表用于设置大气模型（大气廓线）。FLAASH 提供了 6 种大气模型：Sub-Arctic Winter（SAW，亚极地冬季）、Mid-Latitude Winter（MLW，中纬度冬季）、U. S. Standard（US，美国标准大气）、Sub-Arctic Summer（SAS，亚极地夏季）、Mid-Latitude Summer（MLS，中纬度夏季）、Tropical（T，热带）。每种大气模型的温度、

湿度等垂直分布状况各不相同，用户可以通过网络查询这几种大气模型的具体信息。

需要根据研究区及成像时间选择相近的大气模型，表 3.2 给出了根据研究区纬度及月份选择大气模型的参考表（ITT Visual Information Solutions，2008），此处选择 Tropical 热带大气模型。

表 3.2　基于纬度和月份选择大气模型参考表

纬度	1 月	3 月	5 月	7 月	9 月	11 月
80 °N	SAW	SAW	SAW	MLW	MLW	SAW
70 °N	SAW	SAW	MLW	MLW	MLW	SAW
60 °N	MLW	MLW	MLW	SAS	SAS	MLW
50 °N	MLW	MLW	SAS	SAS	SAS	SAS
40 °N	SAS	SAS	SAS	MLS	MLS	SAS
30 °N	MLS	MLS	MLS	T	T	MLS
20 °N	T	T	T	T	T	T
10 °N	T	T	T	T	T	T
0 °	T	T	T	T	T	T
10 °S	T	T	T	T	T	T
20 °S	T	T	T	MLS	MLS	T
30 °S	MLS	MLS	MLS	MLS	MLS	MLS
40 °S	SAS	SAS	SAS	SAS	SAS	SAS
50 °S	SAS	SAS	SAS	MLW	MLW	SAS
60 °S	MLW	MLW	MLW	MLW	MLW	MLW
70 °S	MLW	MLW	MLW	MLW	MLW	MLW
80 °S	MLW	MLW	MLW	SAW	MLW	MLW

Water Retrieval 箭头切换按钮用于设置是否进行水汽反演。如果进行水汽反演，输入图像需要包含至少 1 个水汽特征波段：1050～1210nm（1135nm 水汽特征吸收带）、870～1020nm（940nm 水汽特征吸收带）或 770～870nm（820nm 水汽特征吸收带），并且上述水汽特征波段的波谱分辨率要优于 15nm。如果不进行水汽反演，则直接采用大气模型对应的水汽值，也可以通过 Water Column Multiplier 文本框设置一个调整系数。此处 Water Retrieval 选择 No，不进行水汽反演，Water Column Multiplier 文本框输入 1，直接采用热带大气模型的水汽含量。

Aerosol Model 下拉列表用于选择气溶胶模型，有 4 种气溶胶模型可以选择：Rural（乡村型）、Maritime（海洋型）、Urban（城市型）、Tropospheric（对流层型），也可以选择 No Aerosol（无气溶胶）。不同气溶胶模型的沙尘性、水溶性、海洋性和煤烟性气溶胶粒子百分比组成各不相同，用户需要根据研究区的实际情况选择合适的气溶胶模型。此处选择 Urban 城市型。

Aerosol Retrieval 下拉列表用于设置气溶胶反演算法，有 2 种气溶胶反演算法可以选择：2-Band (K-T)和 2-Band Over Water，分别适用于陆地和海洋上空气溶胶反演。当采用 K-T 算法时，需要在 Multispectral Settings 中设置 KT upper（2100～2250nm）和 KT lower（640～680nm）波段等参数。也可以选择 None 不反演气溶胶，直接在 Initial Visibility (km) 文本框中输入初始能见度。

能见度数据是短波波段大气校正的关键输入参数，该数值要尽可能准确。能见度或者气溶胶光学厚度（aerosol optical depth，AOD）可以通过气象站点观测资料、MODIS 等卫星遥感气溶胶产品、Aeronet 站点观测资料等途径获取。垂直方向的大气气溶胶光学厚度和水平方向的能见度可以通过下面公式进行转换（Vermote et al., 1994）：

$$V_0 = \exp[-\ln(\tau_{550} / 2.7628) / 0.79902] \tag{3.3}$$

式中，V_0 为能见度，单位为 km；τ_{550} 为 550nm 气溶胶光学厚度。

从 2010 年 8 月 19 日 TERR/MODIS 气溶胶产品 MOD04 中查询得到研究区成像时 550nm AOD 值约为 0.41，根据公式（3.3）计算得到能见度为 10.88km。

点击 Multispectral Settings…按钮打开 Multispectral Settings 对话框，设置水汽和气溶胶反演所需相关参数，包括 Water Absorption Channel（水汽吸收波段）、Water Reference Channel（水汽参考波段）、Filter Function File（波谱响应函数文件）、KT upper（KT 高反射波段）、KT lower（KT 低反射波段）、Reflectance Ratio（高低反射波段反射率比值）、Cirrus Channel（卷云波段）等。

点击 Advanced Settings…按钮打开 FLAASH Advanced Settings 对话框，进行高级设置，包括 Spectrograph Definition File（光谱仪定义文件）、Aerosol Scale Height（气溶胶标高）、CO2 Mixing Ratio (ppm)（CO_2 混合比）、Modtran Resolution（Modtran 光谱分辨率）、Modtran Multiscatter Model（Modtran 多散射模型）、Zenith Angle（天顶角）、Azimuth Angle（方位角）、Use Tiled Processing（分块运算）、Tile Size (Mb)（分块大小）、Re-define Scale Factors For Radiance Image（重定义辐射亮度图像比例系数）、Output Reflectance Scale Factor（输出反射率比例系数）、Automatically Save Template File（自动保存模板文件）等。通常情况下不需要修改这些设置，保持默认值即可。

FLAASH 为了节约存储空间，默认将输出反射率结果乘以 10000 转换为整型数据。如果需要真实的反射率数值，要通过波段运算等方式将结果图像乘以 0.0001，将反射率范围转换为 0～1。

经过 FLAASH 大气校正后的反射率图像有效消除了大气和光照角度等因素的影响，与地物真实反射特征更接近。图 3.10 给出了某个植被像元大气校正前后光谱曲线的对比，可见大气校正后的反射率曲线很好地体现出了植被的光谱特征。

经过 FLAASH 大气校正后的反射率图像中可能会存在少量小于 0 或者大于 10000 的像元值，即真实反射率小于 0 或者大于 1。负值像元通常为水体、浓密植被或者阴影像元，反射率大于 1 的像元通常是高反射人工地物。这种情况可能由能见度等输入参数误差、数据噪声、参数设置等因素导致的，通常占整个图像比例比较小。可以通过波段运算或掩膜等操作将小于 0 的像元值设为 0（或者略大于 0 的值），将大于 1 的值设为 1（或者略低于 1 的值）。

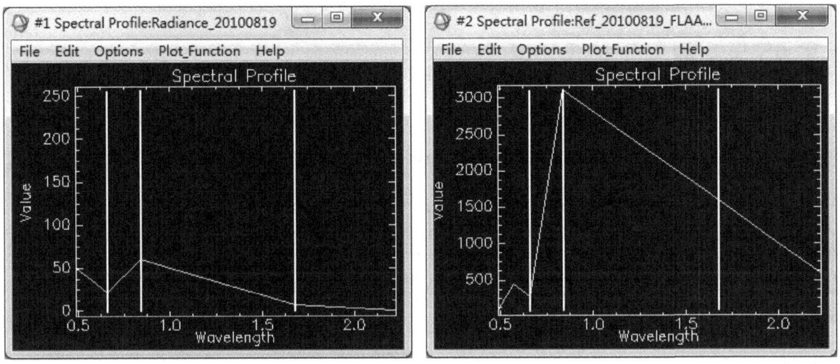

图 3.10 FLAASH 大气校正前后植被光谱曲线对比

左：辐射亮度；右：FLAASH 大气校正结果

运用波段运算对反射率进行修正：**ENVI 主菜单→Basic Tools→Band Math**，打开 Band Math 对话框，在 Enter an expression 文本框内输入波段运算公式：(b1*0.0001)>0<1，该公式首先将反射率图像乘以 0.0001，转换到 0～1，然后将小于 0 的像元值替换为 0，最后将大于 1 的像元值替换为 1。点击 OK 按钮打开 Variables to Bands Pairings 对话框，点击 Map Variables to Input File 按钮将波段变量 b1 和整个反射率图像关联起来，执行计算得到修正后的反射率图像（波段运算的详细操作见第 5 章）。修正前后反射率图像中各波段统计结果见图 3.11。

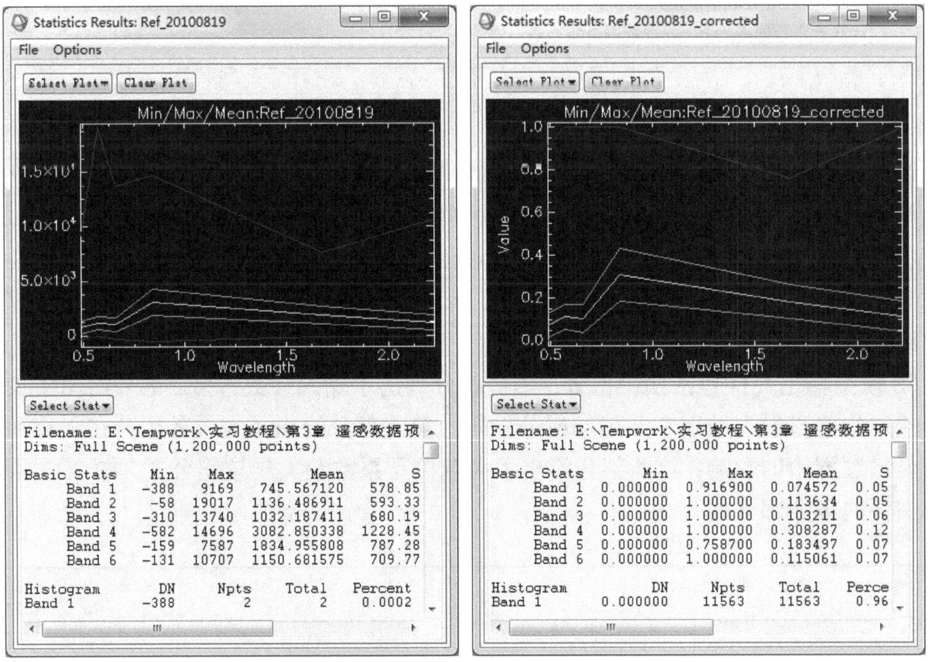

图 3.11 修正前后反射率各波段值的对比

左：修正前；右：修正后

2. 基于 6S 模型的大气校正

6S（second simulation of the satellite signal in the solar spectrum）模型是 Vermote 等（1994）在 5S（simulation of the satellite signal in the solar spectrum）模型基础上改进得到的，用于 0.25～4.0μm 波长范围内电磁波的大气辐射传输模拟。

6S 模型有多个不同调用方式的版本，包括文本文件输入参数、命令行界面输入参数以及在网页中输入参数等。在文本文件输入参数的调用模式下，首先按照 6S 模型规定格式编辑参数创建输入文本文件，以 TM_NJ_20100819 大气校正为例，6S 模型输入文件内容如图 3.12 所示。

```
7    (传感器类型：7 表示 Landsat TM)
8 19 2.46 118.82 32.13    (成像几何信息：月、日、GMT 时间、经度、纬度)
1    (大气模式：1 表示热带)
3    (气溶胶类型：3 表示城市型)
0     (下一行输入 550nm 气溶胶光学厚度)
0.41      (550nm 气溶胶光学厚度：0.41)
–0.02      (研究区海拔，单位为 km，负值表示高于海平面)
–705      (卫星传感器轨道高度，单位为 km，负值表示高于海平面)
25    (波长信息：25 表示 Landsat5/TM 第 1 波段)
0     (地表均质性：0 表示均一地表)
0     (地表反射方向性：0 表示朗伯体，无方向反射特性)
3     (目标地物类型，3 表示沙地)
–0.1      (计算表观反射率为 0.1 的地物的真实地表反射率)
```

图 3.12　6S 模型输入文件内容

在 6S 模型输入文件中，每行前面的数字为输入参数值，后面小括号内为注释信息。限于篇幅，本书未给出 6S 模型各个参数的详细解释，用户可以查阅 6S 说明文件。

将输入参数文件保存为 txt 文件（如 in.txt），与 6S 模型执行文件（如 main.exe）放在同一目录下，在命令行方式下输入命令：main <in.txt >out.txt，调用 6S 模型计算得到输出结果文件 out.txt。

6S 模型输出文件包括四个部分：第一部分列出了输入参数；第二部分给出了大气辐射传输过程中直射、散射和环境辐射分量等；第三部分给出了大气各组分在上行和下行辐射传输过程中的影响；第四部分给出了大气校正系数及大气校正公式。图 3.13 给出了输出文件的第四部分内容。

```
……
……

*******************************************************************************
*                      atmospheric correction result                          *
*                      -----------------------------                          *
*          input apparent reflectance              :      0.100               *
```

```
*        measured radiance [w/m2/sr/mic]        :   52.556                          *
*        atmospherically corrected reflectance :   0.043                            *
*        coefficients xa xb xc                  :  0.00386   0.16157   0.12870      *
*        y=xa*(measured radiance)-xb;   acr=y/(1.+xc*y)                             *
*******************************************************************************
```

图 3.13 6S 模型输出文件第四部分内容

输出文件第四部分中包含了遥感图像大气校正所需要的 3 个系数值（xa=0.00386、xb=0.16157、xc=0.12870）和大气校正公式（y=xa*(measured radiance)–xb; acr=y/(1.+xc*y)）。大气校正公式可表达为

$$\rho = \frac{\mathrm{xa} \cdot L - \mathrm{xb}}{1 + \mathrm{xc} \cdot \left(\mathrm{xa} \cdot L - \mathrm{xb}\right)} \tag{3.4}$$

式中，ρ 为大气校正后的地表真实反射率；L 为表观辐射亮度，单位为 W/（$m^2 \cdot sr \cdot \mu m$）；xa、xb、xc 为 6S 模型计算得到的大气校正系数。

将 6S 模型输入文件中的“25(波长信息：25 表示 Landsat5/TM 第 1 波段)”分别修改为“26”“27”“28”“29”“30”（分别表示 Landsat5/TM 第 2、3、4、5、7 波段），保存文件并运行 6S 模型，得到 Landsat5/TM 第 2、3、4、5、7 波段的大气校正系数值。

根据 6S 模型输出结果运用波段运算功能对辐射亮度数据进行大气校正。打开 TM_NJ_20100819 定标后的辐射亮度文件，**ENVI 主菜单→Basic Tools→Band Math**，打开 Band Math 对话框，在 Enter an expression 文本框内输入波段运算公式：(0.00386*b1-0.16157)/(1+0.1287*(0.00386*b1-0.16157))，点击 OK 按钮打开 Variables to Bands Pairings 对话框，将波段变量 b1 和辐射亮度数据第 1 波段关联起来，计算得到波段 1 的地表真实反射率图像（波段运算的详细操作见第 5 章）。

利用波段运算依次完成所有波段的大气校正，通过 **ENVI 主菜单→Basic Tools→Layer Stacking** 或者 **ENVI 主菜单→File→Save File As→ENVI Standard** 将各个波段的地表真实反射率数据合并为 1 个 ENVI 格式文件，得到所有波段的地表真实反射率。

运用波段运算逐波段进行大气校正比较烦琐，可以利用 IDL 语言将 6 个波段的大气校正系数应用于辐射亮度图像，实现大气校正。

首先将 6 个波段的大气校正系数值保存为 1 个 ASCII 码文件（图 3.14）。

```
0.00386   0.16157   0.12870
0.00365   0.08876   0.09904
0.00378   0.05166   0.07841
0.00528   0.02603   0.05251
0.02253   0.00443   0.01539
0.05911   0.00194   0.00770
```

图 3.14 6S 模型大气校正系数文本文件

然后在 IDL 窗口编写批处理程序如下：

```
pro Atmo_corr_6S

  ;打开并读入TM数据
  fn=dialog_pickfile(title='选择辐射亮度数据', get_path=work_dir)
  cd, work_dir
  envi_open_file, fn, r_fid=fid
  envi_file_query, fid, ns=ns, nl=nl, nb=nb, dims=dims
  map_info=envi_get_map_info(fid=fid)

  ;打开并读入6S大气校正系数
  fn=dialog_pickfile(filter='*.txt', title='大气校正系数')
  openr, lun, fn, /get_lun
  data=fltarr(3,6)
  readf, lun, data
  free_lun, lun
  xa=data[0, *]
  xb=data[1, *]
  xc=data[2, *]

  ;逐波段读入辐射亮度数据并完成大气校正
  Ref=fltarr(ns, nl, nb)
  for i=0, nb-1 do begin
    L=envi_get_data(fid=fid, dims=dims, pos=i)
    Ref[*, *, i]=(xa[i]*L-xb[i])/(1+xc[i]*(xa[i]*L-xb[i]))
  endfor

  ;保存地表反射率结果
  o_fn=dialog_pickfile(title='地表反射率数据保存为')
  envi_write_envi_file, Ref, out_name=o_fn, /no_copy, ns=ns, $
    nl=nl, nb=nb, out_dt=4, map_info=map_info

end
```

编译 IDL 程序并执行，得到地表真实反射率文件。

6S 大气校正后，通过 Z profile 对校正前后两幅图像中典型地物像元（如植被）光谱曲线的变化进行对比分析（图 3.15）。

另外，经过 6S 大气校正后的反射率图像中也可能存在少量小于 0 或者大于 1 的像元。同样可以运用上一小节的方法进行修正，消除这些异常值。

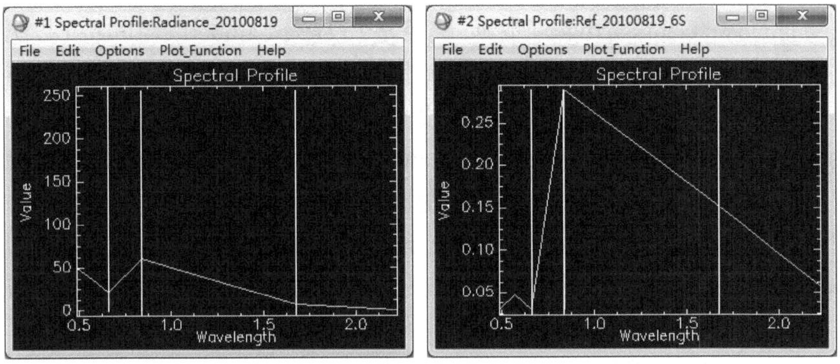

图 3.15 6S 大气校正前后植被光谱曲线对比

左：辐射亮度；右：6S 大气校正结果

3.2 投影定义与转换

对于地球球体而言，通常以经纬度坐标来表达地球表面上的位置，这种基于经纬度的球面坐标系称为地理坐标系（geographic coordinate system）。地理坐标系以度为单位，基于地球椭球体（cllipsoid）或者大地基准面（datum）。

地球是个不规则的椭球体，人们定义了多种不同的椭球体来逼近真实的地球。我国常用的椭球体包括 Krassovsky、IAG75、CGCS2000 和 WGS84 椭球体（表 3.3）。

表 3.3 我国常用的地球椭球体

椭球体	长轴半径/m	短轴半径/m	扁率
Krassovsky	6378245.0	6356863.0	1/298.3
IAG75	6378140.0	6356755.3	1/298.257221
CGCS2000	6378137.0	6356752.31414	1/298.2572221
WGS84	6378137.0	6356752.3142	1/298.2572236

仅仅定义规则的椭球体不足以很好的逼近地球，需要进一步定义椭球体与地球的相对位置，即大地基准面。目前使用最广泛的是 WGS84 基准面，其余基准面通过 3 参数（X 平移、Y 平移、Z 平移）或者 7 参数（X 平移、Y 平移、Z 平移、X 旋转、Y 旋转、Z 旋转、尺度变化 K）描述其与 WGS84 基准面之间的相对位置关系。

由于经纬度不是标准的长度单位，以度为单位的地理坐标系不适用于量测长度和面积。学者们提出了地图投影的概念，将地球椭球面投影到平面上。根据投影变形性质，投影可分为等角投影、等积投影和任意投影；根据地图投影构成方法，可以分为几何投影和非几何投影；按投影面类型，可以分为圆柱投影、圆锥投影和方位投影等；根据投影轴与地轴的相对位置，可以分为正轴投影、斜轴投影和横轴投影；根据投影面与地球表面的关系，可以分为切投影、割投影等。

在实际应用中，要根据使用目的和研究区特征选用合适的投影类型。我国常用的投影类型主要有三种：Gauss-Kruger（高斯-克吕格）投影、Lambert（兰勃特）投影和 Albers（阿伯斯）投影。大于等于 1∶50 万比例尺的地图主要采用 Gauss-Kruger 投影，小于 1∶50 万比例尺的地图主要采用 Lambert 和 Albers 投影。

Gauss-Kruger 投影又称 transverse Mercator（横轴墨卡托）投影，为横轴等角切圆柱投影。在该投影系下，距离中央经线越远变形越大，因此采用分带投影的方式。大于等于 1∶1 万地图采用 3 度分带，小于 1∶1 万地图采用 6 度分带。该投影主要参数包括：基准面/椭球体、东伪偏移、北伪偏移、中央经线、原点纬线、比例系数。基准面/椭球体通常采用 WGS84 基准面或者 Krassovsky 椭球体等，东伪偏移为 500000m，北伪偏移为 0m，中央经线根据分带计算，原点纬线为 0°，比例系数为 1。

Lambert 投影为正轴割圆锥等角投影，Albers 投影为正轴割圆锥等积投影。前者描绘形状更合适，而后者描绘面积更准确。这两种投影主要参数是一致的，包括：基准面/椭球体、东伪偏移、北伪偏移、中央经线、原点纬线、标准纬线 1 和标准纬线 2。基准面/椭球体通常采用 WGS84 基准面或者 Krassovsky 椭球体等，东伪偏移为 0m，北伪偏移为 0m，中央经线为 105°，原点纬线为 0°，标准纬线 1 为 25°，标准纬线 2 为 47°。

除了上述三种投影类型之外，还有一种投影类型被广泛用于遥感影像上，即 UTM（Universal Transverse Mercator，通用横轴墨卡托）投影。该投影为横轴割圆柱等角投影，与 Gauss-Kruger 投影相似，区别在于其椭圆柱投影面与地球相割而非相切。该投影通常基于 WGS84 或者 NAD1927 基准面，东伪偏移为 500000m，北伪偏移为 0m，中央经线根据分带计算，原点纬线为 0°，比例系数为 0.9996。很多地学软件都提供了对 UTM 投影的支持，直接输入分带带号和基准面即可。UTM 投影采用 6 度分带，从 180°经线自西向东编号，如南京所在分带为 50。

3.2.1　投影定义

ENVI 主菜单→Map→Customize Map Projections，打开 Customized Map Projection Definition 窗口（图 3.16），定义投影。在 ENVI 头文件编辑、投影转换等操作的投影选择对话框中点击 New…按钮也可以打开该窗口定义投影。

以南京（东经 118.78°，北纬 32.04°）为例定义 Gauss-Kruger 投影。Projection Name 文本框用于设置所定义投影的名称，此处输入 TM_117；Projection Type 列表用于选择投影类型，此处选择 Transverse Mercator；Projection Datum 列表用于选择基准面，由于 ENVI 未提供北京 54 和西安 80 坐标系基准面，需要编辑 ENVI 的基准面文件添加基准面，或者点击箭头切换按钮，将 Projection Datum 列表切换为 Projection Ellipsoid 列表，选择 Krassovsky 椭球体；False easting 和 False northing 文本框分别用于设置东伪偏移和北伪偏移，此处分别设为 500000 和 0；Latitude of projection origin 文本框用于设置原点纬线，此处设为 0；Longitude of central meridian 文本框用于设置中央经线，此处设为 117；Scale factor 文本框用于设置比例系数，此处设为 1。

完成投影设置后，点击 OK 按钮，将新定义的投影添加到 ENVI 投影文件（map_proj.txt）中，在 Map Projection Selection 对话框中可以见到刚才所定义的投影（图 3.17）。

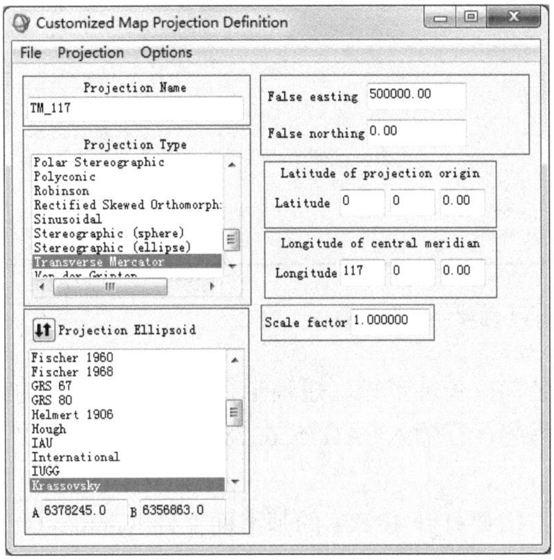

图 3.16　Customized Map Projection Definition 窗口

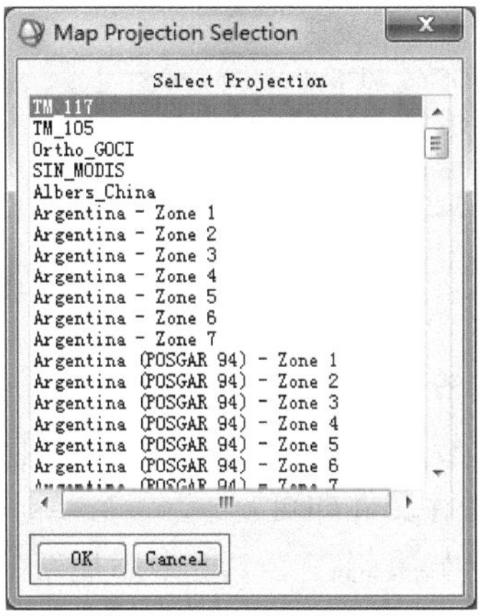

图 3.17　Map Projection Selection 对话框

图 3.18 给出了 Albers 投影的定义窗口。与 transverse Mercator 投影定义相似，也包括投影名称、投影类型、东伪偏移、北伪偏移、原点纬线、中央经线等设置，不同的是没有比例系数这一参数，多了双标准纬线参数。

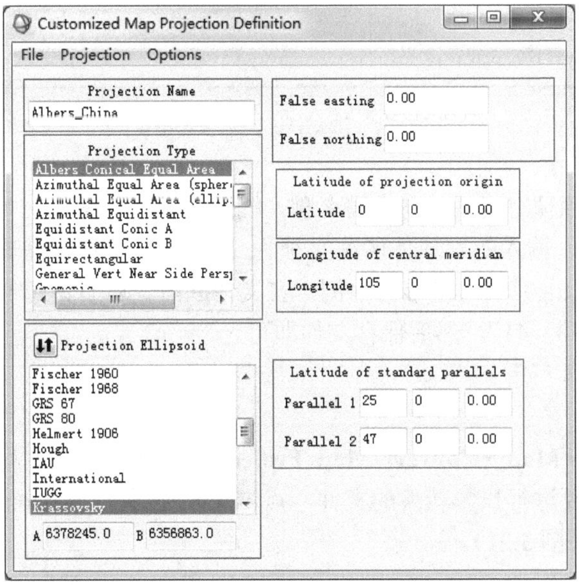

图 3.18　Albers 投影定义的参数设置

如果想在 ENVI 中添加新的椭球体，需要打开 ENVI 的椭球体文件（ellipse.txt）进行编辑。该文件在 ENVI 安装路径下的...\classic\map_proj 文件夹中，打开后内容如图 3.19 所示。

```
……
Struve, 6378298.0, 6356657.0
Walbeck, 6376896.0, 6355834.9
WGS 60, 6378165.0, 6356783.3
WGS 66, 6378145.0, 6356759.8
WGS 72, 6378135.0, 6356750.5
WGS 84, 6378137.0, 6356752.3
```

图 3.19　ENVI 椭球体文件内容

在该文件中按照现有格式（椭球体名称，长轴半径，短轴半径）添加新定义的椭球体。以 IAG75 为例，在文件原内容后面另起一行输入"IAG75, 6378140.0, 6356755.3"，然后保存文件即可。

如果想在 ENVI 中添加新的基准面，需要打开 ENVI 的基准面文件（datum.txt）进行编辑。该文件在 ENVI 安装路径下的…\classic\map_proj 文件夹中，打开后内容如图 3.20 所示。

```
……
Wake-Eniwetok '60, Hough, 101, 52, -39
WGS-72, WGS 72, 0, 0, 5
WGS-84, WGS 84, 0, 0, 0
Yacare, International, -155, 171, 37
Zanderij, International, -265, 120, -358
```

图 3.20　ENVI 基准面文件内容

在该文件中按照现有格式（基准面名称，椭球体名称，参数 1，参数 2，参数 3）添加新定义的基准面，输入的椭球体名称必须为 ENVI 中现有的椭球体名称，否则启动 ENVI 时会报错。以北京 54 基准面为例，在文件原内容后面另起一行输入“Beijing54, Krassovsky, –12, –113, –41”，然后保存文件即可。

3.2.2　投影转换

ENVI 主菜单→Map→Convert Map Projection，在 Convert Map Projection Input Image 对话框选择要进行投影转换的文件，点击 OK 按钮打开 Convert Map Projection Parameters 对话框（图 3.21）。

首先在该对话框左边 Output Projection and Map Extent 栏点击 Change Proj…按钮，在 Projection Selection 对话框的投影列表中选择想要转换的投影（如上面定义的 Albers_China），如果投影列表中没有所需的投影，点击 New…按钮定义新投影；X Pixel Size 和 Y Pixel Size 文本框用于设置输出结果的像元分辨率；Output X Size 和 Output Y Size 文本框用于设置输出结果的行列数，由 ENVI 自动计算得到，通常保持不变。

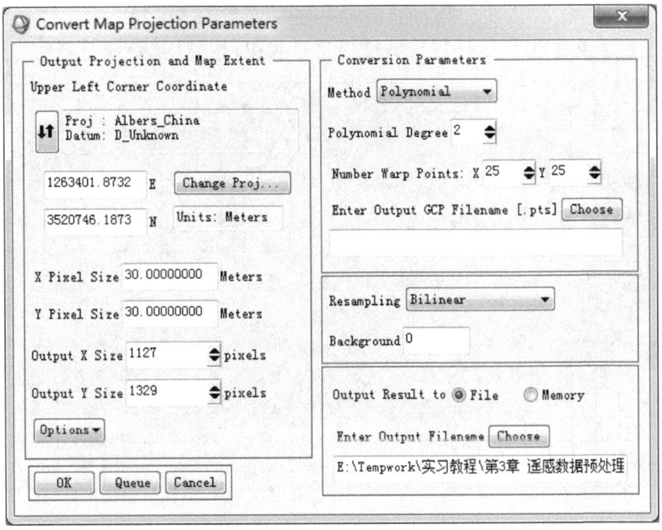

图 3.21　Convert Map Projection Parameters 对话框

Convert Map Projection Parameters 对话框右边上部 Conversion Parameters 栏的 Method 下拉列表用于选择坐标转换方法，有 RST（仿射变换）、Polynomial（多项式）、Triangulation（三角网）和 Rigorous（严格数学模型）方法，此处选择 Polynomial 方法；Ploymial Degree 文本框用于设置多项式阶数，此处设为 2，表示采用二阶多项式模型。

右边中部的 Resampling 下拉列表用于选择重采样方法，有 Nearest Neighbor（最邻近法）、Bilinear（双线性插值）和 Cubic Convolution（立方卷积插值）三种，此处选择 Bilinear 双线性插值法。最后设置输出结果的保存方式，完成投影转换。

3.2.3　基于 MRT 的 MODIS 投影转换

按照产品级别的不同，MODIS 主要采用了两种数据格式：Swath（轨道格式）和 Grid（拼图格式）。

Swath 格式以“卫星”为参照系，主要是通过时间和时间间隔描述空间位置，用时间间隔描述卫星每扫描一次（1 个 Swath）的位置。MODIS 的 1 级和 2 级产品采用 Swath 格式，如 L1B 数据 MOD02、大气气溶胶产品 MOD04_3K、5 分钟地表温度和地表比辐射率产品 MOD11_L2 等。Swath 格式 MODIS 数据中的科学数据集自身不具有地理坐标信息，地理坐标信息以经纬度波段的方式单独存在，其处理方法详见 3.3.2 节。

Grid 格式以“地球”为参照系，采用了 Sinusoidal（正弦曲线）投影。MODIS 的 2G 级以上产品采用 Grid 格式，如逐日地表温度和地表比辐射率产品 MOD11A1、月合成植被指数产品 MOD13A3、年土地覆盖产品 MCD12A1 等。Grid 格式的 MODIS 数据将全球按照 10°经度×10°纬度分为若干个 Tile（图 3.22），每个 Tile 有一个水平和垂直编号，如南京所在 Tile 的编号为 *h*28*v*05。

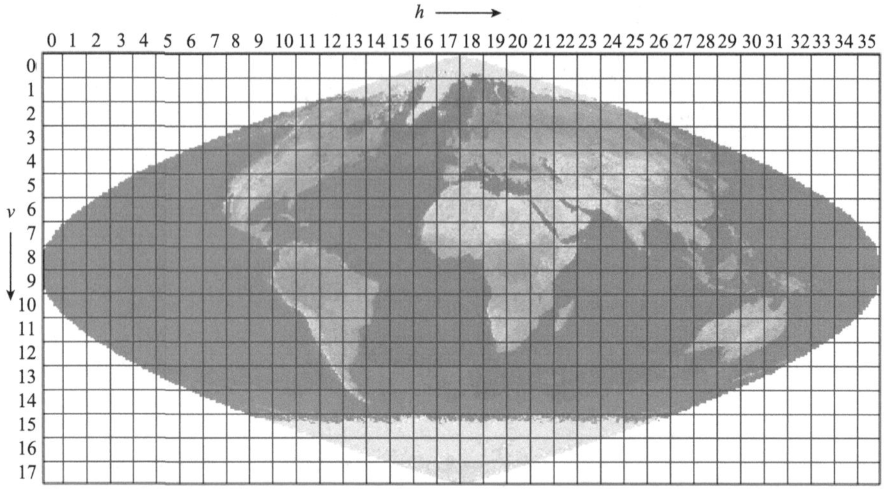

图 3.22　全球 MODIS Tile 分幅

来源：https://modis-land.gsfc.nasa.gov/MODLAND_grid.html

在使用 Grid 格式的 MODIS 数据之前，需要对该数据进行预处理，将 Sinusoidal 投影转换为 Albers、Lambert 等常用的投影。ENVI 无法直接读取 Grid 格式 MODIS 数据的投影信息，需要通过编辑头文件的方式输入文件的投影坐标信息，非常不便。通常采用专门的软件包 MRT（MODIS Reprojection Tool）来完成 Grid 格式 MODIS 数据的镶嵌和投影转换工作。

Window 环境下运行 MRT 需要 Java 的支持，在安装 MRT 之前首先安装 Java，然后运行 MRT 安装包中的 install.bat，在命令行界面下完成安装。MRT 安装之后，在安装路径下的 bin 目录下运行 ModisTool.bat，打开 MRT 工作界面（图 3.23）。

点击 Open Input File…按钮，选择要进行处理的 MODIS 数据，此处选择两景 TERRA/MODIS 月合成植被指数产品（MOD13A3.A2017213.h27v05.006.2017262090228.hdf 和 MOD13A3.A2017213.h28v05.006.2017262100521.hdf）。如果导入一景 MODIS 数据，MRT 只进行投影转换处理，如果导入两景及以上 MODIS 数据，MRT 将先进行镶嵌，然后进行投影转换。

导入数据后，点击 View Metadata…按钮可以查看 MODIS 数据的元数据；View Selected Tile…按钮用于打开 Image Window 窗口，显示导入的 MODIS 数据在全球 Tile 分幅中的位置（图 3.24）；MRT 界面的 Input File Info 栏显示 MODIS 数据的基本信息，包括投影类型、投影参数、波段数、数据类型、像元分辨率、行列数等。

Selected Bands 列表列出了要进行处理的波段，默认为所有波段。在该列表选中不需要进行处理的波段，点击<<按钮将其移到 Available Bands 列表中；也可以在 Available Bands 列表中选中需要进行处理的波段，点击>>按钮将其移到 Selected Bands 列表中。此处 Selected Bands 列表中仅保留 1_km_monthly_NDVI 波段，其余波段均移到 Available Bands 列表中。

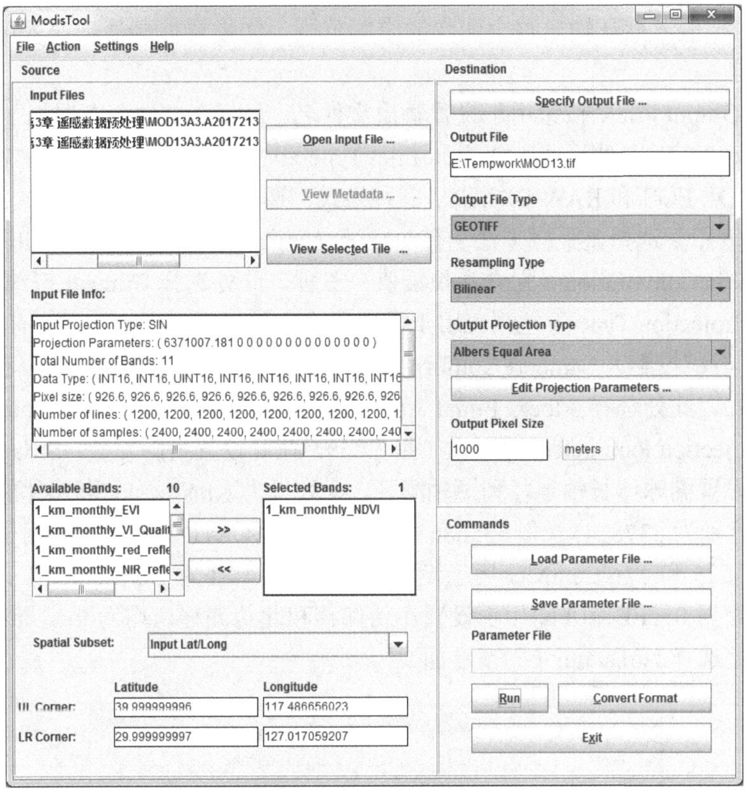

图 3.23　MRT 工作界面

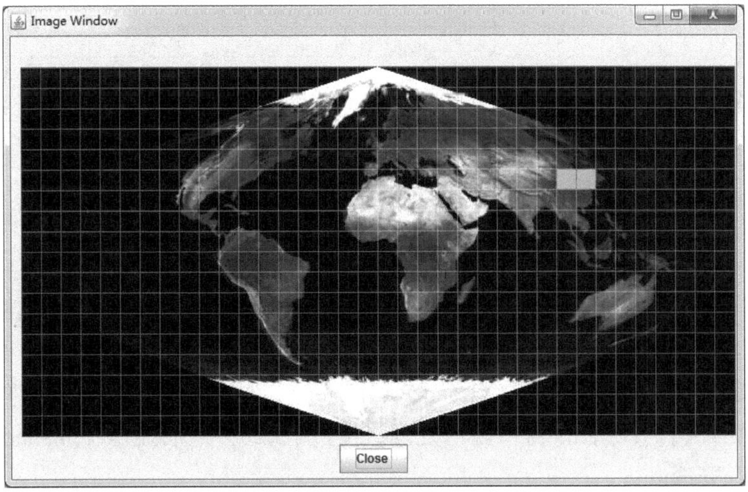

图 3.24　Image Window 窗口

Spatial Subset 下拉列表用于设置重采样的依据，有 Input Lat/Long、Input Line/Sample 和 Output Projection X/Y 三个选项，分别为输入文件经纬度、输入文件行列号和输出文件投影坐标值；下面的 UL Corner 和 LR Corner 文本框分别输入左上角和右下角的经纬度/行列号/坐标值，默认输出整个图像的空间范围，如果要提高处理速度可以设置比较小的空间范围。

Specify Output File...按钮用于设置输出文件名，最好在文件名末尾加上.tif 后缀，表示输出为 GeoTIFF 文件格式；Output File Type 下拉列表用于设置输出文件类型，有 GeoTIFF、HDF-EOS 和 RAW BINARY 三种格式，通常选择 GeoTIFF 格式；Resampling Type 下拉列表用于选择重采样方法，有 Nearest Neighbor（最邻近法）、Bilinear（双线性插值）和 Cubic Convolution（立方卷积插值）三种，此处选择 Bilinear 双线性插值法。

Output Projection Type 下拉列表用于设置输出文件投影类型，常用的有 Albers Equal Area（Albers 等积投影）、Lambert Conformal Conic（Lambert 等角圆锥投影）和 Geographic（地理坐标系），此处选择 Albers Equal Area 投影。然后点击 Edit Projection Parameters...按钮打开 Projection Parameters 对话框（图 3.25），在此设置投影参数：SMajor 和 SMinor 文本框用于设置椭球体长轴半径和短轴半径，此处设为 Krassovsky 椭球体的长轴半径和短轴半径，分别为 6378245.0 和 6356863.0；STDPR1 和 STDPR2 文本框用于设置双标准纬线，分别为 25 和 47；CentMer 用于设置中央经线，此处为 105；OriginLat 用于设置原点纬线，此处为 0；FE 和 FN 用于设置东伪偏移和北伪偏移，均为 0；Datum 用于选择基准面，此处选择 NoDatum（无基准面）。

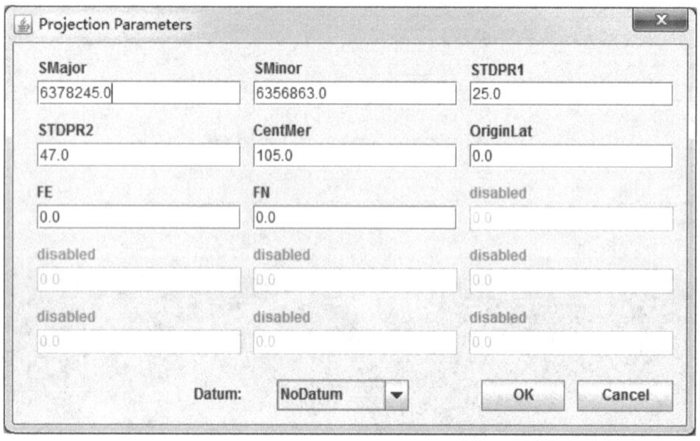

图 3.25　Projection Parameters 对话框

MRT 工作界面的 Output Pixel Size 文本框用于设置输出文件的空间分辨率，MRT 会根据输入的 MODIS 文件自动计算，用户也可以自行修改；Save Parameter File...按钮用于将设置的参数保存为 prm 文件；Load Parameter File...按钮用于载入已有的 prm 文件。点击 Run 按钮，会打开 Status 窗口显示处理进度（图 3.26），最后显示"Finished processing!"表示处理已经完成。

在 ENVI 中打开 MRT 处理得到的 GeoTIFF 文件，会弹出 Select GeoTIFF Datum 对话框，提醒用户给打开的 GeoTIFF 文件选择一个基准面，因为 MRT 处理设置了 NoDatum，此处直接点 Cancel 按钮取消即可。图 3.27 给出了 MRT 处理得到的 MODIS NDVI 结果图像。

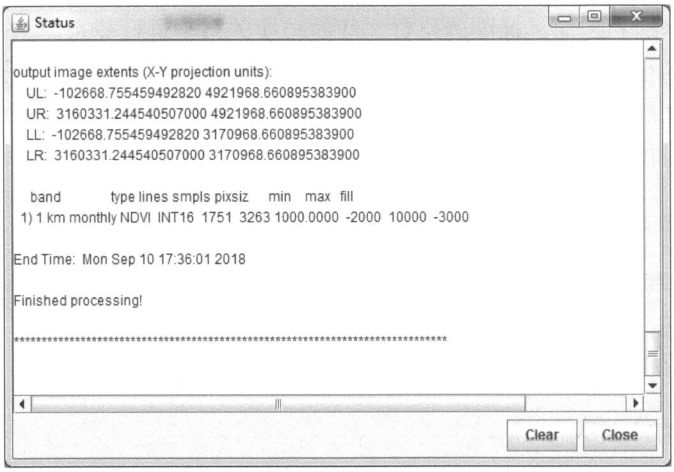

图 3.26　Status 窗口

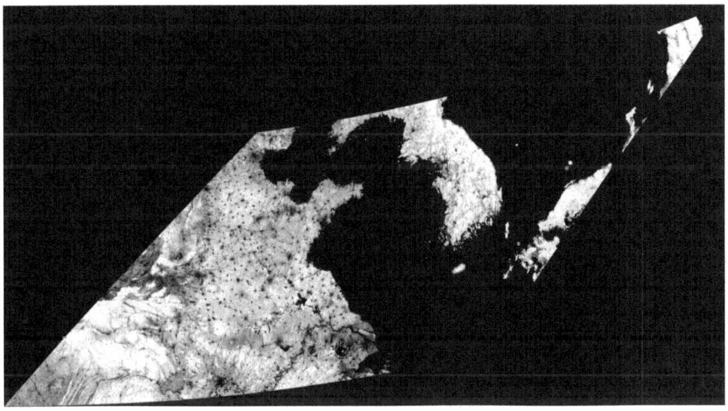

图 3.27　MRT 处理得到的 MODIS NDVI 图像

3.3　几 何 校 正

在遥感成像过程中，由于卫星、传感器姿态、地球表面曲率、地球自转、地形、大气折射等一系列因素的影响，遥感影像常常会发生如行列不均匀、像元大小缩放、地形不规则变化等几何畸变，需要对遥感图像进行几何校正，消除几何畸变，实现与地面目标实际位置的准确匹配。遥感图像几何校正主要包括几何粗校正、几何精校正和正射校正。

几何粗校正针对遥感系统造成的几何系统性畸变，根据成像时各种校正参数运用校正方程进行校正。几何粗校正由卫星地面接收站完成，用户获取的遥感图像通常都是经过几何粗校正之后的图像。

几何粗校正不能有效消除随机性畸变，因此在处理精度要求比较高的时候，还需要进行几何精校正，即配准。几何精校正不考虑引起几何畸变的原因，仅利用地面控制点直接建立图像坐标和地面目标准确位置之间的转换关系来进行校正。

正射校正的目的是消除地形起伏造成的几何畸变，将图像由中心投影转化为正射投影通常需要 RPC（rational polynomial coefficients）参数、数字高程 DEM 或者地面控制点等信息。正射校正主要针对高分辨率遥感图像和地形起伏较大的地区。

3.3.1　配准

ENVI 的配准有两种方式：图像到图像（image to image）的配准和图像到地图（image to map）的配准。前者的参考数据是栅格图像，而后者的参考数据为矢量地图、纸质地形图或者实测数据。

1. 图像到图像配准

HJ1/CCD 图像几何粗校正效果不够理想，经校正后仍然存在明显的几何畸变。此处以 Landsat/TM 图像（TM_NJ_20100819）为基准图像，对 HJ1A/CCD 图像（HJ_CCD_NJ_20110513）进行图像到图像的配准，消除几何畸变。

在 ENVI 中分别打开 TM_NJ_20100819 和 HJ_CCD_NJ_20110513 数据，通过 Geographic Link 将两者按照地理坐标链接起来，可以看出两幅图像之间的定位偏差（图 3.28）。

图 3.28　Geographic Link 后的 Landsat/TM 和 HJ1A/CCD 图像

左：TM 图像；右：CCD 图像

ENVI 主菜单→Map→Registration→Select GCPs: Image to Image，打开 Image to Image Registration 对话框（图 3.29）。Base Image 栏中选择基准图像所在的显示窗口，此处选择 Display #1，即 TM_NJ_20100819 所在的显示窗口，Warp Image 栏选择待校正图像所在的显示窗口，此处选择 Display #2。

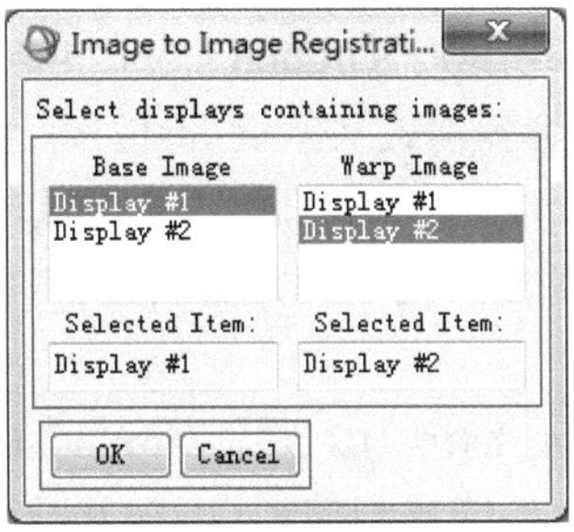

图 3.29 Image to Image Registration 对话框

选择基准图像和待校正图像后，单击 OK 按钮打开 Ground Control Points Selection 窗口（图 3.30）。此时两个显示窗口的 Zoom 窗口中心会出现十字形光标，在基准图像和待校正图像上选择同名控制点（图 3.31），点击 Add Point 按钮将其加入控制点列表。在选择过程中，一般选取图像上易分辨且较精细的特征点，如道路交叉点、河流弯曲或交叉处、海岸线弯曲处、湖泊边缘、机场等。在特征变化大的地区控制点应该多选一些，如果有沙漠、海洋等特征不明显的大面积区域，可以通过延长线取交点的方法进行弥补。

ENVI 默认用红色标记显示选择的控制点，如果基于标准假彩色合成图进行配准，遥感图像中的植被也为红色，不易辨别。**Ground Control Points Selection 窗口菜单→Options→Set Point Colors...**，可将控制点颜色修改为黄色、青色等。

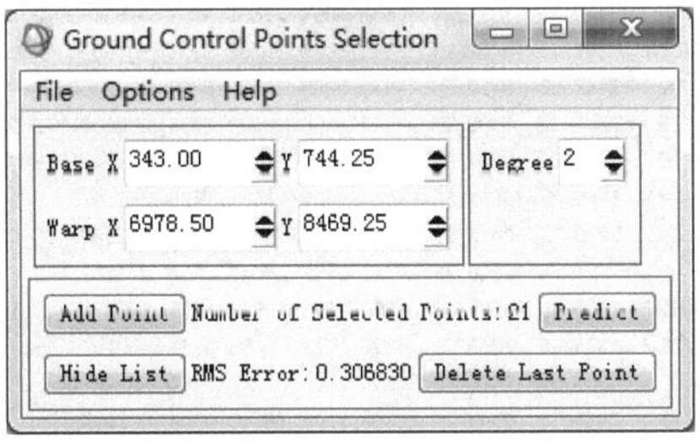

图 3.30 Ground Control Points Selection 窗口

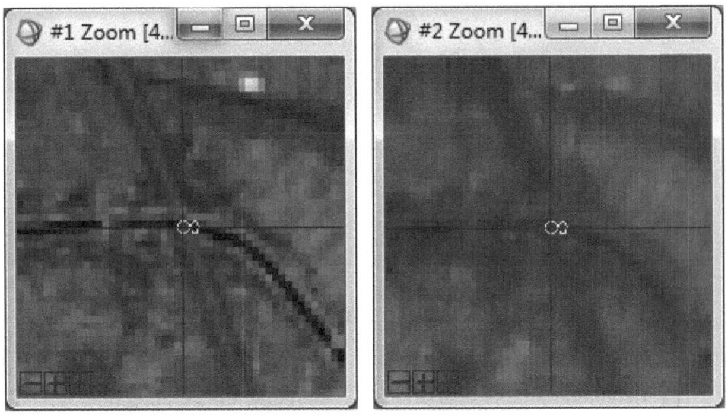

图 3.31 在 Zoom 窗口选择同名控制点

左：TM 图像；右：CCD 图像

当选取的控制点数目达到 3 个时，Ground Control Points Selection 窗口会显示 RMS 误差。RMS Error 表示根据 n 阶多项式（默认 n=1，即一阶多项式）基于现有控制点计算得到的均方根误差。通过 Degree 文本框可修改多项式的阶数，比如改为 2 表示二阶多项式。根据控制点拟合 n 阶多项式所需控制点数目为$(n+1)(n+2)/2$，当控制点数目达到此数目后即可以计算 RMS 误差。

此外，当控制点数目达到$(n+1)(n+2)/2$ 后，Ground Control Points Selection 窗口的 Predict 按钮被激活，可以利用此功能预测控制点。在基准图像上选择一个点，点击 Predict 按钮在待校正图像上自动定位到预测的位置。需要注意的是，该方法定位出来的位置只是根据现有控制点预测的位置，不宜直接作为控制点。此功能主要用于确定大概方位，仍然需要人工选择准确的控制点位置。

点击 Show List 按钮，打开 Image to Image GCP List 窗口（图 3.32）。该窗口列出了所有已选择的控制点，并给出了各控制点的基准图像坐标、待校正图像坐标、预测坐标、待校正图像坐标和预测坐标之间的绝对误差以及均方根误差。可以选中误差较大的控制点，点击 Delete 按钮删除。当控制点发生变化时，坐标转换函数会随之调整，剩下各控制点的误差也随之变化。

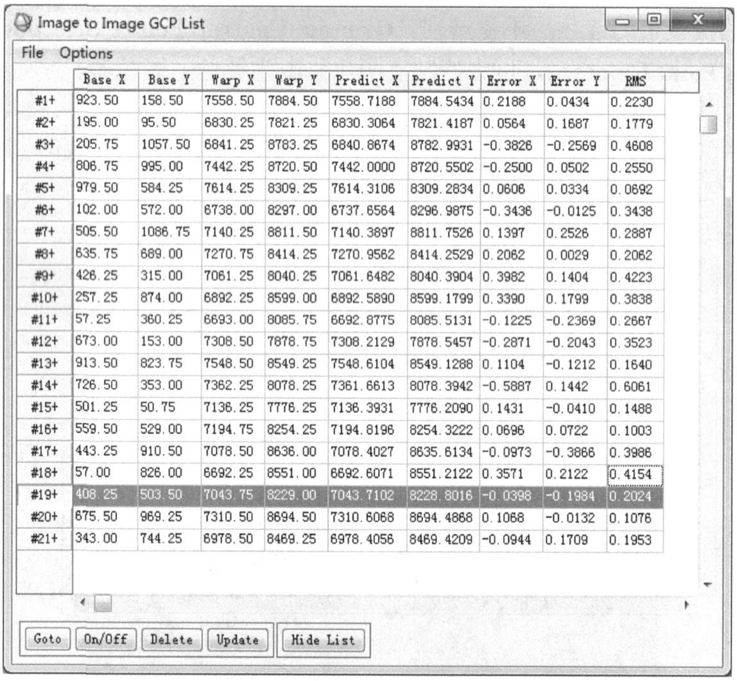

	Base X	Base Y	Warp X	Warp Y	Predict X	Predict Y	Error X	Error Y	RMS
#1+	923.50	158.50	7558.50	7884.50	7558.7188	7884.5434	0.2188	0.0434	0.2230
#2+	195.00	95.50	6830.25	7821.25	6830.3064	7821.4187	0.0564	0.1687	0.1779
#3+	205.75	1057.50	6841.25	8783.25	6840.8674	8782.9931	-0.3826	-0.2569	0.4608
#4+	806.75	995.00	7442.25	8720.50	7442.0000	8720.5502	-0.2500	0.0502	0.2550
#5+	979.50	584.25	7614.25	8309.25	7614.3106	8309.2834	0.0606	0.0334	0.0692
#6+	102.00	572.00	6738.00	8297.00	6737.6564	8296.9875	-0.3436	-0.0125	0.3438
#7+	505.50	1086.75	7140.25	8811.50	7140.3897	8811.7526	0.1397	0.2526	0.2887
#8+	635.75	689.00	7270.75	8414.25	7270.9562	8414.2529	0.2062	0.0029	0.2062
#9+	426.25	315.00	7061.25	8040.25	7061.6482	8040.3904	0.3982	0.1404	0.4223
#10+	257.25	874.00	6892.25	8599.00	6892.5890	8599.1799	0.3390	0.1799	0.3838
#11+	57.25	360.25	6693.00	8085.75	6692.8775	8085.5131	-0.1225	-0.2369	0.2667
#12+	673.00	153.00	7308.50	7878.75	7308.2129	7878.5457	-0.2871	-0.2043	0.3523
#13+	913.50	823.75	7548.50	8549.25	7548.6104	8549.1288	0.1104	-0.1212	0.1640
#14+	726.50	353.00	7362.25	8078.25	7361.6613	8078.3942	-0.5887	0.1442	0.6061
#15+	501.25	50.75	7136.25	7776.25	7136.3931	7776.2090	0.1431	-0.0410	0.1488
#16+	559.50	529.00	7194.75	8254.25	7194.8196	8254.3222	0.0696	0.0722	0.1003
#17+	443.25	910.50	7078.50	8636.00	7078.4027	8635.6134	-0.0973	-0.3866	0.3986
#18+	57.00	826.00	6692.25	8551.00	6692.6071	8551.2122	0.3571	0.2122	0.4154
#19+	408.25	503.50	7043.75	8229.00	7043.7102	8228.8016	-0.0398	-0.1984	0.2024
#20+	675.50	969.25	7310.50	8694.50	7310.6068	8694.4868	0.1068	-0.0132	0.1076
#21+	343.00	744.25	6978.50	8469.25	6978.4056	8469.4209	-0.0944	0.1709	0.1953

图 3.32　Image to Image GCP List 窗口

为了得到良好的配准结果，一景遥感图像通常需要选择 20～30 个控制点，控制点要尽可能均匀地分布在整个研究区，总体配准误差最好在 1 个像元以内。图 3.33 给出了控制点分布状况。

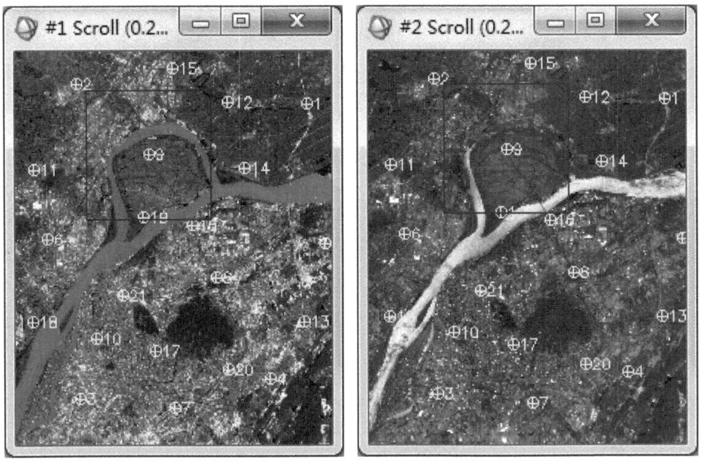

图 3.33　控制点分布状况

左：TM 图像；右：CCD 图像

控制点选择完毕后，**Ground Control Points Selection 窗口菜单→File→Save GCPs to ASCII...**将选择好的控制点保存为 pts 文件。以后可以通过 **Ground Control Points Selection 窗口菜单→File→Restore GCPs from ASCII...**导入保存的 pts 文件。

Ground Control Points Selection 窗口菜单→Options→Warp File...，在 Input Warp Image 窗口选择待校正图像，点击 OK 按钮打开 Registration Parameters 对话框（图 3.34）。Method 下拉列表用于选择坐标转换方法，有 RST（仿射变换）、Polynomial（多项式）、

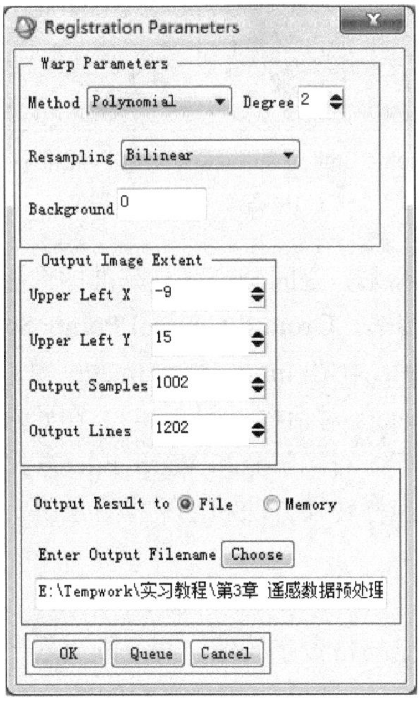

图 3.34　Registration Parameters 对话框

Triangulation（三角网）三种，其中多项式是最常用的坐标转换方法，选择 Ploynomial 后面会出现 Degree 文本框，用于设置多项式阶数，此处设为 2；Resampling 下拉列表用于选择重采样方法，有 Nearest Neighbor（最邻近法）、Bilinear（双线性插值）和 Cubic Convolution（立方卷积插值）三种，此处选择 Bilinear 双线性插值法；Background 文本框用于设置输出图像空白区域的背景值，通常采用默认值 0；Output Image Extent 栏用于设置输出图像的范围，默认值由 ENVI 根据待配准图像和坐标转换模型自动计算得到，通常不需要调整。

配准结果图像与基准图像具有相同的投影坐标系和空间分辨率，通过 Geographic Link 将校正后的 HJ1A/CCD 图像和 TM_NJ_20100819 图像按照地理坐标链接起来，可以看到两幅图像在空间上匹配良好（图 3.35），说明配准结果比较理想。

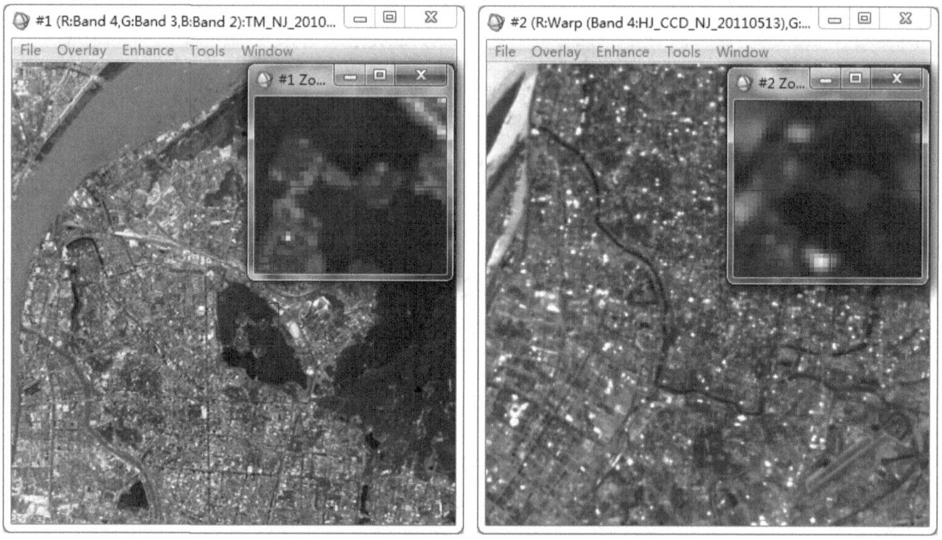

图 3.35　Geographic Link 后的 Landsat/TM 和配准后 HJ1A/CCD 图像

左：TM 图像；右：CCD 图像

配准结果图像的投影坐标系、空间分辨率与基准图像相同，如果想对配准结果设置不同的投影坐标系或空间分辨率，**Ground Control Points Selection 窗口菜单→Options→Warp File (as Image to Map)…**，在 Input Warp Image 窗口选择待校正图像，点击 OK 按钮打开 Registration Parameters 对话框（图 3.36）。在此对话框中，左半部分用于设置输出图像的投影和像元分辨率，右半部分和 Warp File 方式下的 Registration Parameters 对话框内容相同，用于设置坐标转换方法和重采样方法等。

2. 图像到地图配准

如果配准的参考图像不是栅格数字图像，而是纸质地形图、矢量地形图、实测 GPS 数据等形式，将无法采用 Image to Image 方式进行配准，而要采用 Image to Map 方式。

ENVI 主菜单→Map→Registration→Select GCPs: Image to Map，打开 Image to Map Registration 对话框（图 3.37），设置配准的投影类型和像元分辨率等。点击 OK 按钮后

打开 Ground Control Points Selection 窗口（图 3.38），在待校正图像 Zoom 窗口将十字形光标定位到某特征点，然后在 Ground Control Points Selection 窗口左边的 E 和 N 文本框中输入该特征点的横/纵坐标值，点击 Add Point 按钮将其加入控制点列表。

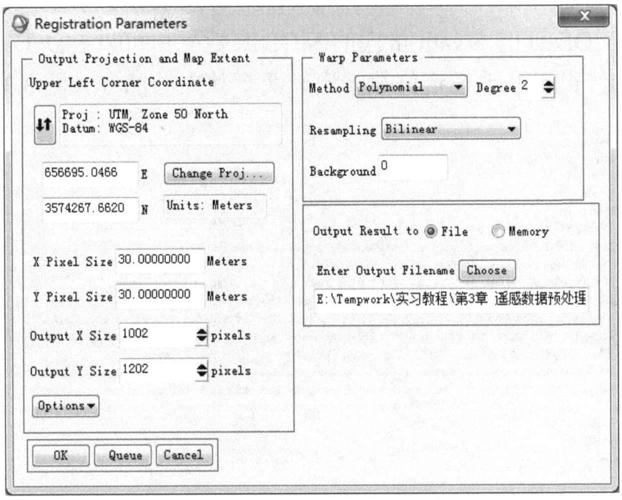

图 3.36　Warp File (as Image to Map)的 Registration Parameters 对话框

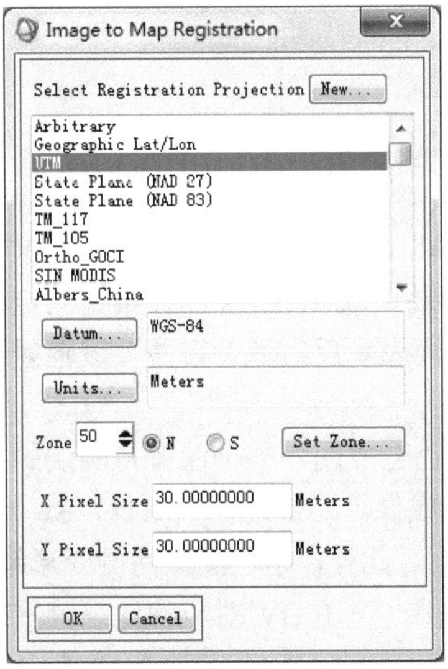

图 3.37　Image to Map Registration 对话框

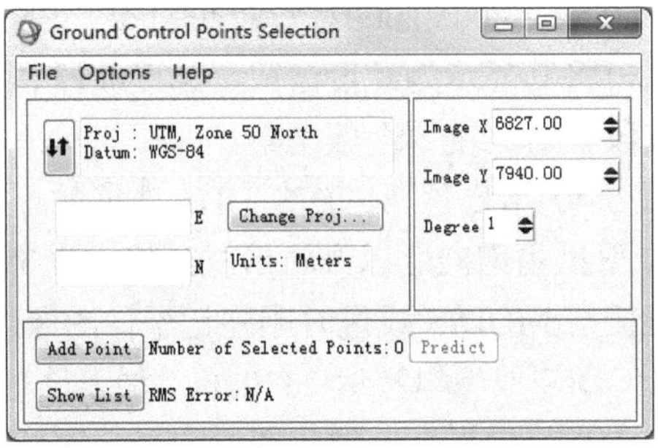

图 3.38　Ground Control Points Selection 窗口

选择足够的控制点后，**Ground Control Points Selection 窗口菜单→Options→Warp File…**，在 Input Warp Image 窗口选择待校正图像，点击 OK 按钮打开 Registration Parameters 对话框，该对话框与 Image to Image 模式下 Warp File (as Image to Map)的 Registration Parameters 对话框相同，后续操作也类似。

3.3.2　MODIS 地理重定位

Swath 格式 MODIS 数据中的科学数据集自身不具有地理坐标信息，地理坐标信息以经纬度波段的方式单独存在。利用 HDF Explorer、HDFView、Panoply 等 HDF 文件浏览器打开 MOD02、MOD04 等 Swath 格式的 MODIS 数据，可以看到 Data Fields（科学数据）和 Geolocation Fields（地理定位数据集）两个独立的部分（图 3.39）。

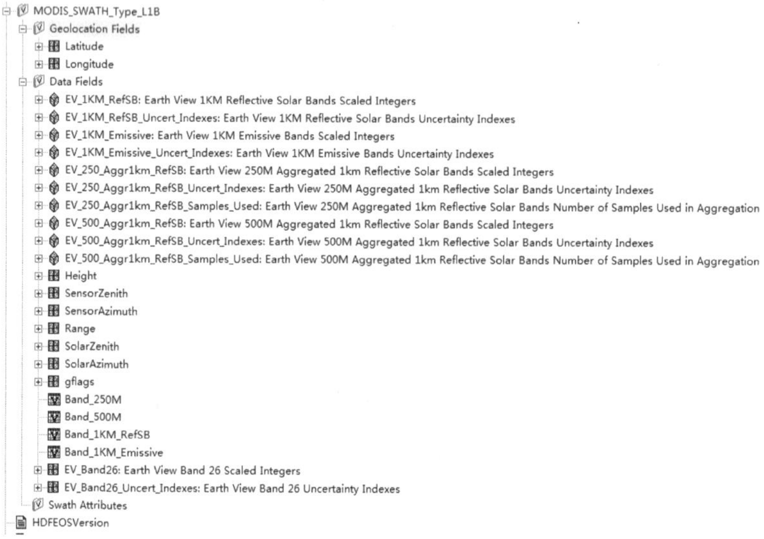

图 3.39　MODIS L1B 数据的内部结构

ENVI 主菜单→Open Image File，打开 AQUA/MODIS 的 L1B 数据（MYD021KM.A2005288.0520.005.2009117182209.hdf）。ENVI 会自动读取 MODIS L1B 数据的定标系数等信息，将其显示为经度波段、纬度波段、短波波段表观反射率、短波波段辐射亮度和长波波段辐射亮度 5 个数据集。

图 3.40 给出了 MODIS L1B 数据的标准假彩色合成图。整个图像是颠倒的，因为 AQUA 卫星由南向北以升轨形式过境，南部地区先成像，北部地区后成像，Swath 格式数据直接按 MODIS 成像时顺序记录，图像南北颠倒。此外，越往图像两侧变形越严重。因为 MODIS 成像幅宽达 2330km，加上地球曲率的影响，IFOV 对应的地表范围在图像边缘与中心差异很大，导致图像变形。因此，在使用 Swath 格式 MODIS 数据之前，需要进行地理重定位（geo-reference）操作，将 Swath 数据转换为基于投影坐标系或者地理坐标系的数据。

ENVI 提供了对 Swath 格式 MODIS 数据进行地理重定位的功能。**ENVI 主菜单→Map→Georeference MODIS**，在 Input MODIS File 对话框中选择要进行地理重定位的数据（如 MODIS 短波波段表观反射率），点击 OK 按钮打开 Georeference MODIS Parameters 对话框（图 3.41）。Select Output Map Projection 栏用于选择或者新定义输出图像的投影，此处设置为基于 Krassovsky 椭球体的 Albers 投影；Number Warp Points 用于设置 X 和 Y

方向抽取的控制点数目，默认值为 50×50，即从经纬度波段等间距抽取 50×50 共 2500 个控制点用于地理重定位；Enter Output GCP Filename[.pts]按钮用于将抽取的控制点导出为 pts 文件；Perform Bow Tie Correction 箭头切换按钮用于设置是否消除 MODIS 成像过程中的 Bow Tie（双眼皮）效应，该效应是由于地球球面特征导致中低分辨率宽幅传感器相邻两条扫描带两端产生的数据重叠现象（Nishihama et al., 1997）。在处理 L1B 数据时，需要消除双眼皮效应，处理其他的 Swath 格式 MODIS 数据时，将 Perform Bow Tie Correction 箭头切换按钮设置为 No。

单击 OK 按钮，打开 Registration Parameters 对话框（图 3.42）。左侧用于设置左上

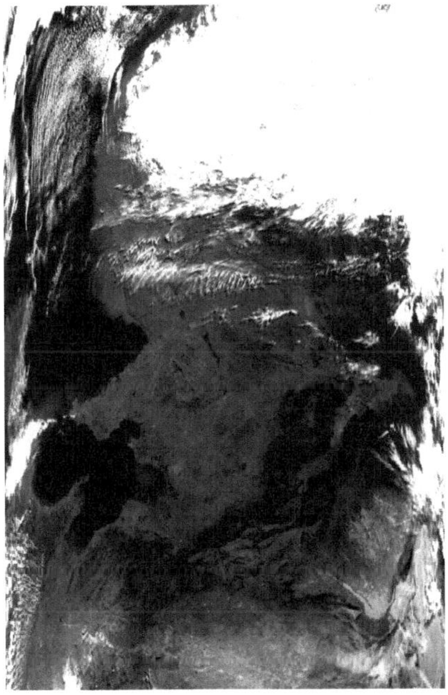

图 3.40　MODIS L1B 数据

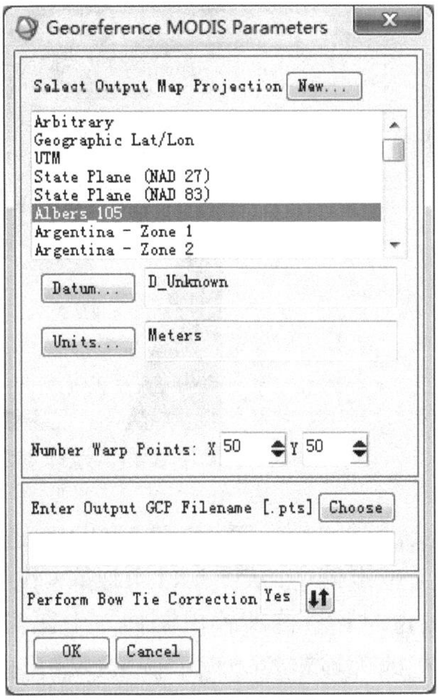

图 3.41　Georeference MODIS Parameters 对话框

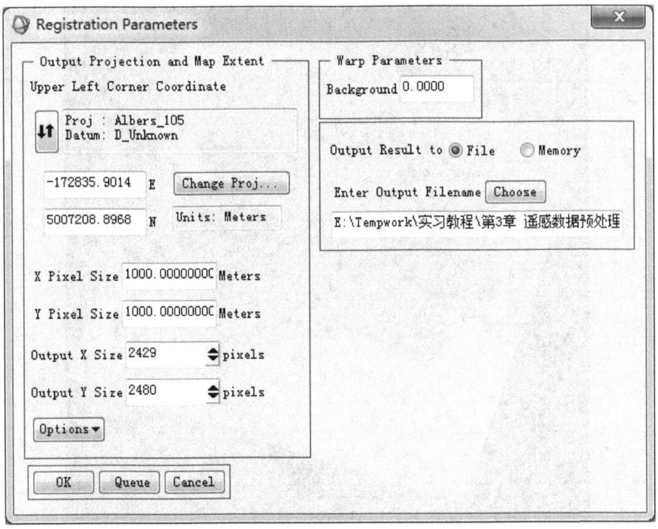

图 3.42　Registration Parameters 对话框

角像元坐标、像元分辨率和图像行列数，ENVI 会自动计算这一系列数值；右侧 Background 文本框用于设置背景值，最后设置结果文件的保存方式，完成地理重定位。

图 3.43 给出了地理重定位后的 MODIS L1B 数据标准假彩色合成图。经过地理重定位的 MODIS L1B 数据具有了投影坐标系，每个像元大小相同，不再像处理之前那样两侧严重变形。此外，基于投影系的 MODIS 图像也不再南北颠倒。

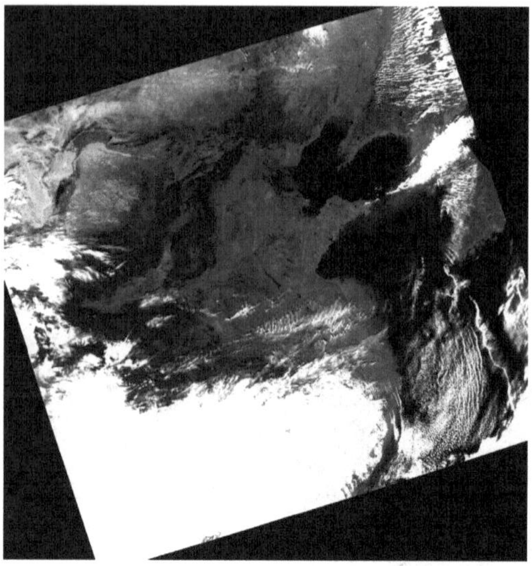

图 3.43　地理重定位后的 MODIS L1B 数据

需要注意的是，ENVI 对 MODIS 进行地理重定位时自动计算的图像范围比 MODIS 图像真正范围偏小，从图 3.43 可以看到图像四个角各缺了一小块，可以通过在 Registration Parameters 对话框修改输出图像左上角像元坐标和图像行列数扩大输出图像范围。图 3.44 给出了在地理重定位过程中调整过输出图像范围的 MODIS L1B 数据标准假彩色合成图，可以看到该图像四个角不再有缺失。

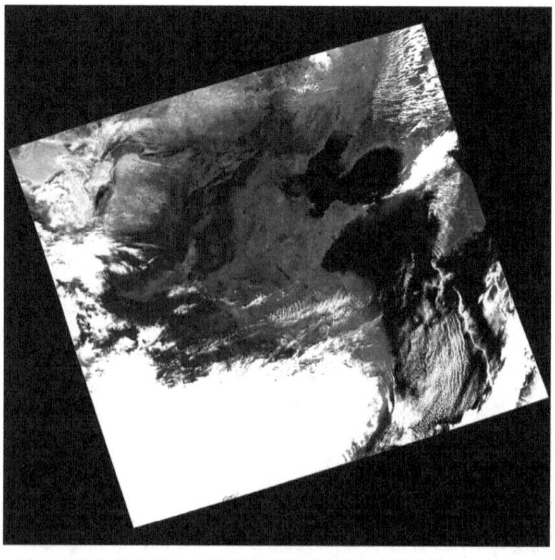

图 3.44　地理重定位过程中调整过输出图像范围的 MODIS L1B 数据

除了 ENVI 自身提供的 MODIS 地理重定位功能外，MODIS 转换工具扩展模块 MCTK（MODIS Conversion Toolkit）也能够完成该任务。MCTK 能够处理绝大部分的 MODIS 产品，并提供了 IDL 开发函数接口用于编程进行批处理。

将 MCTK 安装包中的 mctk.sav 和 modis_products.scsv 文件保存到 ENVI Classic 路径中的 save_add 目录下（...\Exelis\ENVI53\classic\save_add），重启 ENVI 后在 **ENVI 主菜单→File→Open External File→EOS** 菜单下会多一个 **MODIS Conversion Toolkit** 命令，运行后打开 MODIS Conversion Toolkit (MCTK)窗口（图 3.45）。

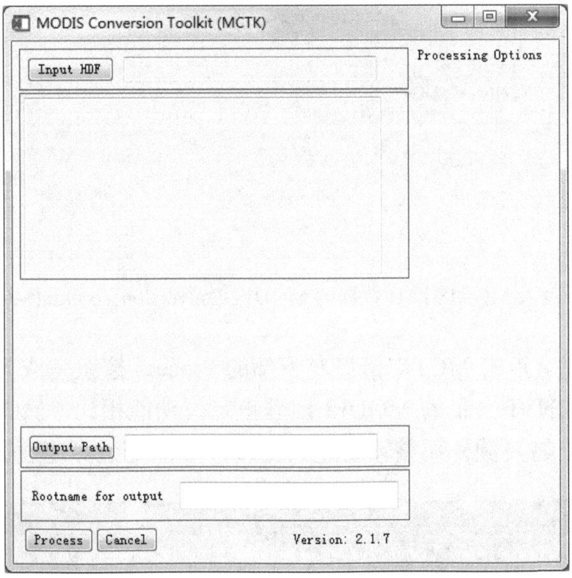

图 3.45　MODIS Conversion Toolkit (MCTK)窗口

点击 Input HDF 按钮，选择 AQUA/MODIS 的 L1B 数据，MCTK 窗口会根据输入的 MODIS 数据进行相应变化，显示对应的参数设置（图 3.46）。左上部显示的是 MODIS 数据的基本信息，包括产品名称、类型、分辨率、投影信息、成像日期与时间等；Select Output Type 栏用于设置输出类型，有 Standard（标准，无地理参考系统）、Projected（投影，有严格的地理参考系统）和 Standard and Projected（同时输出两种类型），一般选择 Projected；Output Path 按钮用于设置输出路径；Rootname for output 文本框用于设置输出文件名前缀；中部顶部 Optional Geolocation File 用于选择与此 L1B 数据对应的 MODIS 地理定位产品（MOD03），可忽略；中上部用于设置输出 L1B 的哪种数据集，分别有短波辐射亮度/长波辐射亮度、短波表观反射率/长波辐射亮度或者短波辐射亮度/长波亮度温度这三种输出方式；Select item from the list 用于选择要输出的数据子集；Fill Value for Bad Data 用于设置坏值数据的填充值，默认为 NaN；右侧 Select Resampling Method 下拉列表用于设置重采样方法，有 Nearest Neighbor（最邻近法）、Bilinear（双线性插值）和 Cubic Convolution（立方卷积插值）三种，此处选择 Bilinear 双线性插值法；Select Output Map Projection 用于选择或者新定义输出图像的投影，此处设置为基于 Krassovsky 椭球体的 Albers 投影；Background Value to Use 文本框用于设置背景值，通常采用默认值 0。

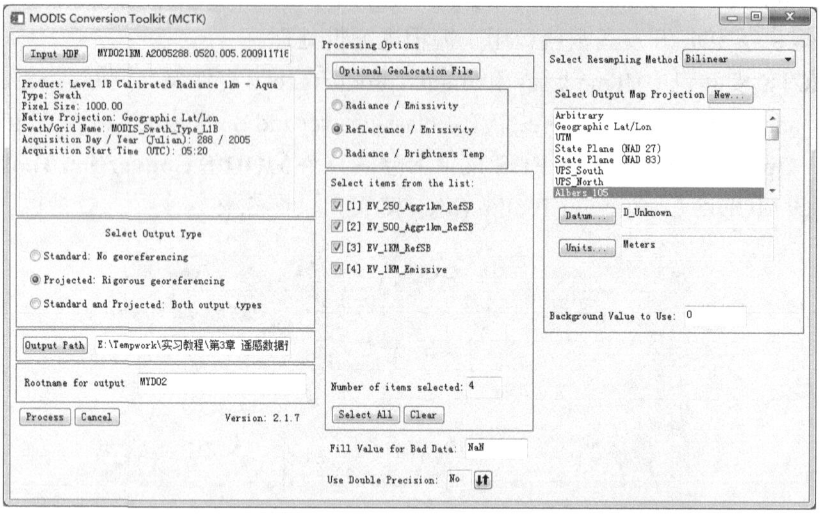

图 3.46　载入 MODIS L1B 数据的 MODIS Conversion Toolkit (MCTK)窗口

设置各项参数后，点击 MCTK 窗口左下部的 Process 按钮完成 MODIS 数据的处理，结果见图 3.47。与 ENVI 自带的 MODIS 地理重定位功能相比，MCTK 处理结果的空间范围正常无缺失，不需要额外调整输出空间范围，缺点是运算速度比较慢。

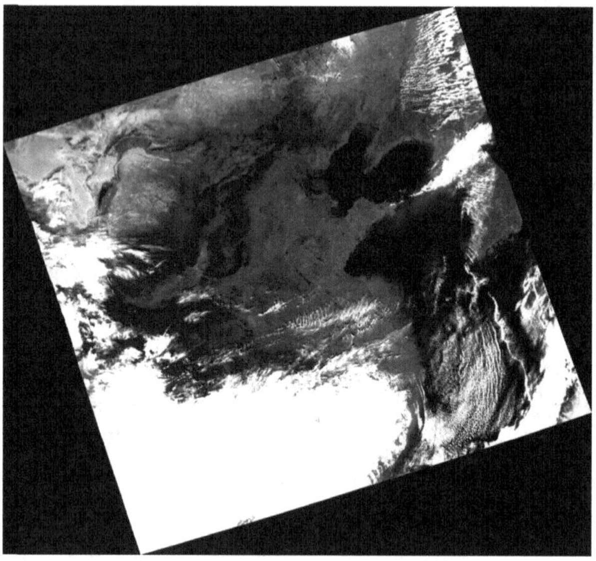

图 3.47　MCTK 地理重定位后的 MODIS L1B 数据

3.3.3　基于 GLT 的地理重定位

除了 EOS/MODIS 之外，如 NPP/VIIRS、FY3/VIRR 等宽幅遥感传感器数据的地理坐标信息也以经纬度波段或者文件的方式单独存在，同样需要进行地理重定位处理。然而，ENVI 并没有提供直接针对这些遥感数据的地理重定位功能，需要通过建立地理位置查找表（geographic lookup table, GLT）对这些数据进行地理重定位。

GLT 方法基于输入的几何文件创建一个地理位置查找表——GLT 文件，该文件包含两个波段，其灰度值表示输入图像像元对应的地理位置坐标。GLT 文件灰度值为正值表示输出像元对应的是输入图像的真实像元位置值，为负值表示输出像元对应的是输入图像的邻近像元位置值，为 0 值表示周围一定范围内不存在邻近像元。GLT 方法首先建立与 GLT 具有相同尺寸和相同投影的空白图像，然后查找该图像像元在原图像中的位置，获取像元值替换空白值得到校正后的结果图像。

以 FY3/VIRR L1 数据（FY3C_VIRRX_GBAL_L1_20170513_0250_1000M_MS.hdf）为例，基于 GLT 进行地理重定位。该数据为 HDF 文件，但是其实际为 HDF5 格式，通过 HDF 方式无法打开该文件，需要加载 HDF5 扩展模块 open_hdf5_event 才能打开（详见 2.2.2 节）。

ENVI 主菜单→File→Open External File→Generic Formats→HDF5，打开 Select HDF5 files to open 对话框，在后缀名过滤下拉列表选择"*.*"，选择 FY3C_VIRRX_GBAL_L1_20170513_0250_1000M_MS.hdf 文件，打开 HDF5 Browser 窗口（图 3.48）。在随后打开的 HDF5 Browser 窗口左侧 Available Datasets 栏展开 FY3/VIRR L1 数据，选择短波反射波段 EV_RefSB 数据集，点击 Import to ENVI 按钮将其载入 ENVI（图 3.49）。

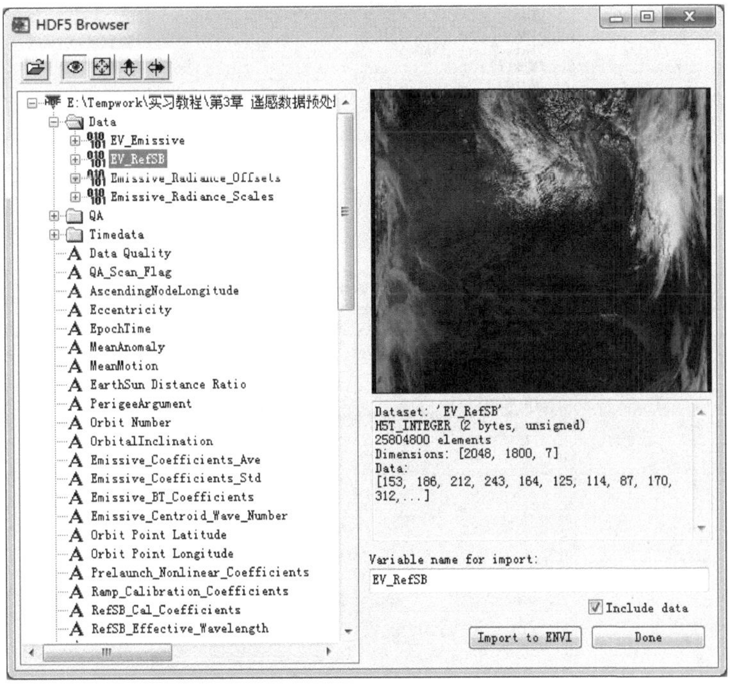

图 3.48　HDF5 Browser 对话框

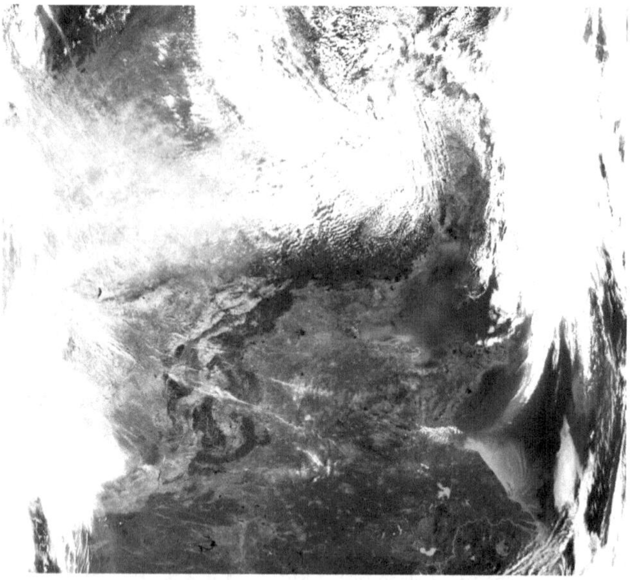

图 3.49　VIRR L1 数据

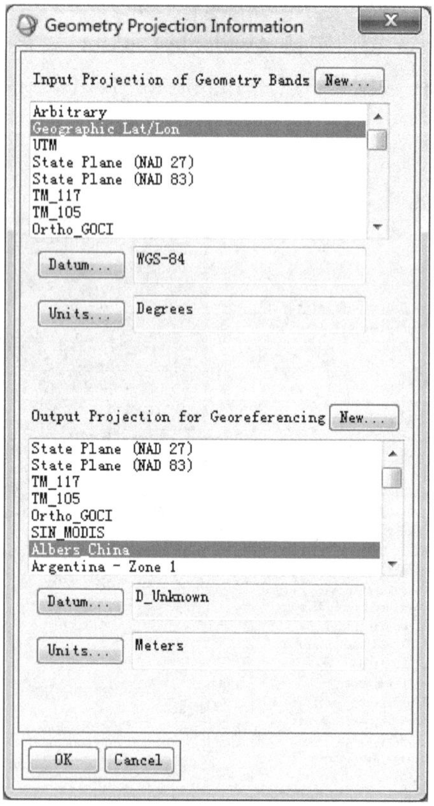

图 3.50　Geometry Projection Information 对话框

FY3/VIRR L1 数据并不包含地理定位数据，地理定位数据以单独的 HDF5 文件存在。**ENVI 主菜单→File→Open External File→Generic Formats→HDF5**，打开 FY3C_VIRRX_GBAL_L1_20170513_0250_GEOXX_MS.hdf 文件，将其包含的 Latitude 和 Longitude 数据集载入 ENVI。

ENVI 主菜单→Map→Georeference from input Geometry→Build GLT，在打开的 Input X Geometry Band 对话框选择 Longitude 作为横坐标波段，在 Input Y Geometry Band 对话框选择 Latitude 作为纵坐标波段，随后在 Geometry Projection Information 对话框设置投影参数（图 3.50）。

在 Geometry Projection Information 对话框中，Input projection of Geometry Bands 列表用于选择和设置几何文件的投影，地理定位波段为经纬度，因此此处选择 Geographic Lat/Lon；Output Projection for Georeferencing 列表用于选择和设置输出文件的投影，此处选择基于 Krassovsky 椭球体的 Albers 投影。

完成设置后点击 OK 按钮，打开 Build Geometry Lookup File Parameters 对话框（图 3.51）。该对话框中，Output Pixel Size 文本框用于设置输出像元分辨率，此处设置为 1000；Output Rotation 文本框用于设置旋转角度，0 表示输出图像正上方为正北方向，此处设置为 0。

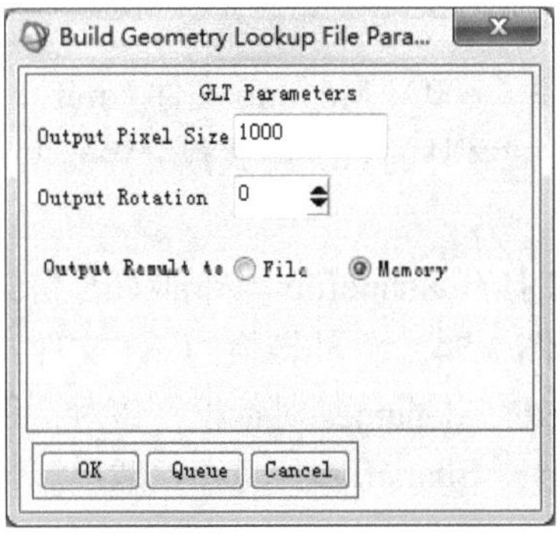

图 3.51 Build Geometry Lookup File Parameters 对话框

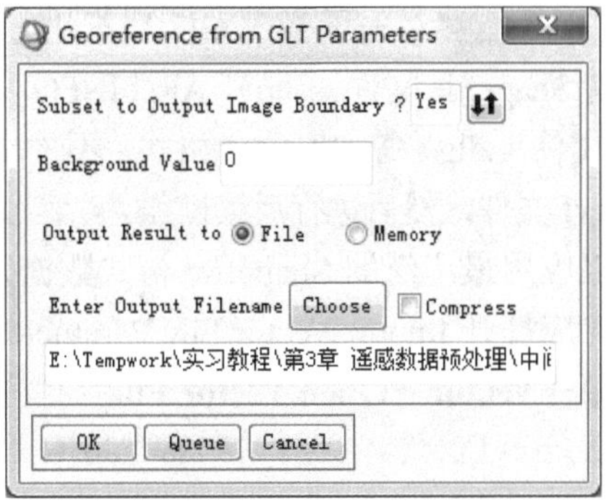

图 3.52 Georeference from GLT Parameters 对话框

ENVI 主菜单→Map→Georeference from input Geometry→Georeference from GLT，在 Input Geometry Lookup File 对话框内选择 GLT 文件，然后在 Input Data File 对话框选择待进行地理重定位的科学数据集，打开 Georeference from GLT Parameters 对话框（图 3.52）。

Georeference from GLT Parameters 对话框中，Subset to Output Image Boundary 箭头切换按钮用于设置是否只输出裁切后范围（前提是之前输入文件时已设置取空间子集）；Background Value 文本框用于设置背景值，通常使用默认值 0；最后设置结果文件保存方式，得到地理重定位后的 VIRR 图像（图 3.53）。

图 3.53　地理重定位后的 VIRR L1 数据

3.4　矢量数据处理

3.4.1　导入矢量文件

ENVI 能够对矢量格式 GIS 数据进行基本处理，除了支持内部矢量格式文件（.evf），还支持 Shapefile 文件（.shp）、ARC/INFO 交换格式文件（.e00）、MapInfo 文件（.mif）、USGS DLG 文件（.dlg）等 GIS 文件格式。不过，除了 evf 格式之外的 GIS 格式数据需要先导入转换为 evf 文件，然后进行后续操作。

以应用最广泛的 Shapefile 格式数据为例。ENVI 打开 Shapefile 等外部 GIS 格式文件时首先应打开 Import Vector File Parameters 对话框（图 3.54），将其转换为 evf 文件。**ENVI 主菜单→Vector→Open Vector File**，打开 Select Vector Filenames 对话框，该对话框默认打开的是 evf 文件，在对话框右下角的下拉列表中选择 Shapefile (*.shp)，然后选择南京市区边界 Nanjing_districts.shp 文件。

Layer Name 文本框用于设置图层名称，默认为“Layer: 原文件名”；Output Result to 用于设置转换后 evf 文件的保存方式；Native File Projection 用于设置 GIS 输入文件的投影坐标系，当 GIS 输入文件自身包含投影坐标系信息时 ENVI 会自动识别并导入，如果 GIS 输入文件自身没有投影坐标信息，此处需要赋予该文件正确的投影坐标信息。点击 OK 按钮，将 Shapefile 文件转换为 evf 文件，转换得到的 evf 文件自动载入 Available Vectors List 中（图 3.55）。

Available Vector List 窗口与 Available Bands List 窗口类似，显示所有已打开的 evf 矢量文件。选中某矢量文件，点击 Load Selected 按钮打开 Load Vector 对话框（图 3.56），可将选中的 evf 文件载入已打开的图像显示窗口或者新打开的矢量显示窗口。选择 Display #1 显示窗口，然后在 Vector Parameters 窗口点击 OK 按钮，将南京市区边界矢量叠加到 Display #1 窗口中的遥感图像上（图 3.57）。如果在 Load Vector 对话框选择 New Vector Window，则会新打开一个矢量窗口载入显示南京市区边界（图 3.57）。

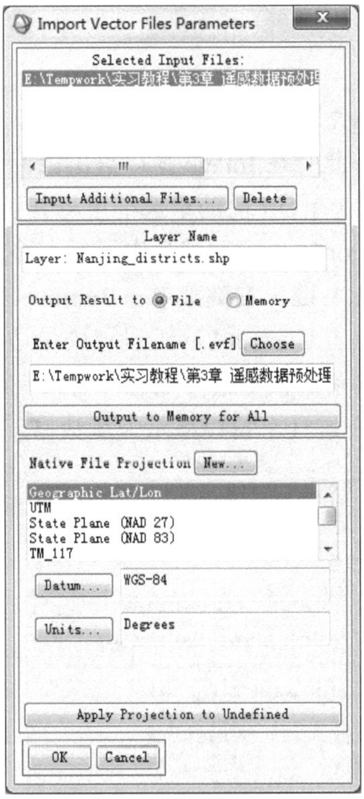

图 3.54　Import Vector Files Parameters 对话框

图 3.55　Available Vectors List 窗口

图 3.56　Load Vector 对话框

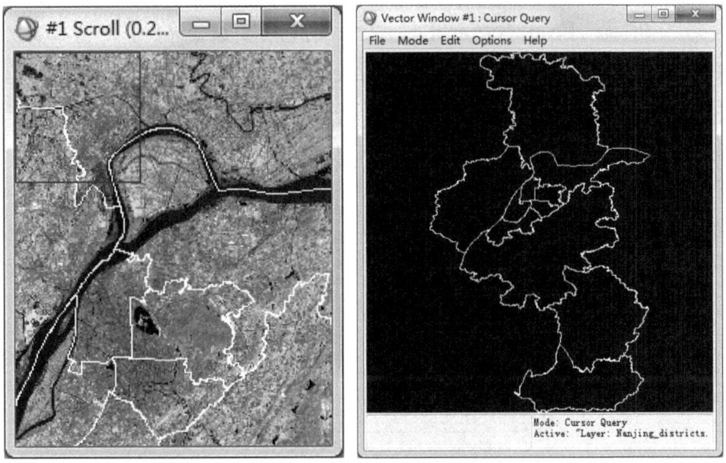

图 3.57　载入矢量数据的 Display #1 窗口（左）和矢量显示窗口（右）

3.4.2　矢量文件参数设置

Vector Parameters 窗口用于设置矢量文件相关属性（图 3.58）。Window 栏用于设置在哪个窗口选择矢量数据，默认为 Image 窗口，此时在 Image 窗口点击鼠标，会自动定位到最近的矢量数据节点上，勾选 Scroll、Zoom 或者 Off 前的单选框可将其切换到 Scroll 窗口、Zoom 窗口选择或者不选择；Available Vector Layers 列表列出了所有叠加到该显示窗口的矢量数据图层，在矢量数据图层单击鼠标右键，**右键菜单→Remove Layers...，**可从显示窗口移除选中的矢量图层；鼠标右键点击 Current Layer 设置矢量边界的颜色，鼠标右键点击 Current Highlight 设置当前选中要素的矢量边界颜色；窗口底部 Apply 栏的 Image、Scroll 和 Zoom 复选框用于设置是否在这几个窗口显示矢量数据。

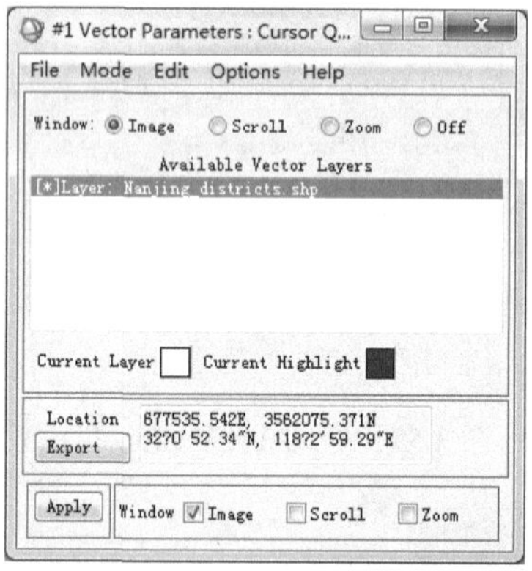

图 3.58　Vector Parameters 窗口

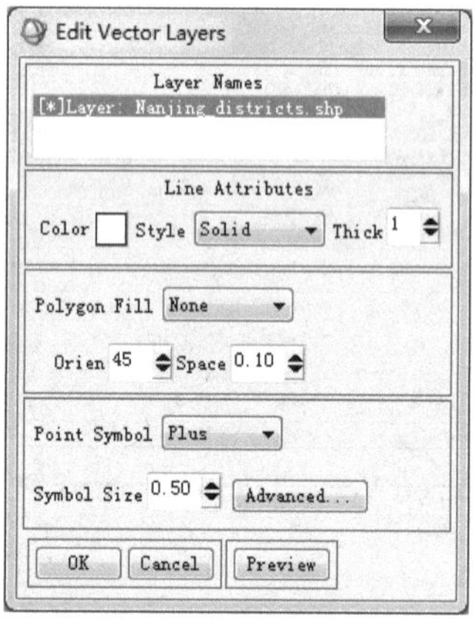

图 3.59　Edit Vector Layers 对话框

Vector Parameters 窗口菜单→Edit→Edit Layer Properties...，打开 Edit Vector Layers 对话框，设置矢量图层的显示特性（图 3.59）。Line Attributes 栏用于设置线要素的颜色、线型和宽度；Polygon Fill 栏用于设置多边形要素填充样式、填充图案的旋转角度以及填充图案的间隔；Point Symbol 栏用于设置点要素的符号类型和大小。

Vector Parameters 窗口菜单→Options→Vector Information...，打开 Vector Information 窗口（图 3.60）。在矢量数据选择窗口（默认为 Image 窗口）点击鼠标左键，该窗口会显示当前鼠标所在要素的基本属性信息。

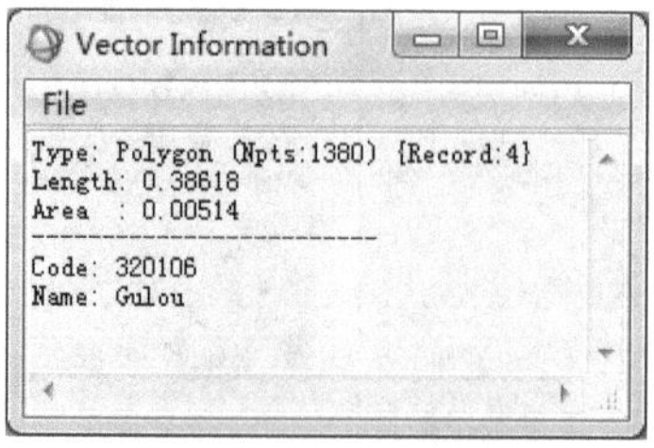

图 3.60　Vector Information 窗口

Vector Parameters 窗口菜单→**Edit**→**View/Edit/Query Attributes**，打开 Layer Attributes 窗口（图 3.61），显示矢量数据的对应属性表。在该表中选择某个记录，高亮显示对应矢量要素。**Layer Attributes** 窗口菜单→**File**→**Save Selected Records to New Layer...**，可将选中的要素导出为新的 evf 文件。

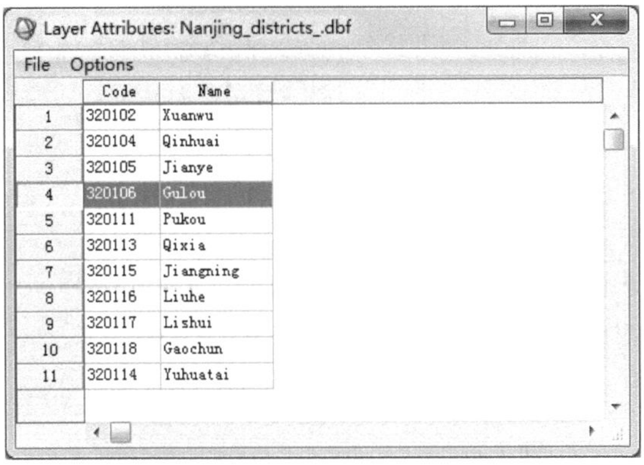

图 3.61　Layer Attributes 窗口

Layer Attributes 窗口菜单→**Options**→**Query Layer...**，打开 Layer Attributes Query 窗口（图 3.62），根据属性特征对要素进行查询。初始查询条件为空白，点击 Start 按钮增加一条查询条件，比如设置条件为 Name=="Gulou"，即查询鼓楼区，点击 Apply 按钮后，符合查询条件的要素即被选中并高亮显示。

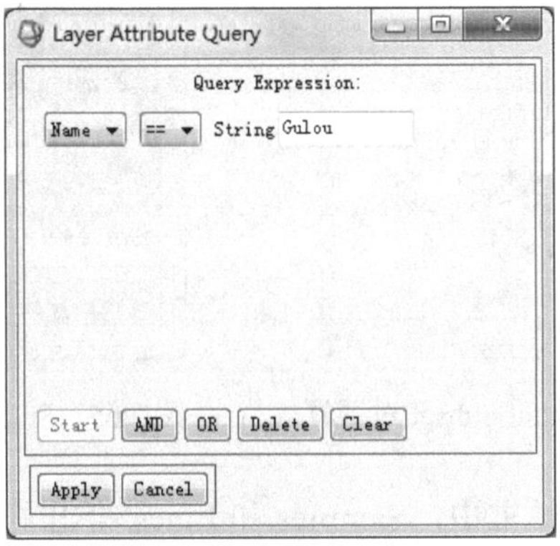

图 3.62　Layer Attributes Query 窗口

3.5　裁切、重采样、掩膜与镶嵌

3.5.1　裁切与重采样

ENVI 主菜单→**Basic Tools**→**Resize Data (Spatial/Spectral)**，在 Resize Data Input File 对话框中选择 TM_NJ_20100819 文件（图 3.63），然后点击 Spatial Subset 按钮，打开 Select

Spatial Subset 对话框（图 3.64）。

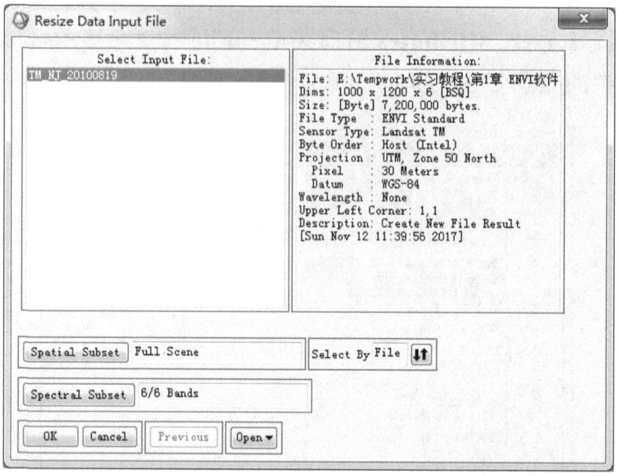

图 3.63　Resize Data Input File 对话框

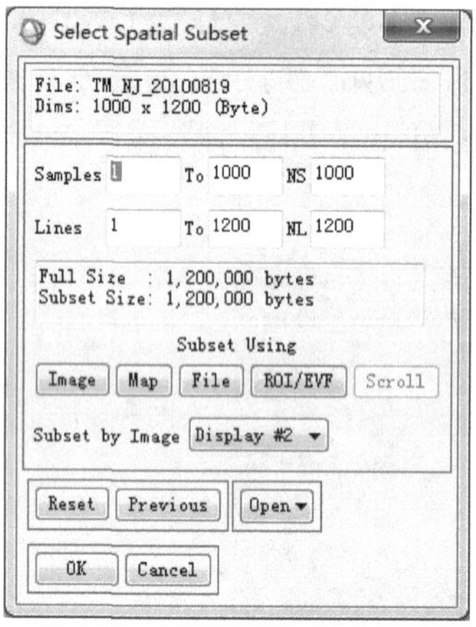

图 3.64　Select Spatial Subset 对话框

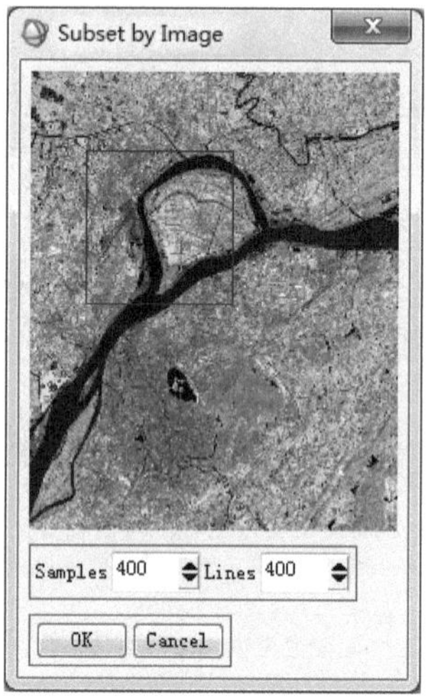

图 3.65　Select by Image 对话框

Select Spatial Subset 对话框中，Samples 和 Lines 给出了裁切的起始和终止列号和行号，可以直接输入行列号来进行裁切；NS 和 NL 给出了裁切结果图像的列数和行数。Subset Using 栏的 4 个按钮（Image、Map、File 和 ROI/EVF）分别给出了空间裁切的 4 种方式。

点击 Image 按钮打开 Subset by Image 对话框（图 3.65），图中方框即裁切范围，可以通过拖曳鼠标调整其范围和位置，也可以在 Samples 和 Lines 对话框设置方框尺寸。

点击 Map 按钮打开 Spatial Subset by Map Coordinates 对话框（图 3.66），Upper Left Coordinate 和 Lower Righ Coordinate 栏用于设置左上角和右下角像元的坐标值确定裁切范围，可以通过点击箭头切换按钮切换输入经纬度或投影坐标值。

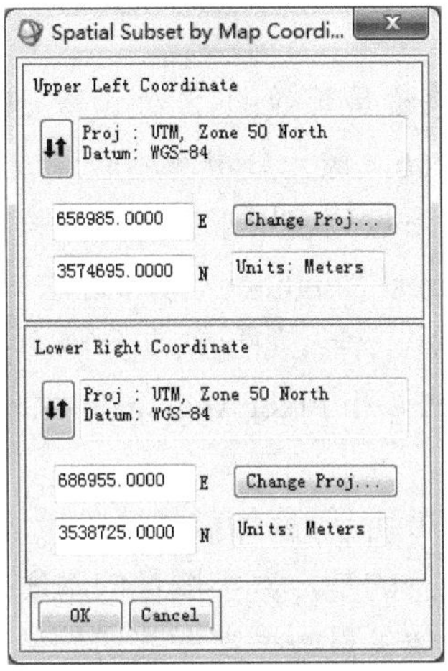

图 3.66　Spatial Subset by Map Coordinates 对话框

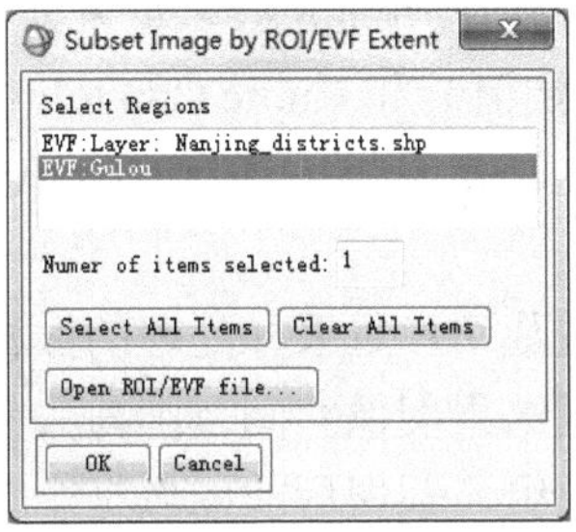

图 3.67　Spatial Subset by ROI/EVF Extent 对话框

点击 File 按钮打开 Subset by File Input File 对话框，选择参考的图像文件，根据参考文件空间范围确定裁切范围。

点击 ROI/EVF 按钮打开 Subset Image by ROI/EVF Extent 对话框（图 3.67），在该对话框中选择某个 evf 文件或者 ROI，根据该 evf 或者 ROI 范围确定裁切范围。此处选择南京市鼓楼区边界（Gulou.evf），点击确定后返回 Select Spatial Subset 对话框。此时该对话框中的起始和终止列号和行号以及结果图像的行列数会相应变化。

在 Select Spatial Subset 对话框中完成裁切设置后，点击 OK 按钮，打开 Resize Data Parameters 对话框（图 3.68）。

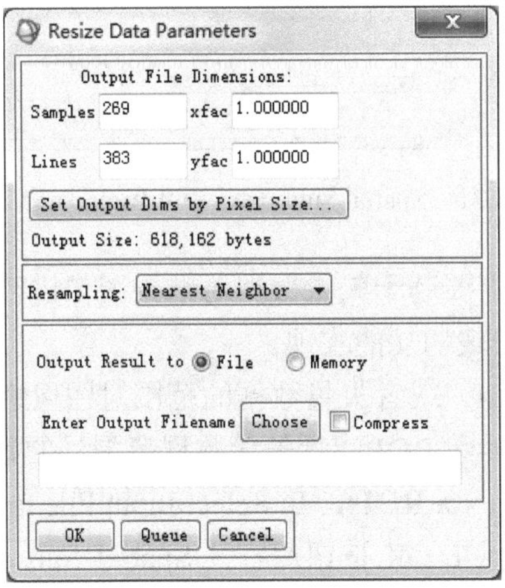

图 3.68　Resize Data Parameters 对话框

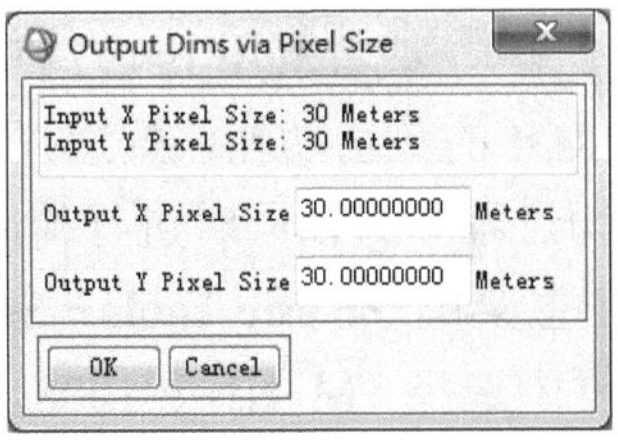

图 3.69　Output Dims via Pixel Size 对话框

Resize Data Parameters 对话框中，Output File Dimensions 栏的 Samples 和 Lines 文本框分别用于设置列数和行数；xfac 和 yfac 文本框用于设置 x 和 y 方向的缩放比例；点击 Set Output Dims by Pixel Size...按钮打开 Output Dims via Pixel Size 对话框（图 3.69）用于

修改像元分辨率。

修改行列数、缩放比例和像元分辨率对于重采样来说是等效的。此处设置 xfac 和 yfac 为 2，敲回车键后 Samples 和 Lines 分别变成 538 和 766，像元分辨率相应变成 15m。

Resize Data Parameters 对话框下部的 Resampling 下拉列表用于选择重采样方法。如果从低分辨率向高分辨率重采样，重采样方法有 Nearest Neighbor（最邻近法）、Bilinear（双线性插值）和 Cubic Convolution（立方卷积插值）三种；如果从高分辨率向低分辨率重采样，重采样方法有 Nearest Neighbor（最邻近法）和 Pixel Aggregate（像元聚合）两种。

经过裁切和重采样处理的鼓楼区 TM 图像如图 3.70 所示。叠加鼓楼区矢量边界数据，可以看到结果图像空间范围与矢量边界一致。需要注意的是，数字图像的本质是二维或者三维数组，裁切后的图像是个完整的矩形，而不是像矢量数据那样裁切后呈现出不规则的形状。

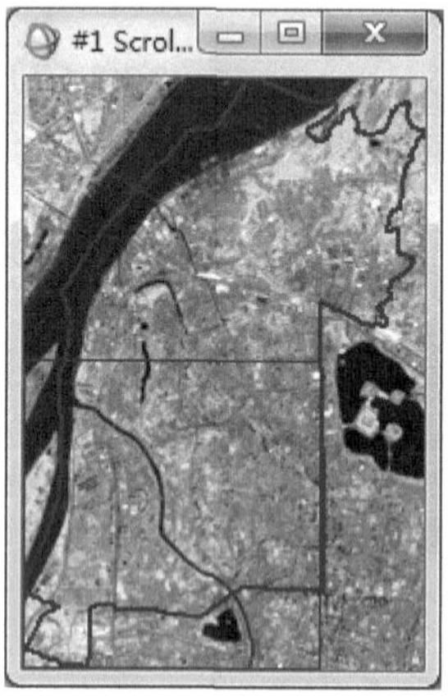

图 3.70　裁切和重采样后的鼓楼区 TM 图像

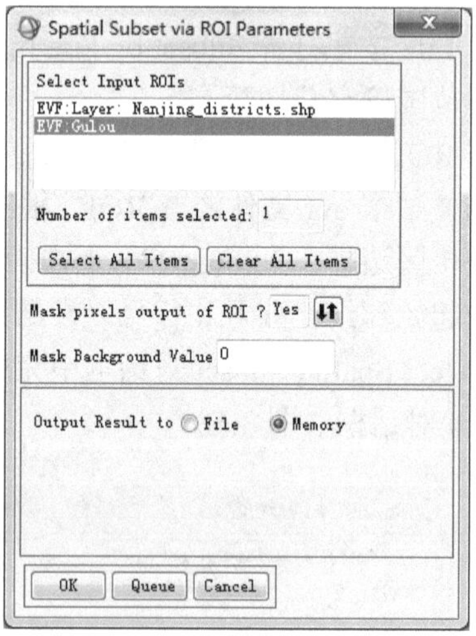

图 3.71　Spatial Subset via ROI Parameters 对话框

如果想要屏蔽矢量边界之外的像元值，需要基于矢量数据对结果图像进行掩膜操作（详见 3.5.2 节），或者利用 ENVI 基于 ROI 的裁切功能实现。

基于 ROI 的裁切功能依据感兴趣区（ROI）或者矢量数据的范围对图像进行空间裁切，在裁切过程中可以同时进行掩膜操作，屏蔽 ROI 或者矢量数据范围外的数据。

ENVI 主菜单→Basic Tools→Subset Data via ROIs，在 Select Input File to Subset via ROI 对话框中选择 TM_NJ_20100819 文件，点击 OK 按钮后打开 Spatial Subset via ROI Parameters 对话框（图 3.71）。Select Input ROIs 列表用于选择裁切所依据的 ROI 或者矢量文件，此处选择鼓楼区矢量边界；Mask pixels output of ROI 箭头切换按钮用于设置是否对 ROI 之外的像元进行掩膜，此处选择 Yes；在随后出现的 Mask Background Value 文本框中设置掩膜背景值，默认值为 0；最后设置结果文件保存方式，得到结果图像（图 3.72）。

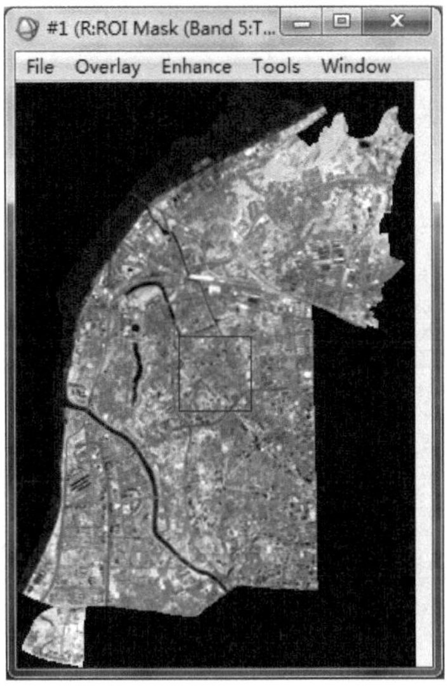

图 3.72　基于 ROI 裁切功能得到的鼓楼区 TM 图像

3.5.2　掩膜

在遥感研究中经常需要只对感兴趣的图像区域进行处理，屏蔽研究区之外的数据，即掩膜处理。掩膜处理包括两步：第一步是根据一定的规则建立掩膜文件，掩膜文件是一个由 0 和 1 组成的二值图像；第二步是应用掩膜文件对被掩膜文件进行掩膜处理，掩膜图像 1 值区域对应的被掩膜文件像元值保持不变，而掩膜图像 0 值区域对应的被掩膜文件像元值被屏蔽为背景值。

1. 建立掩膜

ENVI 主菜单→Basic Tools→Masking→Build Mask，打开 Mask Definition 对话框选择待掩膜文件（根据鼓楼区矢量裁切后的 TM 数据）所在 Display 窗口（图 3.73），如果没有已打开的 Display 窗口，则会打开 Build Mask Input File 对话框直接选择待掩膜文件。

图 3.73　Mask Definition 对话框

在随后打开的 Mask Definition 窗口设置创建掩膜文件的相关规则（图 3.74）。通常根据值域范围、感兴趣区或矢量文件创建掩膜文件，或者将这几个条件组合起来创建掩膜文件。

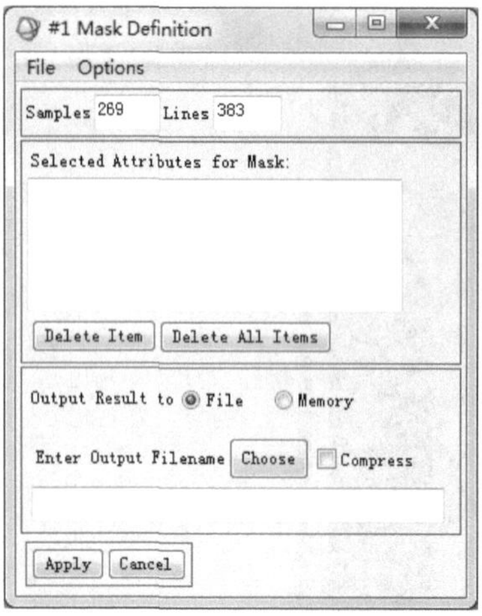

图 3.74　Mask Definition 对话框

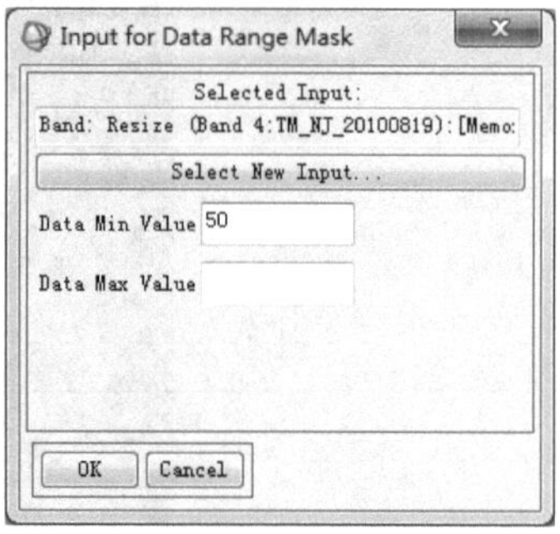

图 3.75　Input for Data Range Mask 对话框

Mask Definition 窗口菜单→Options→Import Data Range...，在打开的 Select Input for Mask Data Range 对话框选择要进行掩膜的 TM_NJ_20100819 文件，并点击 Spectral Subset 按钮选择波段，此处选择第 4 波段（近红外波段），然后打开 Input for Data Range Mask 对话框（图 3.75）。Data Min Value 和 Data Max Value 文本框分别用于设置掩膜的最小值和最大值，此处 Data Min Value 设为 50，保留第 4 波段像元值大于等于 50 的像元。

Mask Definition 窗口菜单→Options→Import EVFs...，在打开的 Mask Definition Input EVFs 对话框选择鼓楼区 evf 文件，保留鼓楼区边界范围内的像元。

Mask Definition 窗口菜单→Options→Mask Finite Values，表示创建包含所有有效像元值的掩膜，而 **Mask Definition 窗口菜单→Options→Mask NaN Values**，表示创建包含所有 NaN 值的掩膜。

Mask Definition 窗口菜单→Options→Selected Areas "On"为默认选项，表示保留符合掩膜条件的区域，屏蔽不符合条件的区域。可以切换为 **Selected Areas "Off"**，表示保留不符合条件的区域，屏蔽符合掩膜条件的区域。此处设为 **Selected Areas "On"**。

Mask Definition 窗口菜单→Options→Selected Attributes [Logical OR]为默认选项，表示各个掩膜条件进行逻辑或运算，符合其中一个条件的区域即可保留。可以切换为 **Selected Attributes [Logical AND]**，表示各个掩膜条件进行逻辑与运算，符合所有条件的区域才予以保留。此处设为 **Selected Attributes [Logical AND]**，保留在鼓楼区范围内并且第 4 波段像元值大于等于 50 的区域。

设置掩膜结果文件的保存方式，生成掩膜文件（图 3.76）。

2. 应用掩膜

ENVI 主菜单→Basic Tools→Masking→Apply Mask，打开 Apply Mask Input File 对话框（图 3.77）。在 Select Input File 栏选择待掩膜文件，点击 Select Mask Band 按钮选择掩膜文件，此处能选择的掩膜文件均与待掩膜文件具有相同的行列数。点击 OK 按钮，打开 Apply Mask Parameters 对话框（图 3.78），在 Mask Value 文本框设置背景值，通常

图 3.76 创建的掩膜文件

采用默认值 0。需要注意的是，如果数据的有效值域不仅局限于正值，也包括负值，比如 NDVI 数据，此时背景值不宜设为 0，而是设为数据值域之外的某个值（比如–1.1）。最后设置结果文件保存方式，得到掩膜后的结果图像（图 3.79）。

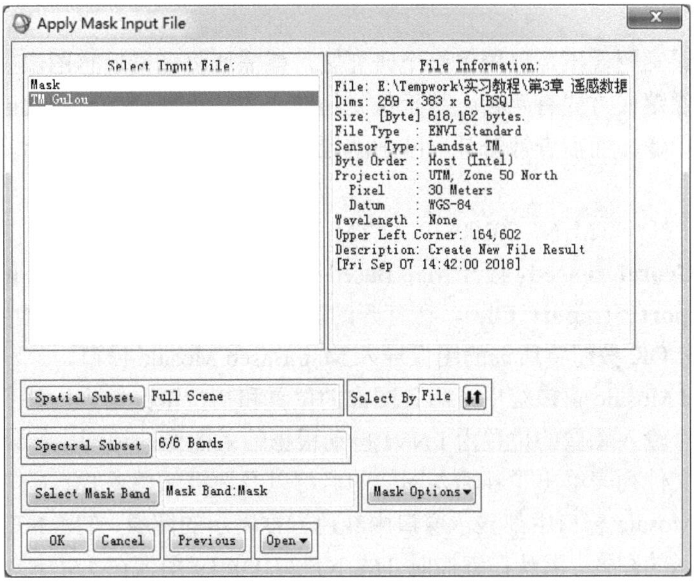

图 3.77　Apply Mask Input File 对话框

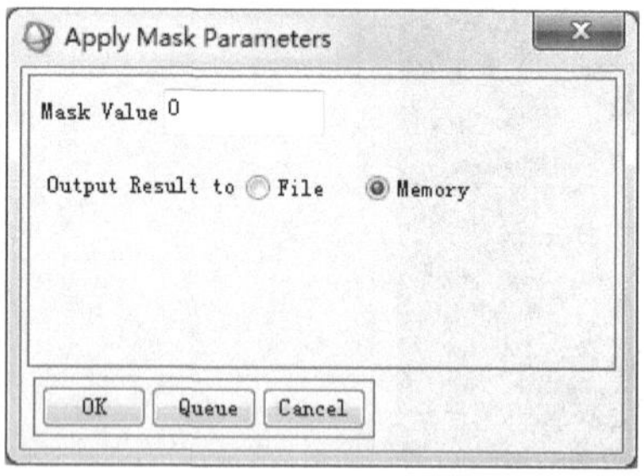

图 3.78　Apply Mask Parameters 对话框

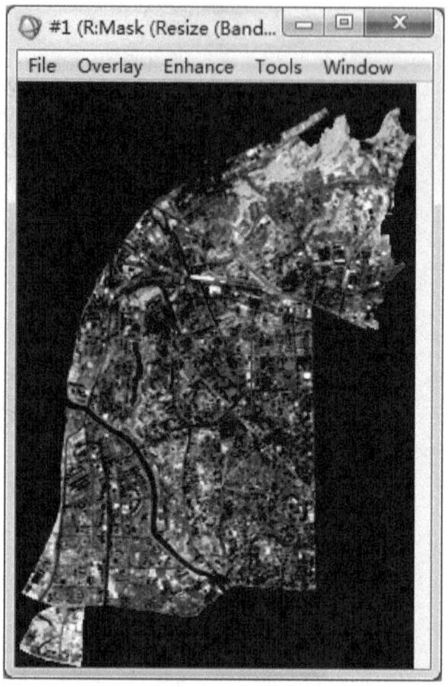

图 3.79　掩膜后的 TM 图像

掩膜后的 TM 图像看起来颜色与之前有较大差异，这是因为掩膜后图像直方图发生变化，导致默认的 2%线性拉伸效果发生变化，但这仅仅是增强后效果看起来有所差别，掩膜所保留的像元值并未发生变化。

3.5.3　镶嵌

如果单景遥感图像不足以覆盖整个研究区，就需要将多景遥感图像拼接在一起，即镶嵌。遥感图像镶嵌方式有两种：基于像元的镶嵌和基于地理坐标的镶嵌，前者针对没有地理坐标的图像，而后者针对具有准确地理坐标的图像。本书只介绍基于地理坐标的镶嵌方法。

在 ENVI 中打开 TM_NJ_20100819 和 TM_NJ_20060520 文件。**ENVI 主菜单→Map→Mosaicking→Georeferenced**，打开 Map Based Mosaic 窗口（图 3.80），**Map Based Mosaic 窗口菜单→Import→Import Files**，在打开的 Mosaic Input Files 对话框中同时选择两景 TM 图像，点击 OK 按钮将所选的图像导入 Map Based Mosaic 窗口。

Map Based Mosaic 窗口给出了两景图像的位置和初步镶嵌结果，整个镶嵌图像的空间范围以及各个输入图像的位置由 ENVI 自动根据输入图像的地理坐标计算，无法调整。

窗口下部文件列表给出了各输入图像的名称以及边框颜色，TM_NJ_20060520 图像为 Map Based Mosaic 窗口中部显示窗口中红色方框表示的图像，TM_NJ_20100819 图像为绿色方框表示的图像。默认在镶嵌时 TM_NJ_20100819 图像在 TM_NJ_20060520 图像上方，可以右键点击文件列表中的文件名，通过右键菜单中的 Raise Image to Top、Raise Image one Position 或者 Lower Image to Bottom、Lower Image one Position 等命令调整各输入图像的上下层关系。

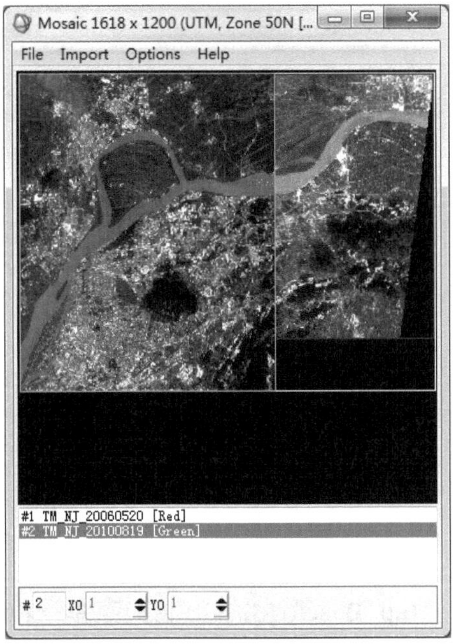

图 3.80　Map Based Mosaic 窗口

由于遥感图像成像时间、成像条件、地表特征、大气状况乃至传感器波段设置等存在差异，它们之间很有可能存在色差，直接镶嵌会导致镶嵌结果图像中有明显的接边痕迹及色差。为了避免这一问题，需要在镶嵌过程中进行色彩平衡处理，其思路是以某一景图像为基准，根据图像重叠区域或者整景图像直方图对其他图像进行色彩调整，从而平衡两景图像之间的色差。

右键点击文件列表中的 TM NJ 20100819 文件，**右键菜单→Edit Entry...**，打开 Entry 对话框（图 3.81）。Data Value to Ignore 文本框用于设置掩膜过程中需要忽略的背景值，主要针对遥感图像的黑边或其他需要忽略的背景值，对于 TM_NJ_20100819 文件而言，可以忽略；Feathering Distance 用于设置羽化距离，以消除重叠区边缘较为明显的接边线，单位为像元，此处设为 10；Select Cutline Annotation File 按钮用于选择接边线文件；Mosaic Display 箭头切换按钮用于设置 Map Based Mosaic 窗口以灰度图还是彩色图方式显示，Band 用于选择该窗口的显示波段，Linear Stretch 用于设置线性增强方式，这几个参数只涉及 Map Based Mosaic 窗口的显示效果，对于镶嵌结果没有影响；Color Balancing 栏用于设置色彩平衡，Fixed 表示该图像作为基准图像，像元值不作调整，并且用于色彩平衡处理过程中的信息统计，Adjust 表示该图像将参照基准图像进行色彩匹配。需要注意的是，如果某输入图像中有黑边或者其他需要忽略的值，必须在 Data Value to Ignore 中进行设置，否则这些值也将参与统计，从而影响色彩平衡效果。

采用类似操作，对 TM_NJ_20060520 文件的 Entry 进行设置。该图像有黑边，因此 Data Value to Ignore 设为 0；Feathering Distance 仍然设为 10，Color Balancing 设为 Adjust，表示参考 Fixed 的 TM_NJ_20100819 对其进行色彩调整。

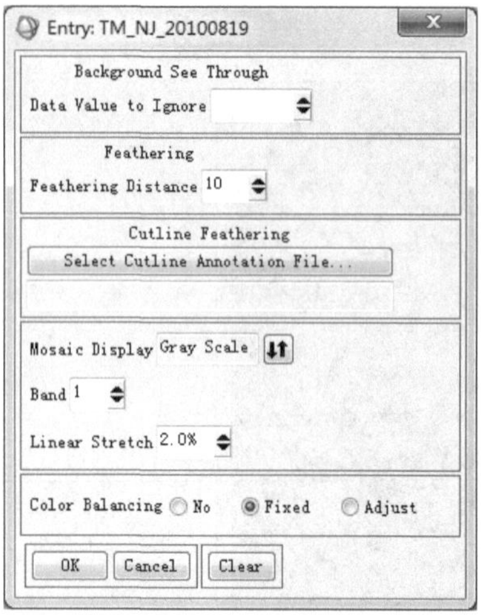

图 3.81　Entry 对话框

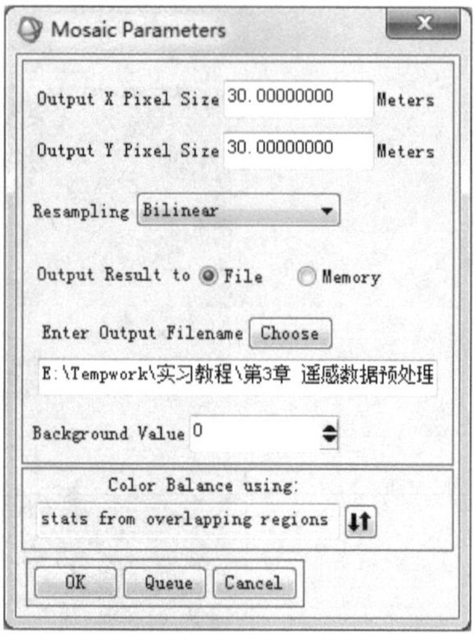

图 3.82　Mosaic Parameters 对话框

完成镶嵌设置以后，**Map Based Mosaic 窗口菜单→File→Apply**，打开 Mosaic Parameters 对话框（图 3.82）。Output X Pixel Size 和 Output Y Pixel Size 文本框用于设置镶嵌结果的像元分辨率；Resampling 下拉列表选择重采样方法，此处选择 Bilinear 双线性插值；Background Value 文本框用于设置镶嵌结果背景区的像元值；Color Balance using 箭头切换按钮用于设置基于重叠区或整景图像统计以进行色彩平衡，通常都保持默认选项（stats from overlapping regions）。最后设置结果文件的保存方式，得到镶嵌结果图像（图 3.83）。

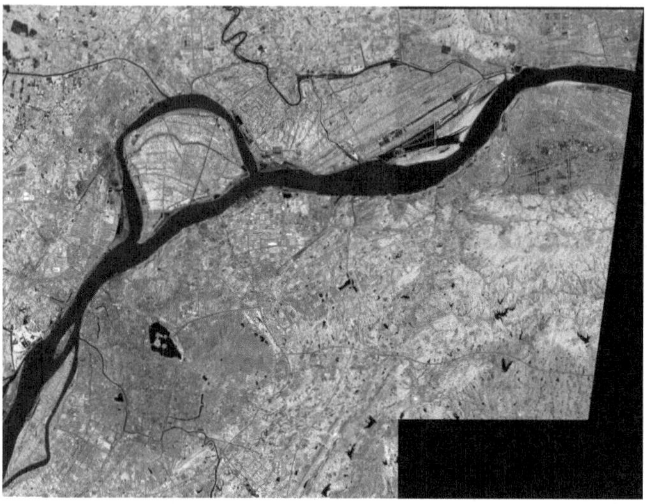

图 3.83　镶嵌结果图像

3.6　数 据 修 复

3.6.1　Landsat7/ETM+数据插补

2003 年 5 月 31 日，Landsat7/ETM+的扫描线校正器（SLC）发生故障，导致此后获取的图像出现异常，称为 SLC-off 图像。ETM+ SLC-off 图像中大约有 22%的数据缺失，缺失值呈条带状，在图像两侧最为明显，往图像中心方向逐渐变窄乃至消失（图 3.84）。

图 3.84　南京市 Landsat7/ETM+ SLC-off 图像（局部）

由于数据缺失比较严重，Landsat7/ETM+ SLC-off 图像难以正常应用。不过这些 SLC-off 图像本身仍然保留了良好的几何和辐射特性，如果能有效插补缺失值，修复后的图像仍具有较大的应用价值。

有些扩展模块提供了针对 Landsat7/ETM+ SLC-off 数据的插补功能，如 Landsat_gapfill 和 tm_destripe 扩展模块等。此处以 Landsat_gapfill 模块为例，将 Landsat_gapfill.sav 文件保存到 ENVI Classic 路径中的 save_add 目录下（...\Exelis\ENVI53\classic\save_add），重启 ENVI 后在 **ENVI 主菜单→Basic Tools→Preprocessing→Data-Specific Utilities→Landsat TM** 菜单下会多一个 **Landsat gapfill** 命令，运行后打开 Select input file(s) and processing type 对话框（图 3.85）。

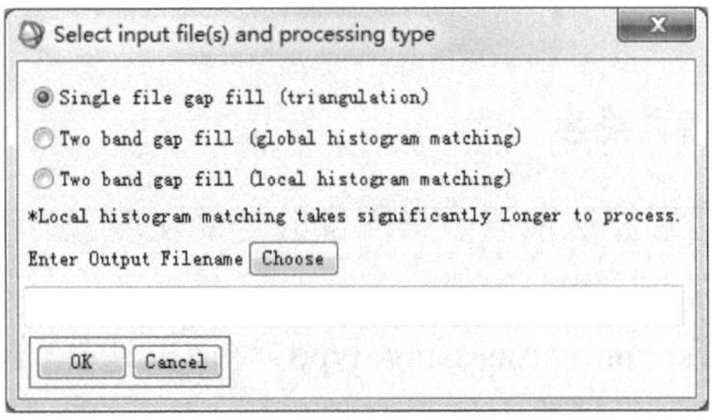

图 3.85　Select input file(s) and processing type 对话框

Landsat_gapfill 扩展模块提供了三种方法对 Landsat7/ETM+ SLC-off 数据进行插补。第一种为 Single file gap fill (triangulation)，基于单个文件通过三角网插值法对缺值区进行插补；第二种为 Two band gap fill (global histogram matching)，根据两个文件的全局直方图匹配对缺值区进行插补；第三种方法为 Two band gap fill (local histogram matching)，根据两个文件的局部直方图匹配对缺值区进行插补。Enter Output Filename 按钮用于设置输出文件名。

1. 单波段三角网插补法

单波段三角网插补法基于同一景 Landsat7/ETM+ SLC-off 图像中的正常值运用三角网插值方法对缺失条带进行插补。

在 Select input file(s) and processing type 对话框选择 Single file gap fill (triangulation) 单选框，设置输出结果文件名后，点击 OK 按钮，在随后打开的 Select input file to gap fill 对话框选择待修补的 ETM+数据（ETM+_NJ_20150505），点击 OK 按钮进行插补，得到修复的 ETM+数据（图 3.86）。

图 3.86　单波段三角网插补法修复后的南京市 ETM+ SLC-off 图像（局部）

单波段三角网插补法基于单个 ETM+ SLC-off 图像进行插补，不需要额外的参考图像。不过，该方法仅根据缺失条带周围像元进行插值，在空间异质性强的地区插补效果不够理想。

2. 双波段全局直方图匹配法

双波段全局直方图匹配算法依据参考图像的全局灰度直方图对待修复图像直方图逐波段进行匹配，在此基础上插补缺失值。

在 Select input file(s) and processing type 对话框选择 Two band gap fill (global histogram matching)单选框，设置输出结果文件名后，点击 OK 按钮，打开 Select input files

对话框（图 3.87）。Select image to be gap filled (SLC-off)选择待修复的 ETM+ SLC-off 数据，此处选择 ETM+_NJ_20150505；Select image to fill gaps (SLC-on)选择插补参考图像，此处选择 TM_NJ_20100819；Background value to mask 用于设置背景值，默认值为 0。点击 OK 按钮进行插补，得到修复的 ETM+数据（图 3.88）。

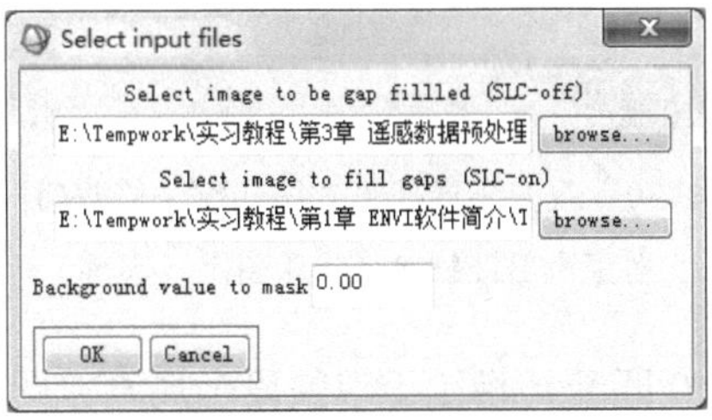

图 3.87　Select input files 对话框

图 3.88　双波段全局直方图匹配法修复后的南京市 ETM+ SLC-off 图像（局部）

双波段全局直方图匹配法根据全图直方图进行匹配，而全图直方图与局部区域直方图可能差异较大，因此其缺失条带插补值通常与周边像元值存在明显差异，插补效果不够理想。

需要注意的是，如果插补参考图像选择的是另一时相的 ETM+ SLC-off 数据，那么该图像缺失条带不能与待修复 SLC-off 图像的缺失条带重合，否则无法通过参考图像获取修复 SLC-off 图像缺失值像元所需基本数据，也就无法填补 SLC-off 图像中的缺失值。下面双波段局部直方图匹配法的参考图像同样要注意这一点。

3. 双波段局部直方图匹配法

双波段局部直方图匹配法考虑到图像中不同位置的像元值可能存在较大差异，将图像分割为一些子窗口，分局部依据参考图像的灰度直方图对待修复图像直方图逐波段进行匹配，在此基础上插补缺失值。

在 Select input file(s) and processing type 对话框选择 Two band gap fill (local histogram matching)单选框，设置输出结果文件名后，点击 OK 按钮，打开 Select input files 对话框（图 3.89）。对话框上部 Select input data type 可选择 30m multispectral（多光谱）、60m thermal （热红外）或是 15m pan（全色）进行插补，此处选择 30m multispectral；Select image to be gap filled (SLC-off)选择待修复的 ETM+ SLC-off 数据，此处选择 ETM+_NJ_20150505；Select image to fill gaps (SLC-on)选择用于插补参考图像，此处选择 TM_NJ_20100819；Background value to mask 用于设置背景值，默认值为 0。点击 OK 按钮进行插补，得到修复的 ETM+数据（图 3.90）。

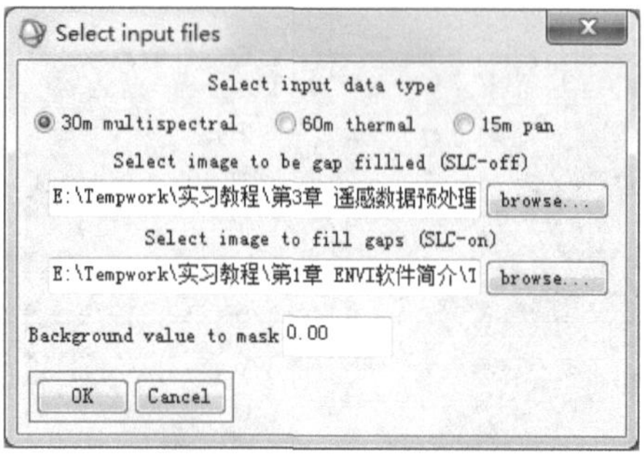

图 3.89　Select input files 对话框

图 3.90　双波段局部直方图匹配法修复后的南京市 ETM+ SLC-off 图像（局部）

双波段局部直方图匹配法根据局部直方图进行匹配，相比于双波段全局直方图匹配法精度明显提高，插补效果相对较好。不过，其运算速度要慢一些。

3.6.2　坏值插补

由于在成像及处理过程中各种因素的影响，遥感数据中可能存在一些异常值。以 ASTER GDEM 为例，云覆盖和陡峭地形等因素会造成最终产品中有一些高程粗差点，比如东部平原区域高程为负值、山区高程异常突变等。在实际应用中，需要对这些异常值进行修正。

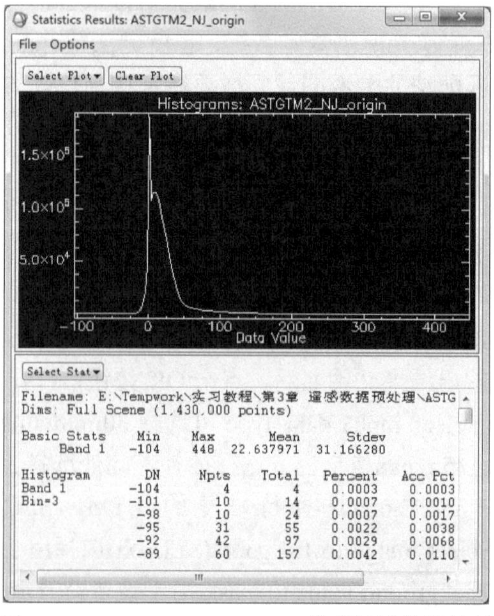

图 3.91　ASTGTM2_NJ_origin 数据快速统计结果

ENVI 提供了坏值插补功能，其思路是基于 Delaunay 三角网技术根据异常值像元周围的正常像元值进行插值，填补原数据中的坏值。

打开 ASTGTM2_NJ_origin 数据，在 Available Bands List 窗口鼠标右击该文件或者波段，**右键菜单→Quick Stats...**打开 Statistics Results 窗口（图 3.91）。从统计结果可见，该数据中存在较多的负值像元。

将该数据载入显示窗口，**Image 窗口菜单→Enhance→Gaussian**，将增强方式切换为高斯拉伸，图中可以清楚地看到若干低值区（负值），双击鼠标左键，打开 Cursor Location / Value 窗口可查看像元值（图 3.92）。

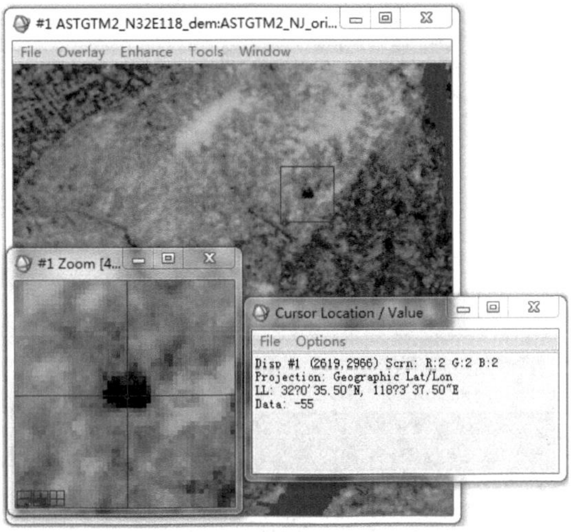

图 3.92　DEM 图像中的坏值

ENVI 主菜单→Topographic→Replace Bad Values，在 DEM Input File 对话框选择 ASTGTM2_NJ_origin 数据，打开 Replace Bad Data Parameters 对话框（图 3.93）。在该对话框中，可以通过两种方式标识坏值：固定值或者值域范围。Bad Value 文本框用于设置坏值的固定值；Bad Value Threshold Range 栏的 Min 和 Max 文本框用于设置坏值范围的最小和最大值，在此值域区间内的像元值被标识为坏值，此处在 Max 文本框中输入 0，表示设置负值为坏值。最后设置输出结果文件的保存方式，完成坏值插补。

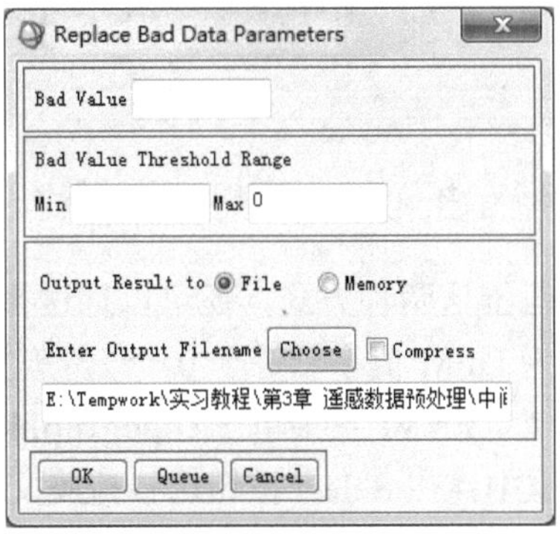

图 3.93　Replace Bad Data Parameters 对话框

图 3.94 和图 3.95 分别给出了坏值插补后的 DEM 及其快速统计结果。

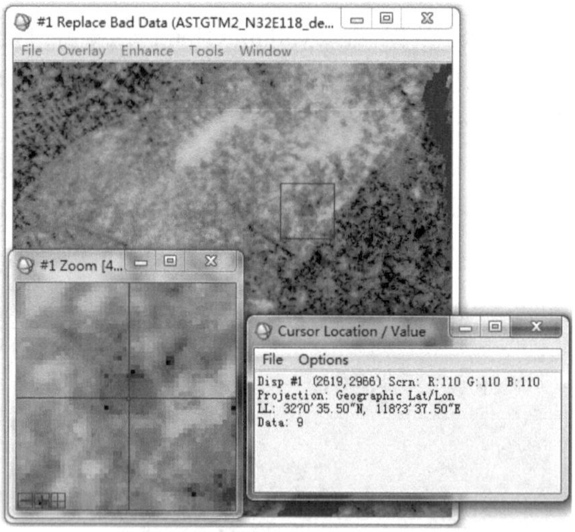

图 3.94　坏值插补后的 DEM 图像

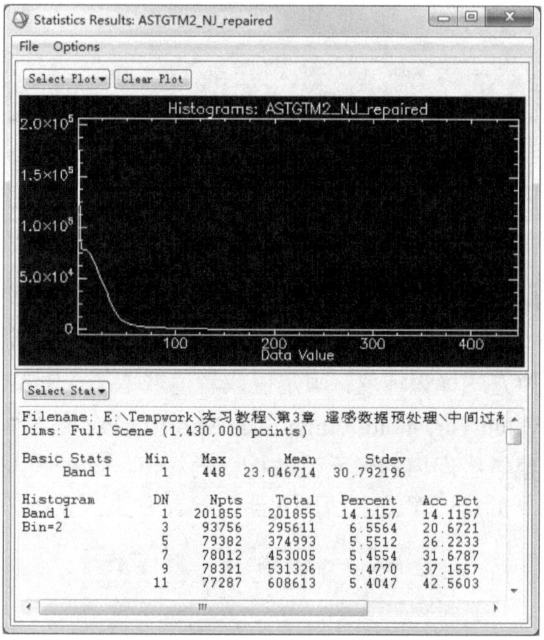

图 3.95　坏值插补后的 DEM 快速统计结果

除了设置固定值和值域范围这两种方式，还可以通过掩膜的方式来标识坏值。首先建立掩膜文件，掩膜的条件为 DEM 值小于等于 0，该掩膜文件的保留区域（DEM 值小于等于 0 的区域）即坏值区域。**ENVI 主菜单→Topographic→Replace Bad Values**，在打开的 DEM Input File 对话框中点击 Select 按钮选择掩膜文件，随后打开的 Replace Bad Data Parameters 对话框中不作任何坏值标识设置，也同样可实现坏值插补。

第 4 章　遥感图像增强

本章数据列表

文件名	描述
MYD021KM.A2005288.0520.005.2009117182209.hdf	2005 年 10 月 15 日 AQUA/MODIS L1B 数据
PMS_NJ_20171009_MSS(.hdr)	南京市 2017 年 10 月 9 日 GF2/PMS 多光谱数据
PMS_NJ_20171009_Pan(.hdr)	南京市 2017 年 10 月 9 日 GF2/PMS 全色数据
TM_NJ_20100819(.hdr)	南京市 2010 年 8 月 19 日 Landsat5/TM 数据

遥感图像增强通常用于突出图像中的某些细节特征和相关专题信息，以改善图像的目视效果或者便于图像的后续处理。

图像增强可分为基于图像空间域的增强和基于图像频率域的增强。空间域增强直接在图像所在的空间进行处理，通过直接改变图像中的单个像元（点运算）及相邻像元（邻域处理）的灰度值来增强图像。点运算也称为对比度增强、对比度拉伸或灰度变换，邻域处理也称为空间滤波。频率域增强通过傅里叶变换将图像从空间域变换到频率域，对变换后的频谱进行处理实现增强目的。

4.1　对比度增强

对比度增强通过对像元灰度值进行变换处理增强图像对比度，通过调整图像直方图改变图像灰度值的分布实现增强目的。

ENVI 提供了 Linear（线性拉伸）、Linear 2%（2%线性拉伸）、Gaussian（高斯拉伸）、Equalization（直方图均衡）、Square Root（平方根拉伸）等对比度增强方法。其中比较常用的是线性拉伸、2%线性拉伸和高斯拉伸。线性拉伸采用最基本的线性拉伸函数对直方图进行拉伸，将图像最小灰度值拉伸为 0，最大值拉伸为 255，中间的灰度值进行线性拉伸；2%线性拉伸实质上是一种特殊的分段线性拉伸，基于累计直方图将 2%以下灰度值拉伸为 0，98%以上灰度值拉伸为 255，2%～98%的灰度值进行线性拉伸，该方法是 ENVI 默认的增强方法，在多数时候都能得到比较好的增强效果；高斯拉伸是一种非线性拉伸方法，拉伸后直方图近似正态分布，默认均值为 127，标准差为 3（可以在 Interactive Stretching 窗口修改高斯拉伸参数）。

打开 TM_NJ_20100819 数据，其默认已经进行了 2%线性拉伸。**Image 窗口菜单→Enhance→[Scroll] Linear** 将拉伸方式改为普通线性拉伸，或者 **Image 窗口菜单→Enhance→[Scroll] Gaussian** 将拉伸方式改为高斯拉伸，对比不同增强方式下的图像显示效果（图 4.1）。如果想去除拉伸效果，显示图像原始灰度值，选择 **Image 窗口菜单→Enhance→[Scroll] Linear 0-255** 即可。

图 4.1　不同方法增强结果对比

自左向右分别为 Linear 2%、Linear、Gaussian、Linear 0-255

Image 窗口的 Edit 菜单提供了三组增强方法。每组都包含 Linear、Linear 0-255、Linear 2%、Gaussian、Equalization、Square Root 这几种增强方式，前缀分别为[Image]、[Zoom]和[Scroll]。这三组增强基于的是不同的直方图：[Image]组基于 Image 窗口内的图像直方图计算灰度变换函数进行增强，[Zoom]组基于 Zoom 窗口内的图像直方图计算灰度变换函数进行增强，[Scroll]组基于 Scroll 窗口内的图像直方图计算灰度变换函数进行增强。大多数情况下都采用[Scroll]组的增强方式，但是在某些特殊场合下，需要采用[Image]组或者[Zoom]组的增强。

当图像中存在较多的异常高值（比如云、雪）或低值（比如水体）时，针对整个图像直方图进行拉伸会受到异常高值/低值的影响，导致增强后区分度仍然不高（图 4.2）。

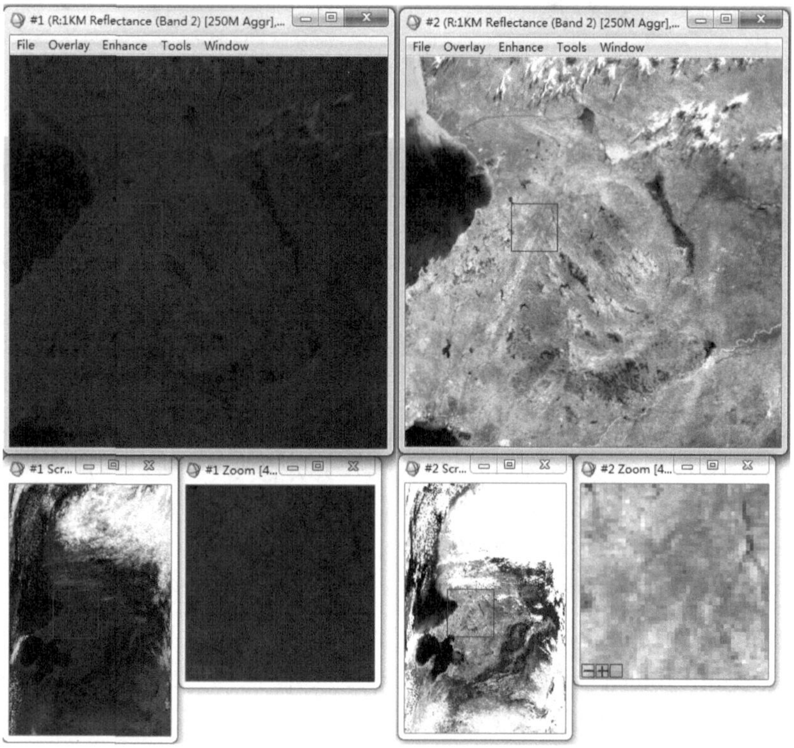

图 4.2　[Scroll] Linear 2%和[Image] Linear 2%增强结果对比

左：[Scroll] Linear 2%；右：[Image] Linear 2%

这种情况下最好将 Image 窗口定位到一个没有太多异常高值/低值的区域，然后选择[Image]组基于 Image 窗口图像直方图进行增强。图 4.2 给出了一景含有较多云和水体的 AQUA/MODIS 数据（MYD021KM.A2005288.0520.005.2009117182209.hdf）经过[Scroll] Linear 2%和[Image] Linear 2%增强的结果。

除了前面所讲的直接选取增强方法快速拉伸之外，还可以进行交互式自定义拉伸。**Image 窗口菜单→Enhance→Interactive Stretching**，打开交互式拉伸窗口（图 4.3）。

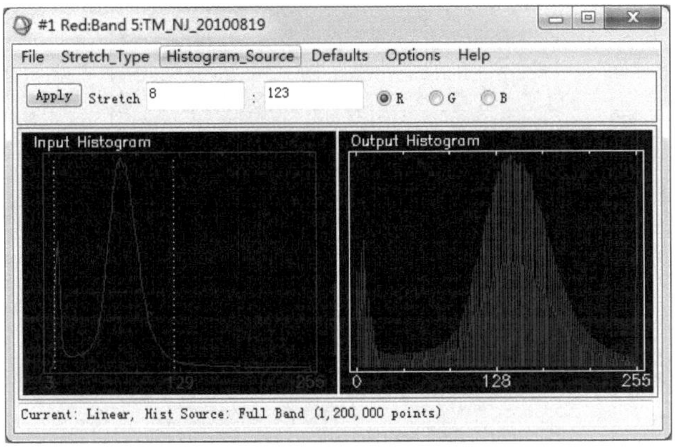

图 4.3 交互式拉伸窗口

交互式拉伸窗口的左栏为原图像的直方图，右栏为增强后图像的直方图。默认增强方法为 Linear，但是此处 Linear 与前面所讲 Enhance 菜单下的 Linear 并不完全相同，此处 Linear 包括普通线性拉伸和自定义的线性拉伸。如图 4.3 中原图像红色通道直方图中有两条白色竖线，分别对应线性拉伸的最小值（8）和最大值（123），表示小于等于 8 的灰度值拉伸为 0，大于等于 123 的灰度值拉伸为 255，中间值线性拉伸。可以通过拖动这两条白线或者在 Stretch 对话框输入最小值和最大值来改变增强效果。通过切换右上角的 R、G、B 单选框可分别针对红色、绿色和蓝色通道进行拉伸。

交互式拉伸窗口除了提供线性拉伸外，还提供了分段线性拉伸（Piecewise Linear）、高斯拉伸、直方图均衡、平方根拉伸、用户自定义拉伸（Arbitrary）和基于自定义查找表的拉伸（User Defined LUT）等拉伸方法。可以在 Stretch_Type 菜单中选择这些增强方法。另外，在 Histogram_Source 菜单中可以选择直方图来源，有 Image、Zoom、Scroll、Band 和 ROI。Scroll 和 Band 直方图有细微的差别：Scroll 图像是原图像按照一定比例重采样后得到的，而 Band 图像则是完整的原图像。

4.2 空 间 滤 波

空间滤波通过图像与卷积模板的卷积运算来实现图像滤波。根据卷积模板的不同，可以分为平滑和锐化滤波。

4.2.1　平滑滤波

平滑滤波一般用于消除图像中的随机噪声，常见的平滑滤波方法有均值滤波和中值滤波等。

在 ENVI 中打开 TM_NJ_20100819 文件，**ENVI 主菜单→Filter→Convolutions and Morphology**，打开 Convolutions and Morphology Tool 窗口（图 4.4），在该对话框进行平滑或锐化滤波设置。

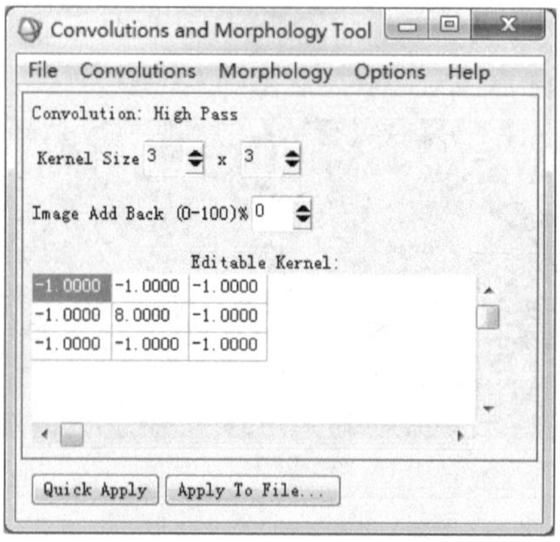

图 4.4　Convolutions and Morphology Tool 窗口

Convolutions and Morphology Tool 窗口→Convolutions→Low Pass，进行低通滤波（均值滤波）。Kernel Size 用于设置滤波器尺寸（只能为奇数），默认值为 3；Image Add Back (0-100)%文本框用于设置背景图像叠加百分比，即原图像在增强后图像中的影响比例。设置这两个参数后，点击 Quick Apply 按钮可选择某个波段快速进行滤波，或者点击 Apply to File...按钮选择某个文件进行滤波。

均值滤波在对图像进行平滑的同时也破坏了图像的细节部分，从而使图像变得模糊。滤波器尺寸越大，图像越模糊。图 4.5 给出了 TM 原图像和基于不同尺寸滤波器均值滤波结果的对比。

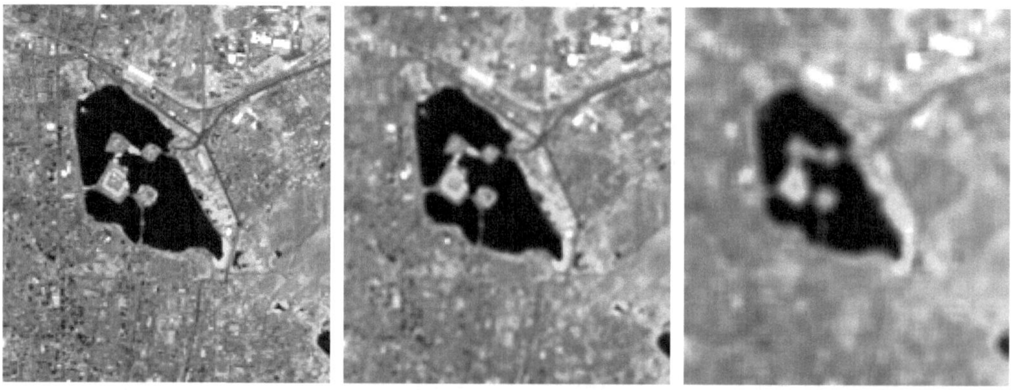

图 4.5　均值滤波结果对比

左：原图像；中：3×3 均值滤波图像；右：7×7 均值滤波图像

Convolutions and Morphology Tool 窗口→**Convolutions**→**Median**，进行中值滤波。相比于均值滤波，中值滤波能够在一定程度上保留图像的细节信息。该方法对椒盐噪声表现比较好，对高斯噪声表现较差；而均值滤波对高斯噪声表现较好，对椒盐噪声表现较差。图 4.6 给出了原图像和基于不同滤波器尺寸中值滤波结果的对比。

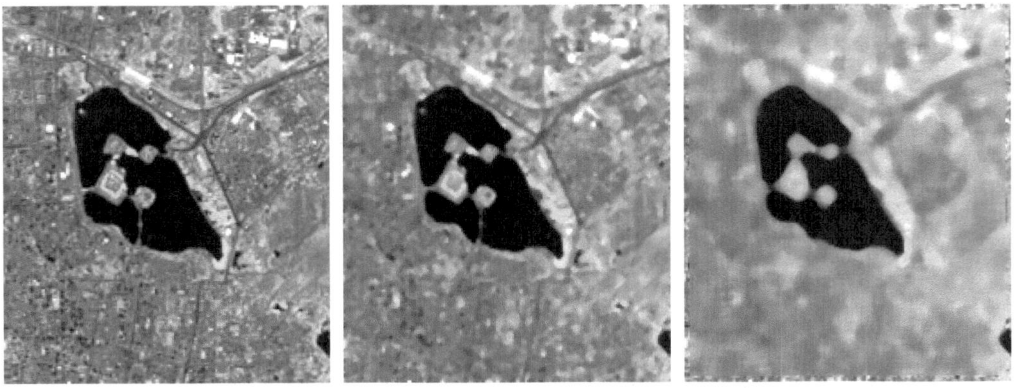

图 4.6 中值滤波结果对比

左：原图像；中：3×3 中值滤波图像；右：7×7 中值滤波图像

4.2.2 锐化滤波

锐化滤波一般用于突出边缘和轮廓、线状目标信息，也称为边缘增强。常见的锐化滤波模板有 High Pass（高通滤波）算子、Roberts（罗伯特）算子、Sobel（索贝尔）算子和 Laplacian（拉普拉斯）算子等。

Convolutions and Morphology Tool 窗口→**Convolutions**→**High Pass**，进行高通滤波。为了实现对高频信息的增强，卷积模板中心值为正值，四周为负值。图 4.7 给出了 TM 近红外波段原图像与不同设置下高通滤波图像的对比。

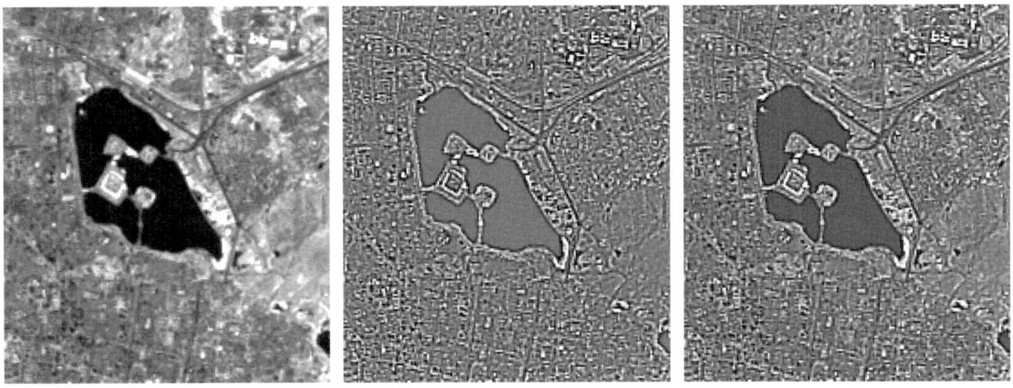

图 4.7 高通滤波结果对比

左：原图像；中：3×3 高通滤波图像；右：叠加了 50%背景图像的 3×3 高通滤波图像

除了高通滤波算子之外，ENVI 还提供了基于 Roberts 算子、Sobel 算子和 Laplacian 算子的空间滤波方法。其中 Sobel 算子和 Roberts 算子的模板是固定的，不能设置卷积模板尺寸，只能设置叠加背景图像的百分比。**Convolutions and Morphology Tool 窗口→Convolutions→Roberts**，基于 Roberts 算子进行滤波。同样在 Convolution 菜单下选择 **Sobel** 和 **Laplacian**，可分别进行基于 Sobel 算子和 Laplacian 算子的滤波。图 4.8 给出了基于 Roberts 算子、Sobel 算子和 Laplacian 算子的锐化滤波结果。

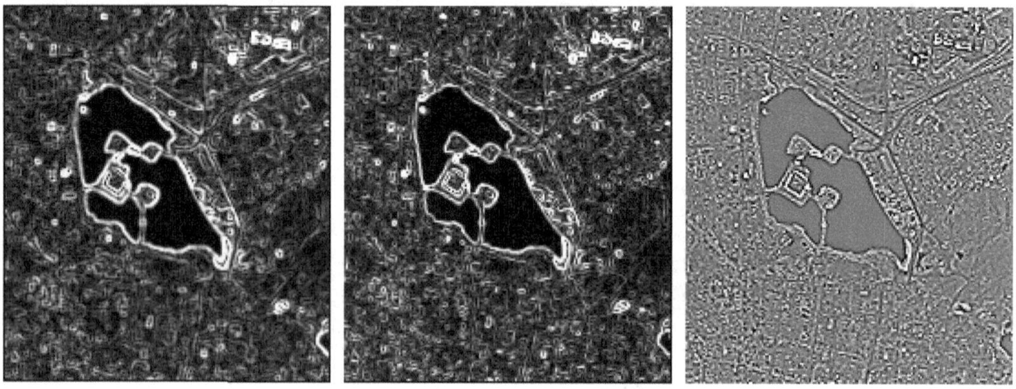

图 4.8　锐化滤波结果对比

左：基于 Roberts 算子；中：基于 Sobel 算子；右：基于 Laplacian 算子

Roberts 和 Sobel 算子属于一阶微分算子，检测灰度值的梯度变化，能够有效突出边缘。Roberts 算子定位比较准确，但是对噪声非常敏感。Sobel 算子卷积模板具有平滑效果，能在一定程度上抑制噪声。Laplacian 算子属于二阶微分算子，主要用于检测灰度突变的区域。

4.2.3　纹理计算

ENVI 提供了基于概率统计或者灰度共生矩阵的空间纹理计算功能，得到的纹理信息能够有效表征地物结构信息，可以作为分类特征参与图像分类。

ENVI 主菜单→Filter→Texture→Occurrence measures，基于概率统计计算纹理特征。在 Texture Input File 对话框选择纹理分析的遥感图像文件或者波段。由于纹理统计基于单个波段进行，此处最好只选择 1 个波段，否则每个波段都会进行纹理统计。在打开的 Occurrence Texture Parameters 对话框选择要统计的纹理特征（图 4.9），基于概率统计能够计算得到 5 种纹理特征：Data Range（数据范围）、Mean（均值）、Variance（方差）、Entropy（熵）和 Skewness（偏度）。Processing Window 栏的 Rows 和 Cols 用于设置处理窗口尺寸。图 4.10 给出了基于 TM 近红外波段图像运用 Occurrence measures 计算得到的 5 种纹理信息。

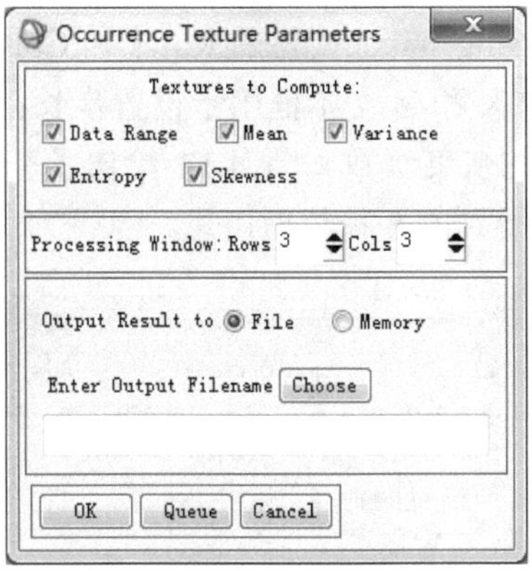

图 4.9　Occurrence Texture Parameters 对话框

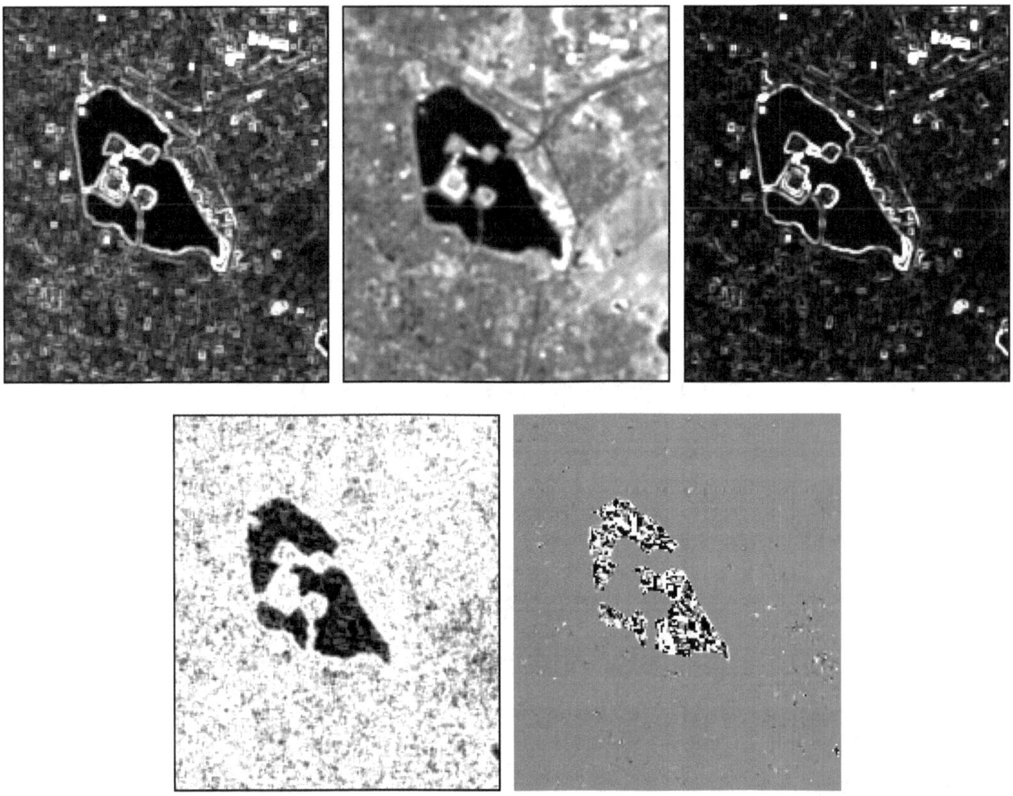

图 4.10　基于 Occurrence measures 计算得到的 5 种纹理信息

依次为 Data Range、Mean、Variance、Entropy 和 Skewness

ENVI 主菜单→Filter→Texture→Co-occurrence measures，基于灰度共生矩阵计算纹理特征。在 Texture Input File 对话框选择要进行纹理分析的波段，打开 Co-occurrence Texture Parameters 对话框（图 4.11），选择要统计的纹理特征。基于灰度共生矩阵能够计算得到 8 种纹理特征：Mean（均值）、Variance（方差）、Homogeneity（均质度）、Contrast（对比度）、Dissimilarity（非相似性）、Entropy（熵）、Second Moment（角二阶矩）和

Correlation（相关性）。Processing Window 栏的 Rows 和 Cols 文本框用于设置处理窗口尺寸；Co-occurrence Shift 栏的 X 和 Y 文本框用于设置步长；Greyscale quantization levels 用于设置统计灰度共生矩阵的灰度级数。图 4.12 给出了基于 TM 近红外波段图像运用 Co-occurrence measures 计算得到的 8 种纹理信息。

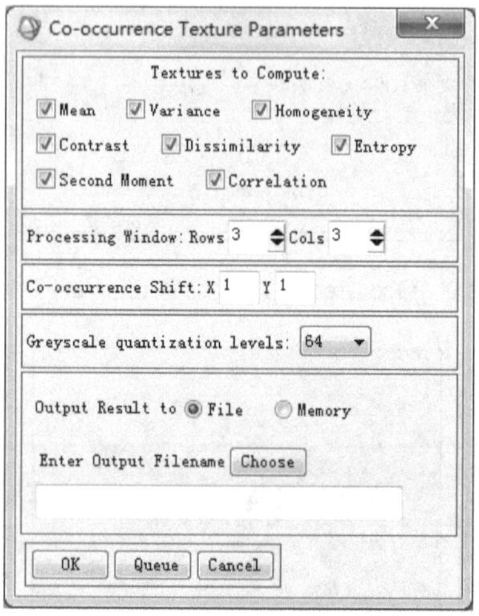

图 4.11　Co-occurrence Texture Parameters 对话框

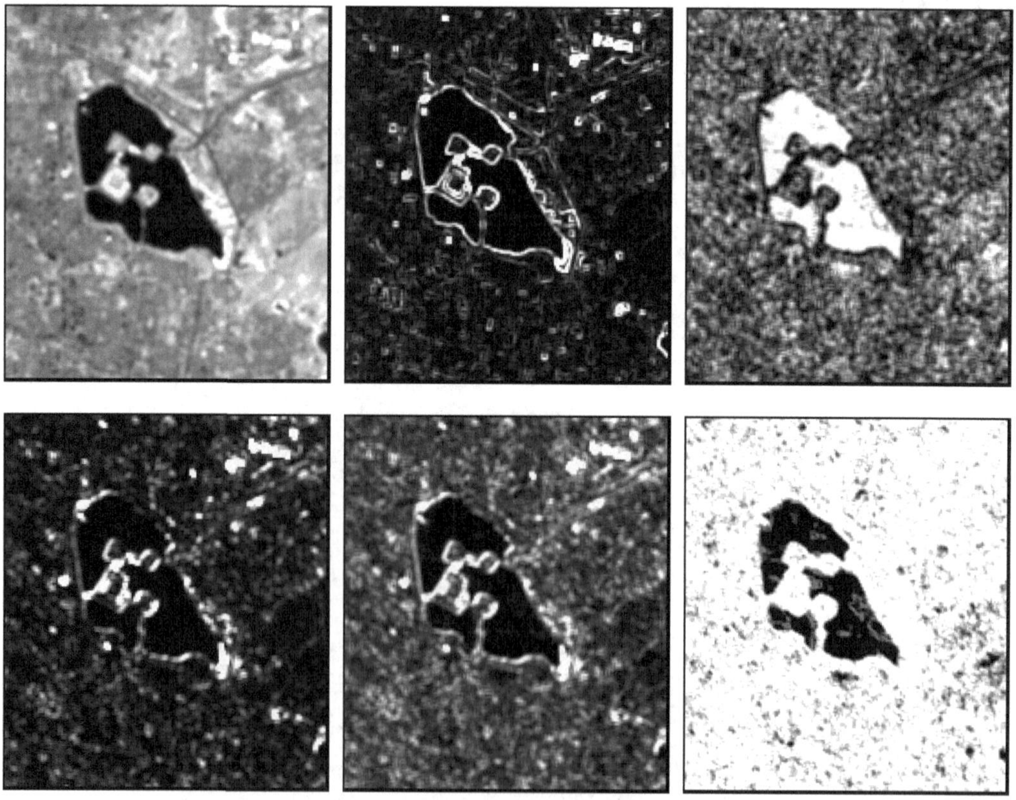

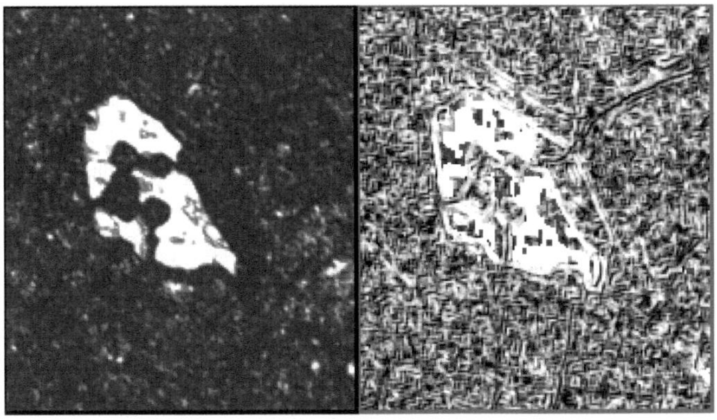

图 4.12　基于 Co-occurrence measures 计算得到的 8 种纹理信息

依次为 Mean、Variance、Homogeneity、Contrast、Dissimilarity、Entropy、Second Moment 和 Correlation

4.3　多光谱变换

4.3.1　NDVI 计算

植被指数基于植被在红波段低反射和近红外波段高反射这一独特的光谱特征，通过波段组合运算增强植被信息。在所有的植被指数中，归一化植被指数（NDVI）应用最为广泛，其计算公式如下：

$$\mathrm{NDVI}=\frac{\mathrm{NIR}-R}{\mathrm{NIR}+R} \tag{4.1}$$

式中，NDVI 为归一化植被指数；NIR 和 R 分别为近红外波段和红波段的 DN 值或者反射率。

ENVI 提供了直接计算 NDVI 的功能。**ENVI 主菜单→Transform→NDVI**，在 NDVI Calculation Input File 对话框选择 TM_NJ_20100819 数据，点击 OK 按钮打开 NDVI Calculation Parameters 对话框（图 4.13）。在 Input File Type 下拉列表选择遥感传感器类型，

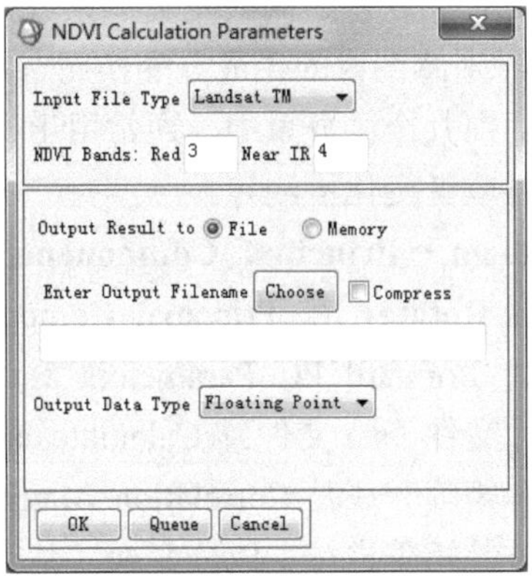

图 4.13　NDVI Calculation Parameters 对话框

有 6 种传感器可以选择：Landsat TM、Landsat MSS、Landsat OLI、AVHRR、SPOT、AVIRIS，此处选择 Landsat TM。选定传感器类型后，NDVI Bands 栏的 Red 和 Near IR 文本框给出该传感器对应的红波段和近红外波段的波段号（对于 Landsat/TM 而言，3 波段为红波段，4 波段为近红外波段）。设置完成以后，点击 OK 按钮，计算得到 NDVI 图像（图 4.14）。

图 4.14　NDVI 图像

除了 ENVI 给出的 6 种传感器之外，也可以针对其他传感器图像运用该功能直接计算 NDVI。不管传感器类型，直接在 NDVI Calculation Parameters 对话框的 Red 和 Near IR 文本框分别输入传感器红波段和近红外波段对应的波段号即可。

4.3.2　主成分变换

主成分变换（PCA 变换）基于变量之间的相关关系进行线性正交变换，转换为一组不相关的变量（主分量）。对于遥感图像的主成分变换而言，变量即波段。主成分变换将多个波段的信息集中到有限的前几个主分量中，通常用于遥感图像的降维处理，也可以用于波段去相关、去噪、增强或者变化检测等。

ENVI 主菜单→Transform→Principal Components→Forward PC Rotation→Compute New Statistics and Rotate，在 Principal Components Input File 对话框选择 TM_NJ_20100819 文件，打开 Forward PC Parameters 对话框（图 4.15）。Output Stats Filename 文本框设置输出统计文件（sta 文件）；Calculate using 箭头切换按钮用于选择基于 Covariance Matrix（协方差矩阵）还是 Correlation Matrix（相关系数矩阵）进行主成分变换，通常情况下基于协方差矩阵进行主成分变换，基于相关系数矩阵的主成分变换相当于对数据进行标准化处理之后再利用协方差矩阵进行变换，更适合波段数据差异较

大的情况；Select Subset from Eigenvalues 箭头切换按钮用于设置是否输出所有主分量，选 No 的话可以在下面的 Number of Output PC Bands 设置输出的主分量数目（默认为所有主分量数目）。点击 OK 按钮，执行主成分变换。

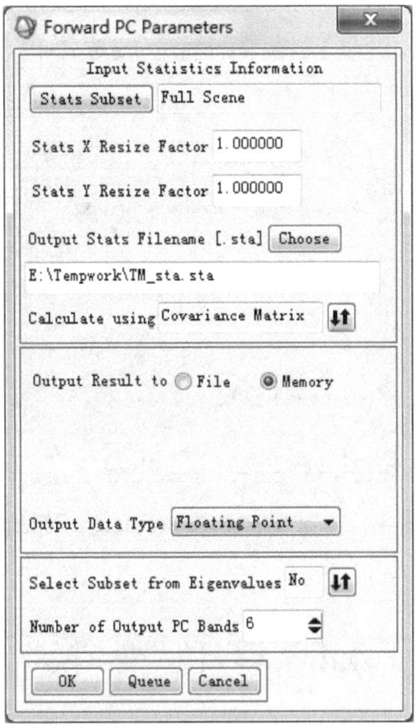

图 4.15　Forward PC Parameters 对话框

主成分变换的结果是 6 个主分量波段以及对应的特征值（图 4.16）。各个主分量的特征值表征了它们所含的信息量。第一主分量的信息量最大，第二主分量次之，依次递减。前三个主分量已经包含了原图像大部分的信息量，后三个主分量的信息量非常低。

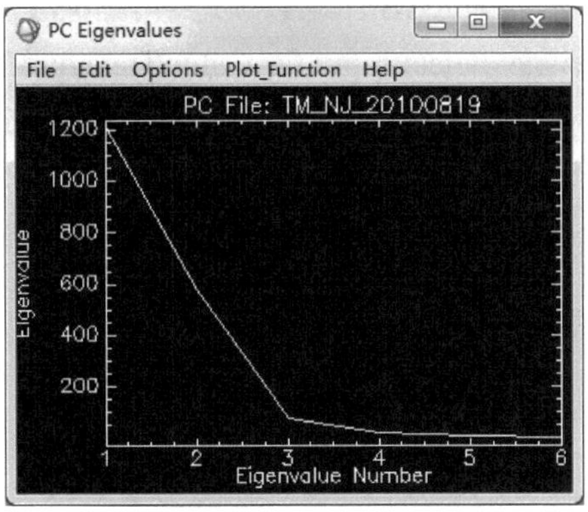

图 4.16　PC Eigenvalues 窗口

除了正向主成分变换，ENVI 还可以进行主成分逆变换，将主分量变换回原始数据。**ENVI 主菜单→Transform→Principal Components→Inverse PC Rotation**，在 Principal

Components Inputs 对话框选择主成分变换结果文件，在随后的 Enter Statistics Filename 对话框选择主成分正向变换时输出的统计文件（sta 文件），打开 Inverse PC Parameters 对话框（图 4.17）。利用箭头切换按钮将 Calculate using 切换为与正向主成分变换时相同的计算方法，点击 OK 按钮，执行主成分逆变换。需要注意的是，如果输入的主分量数目少于原始图像波段数，那么逆变换结果的各个波段不再与原始图像的波段对应，也不再具有原始图像的物理意义。

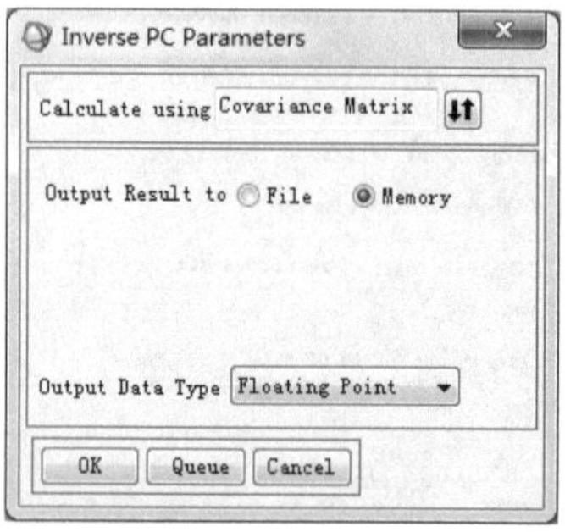

图 4.17　Inverse PC Parameters 对话框

4.4 彩色变换

4.4.1 颜色空间转换

颜色空间转换指将图像从一种颜色空间转换到另外一种颜色空间。常用的颜色空间有 RGB（红、绿、蓝）、HSV（色调、饱和度、亮度）、HLS（色调、明度、饱和度）等。

ENVI 主菜单→Transform→Color Transforms→RGB to HSV，打开 RGB to HSV Input 对话框（图 4.18），将 RGB 图像转换到 HSV 颜色空间。在执行 RGB 颜色空间到 HSV 颜色空间的转换时，输入的 RGB 图像必须是字节型数据，且值域范围为 0～255。在 RGB to HSV Input 对话框的 Select Input for Color Transform 列表中选择一个已经打开的显示窗口或者选择 Available Bands List。如果选择已打开的显示窗口，该窗口显示的 RGB 图像将作为输入 RGB 图像；如果选择 Available Bands List，则会打开 RGB to HSV Input Bands 对话框，在 R、G 和 B 通道分别选择一个波段作为输入图像。

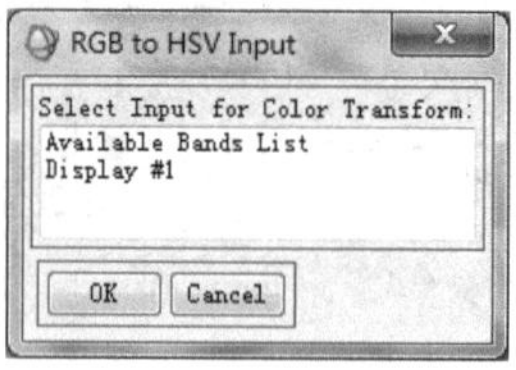

图 4.18　RGB to HSV Input 对话框

转换结果有 3 个波段：Hue、Sat 和 Val，分别对应色调、饱和度和亮度（图 4.19）。HSV 颜色空间中，Hue 值域范围为 0～360，Sat 和 Val 值域范围为 0～1。图 4.20 给出了转换得到的 Hue、Sat 和 Val 这 3 个波段的统计。

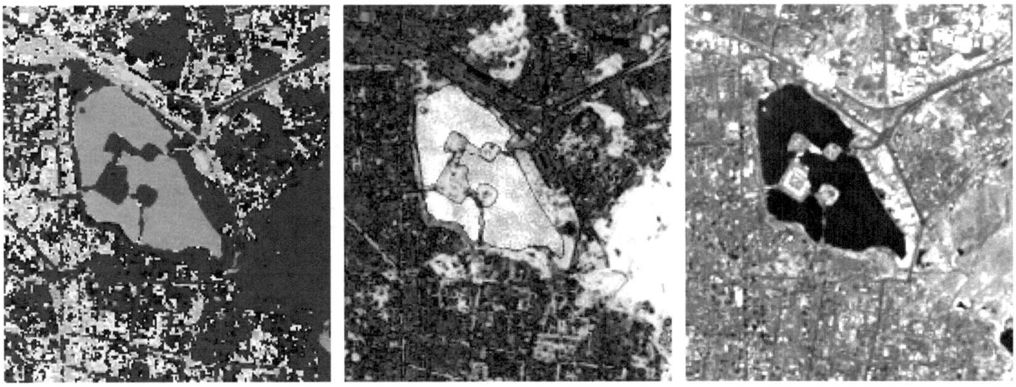

图 4.19　HSV 颜色空间下的三个颜色分量

左：色调；中：饱和度；右：亮度

Basic Stats	Min	Max	Mean	Stdev
Band 1	0.000000	359.433960	151.479650	108.656600
Band 2	0.000000	1.000000	0.439922	0.281641
Band 3	0.058824	1.000000	0.598064	0.208283

图 4.20　HSV 空间统计结果

ENVI 主菜单→Transform→Color Transforms→HSV to RGB，打开 HSV to RGB Input Bands 对话框（图 4.21），将 HSV 图像转换到 RGB 颜色空间。H、S 和 V 通道分别选择对应的色调、饱和度和亮度波段，实现从 HSV 颜色空间到 RGB 颜色空间的转换。在执行 HSV 颜色空间到 RGB 颜色空间的转换时，输入的 HSV 图像的 H 分量值域范围为 0～255，S 和 V 分量值域范围为 0～1。

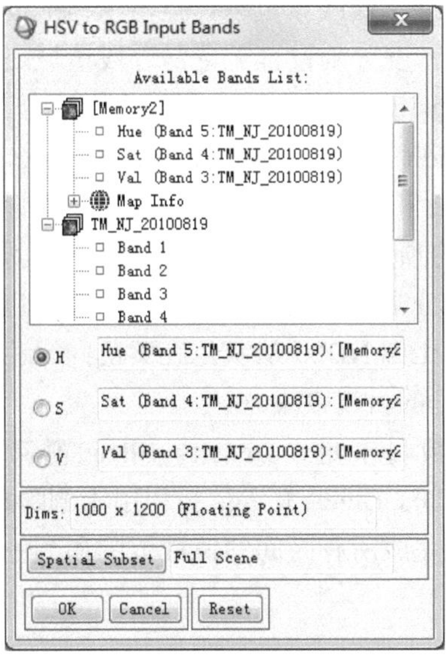

图 4.21　HSV to RGB Input Bands 对话框

4.4.2　密度分割

多光谱遥感图像可以选择 3 个波段进行 RGB 彩色合成显示。但是光谱指数（如植被指数 NDVI）或反演得到的地表参数（如地表温度）通常只有一个波段，无法进行 RGB 彩色合成。在这种情况下，可以通过密度分割将图像灰度值进行分段，每段赋予不同的颜色。

打开基于 TM 数据计算得到的 NDVI 图像，**Image 窗口菜单→Tools→Color Mapping→Density Slice...**，在 Density Slice Band Choice 对话框选择需要进行密度分割的 NDVI 波段，打开 Density Slice 窗口（图 4.22）。

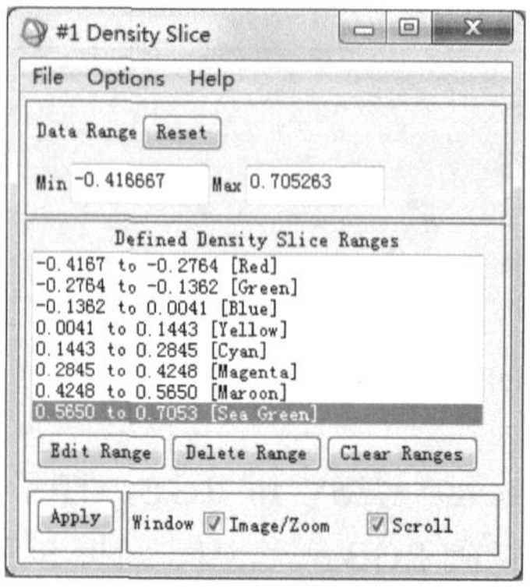

图 4.22　Density Slice 窗口

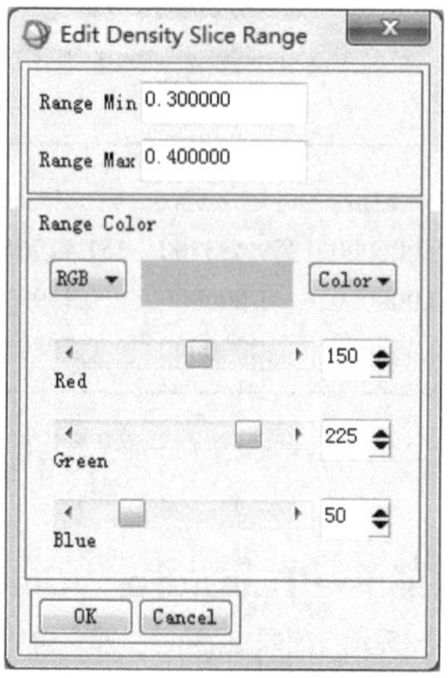

图 4.23　Edit Density Slice Range 对话框

Density Slice 窗口的 Min 和 Max 文本框给出了 ENVI 根据图像自动计算得到的密度分割范围，用户也可以自行编辑修改该范围。点击 Reset 按钮可重置为 ENVI 默认的密度分割设置。ENVI 默认的密度分割设置无论是分段值域还是颜色都不太合适，一般需要进行修改。在 Defined Density Slice Ranges 栏编辑密度分割设置，选中某一值域区间，点击 Edit Range 按钮打开 Edit Density Slice Range 对话框，修改该区间的值域范围和颜色（图 4.23）。在 Range Min 和 Range Max 文本框中设置该区间的最小值和最大值。在 Color 下拉列表选择 ENVI 的预置颜色，或者直接修改红、绿、蓝 3 个色彩通道值来修改该区间的颜色。在进行密度分割时，要注意相邻区间的颜色最好渐变过渡，且颜色的选择上应尽量符合人的习惯（比如 NDVI 从灰色经黄色向绿色渐变、地表温度从蓝色经绿色向红色渐变），以得到较好的目视效果。

如果默认的分割区间数目不足，**Density Slice 窗口菜单→Options→And New Ranges...**，添加新的分割区间。Delete Range 按钮用于删除某一区间，Clear Ranges 按钮用于清除所有的分割区间。完成所有区间的值域范围和颜色设置以后，点击 Apply 按钮显示密度分割效果（图 4.24）。

图 4.24　NDVI 密度分割结果

根据目视效果可以继续对各区间的范围和颜色进行修改，直到满意为止。最后通过 **Image 窗口菜单→File→Save Image As→Image File...**，将密度分割结果图像保存为 BMP、JPEG、PNG 等普通图像文件格式。

Density Slice 窗口菜单→File→Save Ranges...，将密度分割设置保存为密度分割文件（dsr 文件）。以后如果需要进行相似的密度分割可以通过 **Density Slice 窗口菜单→File→Restore** 载入该文件，并在此基础上进行修改。

Density Slice 窗口菜单→File→Output Ranges to Class Image 将密度分割结果输出为 ENVI 分类文件，各类别对应密度分割的各个区间，便于统计分析或者制图。

4.4.3　颜色表映射

除了密度分割之外，ENVI 还提供了另一种灰度图像的伪彩色增强方法——颜色表映射。该方法将遥感图像灰度值和预置的颜色表对应起来实现灰度图像的伪彩色显示。

Image 窗口菜单→Tools→Color Mapping→ENVI Color Tables...，打开 ENVI Color Tables 窗口（图 4.25）。窗口的 Color Tables 栏提供了可供选择的颜色表，点击某个颜色表，显示窗口即显示该颜色表的映射效果。对于 NDVI 图像来说，可以选择 GREEN/WHITE LINEAR 颜色表。默认的 GREEN/WHITE LINEAR 颜色表从深绿色向白色渐变，对应的映射结果图像上 NDVI 低值区呈深绿色，而高值区呈白色。通过 Stretch Bottom 和 Stretch Top 两个滑块可以进行高低值的交换，将其切换为从白色向深绿色转变。此时映射结果图像上 NDVI 低值区呈白色，而高值区呈深绿色（图 4.26）。最后通过 **Image**

窗口菜单→File→Save Image As→Image File...，将密度分割结果图像保存为 BMP、JPEG、PNG 等普通图像文件格式。

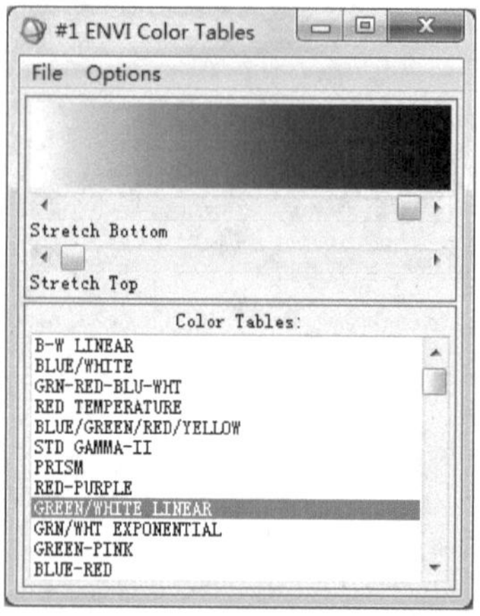

图 4.25　ENVI Color Tables 对话框

图 4.26　NDVI 颜色表映射结果

ENVI 主菜单 File→Preferences 打开 System Preferences 对话框，在其中的 Display Defaults 选项卡中点击 Edit System Color Tables...按钮，打开 ENVI Color Table Editor 对话框，用户可以自定义颜色表。

4.5　图 像 融 合

图像融合是将多源遥感图像按照一定的规则进行处理，生成一幅合成图像的过程。最常见的图像融合是将低空间分辨率多光谱图像与高空间分辨率全色图像融合，生成一幅既具有高空间分辨率又具有多光谱特征的结果图像。

图像融合的目的是改善图像的目视效果，有利于图像的目视判读和分析。需要注意的是，原始图像的灰度值可以通过辐射定标转换为具有物理意义的辐射亮度，但融合过程破坏了图像原始的灰度值，融合结果图像将不再能够用于定量遥感反演。

ENVI 提供了多种图像融合方法，包括 HSV 融合、Brovey 融合、Gram-Schmidt 融合、主成分变换融合（PC 融合）和颜色归一化融合（CN 融合）等，其中比较典型的融合方法有 HSV 融合和 Gram-Schmidt 融合等。

4.5.1　HSV 融合

HSV 融合的思路是将图像由 RGB 颜色空间转换为 HSV 颜色空间，用高分辨率图像替换 HSV 图像中的 V 波段（亮度波段），然后反变换回 RGB 颜色空间，得到融合结果图像。

打开 PMS_NJ_20171009_MSS 数据和 PMS_NJ_20171009_Pan 数据，前者为 GF2/PMS 传感器的 4m 分辨率多光谱图像，后者为 GF2/PMS 传感器的 1m 分辨率全色图像。以 321 或者 432 合成方式显示 PMS_NJ_20171009_MSS 数据，**ENVI 主菜单→Transform→Image Sharpening→HSV**，在 Select Input RGB 对话框选择 Display #1（PMS_NJ_20171009_MSS 数据的显示窗口），将显示窗口的 RGB 图像作为输入图像进行 HSV 融合。也可以选择 Available Bands List，然后在 Select Input RGB Input Bands 对话框中分别选择 R、G、B 对应的波段。不过这样选择的 3 个波段是原始数据，没有经过增强处理，会影响融合图像的显示效果。点击 OK 按钮后弹出 High Resolution Input File 对话框，选择 Pan 数据。最后打开 HSV Sharpening Parameters 对话框（图 4.27），在 Resampling 下拉列表选择重采样方法，此处选择 Bilinear 双线性插值，设置融合结果文件保存方式后得到 HSV 融合结果图像（图 4.28）。

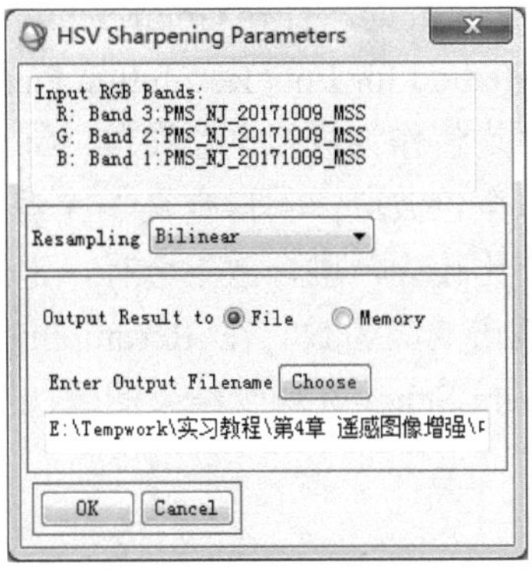

图 4.27　HSV Sharpening Parameters 对话框

图 4.28　HSV 融合后图像与原始图像局部对比

左：原多光谱图像；中：原全色图像；右：HSV 融合图像

除了运用 ENVI 的融合工具直接实现 HSV 融合之外，还可以手工实现 HSV 融合。首先对 PMS_NJ_20171009_MSS 数据进行空间重采样，将其分辨率调整为 1m，与 PMS_NJ_20171009_Pan 数据一致。对重采样后的多光谱数据进行 RGB 彩色合成，然后转换到 HSV 颜色空间，得到 H、S、V 三个色彩分量。通过 **ENVI 主菜单→Basic Tools→Stretch Data** 将 Pan 数据线性拉伸到 0～1。**ENVI 主菜单→Transform→Color Transforms→HSV to RGB**，H 和 S 分量保持不变，V 分量选择拉伸后的 Pan 数据，变换回 RGB 颜色空间即可得到融合后的图像。

4.5.2　Gram-Schmidt 融合

Gram-Schmidt 融合基于 Gram-Schmidt 正交变换，该变换的特点是变换前后第 1 个主分量保持不变。该融合方法首先基于粗分辨率的多光谱图像模拟出一个全色波段，将模拟的全色波段作为第 1 个波段与多光谱波段放在一起进行 Gram-Schmidt 变换，然后用真正的高空间分辨率全色波段替换变换结果中的第 1 分量，进行 Gram-Schmidt 反变换，将反变换结果的第 1 波段去掉即可得到 Gram-Schmidt 融合的最终结果。

ENVI 主菜单→Transform→Image Sharpening→Gram-Schmidt Spectral Sharpening，在 Select Low Spatial Resolution Multi Band Input File 对话框选择 PMS_NJ_20171009_MSS 数据，在 Select High Spatial Resolution Multi Band Input File 对话框选择 PMS_NJ_20171009_Pan 数据，打开 Gram-Schmidt Spectral Sharpen Parameters 对话框（图 4.29）。在 Select Method for Low Resolution Pan 栏选择模拟全色波段的方法，共有 4 种：①取多光谱图像平均值作为模拟全色波段；②从外部选择 1 个现成的全色波段；③根据传感器类型来模拟全色波段；④自定义 1 个滤波函数来模拟全色波段。第 1 种方式最简单，但是模拟误差比较大，融合效果会有一定偏差。第 3 种方式效果较好，但前提是需获取该传感器的波谱响应函数。在 Resampling 下拉列表选择重采样方法为 Bilinear 双线性插值，得到 Gram-Schmidt 融合结果图像（图 4.30）。

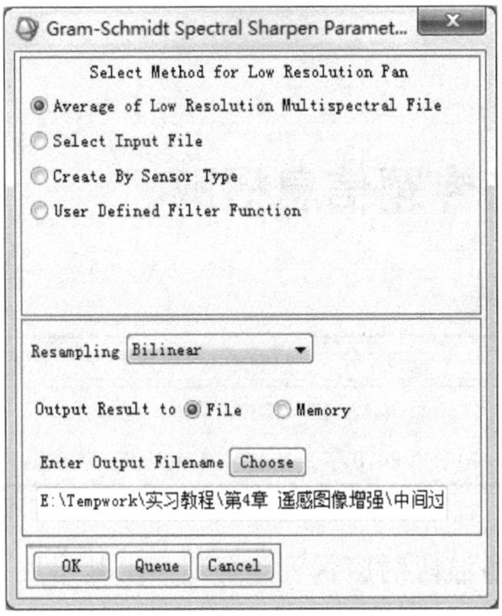

图 4.29　Gram-Schmidt Spectral Sharpen Parameters 对话框

图 4.30　Gram-Schmidt 融合结果图像（局部）

与 HSV 融合相比，Gram-Schmidt 融合对波段数目没有限制（HSV 融合只能针对 3 个波段），而且色彩保真度比较好。但是其缺点是清晰度通常不如 HSV 融合，空间细节体现不足。

第 5 章　波段运算与专题信息提取

本章数据列表

文件名	描述
ASTGTM2_NJ(.hdr)	南京市 ASTER GDEM 数据（已修正）
TM_NJ_20100819(.hdr)	南京市 2010 年 8 月 19 日 Landsat5/TM 数据

ENVI 波段运算以波段和常量为输入变量，各波段对应像元进行计算，其本质是 IDL 的数组运算。

波段运算可以进行加减乘除以及对数、指数等计算，还可以调用 IDL 的函数进行计算，是非常实用的工具。对于不熟悉 IDL 编程的用户来说，ENVI 的波段运算功能是实现某些专题信息的提取或者自己定义算法的主要途径。

5.1　波段运算的基本操作

ENVI 主菜单→Basic Tools→Band Math，打开 Band Math 对话框（图 5.1）。该对话框上部的 Previous Band Math Expressions 列表可列出自本次 ENVI 打开以来使用的所有波段运算公式；Save 和 Restore 按钮分别用于导出和导入运算公式文件（exp 文件）；Clear 按钮用于清空 Previous Band Math Expressions 列表中的所有运算公式；Delete 按钮用于删除 Previous Band Math Expressions 列表中选中的某个运算公式；Enter an expression 文本框用于输入波段运算公式；Add to List 按钮用于将输入的波段运算公式添加到 Previous Band Math Expressions 列表。

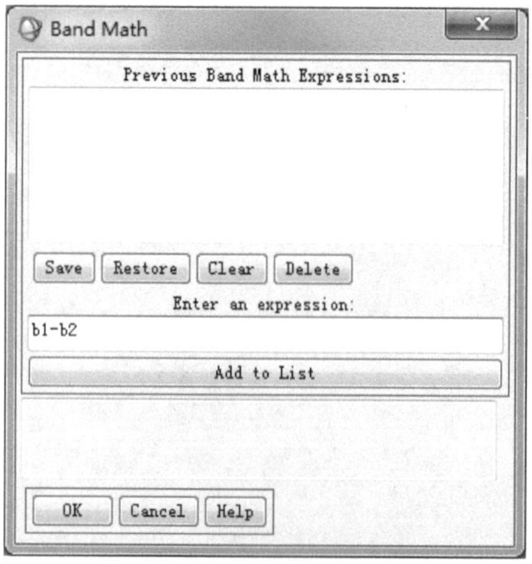

图 5.1　Band Math 对话框

在 Enter an expression 文本框内输入波段运算公式，如：b1-b2，然后点击 OK 按钮打开 Variables to Bands Pairings 对话框（图 5.2）。在该对话框内将 b1、b2 这两个变量与具体波段关联起来。然后执行波段运算，得到计算结果。如果输入的波段运算公式有语法错误，点击 OK 按钮不会弹出该对话框，而是在 Add to List 按钮下方显示提示信息"You have entered an invalid expression. Check for syntax errors or undefined procedures and functions and try again."

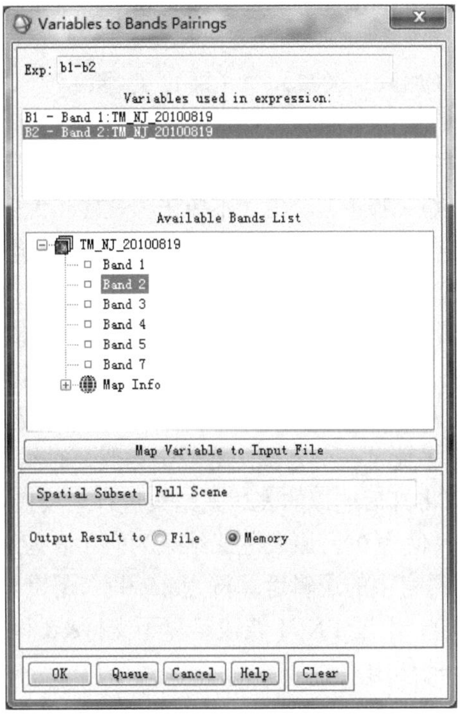

图 5.2　Variables to Bands Pairings 对话框

5.2　波段运算的规则

5.2.1　波段运算的注意事项

ENVI 波段运算的主要注意事项有下面几点：

（1）ENVI 波段运算的波段变量必须以英文字母"b"或者"B"打头，后面加上阿拉伯数字，比如"b1"和"B13"等。波段运算的变量名与具体波段并不具有直接关联，比如变量 b1 未必和第 1 波段关联，而是取决于在 Variables to Bands Pairings 对话框的变量关联设置。

（2）ENVI 波段运算遵循 IDL 语言的规则，不区分大小写。

（3）波段运算公式除了包含波段变量之外，还可以包含常量。

（4）进行波段运算的波段变量必须具有相同的行列数，因为波段运算是各个波段对应像元之间的计算。

（5）除了将单个波段作为输入变量进行波段运算之外，还可以把包含多个波段的整个文件作为输入变量进行波段运算。在 Variables to Bands Pairings 对话框不选择某个波段而是点击 Map Variable to Input File 按钮，即可将整个文件和波段变量关联起来。

5.2.2 波段运算的运算符

ENVI 波段运算支持的运算符包括数值型运算符、关系型运算符和逻辑型运算符等，运算规则同 IDL。

数值型运算符包括+（加）、–（减）、*（乘）、/（除）、^（乘方）、MOD（求余）、<（求最小）和>（求最大）。要注意的是，<和>运算符为取最小、最大值运算符，不是用于比较大小的关系型运算符。

关系型运算符包括 EQ（等于）、NE（不等于）、GT（大于）、LT（小于）、GE（大于等于）、LE（小于等于）。这 6 种运算符优先级相同，自左向右结合。

逻辑型运算符包括 AND（逻辑与）、OR（逻辑或）和～（逻辑非）。在逻辑型表达式中，AND 运算必须在其所连接的两个表达式结果全为真（值为 1）时结果才为真（值为 1），否则结果为假（值为 0）；OR 运算只要其所连接的两个表达式结果有 1 个及以上为真（值为 1）时结果就为真（值为 1），否则结果为假（值为 0）；XOR 运算是当其所连接的两个表达式结果不一致（一个为真，另一个为假）时结果为真（值为 1），否则结果为假（值为 0）；～运算将其后连接的表达式结果进行求反操作，如果原表达式结果为真（值为 1）则结果为假（值为 0），原表达式结果为假（值为 0）则结果为真（值为 1）。

需要注意的是，IDL 语言中的逻辑运算符为&&和||（逻辑与和逻辑或），AND 和 OR 是位运算符（位与和位或）。不过 ENVI 波段运算不支持&&和||运算符，AND 和 OR 运算符起逻辑运算符&&和||的作用。

各个运算符的优先级见表 5.1。同等级运算符自左向右结合。如果不能确定运算符的优先级，建议使用小括号，小括号的优先级最高，括号内的部分将首先进行计算。

表 5.1 运算符的优先级

优先级（1 最高）	运算符
1	( )
2	^
3	*、/、MOD
4	+、–、<、>、～
5	EQ、NE、GT、LT、GE、LE
6	AND、OR、XOR

5.2.3 波段运算调用函数

ENVI 波段运算可以调用一些 IDL 函数，如数据类型转换函数、三角函数、对数函数、指数函数等。

数据类型转换函数能够将变量或常量从一种类型转换到另外一种类型，具体的数据类型以及转换函数见表 5.2。需要注意的是，遥感数据通常为字节型或者整型数据，其运算结果也是字节型或整型，在有些情况下将得不到期望的结果。如 Landsat/TM 数据为字节型数据，运用波段运算计算比值植被指数（RVI）时直接将近红外波段 DN 值除以红波段 DN 值，结果也是字节型，而字节型数据只能存储 0～255 的整数，结果会溢出，需要在波段运算中运用 float 函数将字节型数据首先转换为浮点型数据。根据 IDL 运算规则，表达式包含多种类型变量时计算结果取决于精度最高的变量类型，计算比值植被指数（RVI）时在波段运算对话框输入：float(b4)/b3 或者 1.0*b4/b3 即可。

表 5.2　数据类型及转换函数

数据类型	描述	字节数	范围	数据类型转换函数
byte	字节型	1	0～255	Byte( )
int	整型	2	–32 768～32 767	Fix( )
uint	无符号整型	2	0～65 535	Long( )
long	长整型	4	-2^{31}～$2^{31}-1$	Long64( )
ulong	无符号长整型	4	0～$2^{32}-1$	Uint( )
long64	64 位长整型	8	-2^{63}～$2^{63}-1$	Ulong( )
ulong64	64 位无符号长整型	8	0～$2^{64}-1$	Ulong64( )
float	浮点型	4	-10^{38}～10^{38}	Float( )
double	双精度浮点型	8	-10^{308}～10^{308}	Double( )
complex	复数	8	-10^{38}～10^{38}	Complex( )
dcomplex	双精度复数	16	-10^{308}～10^{308}	Dcomplex( )

ENVI 的波段运算能够调用 IDL 提供的函数进行求绝对值、取整、指数、对数及三角函数运算等数学运算功能，表 5.3 给出了常用的一些数学运算函数。

表 5.3　常用的数学运算函数

函数	函数说明	函数	函数说明
abs	绝对值：$\|x\|$	sin	正弦：$\sin(x)$
sqrt	平方根：$\sqrt{x}$	cos	余弦：$\cos(x)$
exp	自然指数：e^x	tan	正切：$\tan(x)$
alog	自然对数：$\log_e x$	asin	反正弦：$\arcsin(x)$
alog10	常用对数：$\log_{10} x$	acos	反余弦：$\arccos(x)$
finite	判断无效值和无穷值	atan	反正切：$\arctan(x)$

5.2.4　无效值的处理

在某些情况下波段运算的结果中存在无效值（not a number，NaN）或者无穷值

（infinity, Inf），这些值在很多情况下无法进行有效分析，需要修改为零值或者某个特定填充值（如–999）。

Finite 函数用于判断 NaN 值和 Inf 值，如果某像元值为 NaN 值或 Inf 值则返回 0，否则返回 1。可以通过关键字/nan 或/infinity 只判断 NaN 值或 Inf 值，此时当某像元值为 NaN 值或 Inf 值则返回 1，否则返回 0。

下面通过例子介绍在波段运算中如何将 NaN 值或 Inf 值修改为某个特定值。打开 Band Math 对话框，在 Enter an expression 文本框内输入波段运算公式：alog(b1–100)。将波段变量 b1 和 Landsat/TM 的某个波段关联起来，执行波段运算，得到的结果中就会包含 NaN 值（图 5.3）。

在 Band Math 对话框输入波段运算公式：finite(b1)。将波段变量 b1 和刚才的计算结果关联起来，执行波段运算，得到一个二值化图像，原计算结果中的正常值在二值化图像中值为 1，而 NaN 值在二值化图像中值为 0。如果输入 finite(b1, /nan)，则得到相反的结果。

在刚才的公式基础上进一步修改：finite(b1)*(b1>(–1e10))+finite(b1, /nan)*(–1)，执行波段运算后即可将原数据中的 NaN 值修改为–1 值，原正常值保持不变。在该公式中，finite(b1)得到正常值掩膜（原数据中正常值像元返回值为 1，NaN 像元返回值为 0），b1>(–1e10)将所有小于-1×10^{-10}的像元值修改为-1×10^{-10}（除了 NaN 值之外的像元值都大于-1×10^{-10}），finite(b1)*(b1>(–1e10))的计算结果是将原数据中正常值保持不变，NaN 值修改为 0，如果之前不把 NaN 值改为-1×10^{-10}，其与 finite(b1)的运算结果仍然为 NaN；finite(b1, /nan)得到无效值掩膜，finite(b1, /nan)*(–1)将原正常值修改为 0，原无效值修改为–1.0。最后两者相加，即可得到想要的结果：原正常值不变，原 NaN 值变成–1.0（图 5.3）。

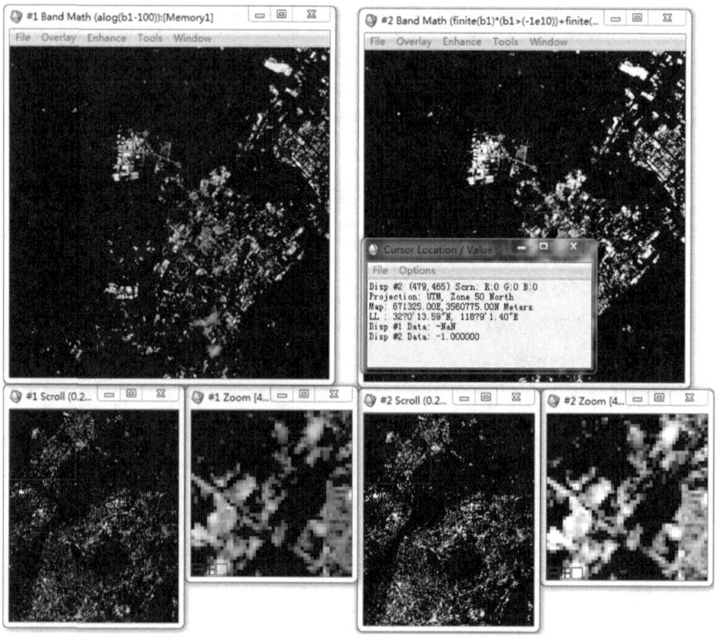

图 5.3　消除 NaN 值前后的对比

在 ENVI 波段运算中直接处理 NaN 值和 Inf 值相对比较复杂，也可以将其导入 IDL 中进行处理，只需要一两条简单的 IDL 语句即可实现（详见 8.1 节）。

5.3　波段运算的应用

5.3.1　计算植被指数

根据 Landsat/TM 数据运用波段运算计算归一化植被指数（NDVI）：

$$\mathrm{NDVI}=\frac{\mathrm{NIR}-R}{\mathrm{NIR}+R} \tag{5.1}$$

式中，NDVI 为归一化植被指数；NIR 和 R 分别为近红外波段和红波段的 DN 值或者反射率。

打开 Band Math 对话框，在 Enter an expression 文本框内输入波段运算公式：(b4–b3)/(b4+b3)。分别将波段变量 b3、b4 和第 3、4 波段关联起来，执行波段运算，得到计算结果（图 5.4）。该结果图像并非正确的 NDVI 图像，因为 Landsat/TM 数据的数据类型为字节型，其运算结果也是字节型，无法有效存储浮点型的 NDVI 值。

图 5.4　计算得到的 NDVI 结果

为了得到正确的计算结果，需要将遥感图像的数据类型转换为浮点型数据，在 Enter an expression 文本框内输入波段运算公式：(float(b4)–float(b3))/(float(b4)+float(b3))，将所有波段变量转换为浮点型变量，分别将波段变量 b3、b4 和第 3、4 波段关联起来，执行波段运算，即可得到正确的 NDVI 结果（图 5.5）。

图 5.5　计算得到的 NDVI 结果

按照 IDL 计算规则，也可以采取相对简单的波段运算公式：(float(b4)–b3)/(float(b4)+b3)。公式中 float(b4)为浮点型，b3 为字节型，不同类型数据进行计算，结果以精度高的数据类型为准，因而 float(b4)–b3 与 float(b4)+b3 的运算结果也都是浮点型。

要注意的是，输入波段运算公式如 float(b4–b3)/float(b4+b3)则计算结果不正确。因为 float(b4–b3)表达式中，首先进行的是 b4–b3 运算，b4 和 b3 均为字节型数据，运算结果也是字节型，只能存储 0～255 的整数，结果值不在此范围内就会溢出，之后再用 float 函数转换也不可能得到正确的结果。

5.3.2　按照条件提取特定区域

ENVI 波段运算可以通过关系运算和逻辑运算提取特定区域，类似前面创建掩膜的过程。比如针对研究区提取所有 NDVI 大于 0.5 并且海拔高于 100m 的区域：除了前面计算得到的 NDVI 之外，在 ENVI 中打开对应的 DEM 数据（ASTGTM2_NJ），在 Enter an expression 文本框内输入波段运算公式：b1 gt 0.5 and b2 gt 100。分别将波段变量 b1、b2 和 NDVI、DEM 数据关联起来，执行波段运算，即可得到符合要求的二值化图像（图 5.6）。

图 5.6　计算得到的二值化图像

5.3.3　地表比辐射率计算

ENVI 波段运算的功能看起来比较简单，但是通过灵活应用可以解决很多看起来比较复杂的问题。比如根据 NDVI 计算 Landsat5/TM 热红外波段比辐射率（van de Griend and Owe, 1993）：

$$\varepsilon=\begin{cases}0.923, & \text{NDVI}<0.157\\ 1.0094+0.047\cdot\ln\text{NDVI}, & 0.157\leqslant\text{NDVI}\leqslant 0.727\\ 0.994, & \text{NDVI}>0.727\end{cases}\quad \text{非水体} \tag{5.2}$$

$$\varepsilon=0.995\quad \text{水体}$$

式中，ε 为 Landsat5/TM 热红外波段地表比辐射率；NDVI 为归一化植被指数。

计算比辐射率需要 NDVI 和水体数据，NDVI 数据已经通过计算得到了，需要提取水体。根据改进的归一化水体指数（MNDWI）提取水体：

$$\text{MNDWI}=\frac{G-\text{SWIR}}{G+\text{SWIR}} \tag{5.3}$$

式中，MNDWI 为改进的归一化水体指数；G 和 SWIR 分别为绿波段和短波红外波段的 DN 值或者反射率。

首先运用波段运算计算 MNDWI。在 Enter an expression 文本框内输入波段运算公式：(float(b2)–float(b5))/(float(b2)+float(b5))，分别将波段变量 b2、b5 和 Landsat/TM 数据第 2、第 5 波段关联起来，计算得到 MNDWI 图像。

然后设定阈值 0 来判别水体和非水体。MNDWI 值大于 0 为水体，小于 0 为非水体。在 Enter an expression 文本框内输入波段运算公式：b1 le 0。将波段变量 b1 和 MNDWI 数据关联起来，计算得到水体掩膜图像（图 5.7）。

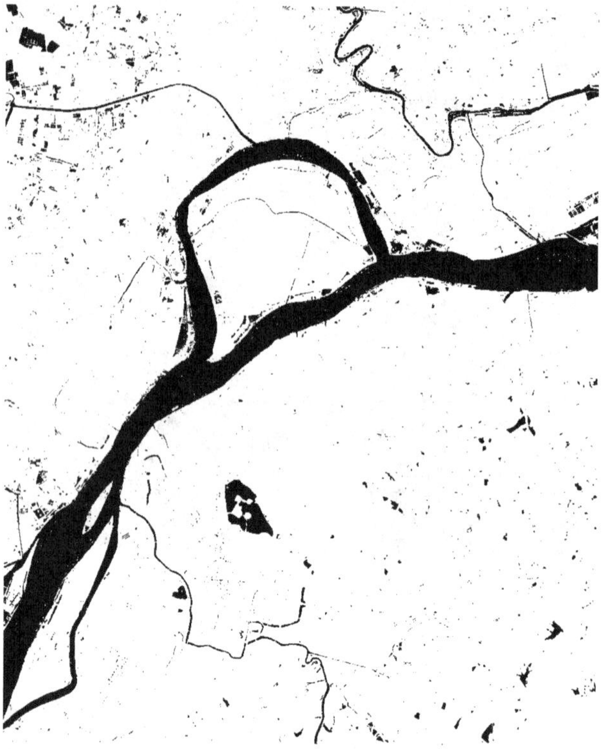

图 5.7　计算得到的水体掩膜

得到水体掩膜和NDVI之后，运用公式(5.2)计算地表比辐射率。在Enter an expression 文本框内输入波段运算公式：1.0094+0.047*alog(b1)。将波段变量 b1 和 NDVI 数据关联起来，计算得到比辐射率图像。

由于 NDVI 有负值和零值，该计算结果中将会出现 NaN 值和 Inf 值。这些负值 NDVI 通常对应于水体，可以将 NaN 值修改为水体的比辐射率值 0.995。另外，这个公式只适用于 NDVI 值在 0.157～0.727 的非水体像元。因此，需要将不满足该条件的像元值按照公式（5.2）进行重新赋值：将 NDVI<0.157 的像元赋值为 0.923，将 NDVI>0.727 的像元赋值为 0.994，将水体掩膜值为 0 的像元或者无效值赋值为 0.995。在 Enter an expression 文本框内输入波段运算公式：(((b2 ge 0.157 and b2 le 0.727)*b1+(b2 lt 0.157)*0.923+(b2 gt 0.727)*0.994)*(b3 eq 1))>0+((b3 eq 0) or～finite(b1))*0.995。分别将波段变量 b1、b2、b3 和 1.0094+0.047*alog(b1)的计算结果、NDVI 以及水体掩膜关联起来，计算得到地表比辐射率（图 5.8）。

图 5.8　计算得到的地表比辐射率

也可以通过波段运算结合掩膜计算地表比辐射率：首先，利用公式 1.0094+0.047*alog(b1)进行波段运算；然后，建立 NDVI>0.157 的掩膜文件，应用掩膜时将背景值设为 0.923；再建立 NDVI<0.727 的掩膜文件，应用掩膜时将背景值设为 0.994；最后，应用水体掩膜将背景值设为 0.995。

第 6 章　遥感图像分类

本章数据列表

文件名	描述
ASTGTM2_NJ(.hdr)	南京市 ASTER GDEM 数据（已修正）
PMS_NJ_20171009_MSS(.hdr)	南京市 2017 年 10 月 9 日 GF2/PMS 多光谱数据
TM_NJ_20100819(.hdr)	南京市 2010 年 8 月 19 日 Landsat5/TM 数据

遥感图像分类是指根据遥感图像的光谱、空间结构以及其他信息，按照某种规则或者算法划分为不同类别的过程。

根据是否需要先验知识，遥感图像分类方法分为监督分类和非监督分类两大类。监督分类需要事先已知训练样本，根据训练样本对分类器进行学习训练，然后对图像进行分类。常见的监督分类方法有最小距离法、最大似然法等，近年来兴起的机器学习分类方法如神经网络、支持向量机、决策树等也可以归在监督分类中。非监督分类不需要已知训练样本，通过聚类的方法进行自动分类。常见的非监督分类法方法有 K 均值法和 ISODATA 方法等。

6.1 监 督 分 类

6.1.1 分类系统

遥感图像分类之前，首先要确定分类系统，即分为哪些地物类型。根据目的不同，遥感分类包括土地覆盖分类、土地利用分类、植被分类、岩性分类等，最常见的是土地覆盖分类。常用的土地覆盖分类系统有 IGBP 土地覆盖分类系统、USGS 土地覆盖分类系统、FAO 土地覆盖分类系统、LCCS 土地覆盖分类系统、IGSNRR 土地覆盖分类系统、Globeland30 土地覆盖分类系统等。

根据研究需要，可以采用现有的土地覆盖分类系统，也可以自己定义一个分类系统。以南京地区 Landsat/TM 为例，打开 TM_NJ_20100819 数据进行彩色合成显示，对图像进行判读分析，可以建立一个简单的包含 5 种地物的分类系统：建筑、裸地、农田、林地、水体。

6.1.2 训练样本

1. 选择训练样本

确定分类系统之后，需要选择各类地物的训练样本训练分类器。选择训练样本可以参考更高精度的遥感图像、实地调查数据或其他可靠来源的参考数据，如 Google Earth、百度地图、高德地图等提供的高分辨率卫星图像。

在选择训练样本时，要注意几点原则：

（1）要有典型性和代表性，尽可能不包含与其他地物混合的像元；

（2）训练样本要保证一定数目，根据分类方法不同，所要求的样本数目也不同，通常情况下要求每类地物训练样本数量为分类特征数量的10倍以上；

（3）选取训练样本的参考数据与分类数据在时间上尽可能相近。

ENVI的训练样本称为ROI（region of interest，感兴趣区）。在Image窗口点击右键，**右键菜单→ROI Tool...**打开ROI Tool窗口（图6.1），用于选择各个地物类型的ROI。

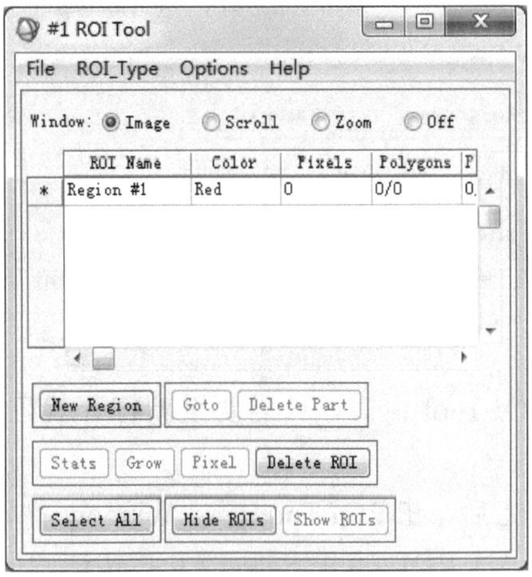

图6.1 ROI Tool窗口

在ROI Tool窗口点击New Region按钮，创建5个ROI类型。分别将各个ROI类型的名称修改为建筑、裸地、农田、林地和水体，并在Color栏点击右键修改各类ROI的颜色，ROI的颜色即分类结果图像中各类地物的颜色。

ENVI默认在Image窗口选择ROI。为了保证选取的像元比较纯净，尽可能不混入其他类型像元，建议改在Zoom窗口选取。勾选ROI Tool窗口中Window栏Zoom前的单选框，将ROI选择窗口由Image窗口切换到Zoom窗口。ENVI默认采用多边形方式选择ROI，在Zoom窗口左键单击鼠标勾绘多边形轮廓，单击鼠标右键封闭该多边形，再次单击鼠标右键确定，确定后的ROI内部将会填充颜色。

如果地物形状为线形或破碎的离散点，可以通过**ROI Tool窗口菜单→ROI_Type→Polyline**将ROI形状修改为线，或者**ROI Tool窗口菜单→ROI_Type→Point**将ROI形状修改为点。一类地物的ROI可以同时包含多边形、线和点形式的ROI。

为了保证训练样本的典型性和代表性，选取每类地物的ROI时尽可能在图像不同位置多选择几处多边形/点/面，ROI Tool窗口列表栏显示了各类ROI的像元数、多边形/线/点的数目（图6.2）。选完一类地物的ROI以后，在ROI Tool窗口点击另一类地物，将该类地物ROI激活为当前ROI（前有星号），然后在Zoom窗口选择该类地物ROI。如果要删除已确定的某地物ROI，将其激活为当前ROI，在Zoom窗口该地物ROI上点击鼠标中键即可。

通过Goto按钮可以在当前地物已经选好的ROI之间切换（以多边形/线/点为单元），

以确认是否有错选的 ROI。

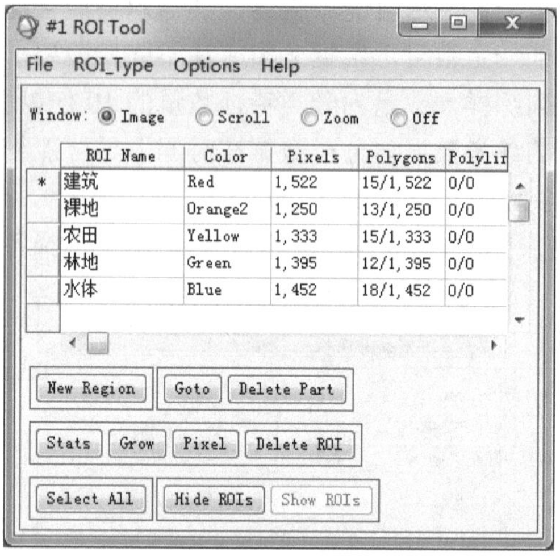

图 6.2　选完的各类地物 ROI

如果不小心关掉了 ROI Tool 窗口，只需要重新打开就可以，原先选好的 ROI 不会丢失。

选好所有地物的 ROI 之后，在 ROI Tool 窗口 Window 栏勾选 Off 前的单选框，以免在图像窗口中点击鼠标时误选 ROI。点击 Select All 按钮选中所有类型后点击 Stats 按钮，打开 ROI Statistics Results 窗口（图 6.3）。该窗口的上部栏目显示了各类地物 ROI 的分类

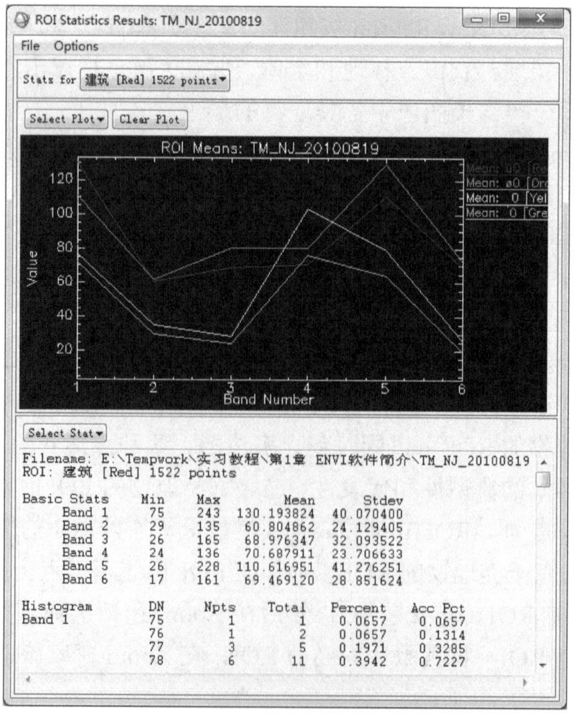

图 6.3　ROI Statistics Results 窗口

特征曲线（如 6 个多光谱波段，即显示各类地物 ROI 在 6 个波段的光谱曲线）。在曲线图上点击右键，**右键菜单→Plot Key**，显示各类地物 ROI 的图例。下部栏目给出了各类地物 ROI 在各个波段上的统计特征，包括最小值、最大值、平均值、标准差以及直方图等。

通过 **ROI Tool 窗口菜单→File→Save ROI...**，打开 Save ROIs to File 对话框(图 6.4)，点击 Select All Items 按钮选中所有 ROI，然后设置 ROI 输出文件名，保存 ROI 文件。

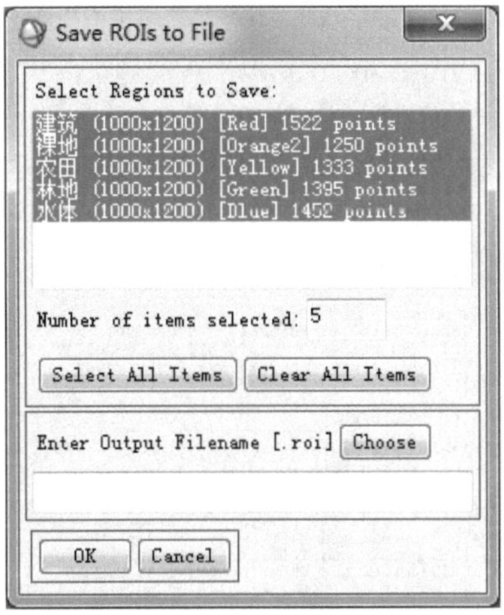

图 6.4 Save ROIs to File 对话框

2. 训练样本评价

选好 ROI 之后，可以计算各个类别之间的统计距离，评价基于 ROI 的各类别之间的可分离性。每两类地物之间的可分离性以 Jeffries-Matusita 距离和 Transformed Divergence 变换离散度表示。这两个指标值域范围为 0～2.0，1.9 以上说明两类地物 ROI 可分离性较好，1.8 以下说明两类地物 ROI 可分离性不够好，需要修改 ROI 或者增加新的分类特征。

ROI Tool 窗口菜单→Options→Compute ROI Separability，打开 ROI Separability Report 窗口（图 6.5）。该窗口给出了每类地物 ROI 相对于其他地物 ROI 的可分离性，并按照 Jeffries-Matusita 距离从小到大的顺序列出了各类地物之间的可分离性。除了农田与林地以及建筑与裸地这两对地物之外，大部分地物之间的可分离性都比较好。

除了 TM 数据 6 个多光谱波段之外，增加光谱特征指数和 DEM 数据以提高类别间的可分离性。基于 TM_NJ_20100819 数据计算归一化植被指数（NDVI）、归一化建筑指数（NDBI）和改进的归一化水体指数（MNDWI），并读入 DEM 数据（ASTGTM2_NJ），通过 **ENVI 主菜单→File→Save File As→ENVI Standard** 或者 **ENVI 主菜单→Basic Tools→Layer Stacking** 将 TM_NJ_20100819 数据、NDVI、NDBI、MNNDWI 和 DEM 数据合并为一个文件，构建一个包含 Landsat/TM 的 6 个多光谱波段、3 个光谱特征指数以及地表海拔共 10 个分类特征的数据。基于该数据计算前面所选择的 ROI 可分离性（图 6.6）。

可见，相比于原来的 6 个多光谱波段分类特征，增加了 4 个分类特征之后的类别可分离性有了明显的提高。

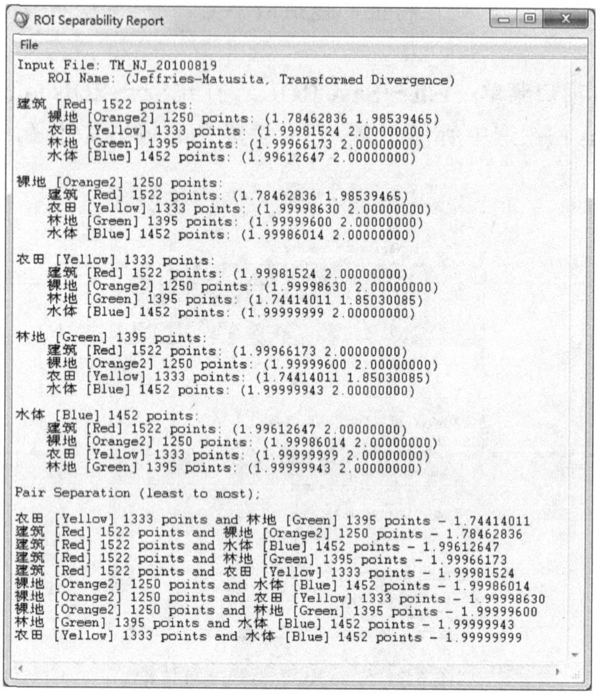

图 6.5　ROI Separability Report 窗口

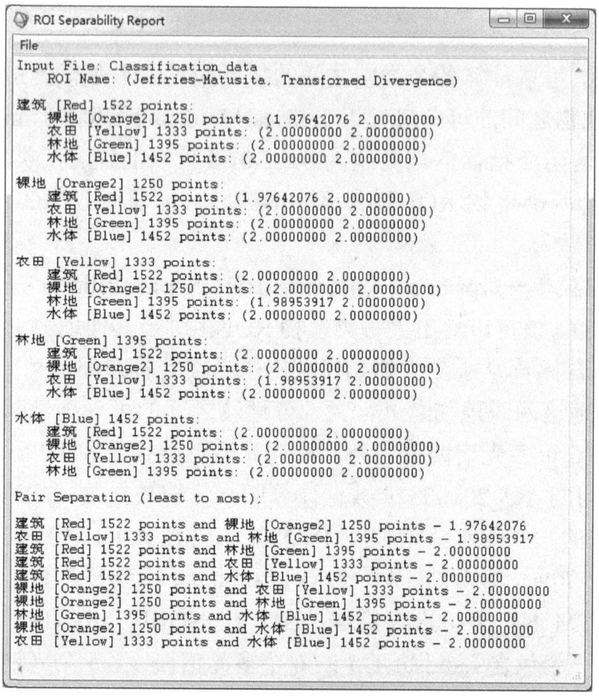

图 6.6　增加了几个分类特征之后的 ROI 可分离性报告

3. 训练样本提纯

选择 ROI 的过程中，某类训练样本可能会混入其他类型的像元，影响训练样本的典型性和代表性，需要对训练样本进行提纯。

ENVI 提供了 *N* 维可视化分析器（*n*-dimensional visualizer）对 ROI 进行提纯，其思路为：在分类特征构成的 *N* 维特征空间中，每个 ROI 像元是该空间中的一个点，同类地物特征相似因而其 ROI 像元会聚集在一起，而不同地物在某些特征上具有差异性。如果 A 类地物 ROI 像元集群中出现了 B 类地物 ROI 像元，说明这些很有可能并非 B 类地物像元，而是误选的 ROI 像元，需要将其剔除，从而实现对 B 类地物 ROI 的提纯。

ROI Tool 窗口菜单→File→Export ROIs to n-D Visualizer...，在打开的文件选择窗口选择 TM_NJ_20100819 数据，点击 OK 按钮打开 n-D Visualizer Input ROIs 对话框（图 6.7）。在此对话框中，选择要进行 *N* 维旋转和提纯的 ROI 类型。建议不要一次性将所有 ROI 都选中导入 *N* 维可视化分析器，那样不易区分和提纯 ROI。每次选中 2 个或者 3 个容易混淆的 ROI 类型，比如农田与林地、建筑与裸地等，两两进行对比和提纯。

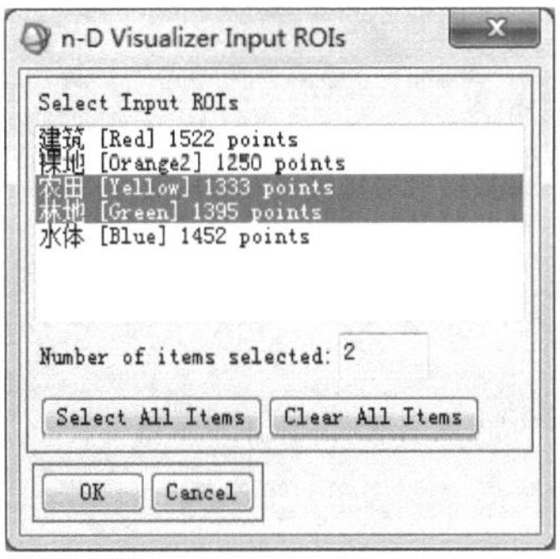

图 6.7　n-D Visualizer Input ROIs 对话框

点击 OK 弹出 n-D Controls 窗口和 n-D Visualizer 窗口。n-D Controls 窗口显示了分类特征维数，如 TM_NJ_20100819 数据有 6 个波段，即显示 6 个数字，分别对应 6 个分类特征（图 6.8）。选中其中 *N* 个特征构建 *N* 维特征空间，如选中所有 6 个分类特征，在 n-D Visualizer 窗口即可显示这 6 维特征空间中的农田和林地 ROI（图 6.9）。

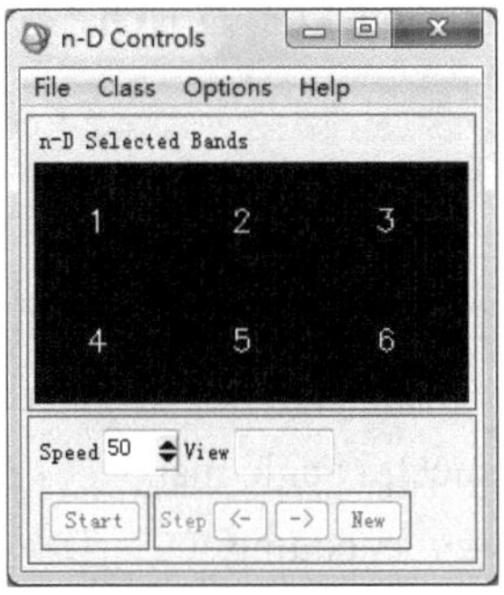

图 6.8　n-D Controls 窗口

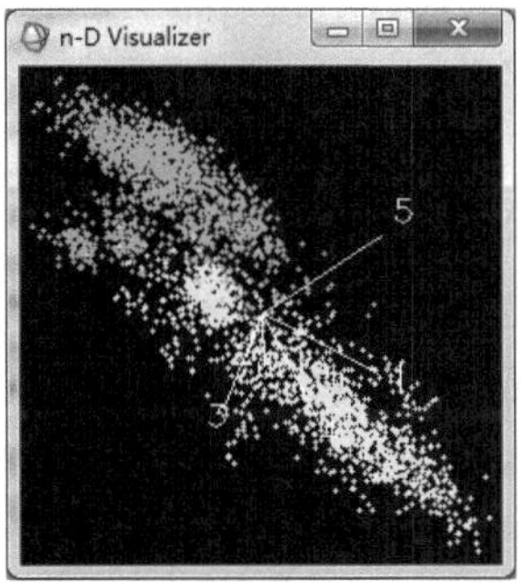

图 6.9　n-D Visualizer 窗口

n-D Visualizer 窗口将 6 维空间以某个角度映射到二维空间显示。**n-D Controls 窗口菜单→Options→Show Axes...**，可在 n-D Visualizer 窗口显示坐标轴，更直观的认识特征空间。点击 n-D Controls 窗口的 Start 按钮对特征空间进行旋转，切换投射角度，从不同角度观察两类 ROI 在特征空间中的分布特征。默认的旋转速度为 50，建议降低为 10～20，以更好地进行观察。在某个角度下，两类 ROI 样本集群区分度较大时，点击 Stop 按钮（原 Start 按钮，开始旋转后变成 Stop 按钮）停止旋转。

在 n-D Visualizer 窗口点击鼠标左键勾绘多边形，选取某类地物（如林地）的纯净 ROI 样本，即不与农田混在一起的样本，点击右键确定。然后单击鼠标右键，**右键菜单→Export Class**，将刚勾绘的林地 ROI 导出为一类新的 ROI。ROI Tool 窗口除了原先 5 类地物 ROI 之外，多出一类新的 ROI：n_D Class #1（图 6.10）。将该类 ROI 的名称修改为“林地”，颜色修改为原林地 ROI 的颜色，然后选中原先的林地 ROI，点击 Delete ROI 按钮将其删除，即用导出的林地 ROI 替换之前的林地 ROI，实现林地 ROI 的提纯。以同样的方式对其他地物 ROI 进行提纯操作。

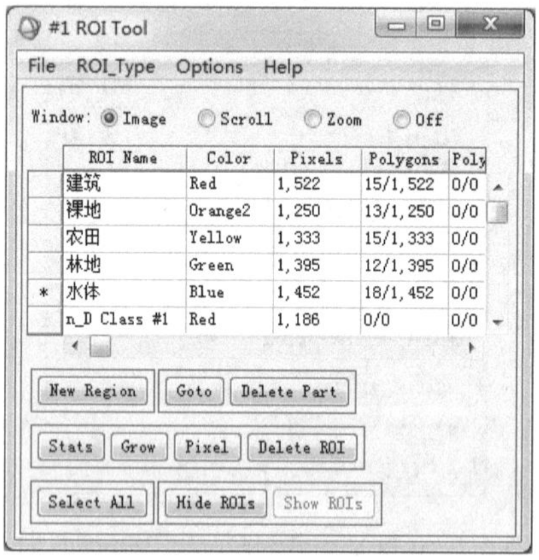

图 6.10　n-D Visualizer 窗口

需要注意的是，通过 n-D Visualizer 窗口导出的 ROI 不再具有原先的多边形或者线属性，只是一个个的离散点。如果想要修改 ROI 的话，只能逐点遍历和删除，非常不便。

ROI 的提纯不是必需的步骤，如果在选择 ROI 的时候能够在 Zoom 窗口细致选取，保证所选样本比较纯净，没有混入其他地物像元，也可以不做 ROI 提纯。这样有利于后来对 ROI 可能的修改。

6.1.3　分类方法

选定 ROI 之后，需选择一种监督分类方法进行分类。ENVI 提供了 parallelpiped（平行六面体法）、minimum distance（最小距离法）、Mahalanobis distance（马氏距离法）、maximum likelihood classification（最大似然法）、spectra angle mapper（波谱角法）、spectral information divergence（光谱信息散度法）、binary encoding（二值编码法）、neural net classification（神经网络分类）、support vector machine classification（支持向量机分类）

等监督分类方法。其中，平行六面体法、最小距离法、马氏距离法、最大似然法是传统的监督分类方法，波谱角法、光谱信息散度法、二值编码法主要用于高光谱图像分类，神经网络分类和支持向量机分类属于相对比较新的机器学习分类方法。

最大似然法是一种应用非常广泛的监督分类方法，它是一种基于贝叶斯准则的非线性分类方法，又称为贝叶斯分类。该方法假设每类地物在每个分类特征上的分布均服从正态分布，根据训练样本拟合出各类地物的概率分布函数，基于该函数计算各个像元归属于各类地物的似然度，将似然度最大的类别作为该像元所属的地物类别。

运用最大似然法进行土地覆盖监督分类。**ENVI 主菜单→Classification→Supervised→Maximum Likelihood**，在 Classification Input File 对话框选择包含 10 个分类特征的分类数据文件，点击 OK 按钮打开 Maximum Likelihood Parameters 对话框（图 6.11）。

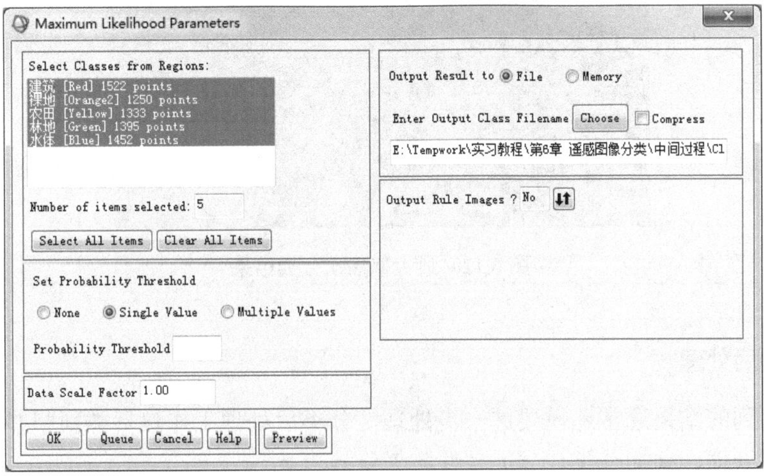

图 6.11　Maximum Likelihood Parameters 对话框

在该对话框中，点击 Select All Items 按钮将所有地物的 ROI 选中；Set Probability Threshold 文本框用于设置似然度的阈值，如果某像元归属于各类地物的似然度均低于该阈值则归为“未分类（Unclassed）”类型；Data Scale Factor 文本框用于输入比例系数，可对原数据进行调整；Enter Output Class Filename 用于设置分类结果文件名；Output Rule Images 栏用于设置输出规则图像，即各像元归属于各类地物的似然度图像。最后点击 OK 按钮，完成监督分类（图 6.12）。

最大似然法假设每类地物在每个分类特征上的分布均服从正态分布，如果地物不满足这一前提假设，则分类精度会受到较大影响。由于存在同物异谱的情况，同一种地物类型会呈现不同的光谱特征，如清洁的水体与泥沙含量高的水体、瓦面建筑与钢构建筑等，导致这些地物在各分类特征上不符合正态分布的假设，影响分类精度。这种情况下最好在选取 ROI 时将存在同物异谱现象的地物分为若干独立的地物类型，比如水体分为污染水体和清洁水体两个独立的类别，在分类后的处理步骤再将这两类合并为一类地物。

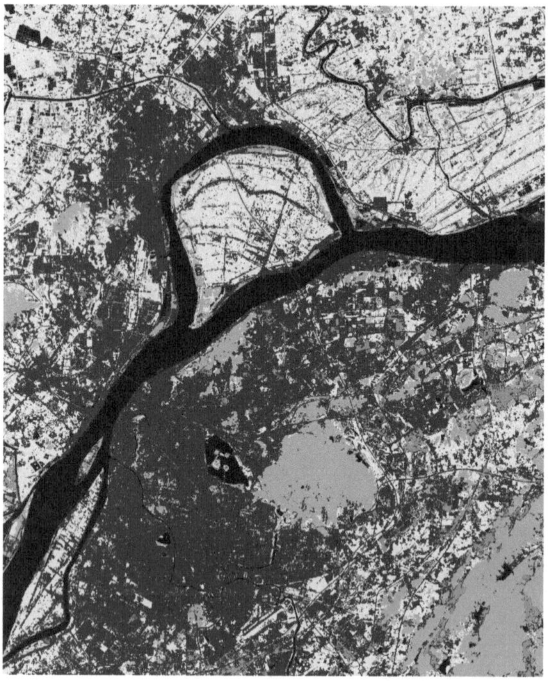

图 6.12　最大似然法分类结果

6.1.4　分类后处理

分类得到的结果通常还需要进一步处理，分类后处理工作包括类别归并、修改类型颜色、碎斑处理、叠加分类、分类文件转矢量等。

1. 类别归并

ENVI 主菜单→Classification→Post Classification→Combine Classes，在 Combine Classes Input File 对话框中选择要进行类别合并的分类文件，打开 Combine Classes Parameters 对话框（图 6.13）。

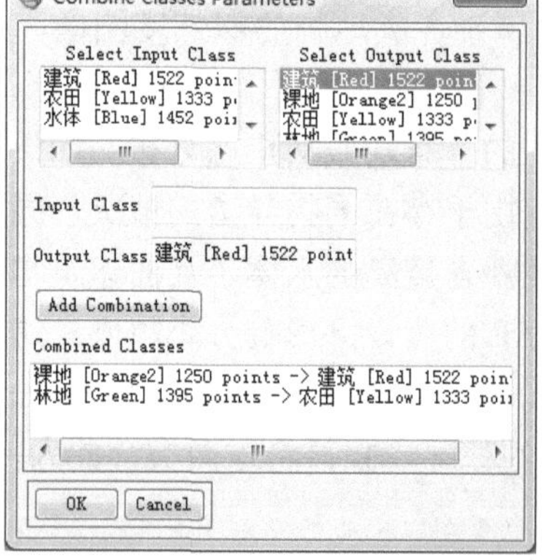

图 6.13　Combine Classes Parameters 对话框

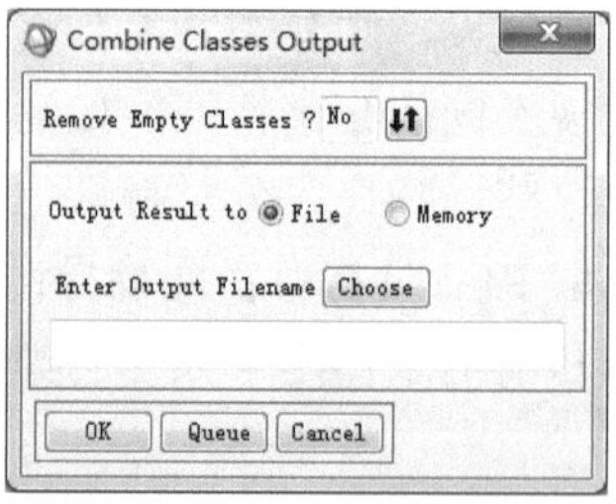

图 6.14　Combine Classes Output 对话框

在 Select Input Class 栏选择输入地物类型，即要归并到其他类别的地物类型（如林地）；在 Select Output Class 栏选择输出地物类型（如农田），点击 Add Combination 按钮，在对话框下部的 Combined Classes 栏显示出林地到农田的归并。

将要进行归并的地物关联一一添加，点击 OK 按钮打开 Combine Classes Output 对话框（图 6.14）。Remove Empty Classes 选项用于设置是否保留归并到其他类别后的那些空白类别，一般设为 Yes，删除这些空白类别。最后设置输出文件名，完成类别归并。归并后的分类结果只包含建筑、水体和农田三类地物（图 6.15）。

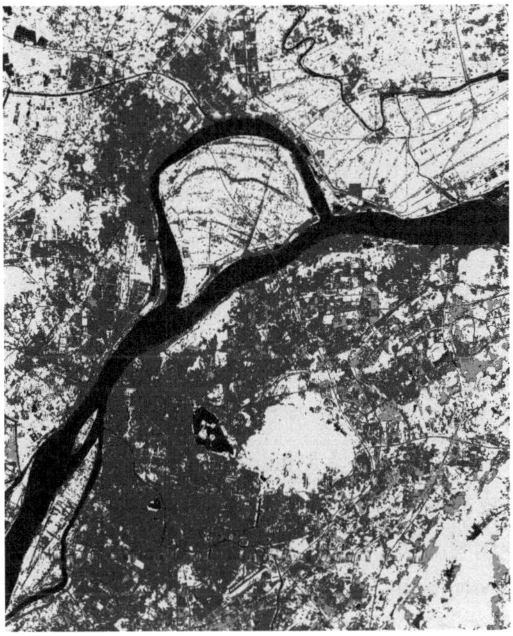

图 6.15　类别归并后的分类结果图

2. 修改类型颜色

Image 窗口菜单→Tools →Color Mapping →Class Color Mapping，打开 Class Color Mapping 窗口，修改分类结果中各个地物类型的名称和颜色（图 6.16）。

选中其中一类地物，在 Class Name 文本框中修改类型的名称，ENVI 默认在 ROI 类型名称后加上颜色和样本量，一般都需要进行修改；在 Color 下拉列表选择 ENVI 的预置颜色，或者直接修改红、绿、蓝 3 个通道值来修改地物颜色。

最后，**Class Color Mapping 窗口菜单→Options→Save Changes**，保存修改。

3. 碎斑处理

遥感分类结果中会有一些面积很小的碎图斑，出于制图综合或者其他目的有时需要对这些碎图斑进行处理。ENVI 提供了 Majority/Minority Analysis（多数/少数分析）、Clump Classes（类别聚块）和 Sieve Classes（类别过滤）三种方法进行碎斑处理。

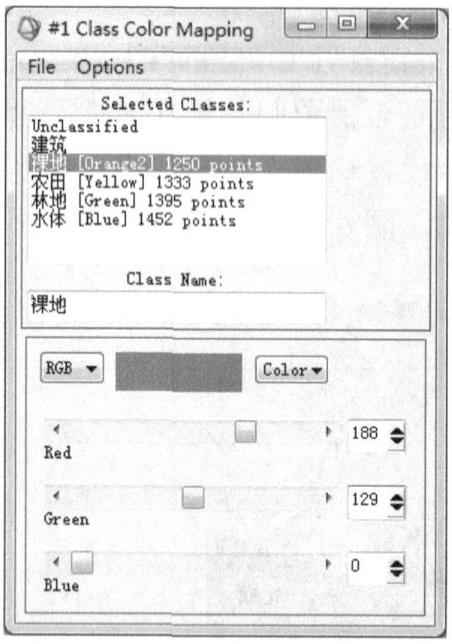

图 6.16　Class Color Mapping 窗口

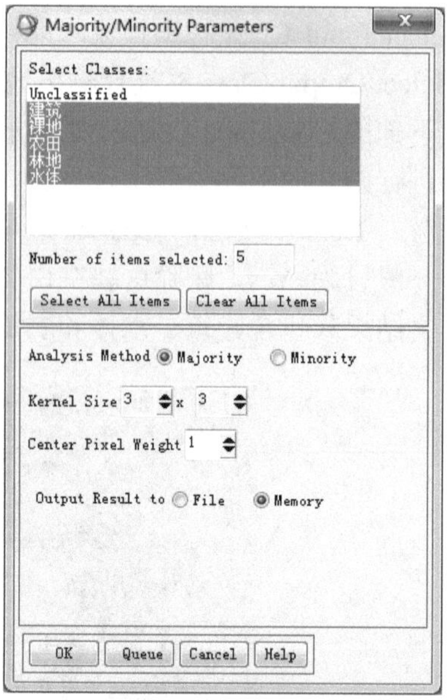

图 6.17　Majority/Minority Parameters 对话框

多数/少数分析通过卷积运算将一个大的单独类别中的虚假像元（spurious pixels）归并到该类中。如果选择 Majority（多数分析）方法，会将中心像元的类别修改为卷积核中的多数地物（比例最高）；如果选择 Minority（少数分析）方法，则将中心像元的类别修改为卷积核中的少数地物。**ENVI 主菜单→Classification→Post Classification→Majority/Minority Analysis**，在 Classification Input File 对话框中选择要进行碎斑处理的分类文件，打开 Majority/Minority Parameters 对话框（图 6.17）。

在 Select Classes 栏选择要进行碎斑处理的地物类型，然后在 Analysis Method 栏选择 Majority 方法。Kernel Size 栏用于设置卷积核尺寸（必须为奇数），尺寸越大处理结果越平滑；Center Pixel Weight 文本框用于设置中心像元的权重，即在卷积核中判别哪个地物为多数地物时中心像元被计算的次数，默认值为 1。最后设置输出结果文件名，完成 Majority 处理（图 6.18）。

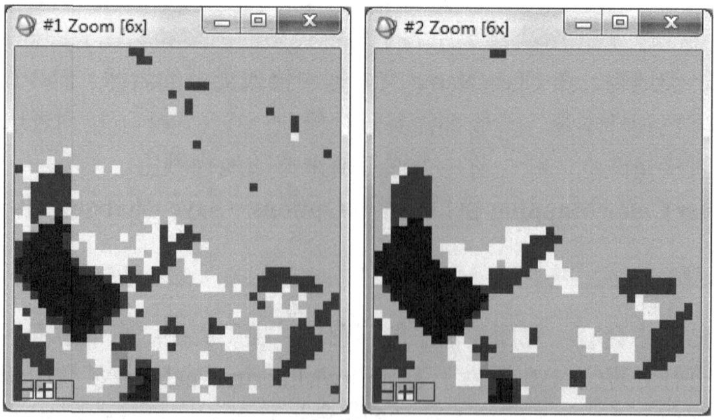

图 6.18　多数分析前后的对比（局部放大 6 倍）

类别聚块运用形态学滤波方法（闭运算，先膨胀再腐蚀）将离散点归并到周围大的地物类别中。**ENVI 主菜单→Classification→Post Classification→Clump Classes**，在 Classification Input File 对话框中选择要进行碎斑处理的分类文件，打开 Clump Parameters 对话框（图 6.19）。

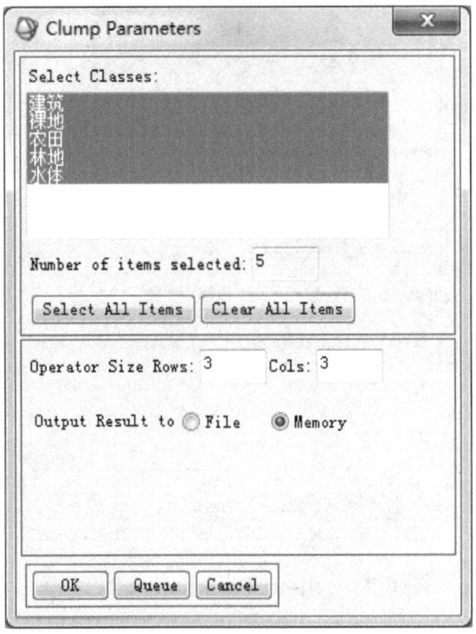

图 6.19　Clump Parameters 对话框

在 Select Classes 栏选择要进行碎斑处理的地物类型，然后在 Operator Size Rows 和 Cols 文本框设置形态学算子的尺寸（行数和列数）。最后设置输出结果文件名，完成类别聚块处理（图 6.20）。

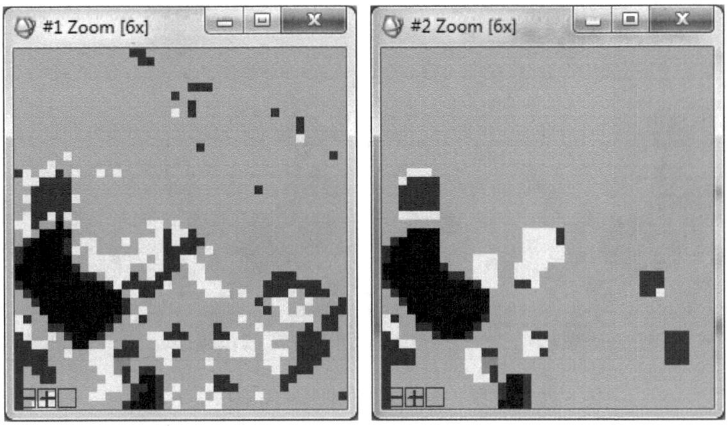

图 6.20　类别聚块分析前后的对比（局部放大 6 倍）

类别过滤用于筛选过滤分类结果图像中的孤岛像元。通过分析某像元与周围的 4 邻域或者 8 邻域像元是否为同类地物进行判别，如果同类别邻域像元数少于阈值，则认为该像元为孤岛像元，将其归为 Unclassed（未分类）地物类型。**ENVI 主菜单→Classification→**

Post Classification→Sieve Classes，在 Classification Input File 对话框中选择要进行碎斑处理的分类文件，打开 Sieve Parameters 对话框（图 6.21）。

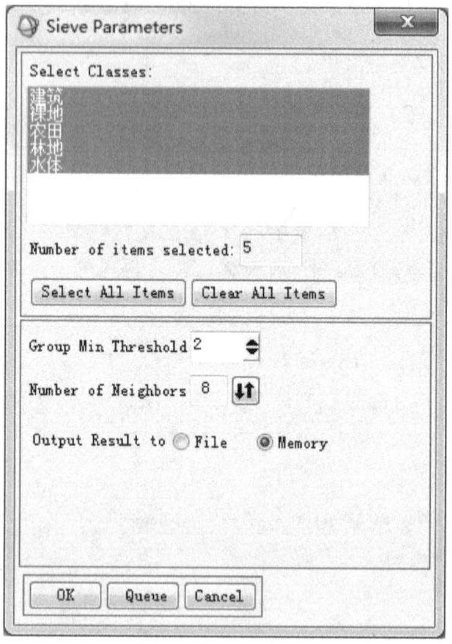

图 6.21　Sieve Parameters 对话框

在 Select Classes 栏选择要进行碎斑处理的地物类型，在 Group Min Threshold 文本框设置过滤的阈值，在 Number of Neighbors 切换 4 邻域或 8 邻域。最后设置输出结果文件名，完成类别过滤处理（图 6.22）。

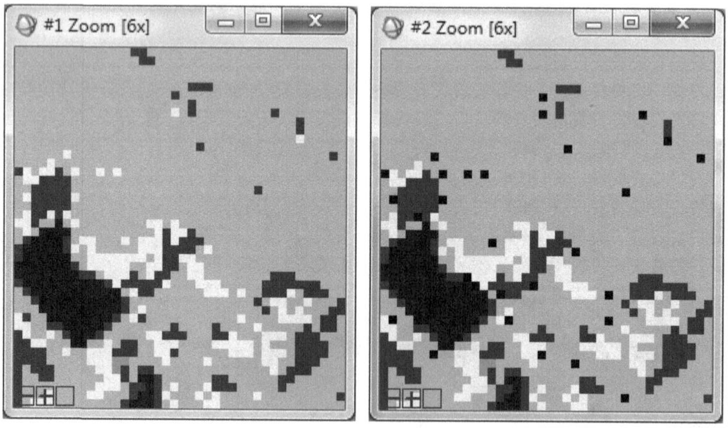

图 6.22　类别过滤前后的对比（局部放大 6 倍）

4. 叠加分类

通过叠加分类功能可以将分类数据中的某类或者某几类地物叠加到其他图像上。将 TM_NJ_20100819 文件载入显示窗口，**Image 窗口菜单→Overlay→Classification...**，在打开的 Interactive Class Tool Input File 对话框选择分类结果文件，打开 Interactive Class

Tool 窗口（图 6.23）。在窗口内勾选地物前的复选框，将选中的地物叠加到显示窗口内的遥感图像上（图 6.24）。

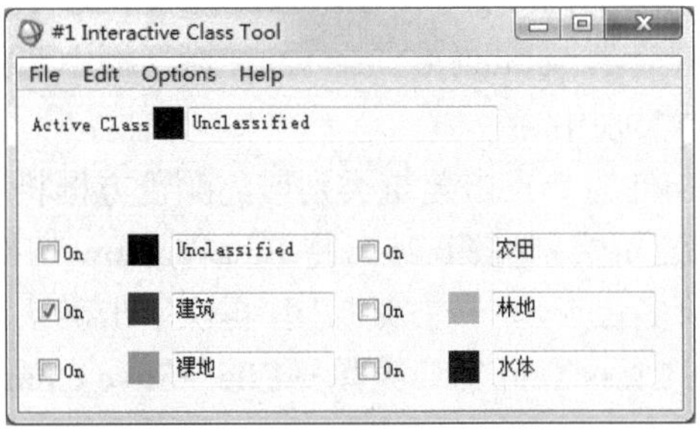

图 6.23　Interactive Class Tool 窗口

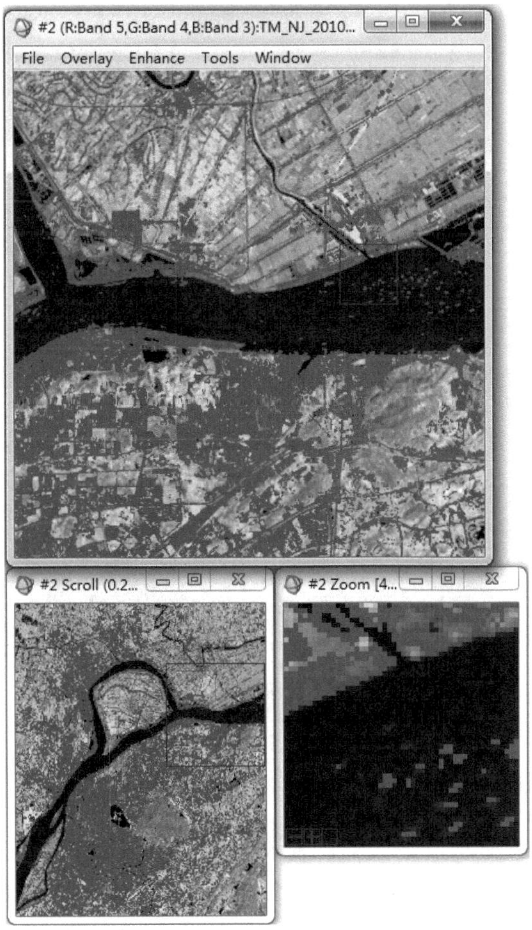

图 6.24　叠加了建筑类别后的遥感图像

叠加分类功能不仅能将地物类别叠加到遥感图像上，还可以对分类结果进行手工修改。比如分类结果中，长江上的船只大多被识别为建筑，需要将其手工修改为水体。

Interactive Class Tool 提供了两种修改模式，分别为将多边形添加到类别和将多边形从类别中删除。**Interactive Class Tool 窗口菜单→Edit→Model: Polygon Delete from Class**，选择将多边形从类别中删除的修改模式。**Interactive Class Tool 窗口菜单→Edit→Set delete class value...**，在打开的 Set delete class value 对话框中选择水体，将选中的像元从原类别中删除，归入水体类别中。

在 Interactive Class Tool 窗口点击建筑类别前的颜色方框将其激活，激活后窗口上部的 Active Class 标签变为建筑类别(图 6.25)。将 Edit Window 切换到 Zoom 窗口，在 Zoom 窗口中点击鼠标左键勾绘多边形，单击右键封闭，再次单击确认(与勾绘 ROI 方式相同)。完成修改后，**Interactive Class Tool 窗口菜单→File→Save Changes to File...**保存结果。图 6.26 给出了类别修改前后的对比。

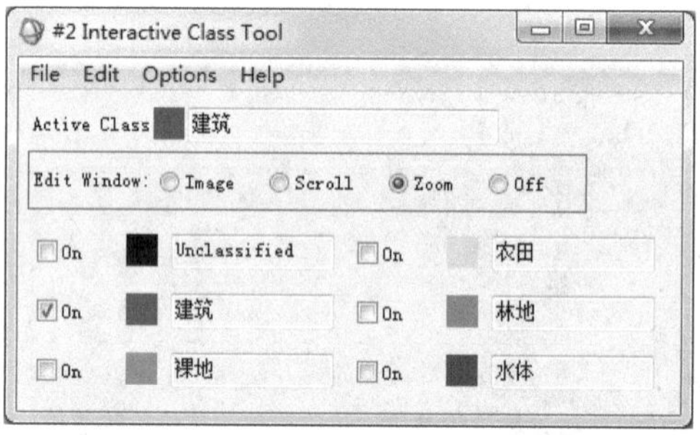

图 6.25　Interactive Class Tool 窗口

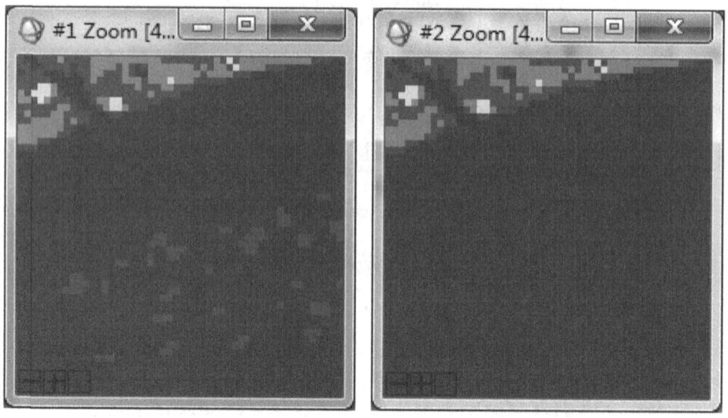

图 6.26 类别修改前后的对比（局部）

5. 分类文件转矢量

ENVI 的分类结果为栅格格式的图像文件，可转换为矢量文件。**ENVI 主菜单→Classification→Post Classification→Classification to Vector**，在 Raster To Vector Input Band 对话框选择分类结果文件，点击 OK 按钮打开 Raster To Vector Parameters 对话框（图 6.27）。Select Classes to Vectorize 栏选择要转换为矢量的地物类型；Output 箭头切换按钮用于切换输出方式，有 Single Layer 和 One Layer Per Class 两种方式，Single Layer 将所有地物类型输出为一个矢量图层，One Layer Per Class 则将每个地物类型单独输出为一个矢量图层。最后设置输出矢量文件名，将其保存为 evf 文件。

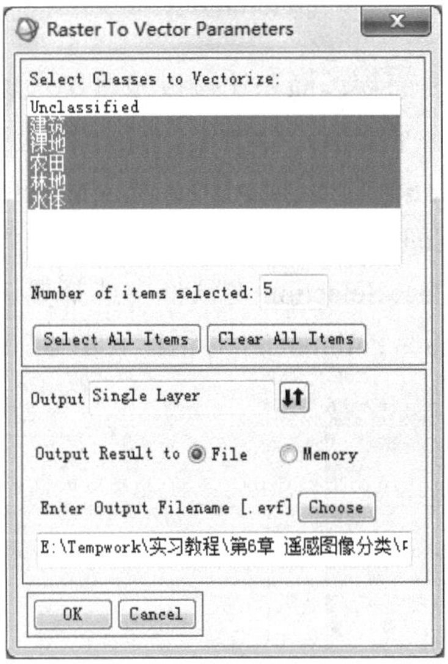

图 6.27　Raster To Vector Parameters 对话框

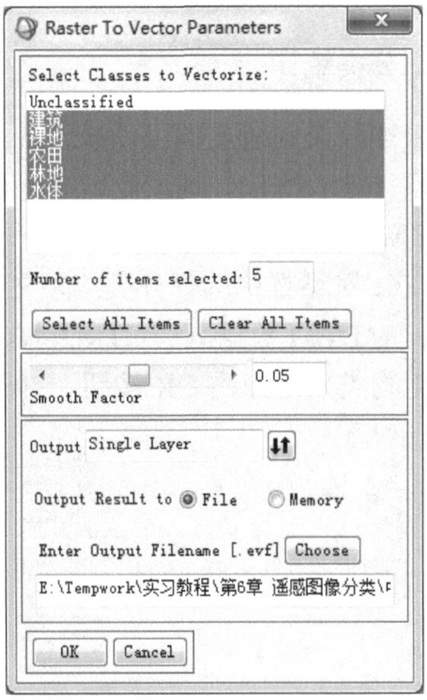

图 6.28　envi_rtv_smooth 扩展模块的 Raster To Vector Parameters 对话框

遥感分类结果以像元为单位，而且有些地物本身比较破碎，转换得到的矢量文件中多边形锯齿状明显。分类转平滑矢量扩展模块 envi_rtv_smooth 能够缓解这一问题。

将 envi_rtv_smooth.sav 文件保存到 ENVI Classic 路径中的 save_add 目录下（...\Exelis\ENVI53\classic\save_add），重启 ENVI 后在 **ENVI 主菜单→Classification→Post Classification** 菜单下会多一个 **Classification to Smooth Vector** 命令，运行后打开 Raster To Vector Parameters 对话框（图 6.28）。

与 ENVI 自身的 Raster To Vector Parameters 对话框相比，envi_rtv_smooth 扩展模块的 Raster To Vector Parameters 对话框多了一个 Smooth Factor 滑动条，可以设置平滑系数（值域范围 0～0.1）。转换得到的矢量分类文件与 ENVI 自身功能转换得到的矢量分类文件相比明显平滑很多（图 6.29）。

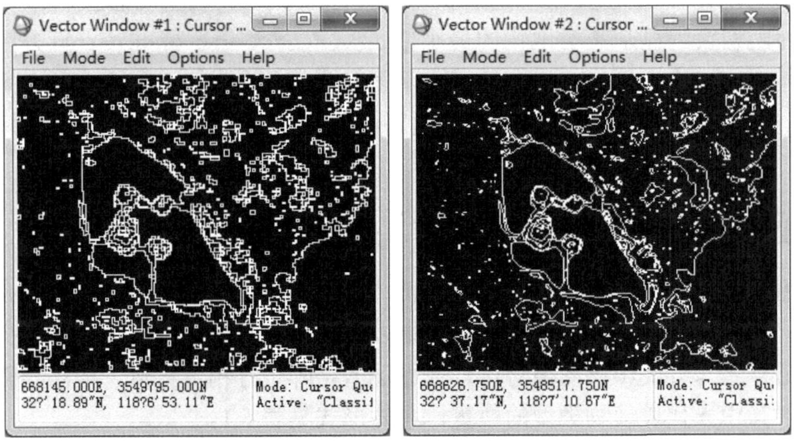

图 6.29　直接转换的矢量分类文件和平滑转换的矢量分类文件（局部）

6.1.5　分类统计

根据分类结果文件可以统计各类地物的像元数、面积、面积比例以及各类地物的专题要素（地表海拔、地表温度等）最小值、最大值、平均值、标准差、直方图等。

ENVI 主菜单→Classification→Post Classification→Class Statistics，在 Classification Input File 对话框中选择分类结果文件，在接下来的 Statistics Input File 对话框中选择要进行统计的 DEM 数据 ASTGTM2_NJ 文件，然后在 Class Selection 对话框中选择要进行统计的地物类别，点击 OK 按钮，打开 Compute Statistics Parameters 对话框（图 6.30）。

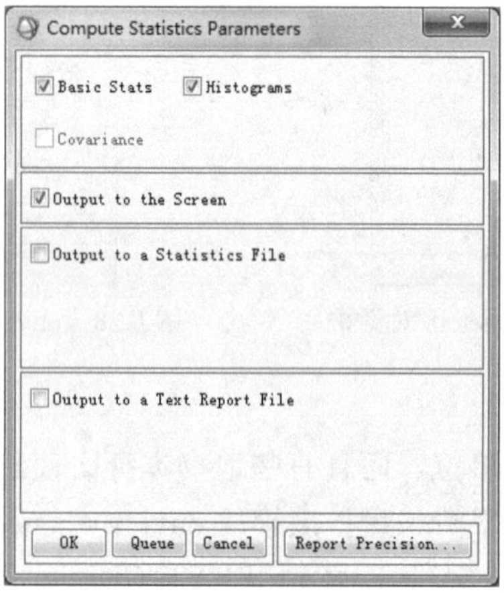

图 6.30　Compute Statistics Parameters 对话框

在对话框中设置要进行统计的信息。勾选 Basic Stats 复选框，统计基本的最小值、最大值、平均值和标准差；勾选 Histograms 复选框，统计直方图；勾选 Output to a Statistics File 和 Output to a Text Report File 复选框，将统计结果分别保存为 ENVI 统计文件（sta 文件）和文本文件（txt 文件）。点击 OK 按钮，得到统计结果（图 6.31）。

Class Statistics Results 窗口给出了类别统计结果。窗口最上部的 Stats for 下拉列表用于切换显示的统计地物类型；上部的 Plot 栏显示了各类地物的平均海拔，可以通过 Select Plot 下拉列表切换为显示某类地物的最小值/最大值/平均值、标准差、直方图，或者所有地物的标准差、直方图；下部 Stat 栏显示了各类地物的像元数、面积比例和面积（单位为 m^2），以及当前地物类型（建筑）的海拔最低值、最高值、平均值、标准差和直方图。

6.1.6　精度评价

分类后，需要对分类结果进行精度评价。分类精度评价的验证数据通常是地面实地调查数据、更高分辨率图像的目视解译结果以及具有可靠精度的其他来源数据等。

将验证样本与分类结果图像对比，计算混淆矩阵进行精度评价。混淆矩阵是 n 行 n 列的矩阵，其中 n 代表地物类型的数量，具体形式见表 6.1。

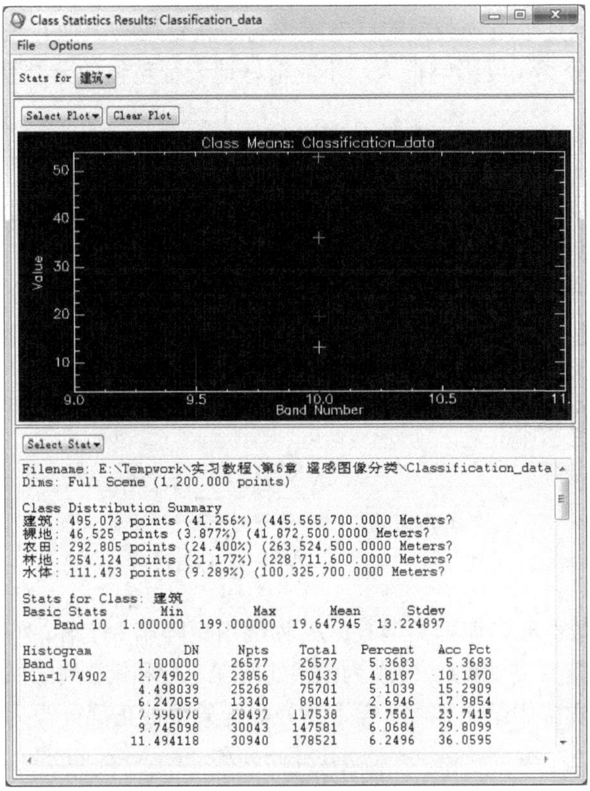

图 6.31　Class Statistics Results 窗口

表 6.1　混淆矩阵的形式

分类结果	验证样本			
	地物 1	地物 2	地物 3	行和
地物 1	P_{11}	P_{12}	P_{13}	P_{1+}
地物 2	P_{21}	P_{22}	P_{23}	P_{2+}
地物 3	P_{31}	P_{32}	P_{33}	P_{3+}
列和	P_{+1}	P_{+2}	P_{+3}	

表 6.1 中，P_{ij}表示验证样本中的地物 j 在分类结果中被识别为地物 i 的数目；P_{+j}表示验证样本中地物 j 的数目；P_{i+}表示分类结果中地物 i 的数目（并非整个分类结果文件，而是与验证样本相对应的那些分类结果样本）。在混淆矩阵中，对角线上的数字 P_{ii} 表示正确分类的样本数，越高越好。需要注意的是，有些软件或者文档可能会把验证样本放在行上，而把分类结果放在列上表达，要注意看混淆矩阵表的说明。

基于混淆矩阵，可以计算总体分类精度、Kappa 系数、各类地物的制图精度、用户精度、错分误差和漏分误差。

总体分类精度为所有正确识别的样本数与总验证样本数的比值。总体分类精度在大部分情况下能够很好地表征分类精度，但是如果验证样本中各类地物的样本量非常不平衡（比如某个或者某几个地物类型的样本量远高于其他地物类型），总体分类精度受这几类样本量大的地物分类精度影响很大，不能很好地表征整体的分类精度。

$$总体分类精度 = \frac{1}{N}\sum_{i=1}^{m} P_{ii} \tag{6.1}$$

式中，N 为样本总数；m 为地物类型数；P_{ii} 为混淆矩阵第 i 行第 i 列的像元数（即地物 i 被正确识别的样本量）。

Kappa 系数是另外一种衡量图像整体分类精度的指标，与总体分类精度不同，Kappa 系数既考虑了对角线上被正确分类的像元，又考虑了不在对角线上的各种漏分和错分误差，能够有效降低各类地物样本量不平衡的影响。Kappa 系数越大，表示分类结果与真实地物类型的一致性越好。

$$\text{Kappa}系数 = \frac{N\sum_{i=1}^{m} P_{ii} - \sum_{i=1}^{m}\left(P_{i+}P_{+i}\right)}{N^2 - \sum_{i=1}^{m}\left(P_{i+}P_{+i}\right)} \tag{6.2}$$

式中，N 为样本总数；m 为地物类型数；P_{ii} 为混淆矩阵第 i 行第 i 列的像元数（即地物 i 被正确识别的样本量）；P_{i+}和 P_{+i} 分别为混淆矩阵第 i 行和第 i 列的像元总数。

制图精度表示实际中某个地物 i 样本在分类结果中被正确分类为地物 i 的概率。

$$制图精度_i = \frac{P_{ii}}{P_{+i}} \tag{6.3}$$

式中，P_{ii} 为混淆矩阵第 i 行第 i 列的像元数（即地物 i 被正确识别的样本量）；P_{+i} 为混淆矩阵第 i 列的像元总数（即验证样本中地物 i 的样本量）。

用户精度表示从分类结果中任意取一个地物 i 像元，其在实际中是地物 i 类型的概率。

$$用户精度_i = \frac{P_{ii}}{P_{i+}} \tag{6.4}$$

式中，P_{ii} 为混淆矩阵第 i 行第 i 列的像元数（即地物 i 被正确识别的样本量）；P_{i+}为混淆矩阵第 i 行的像元总数（即分类结果中地物 i 的样本量）。

错分误差表示分类结果中的地物 i 像元实际上是其他地物类型的比例。

$$错分误差_i = \frac{P_{i+} - P_{ii}}{P_{i+}} = 100\% - 用户精度 \tag{6.5}$$

式中，P_{ii} 为混淆矩阵第 i 行第 i 列的像元数（即地物 i 被正确识别的样本量）；P_{i+}为混淆矩阵第 i 行的像元总数（即分类结果中地物 i 的样本量）。

漏分误差表示实际中某地物 i 被误识别为其他地物类型的比例。

$$漏分误差_i = \frac{P_{+i} - P_{ii}}{P_{+i}} = 100\% - 制图精度 \tag{6.6}$$

式中，P_{ii} 为混淆矩阵第 i 行第 i 列的像元数（即地物 i 被正确识别的样本量）；P_{+i} 为混淆矩阵第 i 列的像元总数（即验证样本中地物 i 的样本量）。

ENVI 提供了两种验证方式，分别为基于 ROI 和分类图像的验证。如果验证样本是以 ROI 的形式存在，采用第一种方式；如果验证样本为其他可靠来源的分类图像，则采用第二种方式。

大多数情况下，分类验证样本都是 ROI 形式的。为了保证精度验证的准确性，建模样本与验证样本必须彼此独立。因此，最好不用前面参与分类的 ROI 作为验证样本来计算混淆矩阵，应重新选取 ROI 作为验证样本。打开 TM_NJ_20100819 文件进行彩色合成显示，选择 ROI。为了降低各类地物数量不平衡对总体分类精度的影响，用于验证的各类地物 ROI 像元数应尽可能相近。

选定验证 ROI 以后，**ENVI 主菜单→Classification→Post Classification→Confusion Matrix→Using Ground Truth ROIs**，在 Classification Input File 对话框选择要进行精度评价的分类文件，打开 Match Classes Parameters 对话框（图 6.32）。在该对话框中，将验证 ROI 中的地物类型和分类结果中的地物类型一一匹配起来。如果 ROI 的地物名称与分类结果的地物名称一致，ENVI 会自动进行匹配。如果 ROI 的地物名称与分类结果的地物名称不一致，用户需要分别在 Select Ground Truth ROI 和 Select Classification Image 栏选择匹配的地物类型，点击 Add Combination 按钮建立两者之间的匹配关系。

图 6.32　Match Classes Parameters 窗口

所有对应地物建立匹配关系以后，点击 OK 按钮，打开 Confusion Matrix Parameters 对话框（图 6.33）。Pixels 和 Percent 复选框用于设置基于像元数或者是百分比计算混淆矩阵；Report Accuracy Assessment 单选框用于设置是否统计制图精度、用户精度、错分误差和漏分误差。点击 OK 按钮，得到混淆矩阵分析报告（图 6.34）。

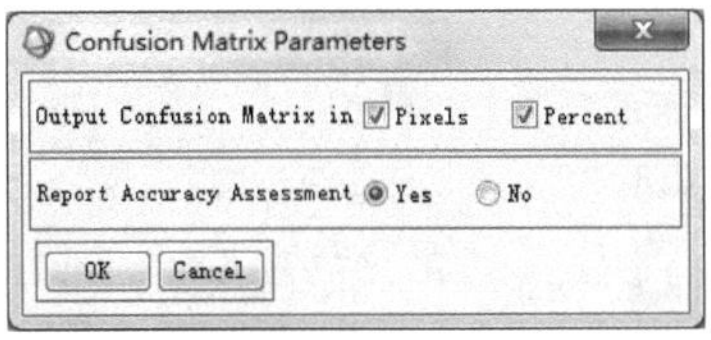

图 6.33　Confusion Matrix Parameters 窗口

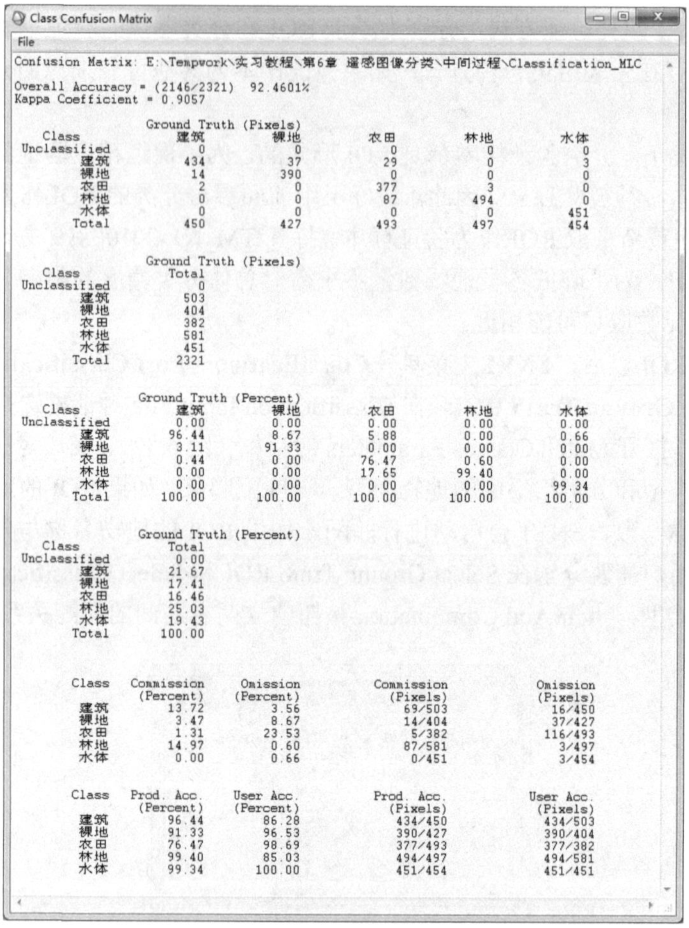
Class Confusion Matrix

File

Confusion Matrix: E:\Tempwork\实习教程\第6章 遥感图像分类\中间过程\Classification_MLC

Overall Accuracy = (2146/2321) 92.4601%
Kappa Coefficient = 0.9057

Class	Ground Truth (Pixels) 建筑	裸地	农田	林地	水体
Unclassified	0	0	0	0	0
建筑	434	37	29	0	3
裸地	14	390	0	0	0
农田	2	0	377	3	0
林地	0	0	87	494	0
水体	0	0	0	0	451
Total	450	427	493	497	454

Class	Ground Truth (Pixels) Total
Unclassified	0
建筑	503
裸地	404
农田	382
林地	581
水体	451
Total	2321

Class	Ground Truth (Percent) 建筑	裸地	农田	林地	水体
Unclassified	0.00	0.00	0.00	0.00	0.00
建筑	96.44	8.67	5.88	0.00	0.66
裸地	3.11	91.33	0.00	0.00	0.00
农田	0.44	0.00	76.47	0.60	0.00
林地	0.00	0.00	17.65	99.40	0.00
水体	0.00	0.00	0.00	0.00	99.34
Total	100.00	100.00	100.00	100.00	100.00

Class	Ground Truth (Percent) Total
Unclassified	0.00
建筑	21.67
裸地	17.41
农田	16.46
林地	25.03
水体	19.43
Total	100.00

Class	Commission (Percent)	Omission (Percent)	Commission (Pixels)	Omission (Pixels)
建筑	13.72	3.56	69/503	16/450
裸地	3.47	8.67	14/404	37/427
农田	1.31	23.53	5/382	116/493
林地	14.97	0.60	87/581	3/497
水体	0.00	0.66	0/451	3/454

Class	Prod. Acc. (Percent)	User Acc. (Percent)	Prod. Acc. (Pixels)	User Acc. (Pixels)
建筑	96.44	86.28	434/450	434/503
裸地	91.33	96.53	390/427	390/404
农田	76.47	98.69	377/493	377/382
林地	99.40	85.03	494/497	494/581
水体	99.34	100.00	451/454	451/451

图 6.34　Class Confusion Matrix 窗口

Class Confusion Matrix 窗口首先给出的是 Overall Accuracy（总体分类精度）和 Kappa Coefficient（Kappa 系数）。本次分类结果的总体分类精度为 92.46%，Kappa 系数为 0.91。然后给出像元数和百分比形式的混淆矩阵，其中 Unclassified 地物可以忽略，像元数的混淆矩阵可以总结为表 6.2。最后给出的是各类地物的 Commission（错分误差）、Omission（漏分误差）、Prod. Acc.（制图精度）、User Acc.（用户精度），可以总结为表 6.3。

表 6.2　分类结果的混淆矩阵

类别	Ground Truth (Pixels)					
	建筑	裸地	农田	林地	水体	总计
建筑	434	37	29	0	3	503
裸地	14	390	0	0	0	404
农田	2	0	377	3	0	382
林地	0	0	87	494	0	581
水体	0	0	0	0	451	451
总计	450	427	493	497	454	2321

表 6.3　各类地物的制图精度、用户精度、错分误差和漏分误差　（单位：%）

类别	制图精度	用户精度	错分误差	漏分误差
建筑	96.44	86.28	13.72	3.56
裸地	91.33	96.53	3.47	8.67
农田	76.47	98.69	1.31	23.53
林地	99.40	85.03	14.97	0.60
水体	99.34	100.00	0.00	0.66

6.2　非监督分类

与监督分类相比，非监督分类不需要训练样本，而是根据遥感数据分类特征通过聚类的方式进行分类。其结果只有不同类别，没有类别对应的真正地物名称，需要对分类结果进行后续处理，将类别归入相应的地物类型中。由于非监督分类不一定能得到用户期望的那几种地物类型，比较稳妥的做法是在分类时多分几类，分类后再进行类别的归并处理。

常见的非监督分类方法有 K 均值法和 ISODATA 方法等。ISODATA 方法与 K 均值法相比，能够吸取中间结果的经验在迭代过程中进行类别分离和合并，具有“自组织”性，是目前应用较多的非监督分类方法。

ENVI 主菜单→Classification→Unsupervised→IsoData，在 Classification Input File 对话框选择包含 10 个分类特征的分类数据文件，点击 OK 按钮打开 ISODATA Parameters 对话框（图 6.35）。

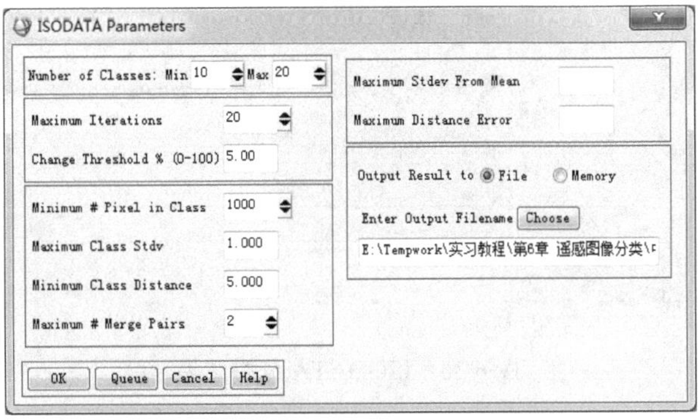

图 6.35　ISODATA Parameters 对话框

在 ISODATA Parameters 对话框中，Number of Classes 栏的 Min 和 Max 文本框分别用于设置类别数目的最小值和最大值，通常情况下输入的最大类别数目至少要是用户期望分类数目的 2～3 倍；Maximum Iterations 文本框用于设置聚类的迭代次数，此处设为 20；Change Threshold % (0-100) 文本框用于设置变化阈值，如果每个类别像元数目变化小于此数值，则迭代停止；Minimum # Pixel in Class 文本框用于设置每个类别最少的像元数量，如果某个类别像元数小于该阈值，该类别将被删除，其像元被归并到其他类别中；Maximum Class Stdv 文本框用于设置每个类别所容许的最大标准差，如果某个类别标准差高于此阈值，将被拆分为两个类别；Minimum Class Distance 文本框用于设置两个类别间容许的最小距离，如果两个类别均值距离小于该阈值，将会合并为一个类别；Maximum # Merge Pairs 文本框用于设置可以合并的最大类别对数；Maximum Stdev From Mean 文本框用于设置距离类别均值的标准差；Maximum Distance Error 文本框用于设置最大距离误差。

ISODATA 分类得到的结果包含 20 个类别（Class 1～Class 20），但是这些类别并不与具体地物对应（图 6.36），还需要参考遥感图像以及其他数据对此分类结果进行类别赋值与归并。

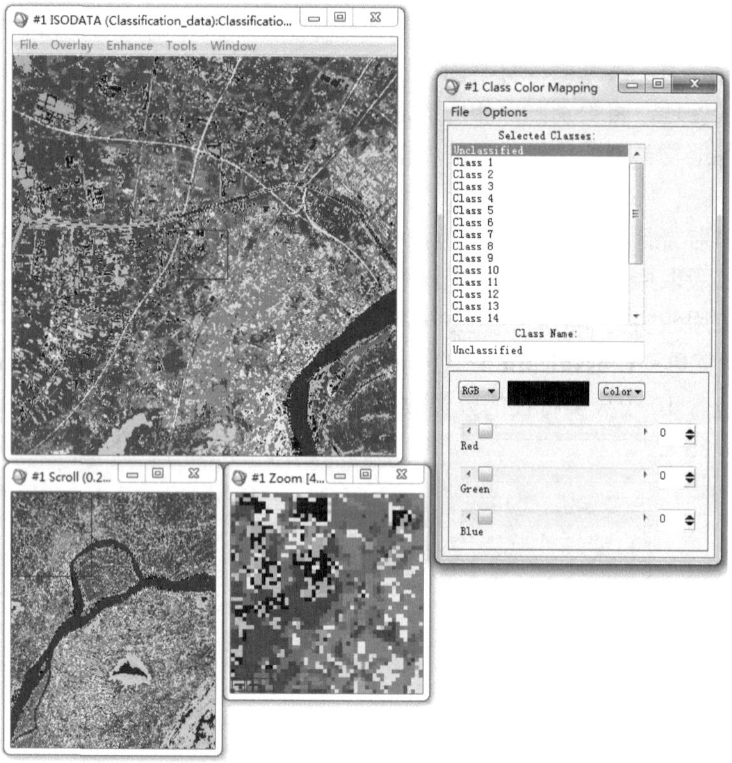

图 6.36　ISODATA 分类结果

Image 窗口菜单→Tools →Color Mapping →Class Color Mapping，打开 Class Color Mapping 窗口将分类结果中各个类别的名称修改为对应的地物名称（图 6.37）。然后，**ENVI 主菜单→Classification→Post Classification→Combine Classes**，打开 Combine Classes Parameters 对话框将改名后的 20 个地物类型归并为 5 类（图 6.38），得到最终的土地覆盖分类图（图 6.39）。

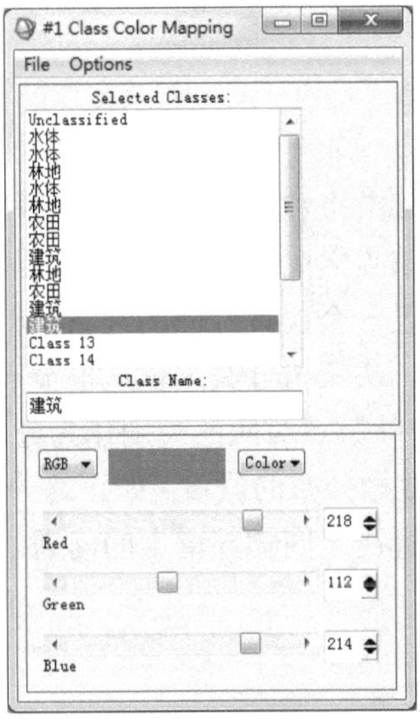

图 6.37　在 Class Color Mapping 窗口修改类别名称

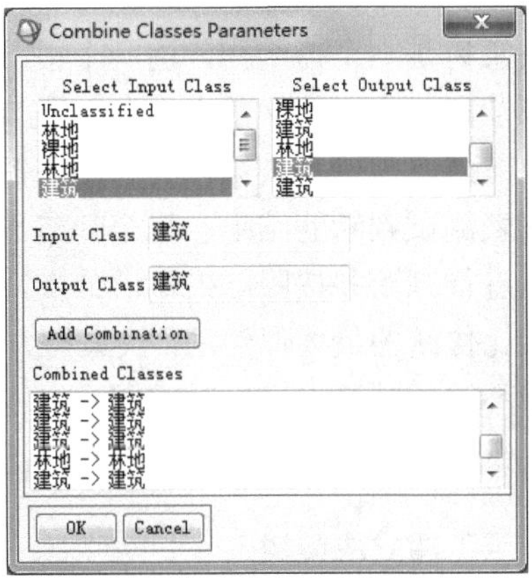

图 6.38　在 Combine Classes Parameters 对话框合并地物类型

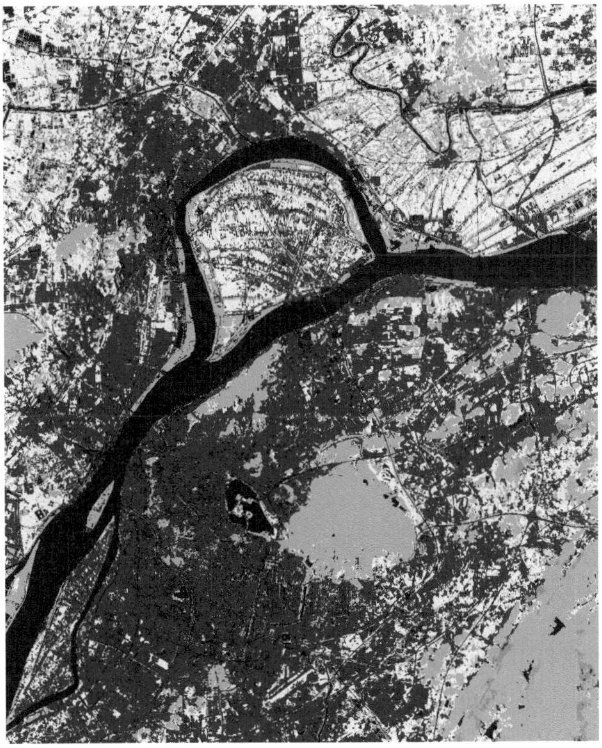

图 6.39　处理后得到的 ISODATA 分类结果图

6.3　决策树分类

决策树是一个树结构，由一个根节点、一系列内部节点和分支以及叶节点构成。每个内部节点只有一个父节点和两个子节点，节点和子节点之间形成分支。树的最高层节点为根节点，是整个决策树的开始。每个内部节点代表一个决策过程的判断条件，每个分支代表测试判断的结果，每个叶节点代表一个类别。决策树分类过程从根节点开始，逐节点进行判断并按照结果输出分支，直至叶节点，将叶节点对应的类别作为分类结果。

相比传统的最大似然法，决策树方法不需要任何数据分布的假设（如正态分布），并且由于不同的叶节点可以对应同一地物，可以很好地解决“同物异谱”的问题。近些年来，决策树分类方法的应用越来越广泛。

6.3.1　手工建立决策树

ENVI 主菜单→Classification→Decision Tree→Build New Decision Tree，打开 ENVI Decision Tree 窗口（图 6.40）。初始窗口中有 1 个根节点、2 个分支和 2 个叶节点，点击节点或叶节点可以修改节点或叶节点的属性。

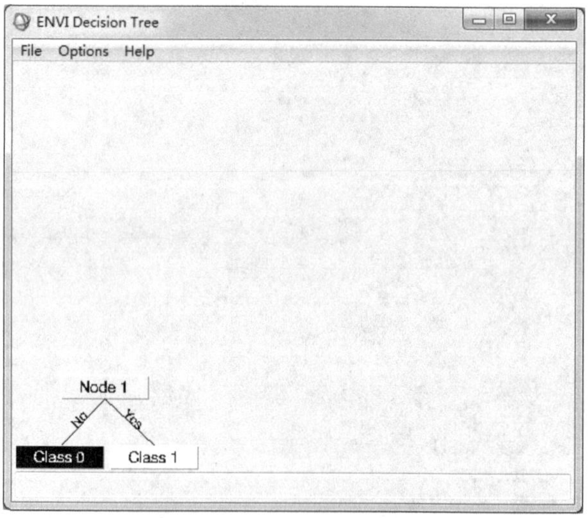

图 6.40　ENVI Decision Tree 窗口

点击 Node 1 节点打开 Edit Decision Properties 对话框（图 6.41）。在对话框中的 Name 文本框修改节点名称，在 Expression 文本框输入节点判断条件，通常为关系型表达式或者逻辑型表达式，ENVI 波段运算支持的大部分函数此处也可以使用。比如在该节点 Expression 文本框输入：`b1 ge 0`，表示以 MNDWI>0 规则判断是否为水体。可在 Name 文本框输入节点名称（如 Water），便于对整个决策树的直观了解。

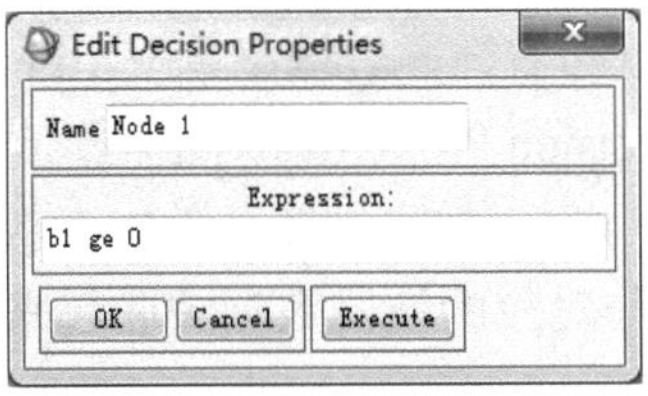

图 6.41　Edit Decision Properties 对话框

点击 OK 按钮打开 Variable / File Pairings 窗口（图 6.42），与波段运算的 Variables to Bands Pairings 对话框类似。在该窗口内点击{b1}，在打开的 Select Band to Associate with Variable “{b1}” 对话框选择 MNDWI 波段，将 b1 变量与 MNDWI 波段关联起来。决策树在该节点会执行判断条件 MNDWI>0，符合判断条件的像元沿 Yes 分支进入 Class 1 叶节点，不符合判断条件的像元沿 No 分支进入 Class 0 叶节点。

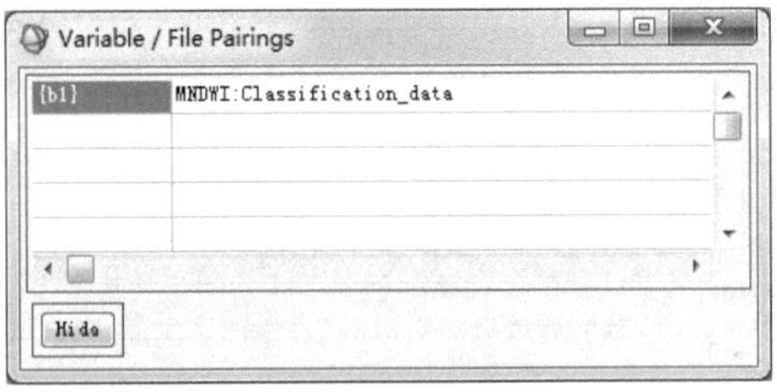

图 6.42　Variable / File Pairings 窗口

点击 Class 1 叶节点打开 Edit Class Properties 对话框，修改叶节点（即类别）的属性（图 6.43）。在 Name 文本框设置类别的名称，因为 ENVI 的决策树工具不支持中文，最好输入英文名称；在 Class Value 文本框设置类别的像元值；下面的 RGB 栏通过 Color 下拉列表选择 ENVI 的预置颜色，或者直接修改红、绿、蓝 3 个通道值设置类别的颜色。点击 OK 按钮完成该叶节点的编辑。在 ENVI Decision Tree 窗口可以见到该叶节点的颜色和名称都发生了改变。

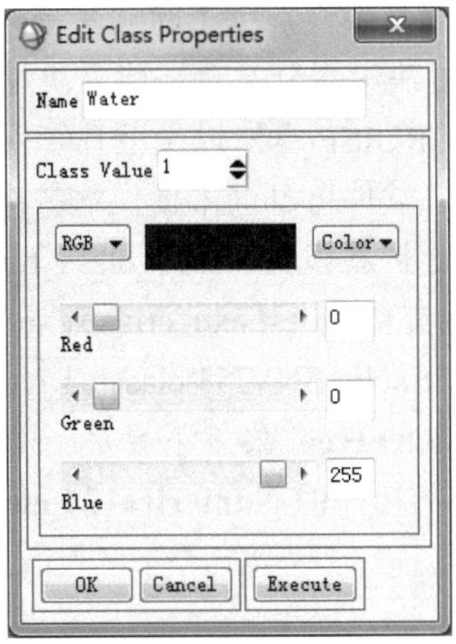

图 6.43　Edit Class Properties 对话框

点击 Class 0 叶节点单击鼠标右键，**右键菜单→Add Children** 将该叶节点改为中间节点。点击该节点，在 Edit Decision Properties 对话框修改节点名称与判断条件等，然后修改叶节点的名称、像元值和颜色，如果判断条件中有新的变量，需要在 Variable / File Pairings 窗口将新的波段变量与对应的波段数据关联起来。逐级修改，最终建立决策分类树（图 6.44）。

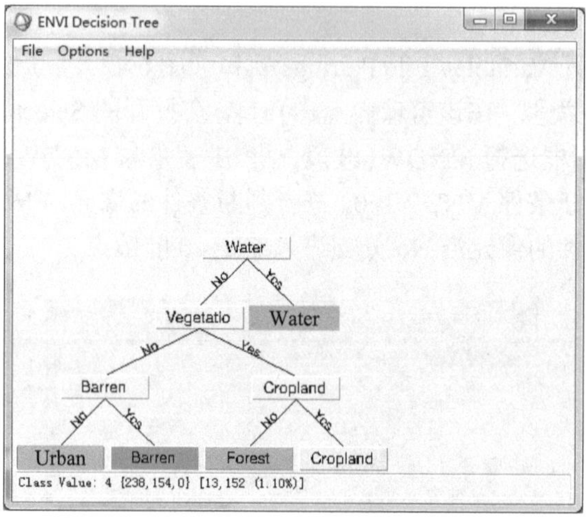

图 6.44　建立的决策分类树

创建决策树之后，通过 **ENVI Decision Tree 窗口菜单→File→Save Tree...**将建立的决策树保存为硬盘上的决策树文件（txt 文件）。后面如果需要重新使用或者编辑该决策树，可以通过 **ENVI Decision Tree 窗口菜单→File→Restore Tree...**载入该决策树文件。

ENVI Decision Tree 窗口菜单→Options→Execute...执行该决策树，得到分类结果（图 6.45）。

6.3.2　决策树算法

由于地物光谱及其他特征的复杂性，手工建立决策树很难准确区分各类地物。为了得到准确的分类结果，需要通过决策树分类算法建立决策树。常用的决策树算法有 ID3、C4.5、C5.0、CART、QUEST 和 CRUISE 算法以及近几年兴起的 Random Forest、XGboost、GBDT 等集成学习算法。ENVI 软件自身尚未提供这些决策树分类器，可以安装相关决策树算法扩展模块，如 RuleGen 扩展模块、see5_class_run 扩展模块等。

将 RuleGen.sav 和三个 exe 文件（quest.exe、cruise.exe、guide.exe）保存到 ENVI Classic 路径中的 save_add 目录下（...\Exelis\ENVI53\classic\save_add），重启 ENVI 后在 **ENVI 主菜单→Classification→Decision Tree** 菜单下会多一个 **RuleGen** 菜单，该菜单下的 **Classifier** 命令用于构建决策分类树，而 **Numerical Modeler** 命令用于构建决策回归树。

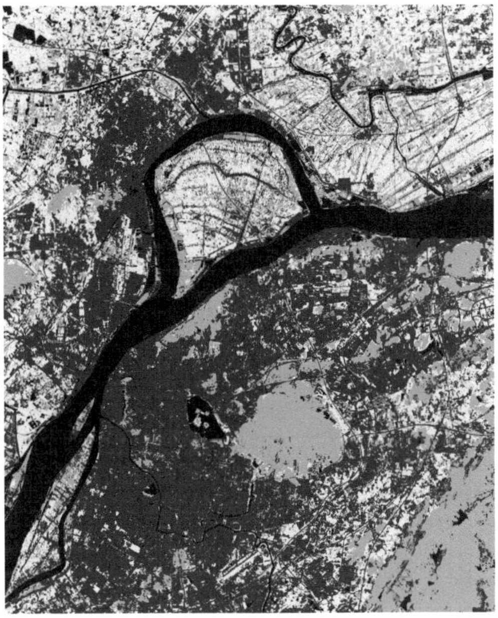

图 6.45　决策树分类结果

ENVI 主菜单→Classification→Decision Tree→RuleGen→Classifier，在 Select Input File 对话框选择包含 10 个分类特征的分类数据文件，点击 OK 按钮打开 RuleGen-Classifier 窗口（图 6.46）。在该窗口的 Input Data Selection 栏选择所有的训练样本 ROI，在 Algorithm Selection 栏选择决策树算法，有 QUEST 和 CRUISE 两种算法可选，点击 Advanced 按钮可以对算法参数进行自定义设置；Output File Selection 栏用于设置输出的决策树 txt 文件名；右侧 Variable Type Declarations 用于设置各个变量的类型，有 Numerical（数值型）和 Categorical（分类型）两种，除了分类数据之外大多数分类特征均为数值型变量。

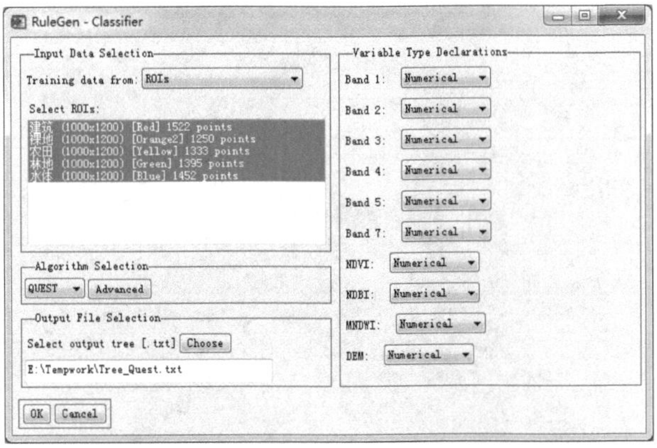

图 6.46　RuleGen-Classifier 窗口

点击 OK 按钮在命令行界面下运行 quest.exe 程序生成决策树 txt 文件。该扩展模块基于 ENVI 早期版本开发，在现在的版本下运行结束后会自动退出 ENVI，在执行该扩展模块之前最好先将 ROI 和重要的 Memory 文件保存到硬盘。

重新运行 ENVI，打开包含 10 个分类特征的分类数据文件，**ENVI 主菜单→Classification→Decision Tree→Edit Existing Decision Tree**，选择决策树扩展模块将刚才生成的决策树 txt 文件载入 ENVI Decision Tree 窗口，可以见到 QUEST 算法生成的决策树比手工建立的决策树要复杂很多（图 6.47）。另外，此 ROI 中各类地物名称为中文，在决策树中显示为乱码。最好先在 ROI 窗口将 ROI 名称改为英文，再建立决策树。

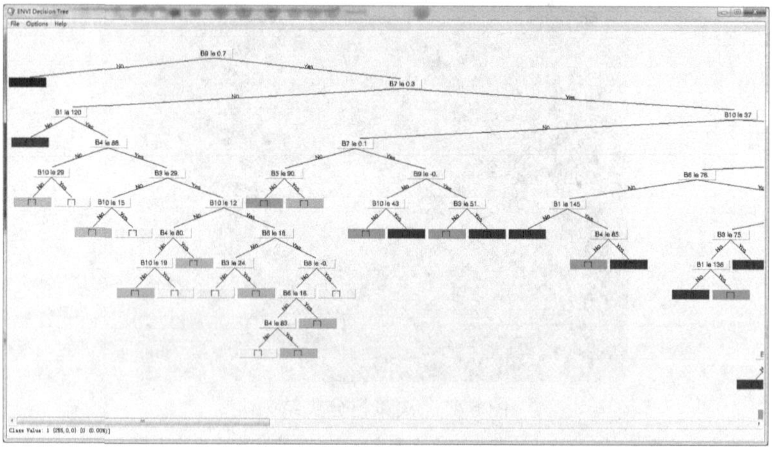

图 6.47　QUEST 算法生成的决策树（部分）

ENVI Decision Tree 窗口菜单→Options→Execute...执行该决策树，得到分类结果（图 6.48）。也可以不打开 ENVI Decision Tree 窗口，直接通过 **ENVI 主菜单→Classification→Decision Tree→Execute Existing Decision Tree**，选择创建的决策树 txt 文件直接执行决策树分类。

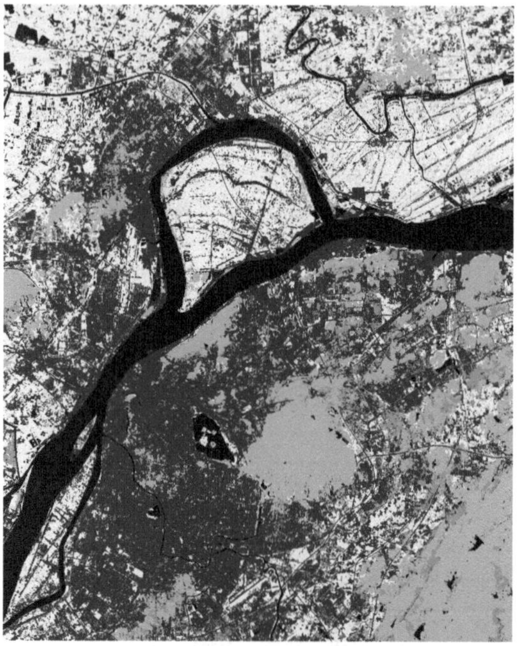

图 6.48　QUEST 决策树分类结果

6.4　面向对象分类

传统的监督和非监督分类方法通常以像元为单位进行分类，主要根据像元光谱特征的差异进行判别，无法充分利用图像的纹理、结构等信息。高分辨率遥感图像能够提供丰富的空间特征信息，但是波段较少，光谱信息不够丰富，运用基于像元的分类方法往往分类精度不够理想。

面向对象的分类方法不以像元为分类单元，而是将图像分割为若干形状特征、纹理特征、光谱特征等信息相似的“同质”对象，根据对象之间的相似性和差异性构建分类体系，进行分类判别。

ENVI 的集成窗口界面提供了面向对象的分类功能，包括基于样本和基于规则的特征提取方法。基于样本的特征提取以分割得到的斑块为单元进行监督分类，应用比较广泛。基于规则的特征提取针对分割得到的斑块对象制定规则（类似于手工建立决策树），由于斑块对象包括光谱、纹理和空间三大类的各种属性，规则涉及太多且比较复杂，目前应用还不够广泛。本书仅介绍基于样本的特征提取方法。

在 ENVI 集成窗口界面中，**File→Open** 打开南京玄武湖及周边地区的 GF2/PMS 图像 PMS_NJ_20171009_MSS 文件（图 6.49）。

图 6.49　南京玄武湖及周边地区的 GF2/PMS 图像

Toolbox 栏→Feature Extration→Example Based Feature Extraction Workflow，打开 Feature Extration - Example Based/Data Selection 窗口（图 6.50）。

Feature Extration - Example Based 窗口的 Input Raster 选项卡用于设置进行面向对象分类的遥感图像文件，此处选择 PMS_NJ_20171009_MSS；Input Mask 选项卡用于设置掩膜文件；Ancillary Data 选项卡用于添加辅助数据，辅助数据必须为栅格图像文件；Custom Bands 选项卡用于设置自定义波段计算，包括 Normalized Difference（归一化差值计算）和 Color Space（颜色空间转换）两种，计算结果将作为辅助数据参与特征提取。

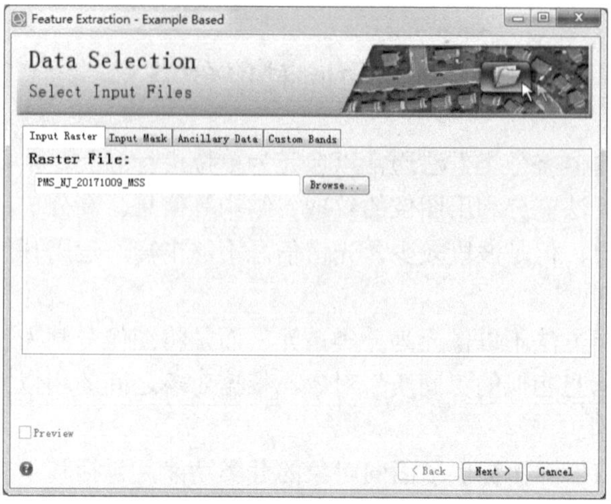

图 6.50　Feature Extration - Example Based/Data Selection 窗口

点击 Next 按钮，将输入图像、掩膜、辅助数据等整合为一个单一数据集并进行一些数据统计，这个数据准备过程需要等待一些时间，结束后会打开 Feature Extration - Example Based/Object Creation 窗口（图 6.51）。

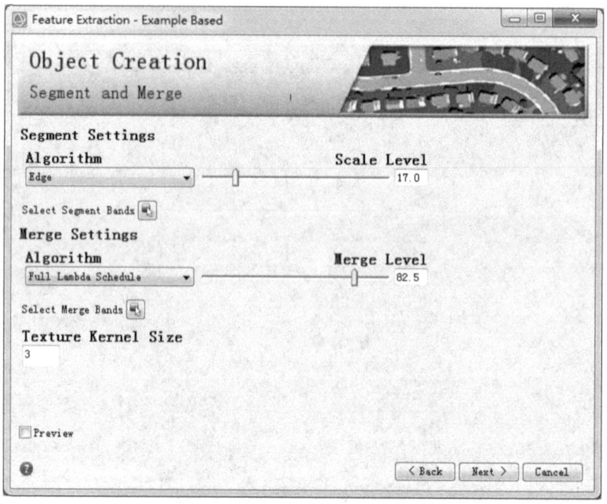

图 6.51　Feature Extration - Example Based/Object Creation 窗口

Feature Extration - Example Based/Object Creation 窗口中，Segment Settings 栏用于设置图像分割参数。Algorithm 下拉列表用于选择分割算法，有 Edge（基于边缘检测分割）和 Intensity（基于亮度分割）两种分割算法可选，Edge 算法适用于边缘比较突出的地物，往往与合并算法一同使用，而 Intensity 算法更适用于边缘不太明显的图像，不需要进行合并处理；拖动 Scale Level 滑动条或者在滑动条右侧文本框中输入数值可以设置分割尺度，数值范围为 0～100，尺度越小分割得越细，结果越破碎，此处选择 17；Select Segment Bands 按钮用于选择进行分割的波段，默认为输入图像的所有波段。

Merge Settings 栏用于设置合并参数。Algorithm 下拉列表用于选择合并算法，有 Full Lambda Schedule 和 Fast Lambda 两种合并算法，Full Lambda Schedule 算法适用于纹理较粗的图像（比如包含树木、云等地物），Fast Lambda 算法适用于合并颜色、边界大小类似的相邻图斑；拖动 Merge Level 滑动条或者在滑动条右侧文本框中输入数值可以设置合并尺度，数值范围为 0～100，尺度越大合并的斑块越多，此处选择 82.5；Select Merge Bands 按钮用于选择进行合并的波段，默认为输入图像的所有波段。

Texture Kernel Size 文本框用于设置纹理核尺寸，即进行纹理分割时计算窗口的大小。如果图像内容比较均一可以将纹理核尺寸设置大一些提高运算速度，如果地表比较复杂则必须将纹理核尺寸设置小一些，此处设为 3。

Preview 复选框用于启动预览功能。勾选该复选框后，ENVI 图像显示窗口中将出现一个矩形预览框显示图像分割后的结果（图 6.52），按住鼠标左键可以拖动该窗口。根据预览结果对分割参数进行调整，最终得到比较理想的分割效果。

图 6.52　ENVI 图像显示窗口的矩形预览框

在 Feature Extration - Example Based/Object Creation 窗口完成分割和合并设置后，点击 Next 按钮，在 ENVI 图像显示窗口会叠加一个新图层，即分割结果图层，显示各斑块（对象）内的平均灰度值（图 6.53），并同时打开 Feature Extration-Example Based/Example-Based Classification 窗口（图 6.54）。

Feature Extration-Example Based/Example-Based Classification 窗口的 Examples Selection 选项卡用于选择训练样本（图 6.55）。在选项卡中勾选 Show Boundaries 复选框，显示图像分割后的边界，有助于选择训练样本；点击选项卡工具栏的+Add Class 按钮，添加建筑、裸地、植被、水体、道路五个类别，右侧 Class Properties 栏可修改类别名称和颜色；在 Examples Selection 选项卡中左侧 All Classes 栏选中一类地物，在分割结果图像上单击选中属于该类别的斑块对象，将该斑块对象添加为该类地物的训练样本，类别名称后括号内的数字为该地物类型的训练样本斑块数；在已选中的训练区斑块对象上单击鼠标左键可以将该斑块对象移出训练样本。

图 6.53　分割结果（局部）

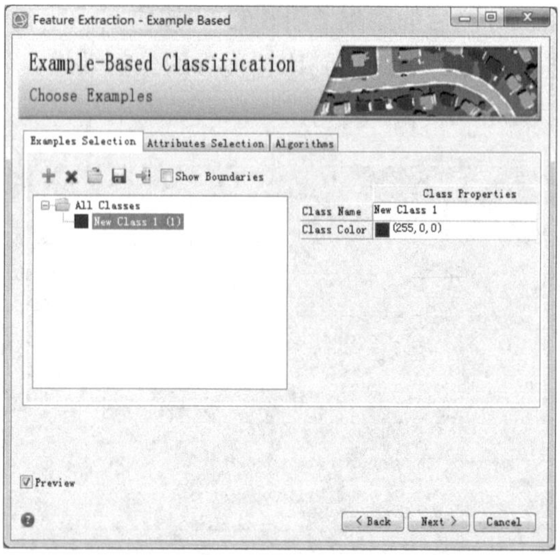

图 6.54　Feature Extration - Example Based/Example-Based Classification 窗口

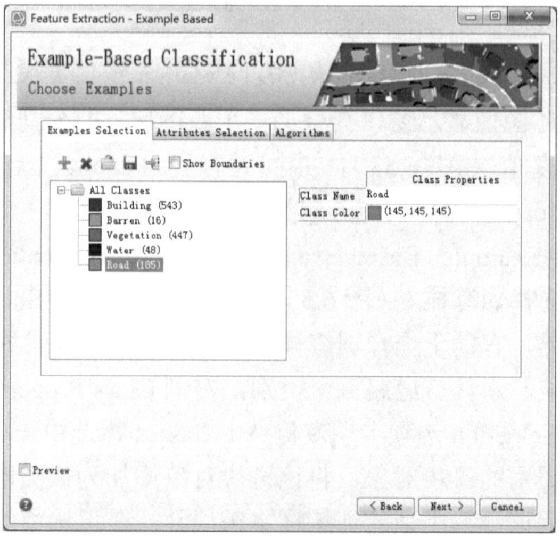

图 6.55　Feature Extration - Example Based/Example-Based Classification 窗口的 Examples Selection 选项卡

选择训练样本后，点击工具栏的Save Examples 按钮，将选好的训练样本保存为 Shapefile 文件（shp 文件）。以后可以点击工具栏的Restore Example File 按钮载入已保存的训练样本 Shapefile 文件。

Feature Extration - Example Based/ Example-Based Classification 窗口的 Attributes Selection 选项卡用于选择分类属性，即参与分类的特征（图 6.56）。左侧 Available Attributes 列出了所有的属性，包括 Spectral（光谱）、Texture（纹理）和 Spatial（空间）三大类属性；右侧 Selected Attributes 表给出了选择的属性。在 Available Attributes 列表下部的属性列表中勾选某些属性，点击按钮把所选择的属性加入 Selected Attributes 列表中；在 Selected Attributes 列表中勾选某些属性，点击按钮把所选择的属性移出到 Available Attributes 列表中。默认选择所有的属性参与分类。

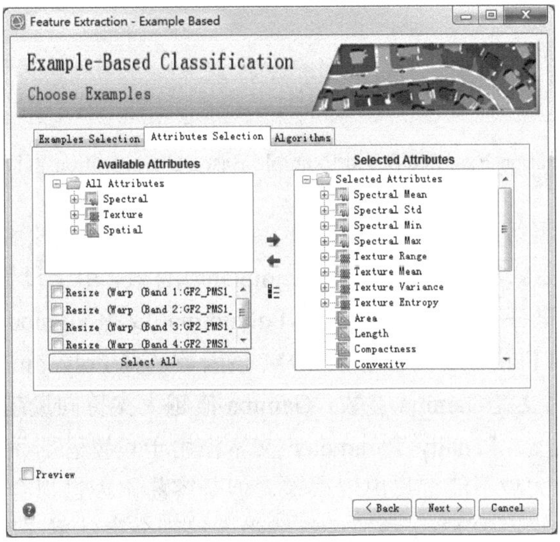

图 6.56　Feature Extration - Example Based/Example-Based Classification 窗口的 Attributes Selection 选项卡

Feature Extration - Example Based/ Example-Based Classification 窗口的 Algorithm 选项卡用于设置分类算法（图 6.57）。Algorithms 下拉列表用于选择分类算法，有 KNN（K 近邻法）、SVM（支持向量机法）和 PCA（主成分分析法）三种算法可选，此处选择 SVM（支持向量机法）；Allow Unclassified 复选框用于设置分类结果中是否允许出现 Unclassified 地物（未分类地物），当某个斑块对象计算得到的所有规则概率低于 Threshold（阈值）时，该斑块对象被归为 Unclassified 地物；勾选 Allow Unclassified 复选框后，拖动 Threshold 滑动条或者在滑动条后的文本框内输入阈值。

Algorithm 选项卡右侧为 SVM 算法的相关参数设置：Kernel Type 列表用于选择 SVM 核函数，有 Linear（线性）、Polynomial（多项式）、Radial Basis（径向基）和 Sigmod（神经网络）四种，在处理简单分类问题时这四类核函数的处理效果差不多，对于复杂地表状况和大尺度空间范围，线性核函数表现不够理想，而径向基核函数在计算速度和计算效

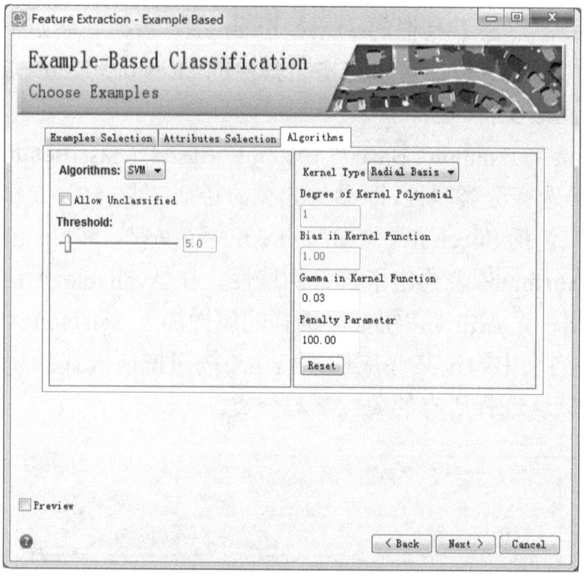

图 6.57　Feature Extration-Example Based/Example-Based Classification 窗口的 Algorithm 选项卡

果上均表现良好（谭琨等, 2011），此处选择 Radial Basis 径向基核函数；Degree of Kernel Polynomial 文本框在 SVM 核函数选择 Polynomial 时有效，用于设置多项式阶数；Bias in Kernel Function 文本框在 SVM 核函数选择 Polynomial 或者 Sigmod 时有效，用于设置偏移；Gamma in Kernel Function 文本框在 SVM 核函数选择 Polynomial、Radial Basis 或者 Sigmod 时有效，用于设置 Gamma 参数，Gamma 值越大支持向量越少，支持向量的数目影响训练与预测的速度；Penalty Parameter 文本框用于设置惩罚系数，表示对误差的宽容度，惩罚系数值越大越不能容忍出现误差，但是容易出现过拟合，默认值为 100。

完成分类设置后，点击 Next 按钮进行分类，得到分类结果（图 6.58），并同时打开 Feature Extration - Example Based/Export 窗口（图 6.59）。

图 6.58　面向对象分类结果图

图 6.59　Feature Extration - Example Based/Export 窗口的 Export Vector 选项卡

Feature Extration - Example Based/Export 窗口的 Export Vector 选项卡用于将分类结果导出为矢量文件。Select Vector Type 下拉列表用于设置导出的矢量文件格式，目前只支持 Shapefile 格式；Output Filename 用于设置输出的 Shapefile 文件名；Merge Adjacent Features 复选框用于设置是否合并相邻多边形；Export Attributes 复选框用于导出矢量数据的属性信息（多边形要素的面积、周长、紧密度、凸度等）。点击 Finish 按钮，将分类结果导出为 Shapefile 文件。

Feature Extration - Example Based/Export 窗口的 Export Raster 选项卡用于将分类结果导出为栅格文件（图 6.60）。Export Classification Image 复选框用于设置是否导出分类结果文件；Output Format 下拉列表用于选择导出的栅格文件格式，目前只支持 ENVI 文件格式；Output Filename 用于设置输出的 ENVI 格式文件名；Export Segmentation Image 复选框用于设置是否导出分割斑块图像；Output Format 下拉列表和 Output Filename 分别用于设置分割斑块图像导出的栅格文件格式和输出文件名。

Feature Extration - Example Based/Export 窗口的 Advanced Export 选项卡用于将专题信息导出为栅格文件（图 6.61）。Export Attributes Image 复选框用于设置是否导出属性（多边形要素的分类特征统计值）图像；Output Format 下拉列表和 Output Filename 分别用于设置属性图像导出的栅格文件格式和输出文件名；Export Confidence Image 复选框用于设置是否导出可信度图像，该图像给出了每一个斑块对象归属于各个类别的相对可信度；Output Format 下拉列表和 Output Filename 分别用于设置可信度图像导出的栅格文件格式和输出文件名。

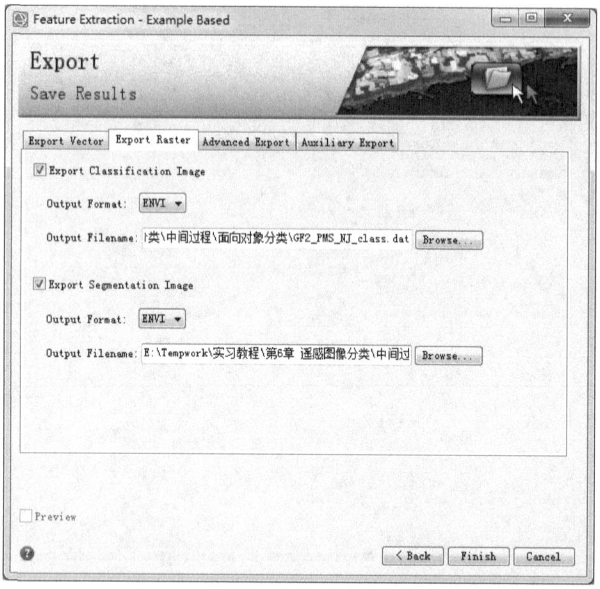

图 6.60　Feature Extration - Example Based/Export 窗口的 Export Raster 选项卡

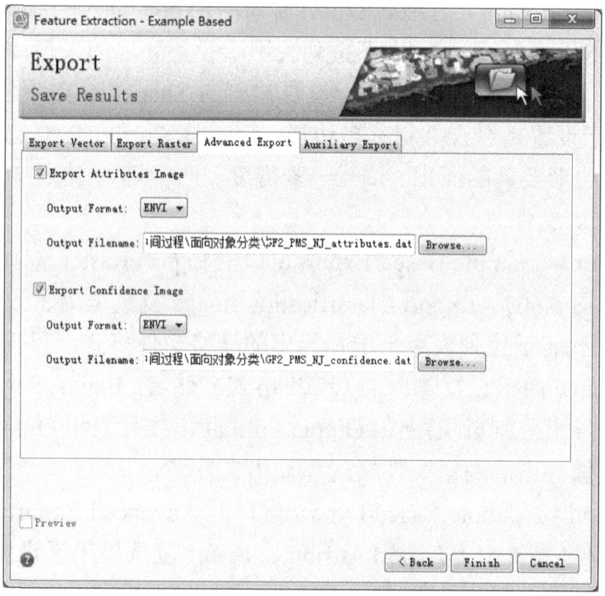

图 6.61　Feature Extration - Example Based/Export 窗口的 Advanced Export 选项卡

Feature Extration - Example Based/Export 窗口的 Auxiliary Export 选项卡用于导出辅助信息（图 6.62）。Export Feature Examples 复选框用于设置是否将训练样本导出为 Shapefile 格式文件；Select Output File 下拉列表和 Output Filename 分别用于设置导出的训练区文件格式和输出文件名；Export Processing Report 复选框用于设置是否导出处理过程报告文本文件；Output Filename 用于设置处理过程报告的输出文件名。

图 6.62　Feature Extration - Example Based/Export 窗口的 Auxiliary Export 选项卡

6.5　混合像元分解

遥感图像以像元为基本单元，一个像元可能由多种地物组成，其光谱特征并不是单一地物的光谱特征，而是几种地物光谱特征的混合。这种由多种地物组成的像元称为混合像元。由于遥感传感器空间分辨率的限制以及地物的复杂多样性，混合像元现象普遍存在，在中、低分辨率遥感图像中尤其明显。

在遥感图像分类过程中，如果将混合像元归为某一类地物，必然带来一些误差。如果将混合像元分解为各类地物（端元）占像元的比重，分类将更为精确，这一过程称为混合像元分解。混合像元分解将像元反射率看作由各个端元光谱按照它们在像元中的面积比重（丰度）线性或者非线性函数混合得到，在已知各端元光谱的情况下对像元光谱进行分解，得到每个像元中各个端元的丰度。

混合像元分解主要有两个步骤：端元光谱提取和分解混合像元。

6.5.1　端元波谱提取

端元选择是否准确合理在很大程度上决定着像元分解的精度。以最为常用的线性光谱混合模型为例，为了能够求解线性方程组，端元数目小于等于波段数减 1 即可。然而实际工作中，由于波段间相关性的影响，选取端元过多会导致较大的分解误差。

确定端元的数量和类型后，确定端元的光谱一般有三种方式：实地测量、从现有光谱库和从遥感图像中获取。实地测量和现有光谱库中的光谱虽然与地物真实光谱相近，但是由于大气、辐射条件、传感器等因素的影响，可能与遥感图像层面的像元光谱差异较大。直接从遥感图像上选取纯净像元统计其光谱值作为端元光谱更为方便，因而得到了广泛应用。

从遥感图像上获取端元光谱的方法有基于几何顶点的端元提取、基于 PPI 的端元提取和基于 SMACC 的端元提取等，这些方法受算法本身的限制，在实际应用中通常不够理想，可以参考高分辨率遥感图像直接选取比较纯净的像元作为端元，如 Google Earth。

ENVI 提供了与 Google Earth 的连接功能。打开 TM_NJ_20100819 文件并载入显示窗口，**Image 窗口菜单→Tools→SPEAR→Google Earth→Jump to Location**，自动打开 Google Earth 并且定位到 ENVI 当前的像元位置（图 6.63）。

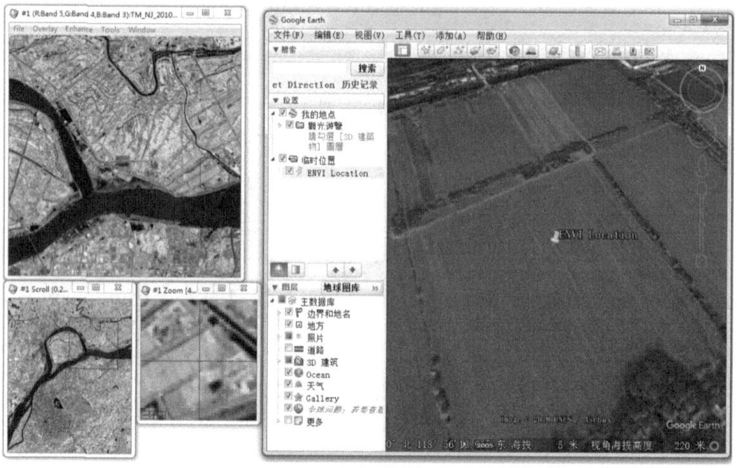

图 6.63　ENVI 连接到 Google Earth

选择建筑、裸地、植被和水体 4 种端元，在 Image 窗口点击右键，**右键菜单→ROI Tool...**打开 ROI Tool 窗口（图 6.64），参考 Google Earth 选取这 4 类地物的纯净像元作为 ROI。

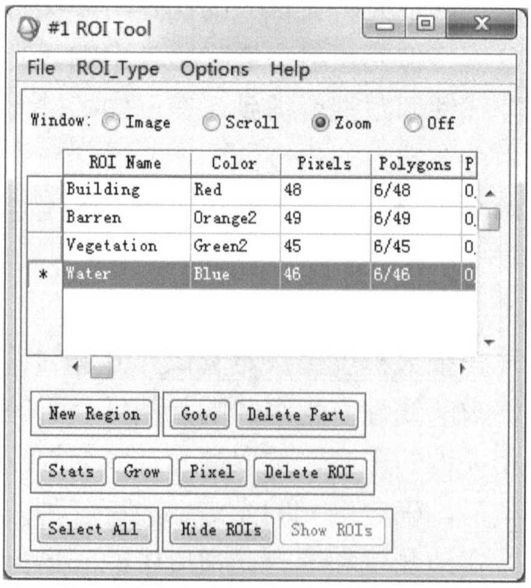

图 6.64　选择的 4 类端元 ROI

6.5.2　分解混合像元

ENVI 提供了线性光谱混合模型分解的功能。**ENVI 主菜单→Spectral→Mapping Methods→Linear Spectral Unmixing**，在 Unmixing Input File 对话框选择要进行混合像元分解的 TM_NJ_20100819 文件，打开 Endmember Collection: Unmixing 窗口（图 6.65）。

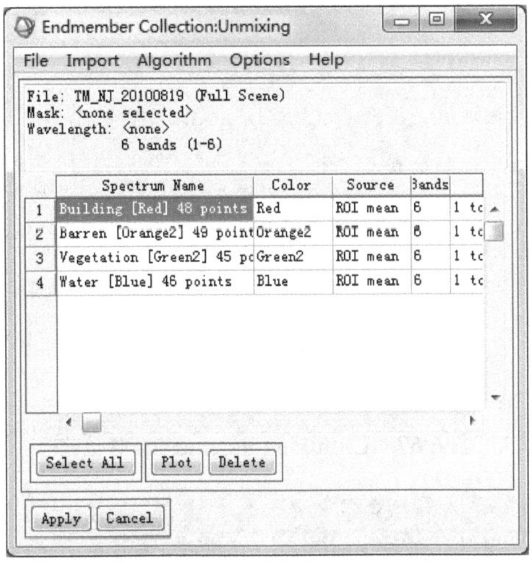

图 6.65　Endmember Collection: Unmixing 窗口

Endmember Collection: Unmixing 窗口菜单→Import→Mapping→from ROI/EVF from input file...，在打开的 Select Regions for Stats Calculation 对话框选择所有 4 种端元 ROI，导入 Endmember Collection: Unmixing 窗口的端元列表中。

在 Endmember Collection: Unmixing 窗口点击 Select All 按钮，选中所有端元，然后点击 Plot 按钮，打开 Endmember Collection Spectra 窗口，绘制各个端元光谱曲线（图 6.66）。

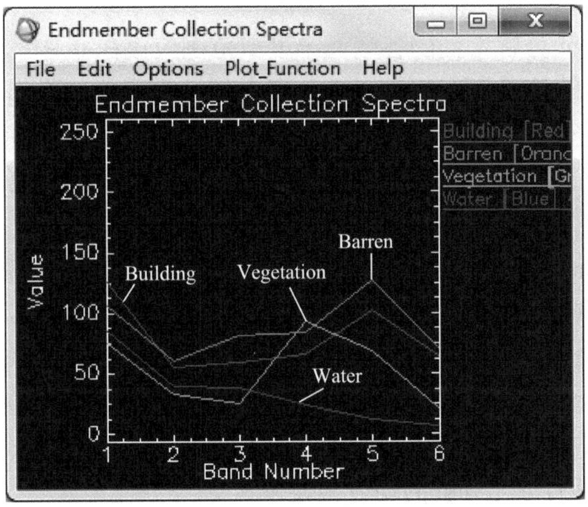

图 6.66　Endmember Collection Spectra 窗口

在 Endmember Collection: Unmixing 窗口点击 Apply 按钮，打开 Unmixing Parameters 对话框（图 6.67）。Apply a unit sum constraint 箭头切换按钮用于设置在像元分解中是否进行约束。选择 Yes，表示设置像元分解约束条件，在下方会出现 Weight 文本框，用于设置约束权重，默认值为 1。设置分解结果文件的保存方式后，点击 OK 按钮得到混合像元分解结果文件。该文件包含 5 个波段，前 4 个波段对应 4 个端元（图 6.68），像元值为各端元的丰度，第 5 个波段为像元分解的均方根误差。

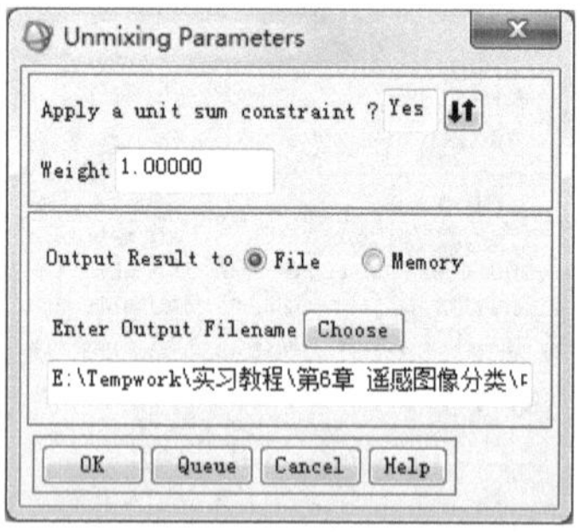

图 6.67　Unmixing Parameters 对话框

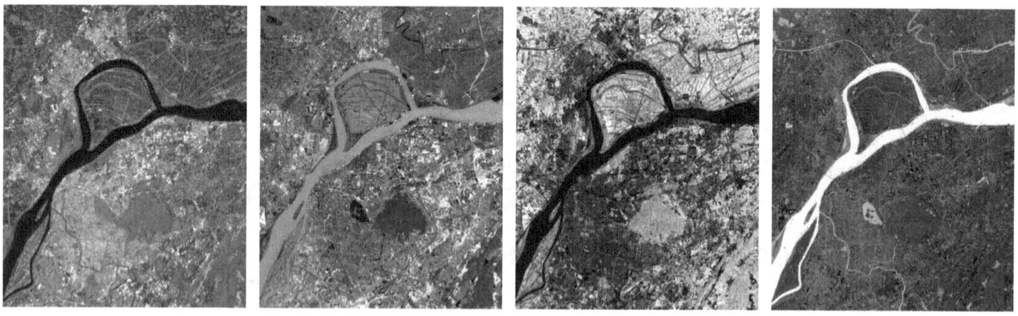

图 6.68　混合像元分解结果

自左向右分别为建筑、裸地、植被和水体的丰度

理论上，混合像元分解得到的各端元丰度值范围应该在 0～1。然而，由于同物异谱等因素的影响，端元光谱并不足以准确表达所有植被类型的纯净光谱特征，加上光谱混合模型自身的误差，分解结果中会有一部分小于 0 或者大于 1 的值。

完全约束最小二乘法混合像元分解扩展模块 fcls_spectral_unmixing 利用完全约束最小二乘法进行混合像元分解，能够很好地解决这一问题。将 fcls_spectral_unmixing.sav 文件保存到 ENVI Classic 路径中的 save_add 目录下（...\Exelis\ENVI53\classic\save_add），重启 ENVI 后在 **ENVI 主菜单→Spectral→Mapping Methods** 菜单下会多一个 **FCLS Spectral Unmixing** 命令，其操作与 ENVI 自身的 Linear Spectral Unmixing 操作非常相似，除了不需要设置像元分解约束条件（该模块会自动进行条件约束）。得到的混合像元分解结果文件同样包含 5 个波段，前 4 个波段对应 4 个端元的丰度（图 6.69），端元丰度值都在 0～1，第 5 个波段为像元分解的均方根误差。

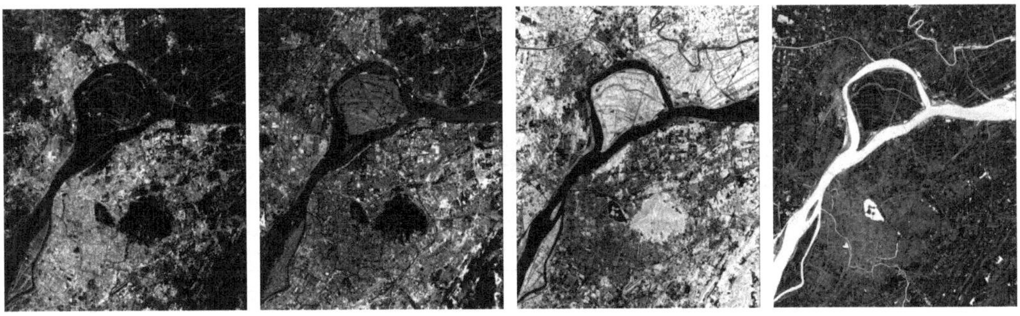

图 6.69　完全约束最小二乘法混合像元分解结果

自左向右分别为建筑、裸地、植被和水体的丰度

第 7 章 遥 感 制 图

本章数据列表

文件名	描述
TM_NJ_20100819(.hdr)	南京市 2010 年 8 月 19 日 Landsat5/TM 数据

遥感地图可以分为两类：遥感影像地图和遥感专题地图。遥感影像地图以遥感图像为主要内容，辅以一定的制图要素来表现说明对象。遥感专题地图以基于遥感数据提取出的某个专题信息为主要内容，辅以一定的制图要素来表现说明对象。两者的主要区别在于前者的主体为遥感图像本身，而图像本身不需要图例，如果有图例则是针对添加的地图符号（比如道路、行政区等）；后者的主体为某个专题信息（如土地覆盖、地表温度等），必须辅以图例才具有可读性。

ENVI 提供了两种制图方式，一种为模块化的快速制图，简单方便，但调整余地较小；另一种为自定义制图，功能相对比较强大。

7.1 快 速 制 图

打开 TM_NJ_20100819 数据进行彩色合成显示，**Image 窗口菜单→File→QuickMap→New QuickMap**，打开 QuickMap Default Layout 对话框（图 7.1）。

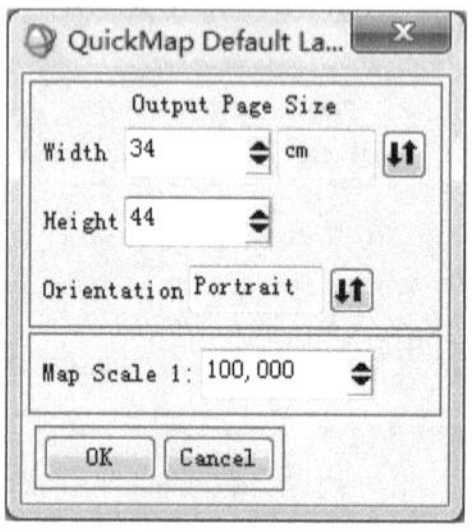

图 7.1 QuickMap Default Layout 对话框

对话框中的 Output Page Size 栏用于设置输出图像的宽度和高度，默认单位为 8.5in×11in，这是美国常用的 Letter 尺寸，可在 Width 和 Height 文本框修改宽度和高度，边上的箭头切换按钮用于切换长度单位，默认为 Inches（英寸）；Orientation 箭头切换按钮用于设置页面方向为 Portrait（纵向）或者 Landscape（横向）；Map Scale 文本框用于设置比例尺，ENVI 会根据输出图像尺寸和图像空间范围计算出最合适的整数比例尺。

用户可以根据需要调整比例尺和输出图像尺寸。以 TM_NJ_20100819 数据为例，30m 分辨率遥感图像成图比例尺通常设为 1∶10 万，在 Map Scale 文本框输入：100,000。

然后根据比例尺计算输出图像尺寸：TM_NJ_20100819 数据为 1000 列 1200 行的图像，空间分辨率为 30m，空间尺寸为 30km×36km，在 1∶10 万比例尺下图上尺寸为 30cm×36cm。需要注意的是，ENVI 的 QuickMap 制图会自动在图纸四周留出一些空白。如果直接将输出图像尺寸设定为 30cm×36cm，会导致遥感图像不能完全显示。根据经验，输出图像的宽度要比计算出来的理论宽度多大约 3.1cm，高度要多大约 7.7cm。因此，可以将输出图像尺寸设为 34cm×44cm。

点击 OK 按钮，打开 QuickMap Image Selection 对话框（图 7.2），图像栏中的红色矩形方框对应的是输出的图像范围。如果设定的输出图像尺寸大于等于图像的真实空间尺寸，默认输出范围将是正方形。点击 Spatial Subset 按钮，打开 Select Spatial Subset 对话框（图 7.3），将起始和终止行（列）号设定为从第 1 行（列）至最后 1 行（列），保证输出完整的图像。

设定图像输出范围之后，点击 OK 按钮，打开 QuickMap Parameters 窗口（图 7.4），对各制图要素进行设置。

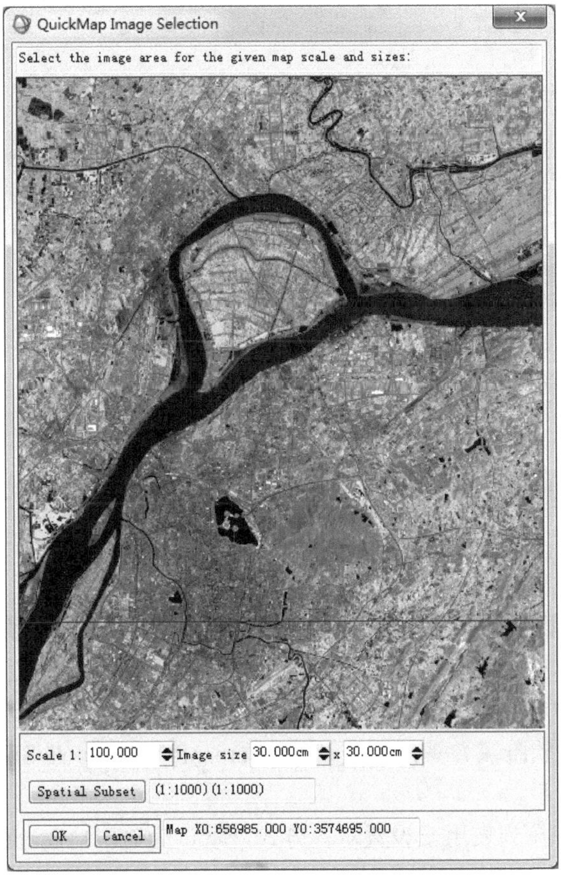

图 7.2 QuickMap Image Selection 对话框

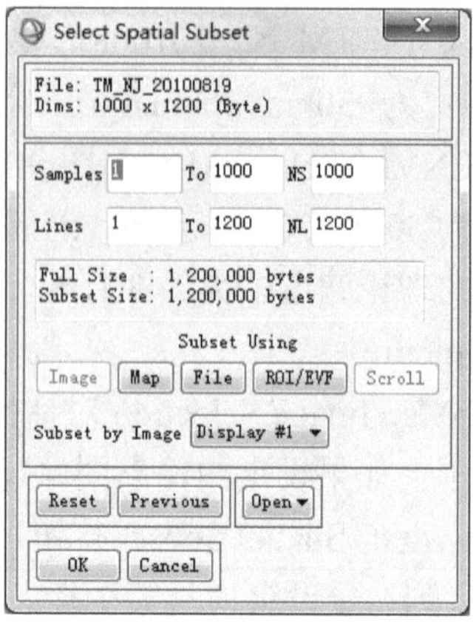

图 7.3　Select Spatial Subset 对话框

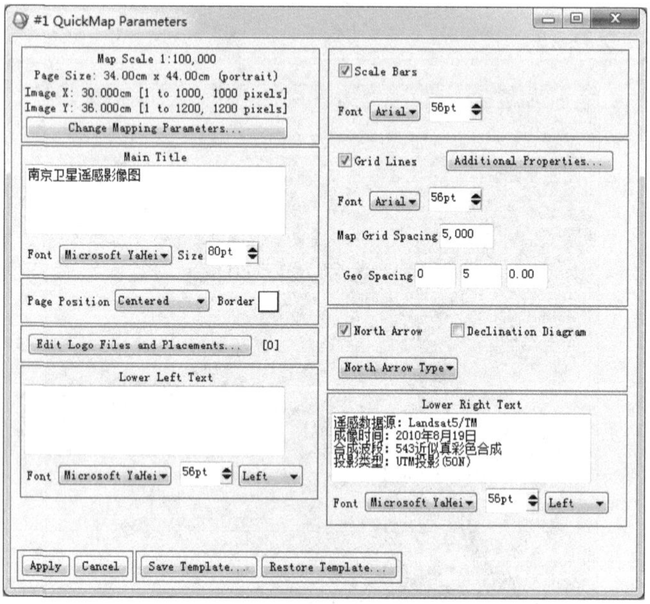

图 7.4　QuickMap Parameters 窗口

Main Title 文本框用于设置地图标题，此处输入：南京卫星遥感影像图。如果此处输入中文，则要把字体改为中文字体，否则会显示为乱码。Font 下拉列表用于选择字体，该列表中的中文字体名称也为英文，如 SimSun（宋体）、SimHei（黑体）、KaiTi（楷体）、Microsoft YaHei（微软雅黑）等，此处设为 Microsoft YaHei。在 Size 文本框设置字体大小为 80pt。

Page Position 下拉列表用于设置对齐方式，默认为居中；Border 用于设置空白区颜色，默认为白色。

Lower Left Text 文本框用于设置图像左下角空白区的说明文字，通常可以输入图像信息、制图单位/制图人信息、版权信息或者投影信息等，也可以在文本框上点击右键，**右键菜单→Load Projection Info** 直接导入投影信息。最终输出图像上此处输入文字有时会和指北针重叠，如果发生这种情况，可以不输入文字。

Scale Bars 栏用于设置比例尺，快速制图工具不能修改比例尺的长度等，只能修改字体样式和字体大小。此处 Font 设为 Arial，Size 设为 56pt。如果不想显示比例尺，可以将 Scale Bars 复选框改为未选中状态。

Grid Lines 栏用于设置网格线。如果遥感图像基于地理坐标系，只有一套网格线——经纬网格线（Lat/Lon Grid）；如果遥感图像基于大地坐标系，则有两套网格线——大地坐标网格线（Map Grid）和经纬网格线。ENVI 默认完全显示大地坐标网格线，而经纬网格线只显示标注和交叉点。点击 Additional Properties 按钮打开 Additional Grid Line Parameters 对话框（图 7.5），设置 Map Grid 和 Lat/Lon Grid 属性。通过切换 Labels（标注）、Corners（交叉点）、Lines（线）和 Box（外边框）的箭头切换按钮将该要素设为显示或者不显示，在 Labels 和 Box 要素的 Color 方框单击鼠标右键修改颜色，在 Box 要素的 Thick 文本框设置线宽，在 Box 要素的 Style 下拉列表设置线型。建议不要同时显示两套坐标线，遥感图像空间范围比较大的情况下显示 Lat/Lon Grid，在空间范围不太大的情况下显示 Map Grid。此处 Font 设为 Arial，Size 设为 56pt。如果显示的是经纬线网格，Font 最好设为 Hershey Fonts 字体菜单中的 Roman 字体或者 Greek 字体，否则经纬度中的“°”符号会显示为“?”。Map Grid Spacing 和 Geo Spacing 分别用于设置 Map Grid 和 Lat/Lon Grid 网格线的间隔。

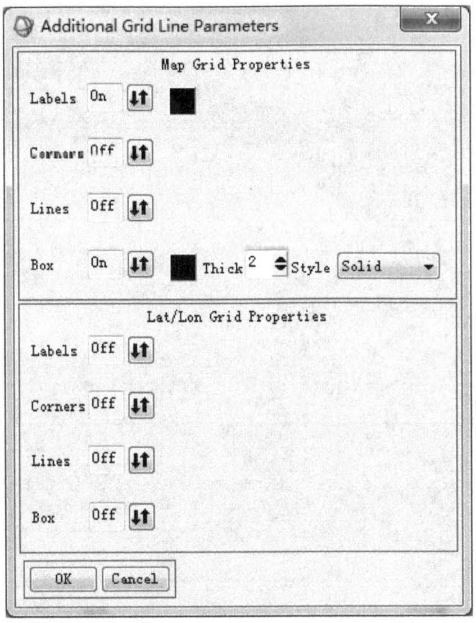

图 7.5 Additional Grid Line Parameters 对话框

North Arrow 复选框用于设置是否显示指北针，Declination Diagram 复选框用于设置是否显示三北方向（真北、坐标北和磁北方向）。

Lower Right Text 文本框用于设置图像右下角空白区的说明文字，通常输入图像信息、制图单位/制图人信息、版权信息或者投影信息等，可以在文本框上点击右键，**右键菜单→Load Projection Info** 直接导入投影信息。此处 Font 设为 Microsoft YaHei，Size

设为 56pt，对齐方式设为 Left（左对齐）。

设置快速制图的参数后，可以点击 Save Template...按钮将设置保存为快速制图模板文件（qm 文件），以后可以通过 QuickMap Parameters 窗口的 Restore Template...按钮或者 **Image 窗口菜单→File→QuickMap→New QuickMap** 载入该模板文件。最后点击 Apply 按钮，新打开一个 Image 窗口，显示快速制图结果图像。在 Image 窗口对制图结果进行观察，如果有不合适的地方，在 QuickMap Parameters 窗口修改相关设置，点击 Apply 按钮会在 Image 窗口更新显示结果。

最后，**Image 窗口菜单→File→Save Image As→Image File...**，将制图结果保存为 BMP、JPEG、PNG 等普通图像文件格式（图 7.6）。

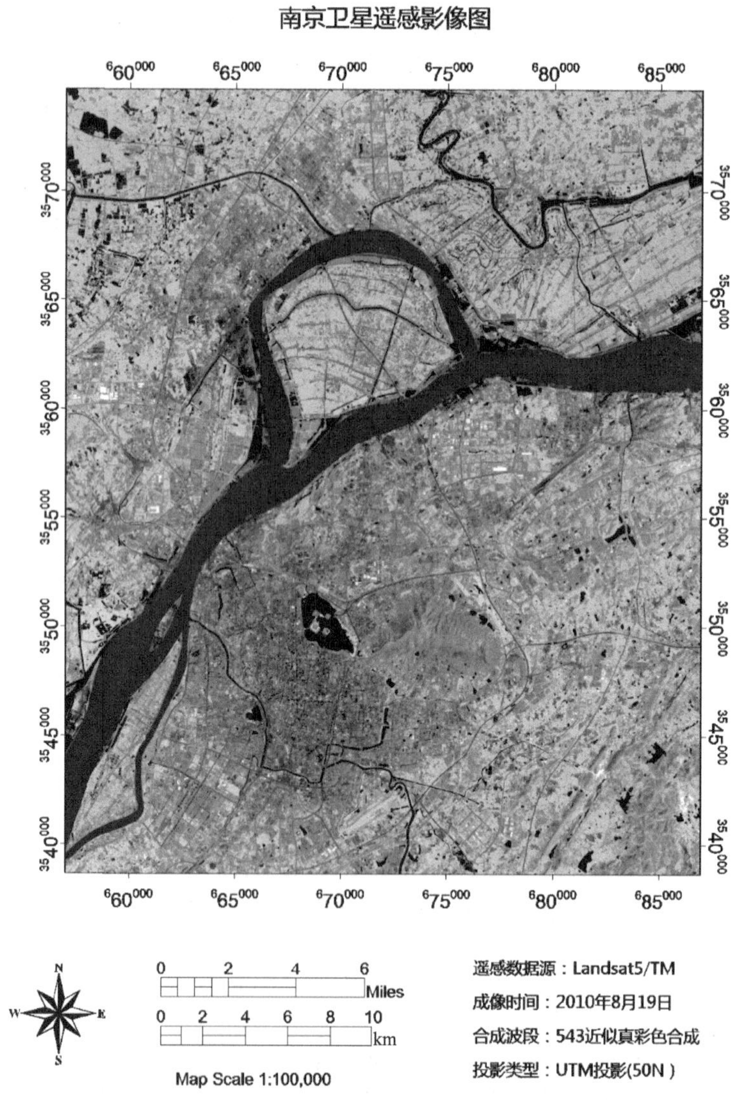

图 7.6　快速制图输出的遥感影像图

7.2　自定义制图

ENVI 快速制图工具简单方便，但是调整余地很小，无法添加图例等制图要素，也不方便移动各制图要素的位置。如果想要更灵活地制图，可采用自定义制图方式。

以第 6 章得到的土地覆盖分类结果文件为例进行自定义制图。**Image 窗口菜单→Overlay→Annotation…**，打开 Annotation 窗口设置制图要素（图 7.7）。

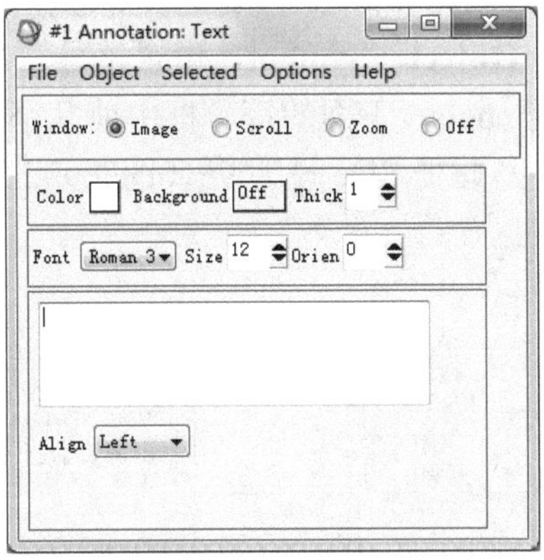

图 7.7　Annotation 窗口

首先是给图像添加空白区域用于放置制图要素。**Annotation 窗口菜单→Options→Set Display Borders…**，打开 Display Borders 对话框（图 7.8）。在上下左右 4 个文本框中分别设置四边的空白区域宽度（以像元为单位）。ENVI Classic 界面默认的制图风格是黑底白字，通常改为白底黑字，点击 Border Color 下拉列表将空白区域颜色修改为白色。

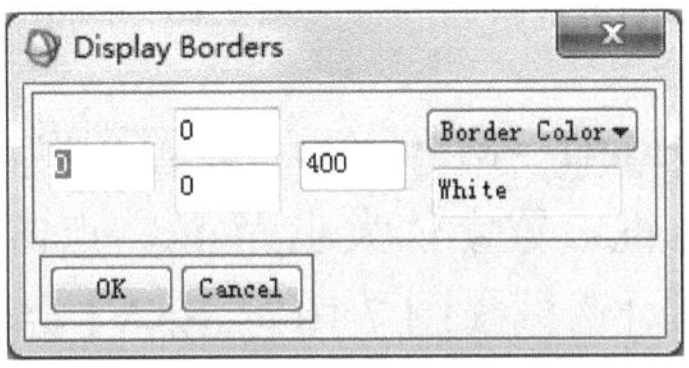

图 7.8　Display Borders 对话框

Annotation 窗口菜单→Object→Text，设置文本信息的输入，比如地图标题、注记等（图 7.7）。Windows 栏用于设置在哪个窗口（Image 窗口、Scroll 窗口、Zoom 窗口）显示地图要素（只是在地图要素未确认放置之前，确认之后所有窗口都显示），根据要素大小选择 Image 窗口或者 Scroll 窗口放置；在 Color 方框点击鼠标右键将颜色修改为黑色（默认为白色）；在下方的文本框中输入文本信息：南京土地覆盖图。与快速制图一样，在自定义制图时如果要素包含中文内容，字体需要设为中文字体，否则会显示为乱码。在 Font 下拉列表设置字体为 Microsoft YaHei（微软雅黑），在 Size 文本框设置字体大小为 48；Align 下拉列表设置对齐方式为 Left（左对齐）。

设定之后，在 Image 窗口点击鼠标左键，窗口中会出现一个左下角有红色菱形标志的文本对象，内容为 Text 文本框输入的内容。红色菱形标志表示该对象处于可编辑状态。在 Image 窗口点击鼠标左键选择一个理想的位置，然后单击鼠标右键确认，确认后红色菱形标志消失，不能再编辑该对象。确认后如需要修改，**Annotation 窗口菜单→Object→Selection/Edit**，在 Image 窗口中按住鼠标左键拖曳出一个包含该对象的矩形框，将其设置为可编辑状态。选中对象后，也可以通过 **Annotation 窗口菜单→Selected→Delete** 删除该对象。除了文本对象之外，Annotation 窗口添加的其他制图要素，比如指北针、图例、比例尺等，也都可以通过这种方式进行编辑。

Annotation 窗口菜单→Object→Symbol，设置符号。最常用的符号是指北针，在 Font 下拉列表选择 ENVI Symbols，下面的符号框中前几个符号都是指北针。指北针通常要比一般文本设置大一些，此处 Size 设为 96（图 7.9）。在 Image 窗口选好放置指北针的位置，右键确认。

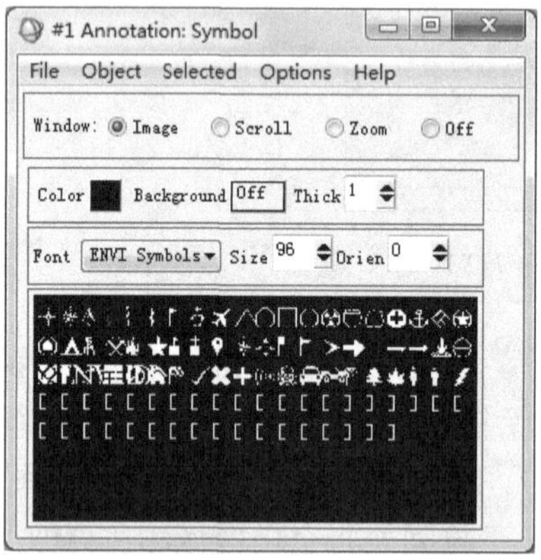

图 7.9　Annotation: Symbol 窗口

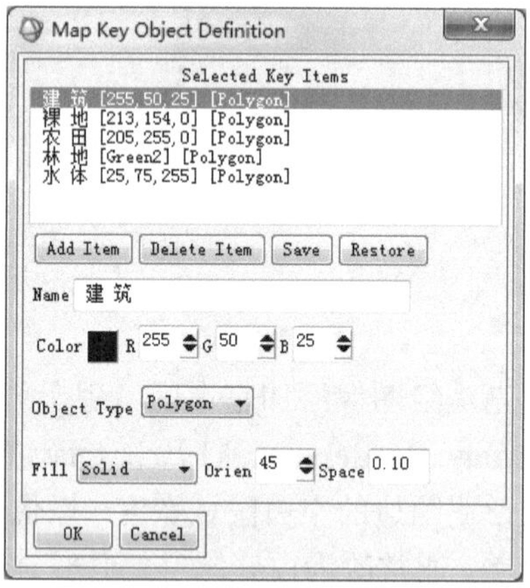

图 7.10　Map Key Object Definition 对话框

Annotation 窗口菜单→Object→Map Key，设置图例。在 Font 下拉列表设置字体为 Microsoft YaHei，在 Size 文本框设置字体大小为 42。点击 Edit Map Key Items...按钮打开 Map Key Object Definition 对话框（图 7.10）。ENVI 会自动读取分类图像头文件，在 Selected Key Items 栏列出所有类型的名称及对应的颜色。选中 Unclassified，点击 Delete Item 按钮将其删除，其余类别可以修改名称，但是不要修改颜色，否则颜色将会和图像中的类别颜色不对应。相对比较大的图例最好在 Scroll 窗口确定位置，以获得更好的制图布局。在 Window 栏切换到 Scroll 窗口，在 Scroll 窗口选好位置放置图例，右键确认。

Annotation 窗口菜单→Object→Scale Bar，设置比例尺（图 7.11）。Thick 文本框设置线条宽度为 2；Font 下拉列表将字体设为 Arial；Size 设置字体大小为 42。Scale 下拉列表设置比例尺长度单位为 km；Height 文本框设置比例尺高度为 20；Length 设置比例尺长度为 8；Inc 和 Sub Inc 分别设置主要分段和次要分段数为 1 和 4。点击 Change Scale Bar Titles...按钮打开 Scale Bar Distance Titles 对话框（图 7.12），将 Km 文本框内容改为 km（默认为 kilometers）。在 Scroll 窗口选好放置比例尺的位置，右键确认。

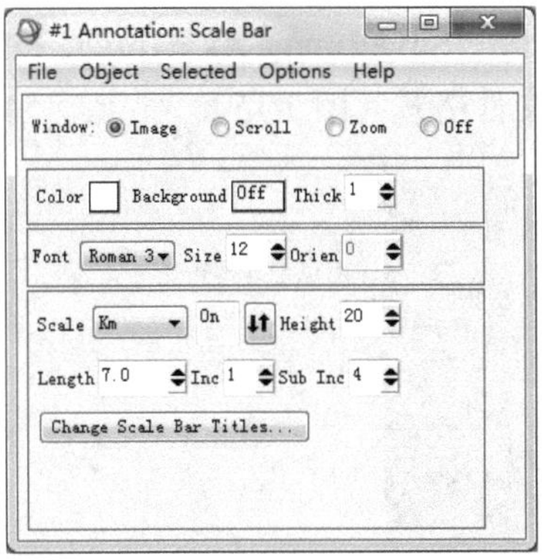

图 7.11 Annotation: Scale Bar 窗口

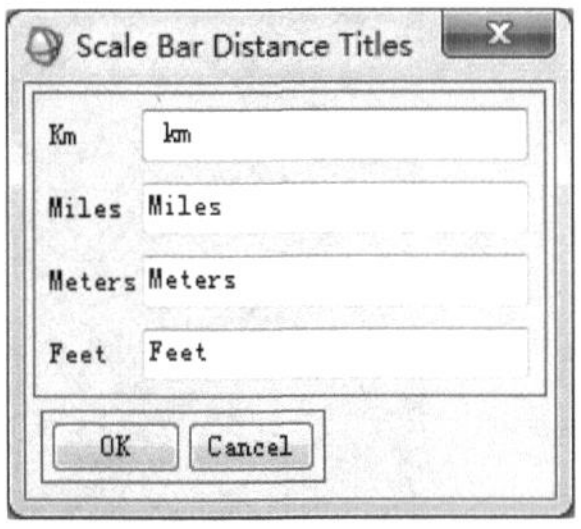

图 7.12 Scale Bar Distance Titles 对话框

如果要叠加大地坐标网格线或者经纬网格线，可以通过 **Image 窗口菜单→Overlay→Grid Lines...**打开 Grid Line Parameters 窗口设置（图 7.13）。**Grid Line Parameters 窗口菜单→Options→Edit Map Grid Attributes...**打开 Edit Map Attributes 对话框（图 7.14），设置大地坐标网格线相关属性。通过切换 LABELS（标注）、LINES（线）、BOX（外边框）和 CORNERS（交叉点）的箭头切换按钮将该要素设为显示或者不显示，在各要素的 Color 方框单击鼠标右键修改颜色，Thick 文本框设置线宽，在 LINES 和 BOX 要素的 Style 下拉列表设置线型，在 LABLES 要素的 Font 下拉列表和 Charsize 文本框分别设置字体类型和字体大小。**Grid Line Parameters 窗口菜单→Options→Edit Map Geographic Attributes...**打开 Edit Geographic Attributes 对话框，设置经纬线相关属性，与大地坐标网格线的设置类似。建议不要同时显示两套坐标线，遥感图像空间范围比较大的情况下显示 Lat/Lon Grid 比较好，而在空间范围不太大的情况下显示 Map Grid 比较好。

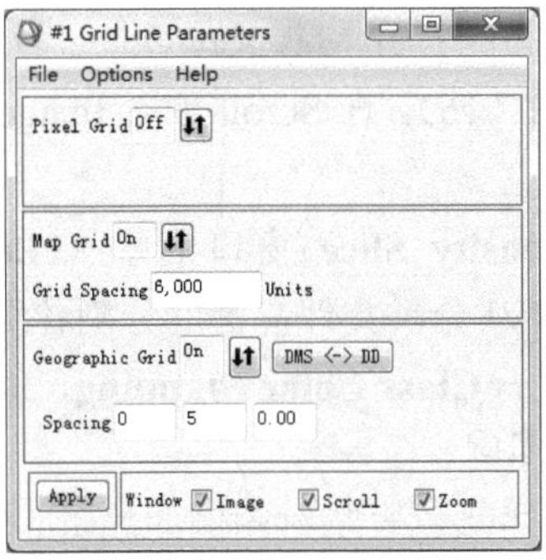

图 7.13 Grid Line Parameters 窗口

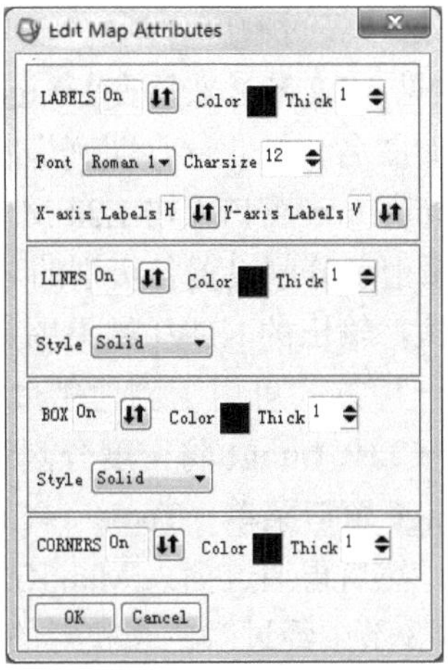

图 7.14 Edit Map Attributes 对话框

完成设置后，点击 **Annotation 窗口菜单→File→Save Annotation...**将制图设置保存为注释文件（ann 文件），以后通过 **Annotation 窗口菜单→File→Restore Annotation...**可

以载入该注释文件。最后，**Image 窗口菜单→File→Save Image As→Image File...**，将制图结果保存为 BMP、JPEG、PNG 等普通图像文件格式（图 7.15）。

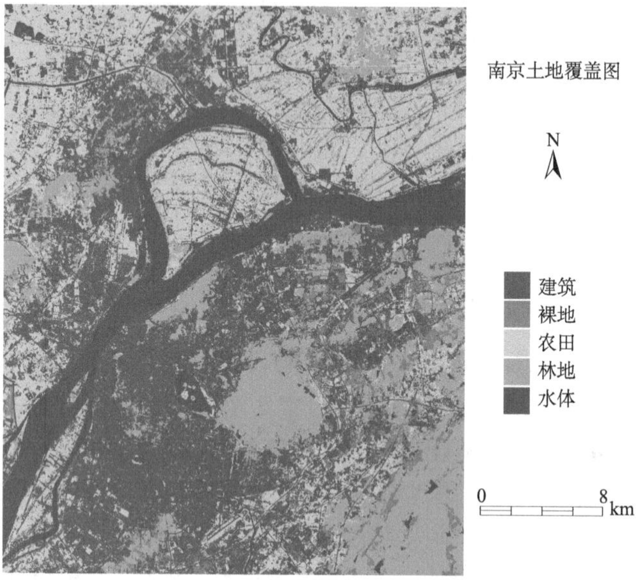

图 7.15　自定义制图输出的土地覆盖图

对于分类文件，ENVI 会自动读取分类图像头文件获取所有类型的名称及对应颜色生成图例。但是对于通常采用密度分割或者颜色表映射的方式表达的数值型专题数据（如 NDVI、地表温度等），ENVI 无法读取这些文件的密度分割或颜色表映射信息，无法自动生成对应的图例，需要手工编辑图例。

以 4.4.2 中经过密度分割的 NDVI 为例讲述密度分割图例的编辑。打开 NDVI 进行密度分割（详见 4.4.2 节），然后在 **Image 窗口菜单→Overlay→Annotation...**打开 Annotation 窗口，添加图名、指北针、图例等制图要素，最后切换到 Map Key 编辑界面。

在 Annotation 窗口点击 Edit Map Key Items...按钮打开 May Key Object Definition 对话框，对照密度分割设置各级别的名称和颜色（图 7.16）。在 Scroll 或者 Image 窗口放置图例并确认，输出的 NDVI 结果图见图 7.17。

还有一种方式可用于创建密度分割图例：**Density Slice 窗口菜单→File→Output Ranges to Class Image** 将密度分割结果输出为 ENVI 分类文件，密度分割各级别为分类类别。**Image 窗口菜单→Tools →Color Mapping →Class Color Mapping**，编辑各级类别的名称，然后再通过插入 Map Key 的方式编辑图例。

以 4.4.3 节中经过颜色表映射的 NDVI 为例讲述颜色表映射图例的编辑。打开 NDVI 进行颜色表映射（详见 4.4.3 节），然后在 **Annotation 窗口菜单→Overlay→Color Ramp** 设置颜色条带图例（图 7.18）。Font 下拉列表设置图例字体为 Arial，Size 文本框设置图例字体大小为 42；Ramp 下拉列表用于设置颜色条带图例的方向，共有 4 种：水平方向从低到高（Horz ->）、垂直方向从高到低（Vert <-）、水平方向从高到低（Horz <-）、垂

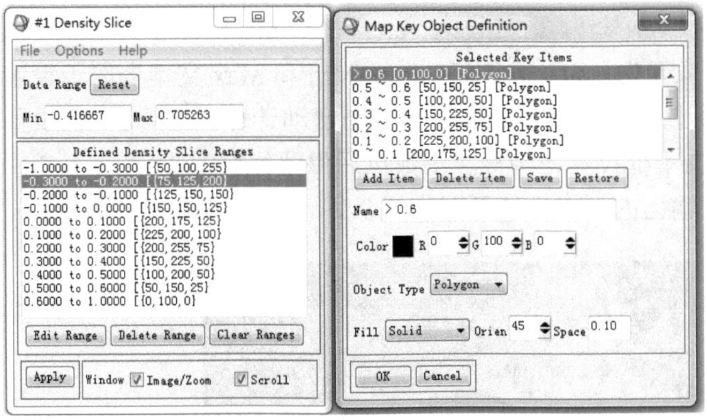

图 7.16　对照密度分割设置修改图例

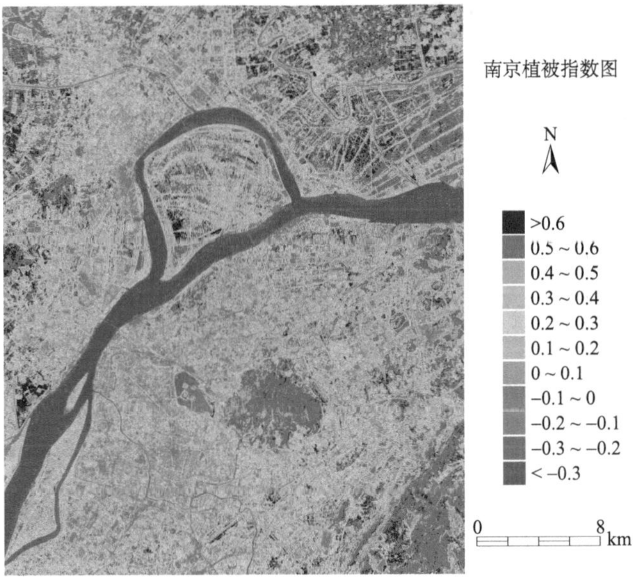

图 7.17　自定义制图输出的密度分割 NDVI 图

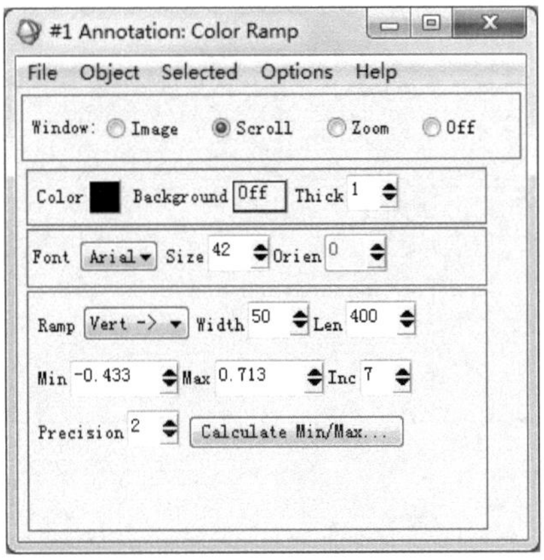

图 7.18　Annotation 窗口的 Color Ramp 图例设置界面

直方向从低到高（Vert –>），此处设为 Vert –>；Width 和 Len 文本框分别设置颜色条带的宽度和高度（以像元为单位）为 50 和 400；Min 和 Max 文本框用于设置图例的最小值和最大值，可以通过 Calculate Min/Max…按钮自动计算；Inc 文本框设置图例标注的数目为 7；Precision 文本框设置图例标注小数点后保留位数为 2。在 Scroll 或者 Image 窗口放置图例并确认，输出的 NDVI 结果图见图 7.19。

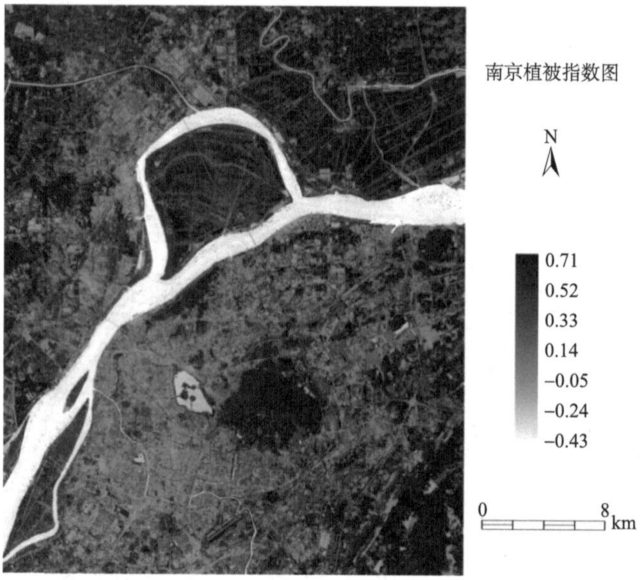

图 7.19　自定义制图输出的颜色表映射 NDVI 图

第 8 章　ENVI 与 IDL 交互

本章数据列表

文件名	描述
TM_NJ_20100819(.hdr)	南京市 2010 年 8 月 19 日 Landsat5/TM 数据

ENVI 基于 IDL 语言开发，两者之间关系密切。IDL 与 ENVI 能够实现数据的相互传输，可以将 IDL 数据导入 ENVI 进行处理，或者将 ENVI 数据导入 IDL 进行处理。两者之间可以实现功能的互相调用，能够在 ENVI 波段运算和波谱运算工具中调用 IDL 函数进行计算，也可以在 IDL 中调用 ENVI 功能进行数据处理和信息提取。

8.1　IDL 与 ENVI 的数据交互

为了实现 IDL 与 ENVI 的数据交互，必须以 ENVI Classic + IDL 的方式同时启动 IDL 和 ENVI 经典工作界面。如果分别打开 IDL 和 ENVI 进程，两者之间无法实现数据的交互。

ENVI 主菜单→File→Export to IDL Variable，将 ENVI 数据（TM_NJ_20100819）导入 IDL，在 Export Variable Name 对话框中设置该数据在 IDL 中的变量名称（图 8.1），在 IDL 中会出现所定义的变量。

图 8.1　Export Variable Name 对话框

IDL 的工作界面由菜单栏、工具栏、项目管理窗口、程序编辑窗口、控制台和状态栏等构成（图 8.2）。

菜单栏主要包括文件、编辑、源码、项目、运行、窗口和帮助等菜单项，提供了文件管理、编辑、代码格式、项目管理、运行调试、窗口视图管理和帮助等方面的功能；工具栏提供了常用功能的按钮，包括打开程序文件、新建文件或工程、保存程序文件、剪切、复制、粘贴、撤销、后退、前进、编译、运行、调试和重置等按钮；项目管理/变量跟踪窗口以标签页的方式切换项目管理和变量跟踪功能；项目管理栏能够编辑、添加、删除和编译文件以及生成和运行项目文件；变量跟踪栏显示内存中各个 IDL 变量的名称、值、类型等；程序编辑窗口是一个显示、输入和编辑 IDL 代码的文本编辑器；控制台用于输入 IDL 命令行、显示程序执行结果。状态栏显示当前文件基本属性以及光标位置，并提供快速启动视图等功能。

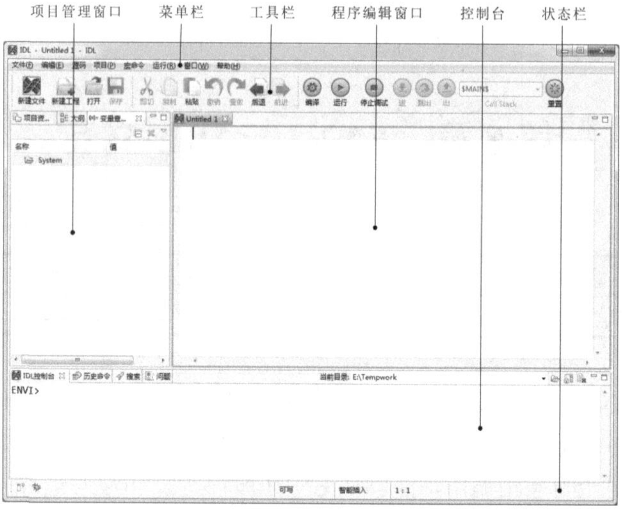

图 8.2　IDL8.52 的工作界面

在控制台输入命令 help, data，即可显示该变量的基本信息。也可以在 IDL 的变量跟踪窗口显示所有的 IDL 变量。

```
ENVI> help, data
DATA            FLOAT     = Array[1000, 1200, 6]
```

大气校正得到的地表反射率数据中可能存在小于 0 或者大于 1 的值，会对后续工作产生影响，可以在 IDL 中对其进行检查和修正。

将大气校正后的 Landsat5/TM 数据导入 IDL，对整个数据的最小值和最大值进行统计：

```
ENVI> print, min(data), max(data)
   -0.0582000      1.90170
```

从统计结果可见，地表反射率数据中的确存在小于 0 或者大于 1 的值，需要将数据中小于 0 的值修改为 0，将大于 1 的值修改为 1。在控制台输入下列语句：

```
ENVI> w=where(data lt 0, count)
ENVI> if count gt 0 then data[w]=0
ENVI> w=where(data gt 1, count)
ENVI> if count gt 0 then data[w]=1
```

或者更简洁一些：

```
ENVI> data=data>0<1
```

执行完上述语句后，在 IDL 里统计处理结果的最小值和最大值：

```
ENVI> print, min(data), max(data)
     0.000000      1.00000
```

可见处理完的数据值域范围在 0～1，消除了小于 0 和大于 1 的值。

ENVI 主菜单→File→Import from IDL Variable，打开 Import IDL Variables 对话框，选中 Data 变量导入 ENVI，成为内存变量（图 8.3）。Import IDL Variables 对话框的选项"Save copy before importing"如果设为 Yes，则该变量导入 ENVI 后在 IDL 内存中仍然保留，如果设为 No 则不保留。

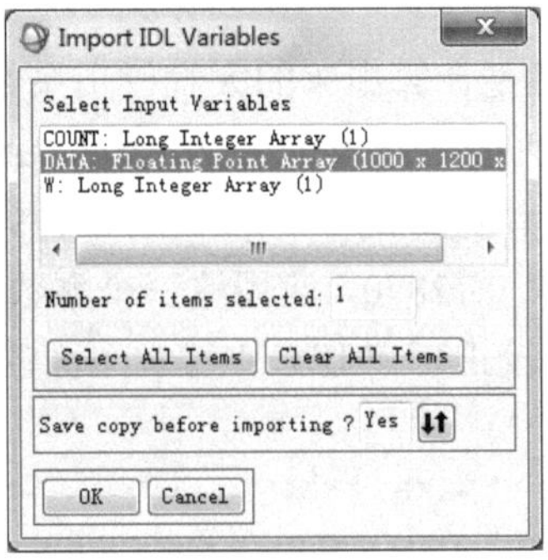

图 8.3　Import IDL Variables 对话框

需要注意的是，ENVI 数据导入 IDL 后将只剩下数据内容，波段名称、投影信息等头文件信息将丢失，处理完的数据再导入 ENVI 后也不再具有这些信息，需要编辑 ENVI 头文件添加这些信息。有两种方式添加头文件信息：①在 Header Info 对话框点击 Input Header Info From 按钮，导入原先数据的头文件信息。在新数据和原数据的波段数、数据类型都没有发生变化的情况下，这是最省事的方式。如果波段数或者数据类型发生了变化，则需要在 Header Info 对话框中修改 Bands 和 Data Type。②将导入的 IDL 变量保存为 ENVI 标准格式文件，利用文本编辑器打开该文件的头文件和原数据文件的头文件，将原数据头文件的对应行（map info、coordinate system string 和 band names 等）复制到结果文件头文件对应处即可。

在 5.2 节讲述了如何利用 ENVI 波段运算处理 NaN 值和 Inf 值，相关操作比较复杂。如果将数据导入 IDL 进行处理则比较简单。如将某个含有 NaN 值的数据导入 IDL，变量名称为 data。在 IDL 控制台输入下面的命令，即可将 NaN 值修改为–1。

```
ENVI> w=where(finite(data, /nan))
ENVI> data[w]=-1
```

8.2　调用 IDL 程序进行波段运算

ENVI 的 Band Math 和 Spectral Math 工具能够调用 IDL 程序直接进行波段运算和波谱运算。为了在 ENVI 工作环境下调用 IDL，要选择 ENVI Classic + IDL 模式，同时启动 IDL 和 ENVI 经典工作界面。

波段运算应用很广泛，而波谱运算则不太常用，本书只讲述 ENVI 调用 IDL 程序进行波段运算的内容。限于篇幅，本书未给出基本的 IDL 语法内容，只给出一些简单示例。

如果想要更深入地了解 ENVI 与 IDL 的交互，用户需要参阅相关 IDL 书籍。

以基于 6S 模型计算结果进行大气校正为例讲述波段运算调用 IDL 函数的用法。6S 模型计算得到各个波段的 3 个大气校正系数 xa、xb、xc 的值，运用下面公式将辐射亮度值转换为地表真实反射率：

$$\begin{aligned} y &= \mathrm{xa} \cdot L - \mathrm{xb} \\ \rho &= y / (1 + \mathrm{xc} \cdot y) \end{aligned} \tag{8.1}$$

式中，xa、xb、xc 分别为 6S 模型计算出来的大气校正系数；ρ 为经过大气校正的地表反射率；L 为经过辐射定标的辐射亮度，单位为 $\mathrm{W/(m^2 \cdot sr \cdot \mu m)}$。

第 3.1.2 节中利用 6S 模型计算得到 TM_NJ_20100819 第 1 波段的校正系数 xa、xb、xc 值分别为 0.00386、0.16157、0.12870，应用这三个系数对 TM_NJ_20100819 辐射定标后第 1 波段辐射亮度进行大气校正。在 IDL 中编写下面的函数：

```
function Atmo_correct, L, xa, xb, xc
  ;根据6S模型的大气校正系数进行大气校正
  ;参数L、xa、xb和xc分别为某个波段的辐射亮度数据、xa、xb和xc系数值

  y=xa*L-xb
  Ref=y/(1+xc*y)
  Return, Ref

end
```

IDL 菜单→运行→编译 Atmo_correct 或者 IDL 工具栏点击编译按钮，编译该函数。该函数编译运行后，即可在 ENVI 中调用该函数进行计算（图 8.4）。**ENVI 主菜单→Basic Tools→Band Math**，打开 Band Math 对话框，输入：Atmo_correct(b1, 0.00386, 0.16157, 0.12870)。然后将 b1 和 Landsat/TM 辐射亮度数据的第 1 波段关联起来，运行后得到该波段大气校正结果。

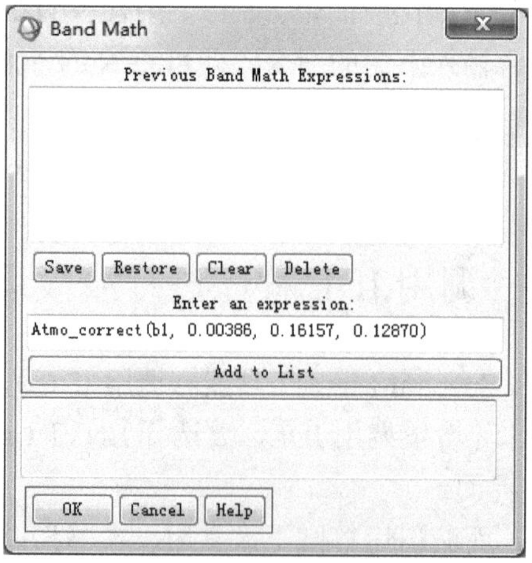

图 8.4　Band Math 窗口调用 IDL 函数

还可以更进一步将辐射定标和大气校正结合起来，在 IDL 函数中先对 TM_NJ_20100819 数据做辐射定标再做大气校正，简化流程。

```
function Atmo_correct, DN, gain, offset, xa, xb, xc
;进行辐射定标和大气校正
;参数DN、gain、offset分别为某个波段的DN值、定标系数gain、offset
;参数xa、xb和xc分别为大气校正系数xa、xb和xc值

  L=gain*DN+offset
  y=xa*L-xb
  Ref=y/(1+xc*y)
  Return, Ref

end
```

ENVI 主菜单→Basic Tools→Band Math，打开 Band Math 对话框，输入：Atmo_correct(b1, 0.762824, -1.52, 0.00386, 0.16157, 0.12870)，将 b1 和 TM_NJ_20100819 数据的第 1 波段关联起来，运行后得到该波段大气校正结果。

IDL 函数保存为 pro 文件后，也可以在 ENVI 环境下编译和调用。**ENVI 主菜单→File→Compile IDL Module**，选择保存的 pro 文件对其进行编译，然后可以在波段运算窗口直接调用。如果经常使用该函数，可以将该 pro 文件保存到 ENVI Classic 路径中的 save_add 目录下（...\Exelis\ENVI53\classic\save_add），每次启动 ENVI+IDL 时会自动编译该函数，使用时直接调用即可。

需要注意的是，ENVI 在进行波段运算时默认进行分块处理，因此 IDL 编写波段运算函数要避免使用 where、sort、max 等对整个数组进行计算的函数。

8.3　IDL 中调用 ENVI 功能进行编程处理

在 ENVI 波段运算窗口调用 IDL 程序可以完成一些简单的运算，但是面对一些复杂的运算（比如需要进行循环等处理或者 where 函数运算的）或者大量数据批处理的时候也无能为力。这种情况下需要在 IDL 中编写程序调用 ENVI 的功能来解决问题。

ENVI 提供了很多可以在 IDL 中直接调用的函数，实现某些特定功能。为了能够调用 ENVI 的功能函数，不能单独打开 IDL 进程，必须以 ENVI+IDL 混合模式运行，或者在 IDL 进程中先启动一个没有图形界面的 ENVI 进程（即批处理模式）。

批处理模式首先利用过程 envi 载入 ENVI 的核心 save 文件，包括 ENVI 的基本功能函数、动态运行函数以及 ENVI 运行所需的内部变量；然后通过过程 envi_batch_init 初始化批处理模式，启动批处理模式后，可以跟 ENVI+IDL 混合模式一样调用 ENVI 的各种功能函数；使用结束后利用过程 envi_batch_exit 终止批处理模式，以删除中间变量并释放内存。

启动和终止批处理模式的 IDL 代码如下所示。

```
IDL> envi, /restore_base_save_files
IDL> envi_batch_init
% Restored file: ENVI.
% Restored file: ENVI_M01.
% Restored file: ENVI_M02.
% Restored file: ENVI_M03.
% Restored file: ENVI_M04.
% Restored file: ENVI_M05.
% Restored file: ENVI_M06.
% Restored file: ENVI_M07.
% Restored file: ENVI_M08.
% Restored file: ENVI_D01.
% Restored file: ENVI_D02.
% Restored file: ENVI_D03.
% Restored file: ENVI_CW.
% Restored file: ENVI_IDL.
% Restored file: ENVI_IOW.
% Compiled module: ATMO_CORRECT.
% Restored file: RULEGEN.
% Restored file: ENVI_RTV_SMOOTH.
% Restored file: ENVI_RV.
% Restored file: LANDSAT_GAPFILL.
% Restored file: MCTK.
% Restored file: OPEN_HDF5_EVENT.
IDL> envi_batch_exit
```

8.3.1 常用的 ENVI 过程和函数

最常用的 ENVI 过程和函数包括 envi_open_file、envi_open_data_file、envi_file_query、get_map_info、envi_get_data、envi_get_slice、envi_write_envi_file、envi_enter_data 和 envi_file_mng 等。

过程 envi_open_file 在 ENVI 中打开一个 ENVI 格式文件，返回文件的 fid 号。

语法：**envi_open_file, fname, r_fid=variable**

其中，参数 fname 为 ENVI 文件名；关键字 r_fid 返回所打开文件的 fid 号，文件 id（fid）是 ENVI 指向数据文件的指针，为长整型的标量。ENVI 给每一个打开的文件分配一个 fid 号，用户通过该 fid 号指定操作的文件。

过程 envi_open_data_file 在 ENVI 中打开一个 ENVI 所支持的外部格式文件（如 HDF、GeoTIFF 等），返回文件的 fid 号。

语法：**envi_open_data_file, fname, r_fid=variable [, /bmp] [, /jp2] [, /jpeg] [, /png] [, /tiff] [, /hdf_sd] [, hdfsd_dataset=value] [, hdfsd_interleave={0 | 1 | 2}] [, /ermapper] [, /imagine] [, /pci] [, /eosat_tm] [, /esa_tm] [, /landsat_metadata] [, /nlaps] [, /aster] [, /avhrr] [, /modis] [, /radarsat] [, /seawifs] [, /spot] [, /vegetation] [, /nitf]**

其中，参数 fname 为文件名；关键字 r_fid 返回所打开文件的 fid 号；关键字 bmp、jp2、jpeg、png、tiff 分别设置打开的文件为 BMP、JPEG2000、JPEG、PNG、TIFF 格式；关键字 hdf_sd 设置打开的文件为 HDF 格式；关键字 hdfsd_dataset 设置当文件为 HDF 格式时指定要打开的数据集名称，如果该关键字未设置则弹出 HDF Dataset Selection 对话框让用户选择；关键字 hdfsd_interleave 设置当文件为 HDF 格式时指定以哪种顺序存储，默认值 0 表示 BSQ 顺序，1 表示 BIL 顺序，2 表示 BIP 顺序；关键字 ermapper、imagine、pci 分别设置打开的文件为 ER Mapper、ERDAS IMAGINE 8.x（.img 和.ige）、PCI Geomatics（.pix）格式；关键字 eosat_tm、esa_tm 分别设置打开的文件为 EOSAT FAST、ESA CEOS 格式 TM 数据；关键字 landsat_metadata 设置打开的文件为 GeoTIFF 格式 Landsat MSS、TM 或者 ETM+数据，如果设置了该关键字，则 fname 需要指定后缀名为 txt 或者 met 的 metadata 文件而不是 GeoTIFF 文件；关键字 nlaps 设置打开的文件为 NLAPS 格式 Landsat MSS 或者 TM 数据；关键字 aster、avhrr、modis、radarsat、seawifs、spot、vegetation 分别设置打开的文件为 ASTER、AVHRR、MODIS、RADASAT、SeaWiFS、SPOT 和 SPOT/VGT 数据；关键字 nitf 设置打开的文件为 NITF 格式。

过程 envi_file_query 对打开的 ENVI 文件进行查询，获取该文件的列数、行数、波段数、头文件偏移、数据类型、数据存放顺序、波段名称、定标系数等相关信息。

语法：**envi_file_query, fid [, ns=variable] [, nl=variable] [, nb=variable] [, dims=variable] [, data_type=variable] [, interleave=variable] [, bnames=variable] [, fname=variable] [, offset=variable] [, file_type=variable] [, data_gains=variable] [, data_offsets=variable] [, num_classes=variable] [, class_names=variable] [, lookup=variable]**

其中，参数 fid 为 ENVI 文件的 fid 号；关键字 ns、nl、nb 分别返回 ENVI 文件的列数、行数和波段数；关键字 dims 返回文件的空间范围，为一个包含 5 个元素的长整型数组，5 个元素分别为指向 ROI 的指针（不指定 ROI 的时候为–1）、起始列号、终止列号、起始行号和终止行号，行列号下标从 0 开始（ENVI 行列号从 1 开始，注意区别）；关键字 data_type 返回文件的数据类型；关键字 interleave 返回文件的数据存储顺序，0 表示 BSQ 顺序，1 表示 BIL 顺序，2 表示 BIP 顺序；关键字 bnames 返回文件各波段的名称；关键字 fname 返回文件的名称（含绝对路径）；关键字 offset 返回文件的头文件偏移字节数；关键字 file_type 返回文件类型，常见的文件类型有 ENVI Standard、ENVI Classification、ENVI Meta File 等；关键字 data_gains 和 data_offsets 分别返回文件各个波段定标系数中的增益值和偏移值；关键字 num_classes 返回分类文件的类别数目；关键字 class_names 返回分类文件的各类别名称；关键字 lookup 返回分类文件各个类别的颜色值，为一个二维数组[3, num_classes]。

函数 get_map_info 查询 ENVI 文件的投影坐标信息，返回 ENVI 文件的 MapInfo 信息为结构体变量。

语法：**result=envi_get_map_info(fid=file id)**

其中，关键字 fid 为 ENVI 文件的 fid 号。

ENVI 提供了两种不同的方式来读取 ENVI 文件的部分内容：envi_get_data 和 envi_get_slice。

函数 envi_get_data 从一个打开的 ENVI 文件中读取一个波段的数据。

语法：**result=envi_get_data(fid=file id, dims=array, pos=long integer)**

其中，关键字 fid 为 ENVI 文件的 fid 号；关键字 dims 设置读取数据的空间范围；关键字 pos 设置读取数据所在的波段位置。由于 envi_get_data 函数只能读取一个波段的数据，关键字 pos 必须为单个数值而不能为数组。

函数 envi_get_slice 用于从打开的 ENVI 文件中读取一行数据。

语法：**result=envi_get_slice(fid=file id, line=integer, pos=array, xs=value, xe=value, [/bil] [, /bip])**

其中，关键字 fid 为 ENVI 文件的 fid 号；关键字 line 设置读取数据所在的行号；关键字 pos 设置读取数据所在的波段位置，如果该关键字未设置，则默认读取该行的所有波段数据；关键字 xs 和 xe 分别设置读取数据的起始和终止列号；关键字 bil 和 bip 分别设置返回结果为 BIL 和 BIP 格式，如果这两个关键字均未设置，则默认为 BIL 格式。

过程 envi_write_envi_file 将内存中的 IDL 变量写为硬盘上或者内存中的 ENVI 格式文件。

语法：**envi_write_envi_file, data, out_name=variable, /in_memory [, /no_copy] [, /no_write] [, r_fid=variable] [, /no_open], ns=variable, nl=variable, nb=variable, out_dt=variable, interleave=variable [, map_info=structure] [, bnames=string array] [, offset=value] [, file_type=variable] [, num_classes=variable] [, class_names=variable] [, lookup=variable]**

其中，关键字 data 为待写入 ENVI 文件的 IDL 变量；关键字 out_name 设置输出 ENVI 文件名称；关键字 in_memory 设置将 ENVI 文件保存在内存中；关键字 no_copy 设置将 IDL 变量写入 ENVI 文件后在内存中删除该变量，如果该关键字未设置，则默认在 IDL 内存中保留该变量；关键字 no_write 用于设置不将 ENVI 头文件写入硬盘，如果该关键字未设置，则默认将头文件写入硬盘；关键字 r_fid 返回所写入文件的 fid 号；关键字 no_open 设置不将 ENVI 文件打开显示，如果该关键字未设置，则默认打开文件并加入 Available Bands List；关键字 ns、nl 和 nb 分别设置 ENVI 文件的列数、行数和波段数；关键字 out_dt 设置文件的数据类型；关键字 interleave 设置文件的数据存储顺序，0 表示 BSQ 顺序，1 表示 BIL 顺序，2 表示 BIP 顺序；关键字 map_info 设置文件的 MapInfo 信息，为结构体数据；关键字 bnames 设置文件各波段的名称；关键字 offset 设置文件的头文件偏移字节数；关键字 file_type 设置文件类型，常见的文件类型有 ENVI Standard、ENVI Classification、ENVI Meta File 等；关键字 num_classes 设置分类文件的类别数目；关键字 class_names 设置分类文件的各类别名称；关键字 lookup 设置分类文件各类别的颜色值，为一个二维数组[3, num_classes]。

过程 envi_enter_data 将数据保存为内存中的 ENVI 文件，并返回文件对应的 fid 号。

语法：**envi_enter_data, data, r_fid=variable, ns=variable, nl=variable, nb=variable, data_type=variable, interleave={0 | 1 | 2} [, map_info=structure] [, bnames=string array] [, file_type=variable] [, data_gains=variable] [, data_offset=variable] [, num_classes=variable] [, class_names=variable] [, lookup=variable]**

其中，参数 data 为待写入 ENVI 文件的 IDL 变量，该数据必须为 BSQ 顺序的二维或三维数组；关键字 r_fid 返回所保存文件的 fid 号；关键字 ns、nl 和 nb 分别设置 ENVI 文件的列数、行数和波段数；关键字 data_type 设置文件的数据类型；关键字 interleave 设置文件的数据存储顺序；关键字 map_info 设置文件的 MapInfo 信息；关键字 bnames 设置文件各波段的名称；关键字 file_type 设置文件类型；关键字 data_gains 和 data_offset 分别设置文件各波段的增益值和偏移值；关键字 num_classes 设置分类文件的类别数目；关键字 class_names 设置分类文件的各类别名称；关键字 lookup 设置分类文件各类别的颜色值。

过程 envi_file_mng 对内存及硬盘中的 ENVI 文件进行管理。

语法：**envi_file_mng, id=file id, /remove [, /delete]**

其中，关键字 id 为文件的 fid 号；关键字 remove 设置从 ENVI 内存中移除指定文件；关键字 delete 设置从硬盘删除指定文件。

8.3.2 ENVI 函数使用方法

IDL 中调用 ENVI 函数解决遥感实际应用问题的常见思路为：首先利用 envi_open_file 过程打开一个 ENVI 文件，然过 envi_file_query 过程和 get_map_info 函数获取该文件的基本信息（行数、列数、波段数、数据类型等）和坐标信息，然后逐波段或者逐行读入遥感数据，对读入的遥感数据编程进行处理或者信息提取，最后通过 envi_write_envi_file 过程保存计算结果。

仍然以辐射定标和大气校正为例：

```
pro Atmo_corr
 ;对Landsat/TM数据进行辐射定标和大气校正

 ;TM的定标系数（6个波段的Gain和Bias值）
 gain=[0.762824, 1.442510, 1.03988, 0.872588, 0.119882, 0.065294]
 bias=[-1.52, -2.84, -1.17, -1.51, -0.37, -0.15]

 ;TM的6S大气校正系数(来自6S模型计算结果)
 xa=[0.00386, 0.00365, 0.00378, 0.00528, 0.02253, 0.05911]
 xb=[0.16157, 0.08876, 0.05166, 0.02603, 0.00443, 0.00194]
 xc=[0.1287, 0.09904, 0.07841, 0.05251, 0.01539, 0.0077]

 ;打开ENVI格式的Landsat/TM数据
 fn=dialog_pickfile(title='打开Landsat/TM数据')
 envi_open_file, fn, r_fid=fid

 ;查询Landsat/TM文件基本信息
 envi_file_query, fid, ns=ns, nl=nl, nb=nb, dims=dims, $
   interleave=interleave
 ;获取Map_info信息
```

```
map_info=envi_get_map_info(fid=fid)

Ref=fltarr(ns, nl, nb)
;逐波段读入遥感数据进行定标和大气校正
for i=0, nb-1 do begin
  ;读入该波段数据
  data_band=envi_get_data(fid=fid, dims=dims, pos=i)
  ;辐射定标
  L=gain[i]*data_band+bias[i]
  ;大气校正
  y=xa[i]*L-xb[i]
  Ref[*, *, i]=y/(1+xc[i]*y)
endfor

;保存大气校正结果
o_fn=dialog_pickfile(title='地表反射率数据保存为')
envi_write_envi_file, Ref, out_name=o_fn, /no_copy, ns=ns, $
  nl=nl, nb=nb, out_dt=4, interleave=interleave, map_info=map_info

end
```

在 IDL 窗口工具栏点击编译按钮，或者**运行菜单→编译**，对编写完的 IDL 代码进行编译，然后在 IDL 窗口工具栏点击运行按钮，或者**运行菜单→运行**，执行刚才编译完的 IDL 程序，完成辐射定标和大气校正。

在上面的代码中，将 Landsat/TM 的 6 个波段的辐射定标系数和大气校正系数直接写在了程序里，也可以将其保存为 csv 或 txt 文件，通过 IDL 读取文件中的数值来进行辐射定标和大气校正。

8.3.3 ENVI 例程函数

前面简单介绍了 ENVI 常用的一些函数，主要是 ENVI 文件的读写、查询和数据的读取等。ENVI 还提供了大量的例程函数，实现增强、镶嵌、融合、统计、主成分变换、分类等图像处理功能。

ENVI 例程函数以 envi_doit 开头，后面为例程名称以及该例程的参数和关键字。语法如下：

```
envi_doit, 'routine_name', ...
```

其中，参数 routine_name 为 ENVI 例程的名称。

ENVI 帮助中的 Routines 主题给出了所有的 ENVI 例程名称及描述，表 8.1 给出了一些常用的 ENVI 例程。

表 8.1　常用的一些 ENVI 例程

例程名称	描述
envi_stats_doit	图像统计
convert_doit	数据存储顺序转换（BSQ、BIL 和 BIP）
resize_doit	图像重采样
mosaic_doit	图像镶嵌
envi_register_doit	图像配准
stretch_doit	直方图拉伸
sharpen_doit	图像融合（HSV 融合或者 Brovey 融合）
pc_rotate	主成分变换
envi_layer_stacking_doit	波段合成
dem_bad_data_doit	坏值填充
class_doit	监督或者非监督分类
math_doit	波段运算
envi_veg_index_doit	植被指数计算

以主成分变换为例，利用 pc_rotate 例程对 Landsat/TM 数据进行主成分变换。

```
pro PCA_trans
  ;对Landsat/TM数据进行主成分变换

  ;打开ENVI格式的Landsat/TM数据
  fn=dialog_pickfile(title='打开Landsat/TM数据')

  envi_open_file, fn, r_fid=fid

  ;查询Landsat/TM文件基本信息
  envi_file_query, fid, ns=ns, nl=nl, nb=nb, dims=dims, $
    interleave=interleave
  pos=indgen(nb)

  ;统计各波段平均值、特征值和特征向量
  envi_doit,'envi_stats_doit', fid=fid, dims=dims, pos=pos, $
    comp_flag=5, mean=mean, eval=eval, evec=evec

  ;进行主成分变换
  o_fn=dialog_pickfile(title='主成分变换结果保存为')
  envi_doit, 'pc_rotate', fid=fid, dims=dims, pos=pos, out_dt=4, $
    out_name=o_fn, /forward, mean=mean, eval=eval, evec=evec

end
```

第二篇　综合应用篇

第 9 章　基于 MODIS 的青海省土地覆盖分类

本章数据列表

文件名	描述
Qinghai.shp(.dbf, .shx, .prj)	青海省边界 Shapefile 数据
MOD09A1 文件夹	2015 年第 273～280 天的 MOD09A1 数据
MOD09Q1 文件夹	2015 年第 273～280 天的 MOD09Q1 数据
MOD13Q1 文件夹	2015 年 4 个时相的 MOD13Q1 数据
SRTM_DEM 文件夹	90m 分辨率 SRTM/DEM 数据

9.1　实 习 概 况

基于 MODIS 数据运用决策树分类方法对青海省进行土地覆盖分类。掌握 MODIS 数据预处理、训练样本选择、决策树分类、分类后处理和精度评价等内容。

9.2　研 究 方 法

9.2.1　分类特征

从 4 个时相（2015 年第 33～48 天、第 129～144 天、第 225～240 天和第 305～320 天）的 MOD13Q1 数据中提取出 4 个时相 EVI，表征地物的时间变化特征。从 2015 年第 273～280 天的 MOD09Q1 和 MOD09A1 数据中提取该时相的 MODIS 第 1～7 波段地表反射率，表征地物的光谱特征。

根据地表反射率计算改进的归一化水体指数 MNDWI，计算公式如下：

$$\mathrm{MNDWI}=\frac{G-\mathrm{SWIR}}{G+\mathrm{SWIR}} \tag{9.1}$$

式中，MNDWI 为改进的归一化水体指数；G 和 SWIR 分别为绿波段和短波红外波段的 DN 值或反射率。

对 MODIS 的 7 个波段地表反射率进行主成分变换，对第一主分量运用灰度共生矩阵方法计算 Homogeneity（均质度）表征空间纹理特征信息。此外，引入 DEM 高程数据，并基于 DEM 数据计算地表坡度。

共有 15 个分类特征参与分类：4 个时相 EVI、7 个波段反射率、MNDWI、均质度、高程和坡度。

9.2.2　分类过程

针对青海省研究区情况，将其分为城镇、裸地、农田、草地、灌丛、林地、水体和冰雪共 8 种土地覆盖类型。参考 Google Earth 高分辨率图像在 MODIS 彩色合成图像上选取训练区 ROI。在选取过程中，要注意各类地物训练样本的典型性和代表性。

基于选择的训练样本，运用 QUEST 算法构建决策分类树进行土地覆盖分类。该算法是一种二元决策树分类方法，基本思路是以不同的策略对变量选择和分割点选择进行处理（Loh and Shih，1997）。相比于 CART 算法，QUEST 算法的运算速度更快。

9.2.3 精度评价

为了保证精度验证的准确性，建模样本与验证样本必须彼此独立，因此重新选取 ROI 作为验证样本对分类结果进行精度评价。基于选取的各类地物的验证样本和分类结果计算混淆矩阵。在此基础上计算总体分类精度、Kappa 系数以及各类地物制图精度、用户精度、错分误差和漏分误差，对青海省土地覆盖分类结果进行精度评价。

9.3 数据预处理

9.3.1 MODIS 数据预处理

MODIS 的植被指数产品 MOD13Q1 和地表反射率产品 MOD09Q1、MOD09A1 均为 GRID 格式的 MODIS 陆地产品，利用 MRT 软件进行镶嵌和投影转换处理。

以 2015 年第 33～48 天时相（2015033）的 MOD13Q1 为例：打开 MRT（图 9.1），点击 Open Input File 按钮导入该时相的所有 MOD13Q1 数据。由于只需要 EVI 数据参与分

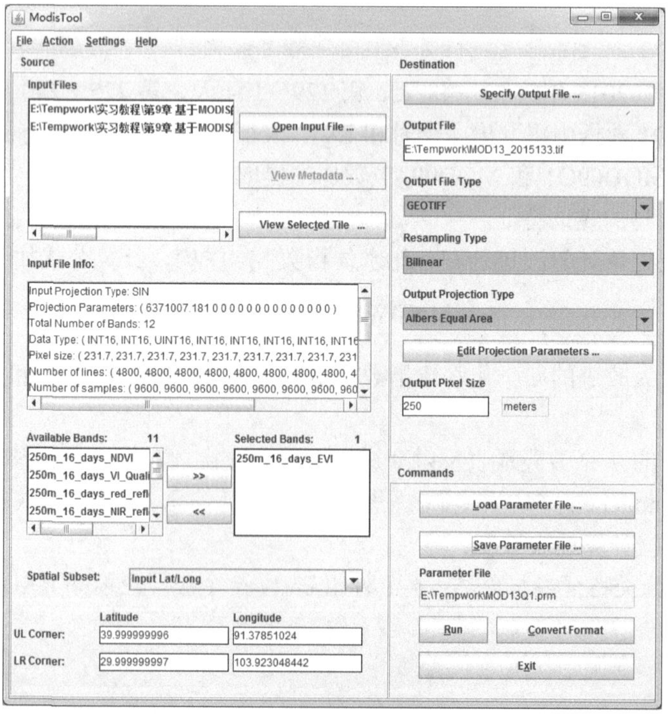

图 9.1　MRT 工作界面

类，Selected Bands 列表中仅保留 250m_16_days_EVI 波段，其余波段均移到 Available Bands 列表中；如果想提高运算速度，UL Corner 和 LR Corner 文本框可以设置空间范围，默认值为输入图像的全部范围；点击 Specify Output File...按钮设置输出文件名，文件名末尾加上.tif 后缀，设置输出文件为 GeoTIFF 文件格式；Resampling Type 设为 Bilinear（双线性插值方法）。

输出数据采用基于 Krassovsky 椭球体的 Albers 投影，Output Projection Type 下拉列表选择 Albers Equal Area（Albers 等积投影）。点击 Edit Projection Parameters...按钮打开 Projection Parameters 对话框（图 9.2），SMajor 和 SMinor 文本框设置椭球体长轴半径和短轴半径为 6378245.0 和 6356863.0；STDPR1 和 STDPR2 文本框设置双标准纬线为 25°N 和 47°N；CentMer 文本框设置中央经线为 105°E；Output Pixel Size 设为 250m。

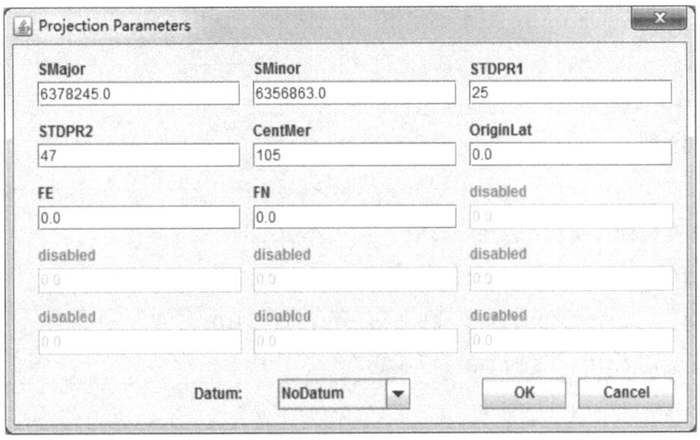

图 9.2　Projection Parameters 对话框

点击 Save Parameter File...按钮，将当前的处理参数保存为 MOD13Q1.prm 文件。最后点击 Run 按钮，完成当期数据的镶嵌和投影转换处理，结果见图 9.3。

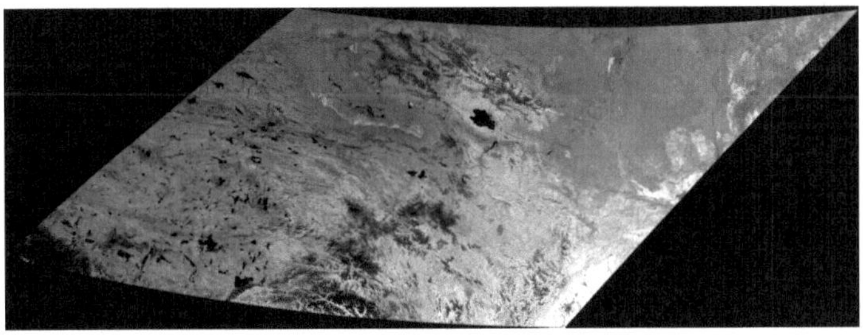

图 9.3　处理完的 EVI 数据

按照同样的方式分别处理其他 3 个时相的 MODIS EVI 数据，利用 **ENVI 主菜单→Basic Tools→Layer Stacking** 或者 **ENVI 主菜单→File→Save File As→ENVI Standard** 将 4 个时相 EVI 合并为 1 个 ENVI 格式文件。

根据 MODIS 植被指数产品 250m_16_days_EVI 数据集的转换系数（10000）通过波段运算将 EVI 转换为真值：**ENVI 主菜单→Basic Tools→Band Math**，打开 Band Math 对话框，在 Enter an expression 文本框内输入波段运算公式：b1/10000.0，通过 Map Variable to Input File 将波段变量 b1 和 EVI 整个文件关联起来，执行波段运算得到 4 个时相的 EVI 真值。

也可以编写 IDL 程序来完成上述 MODIS 数据的批处理工作，IDL 代码如下：

```
pro process_MOD13
 ;调用MRT完成MODIS的镶嵌和投影转换

 work_dir=dialog_pickfile(title='选择MOD13Q1数据所在路径', /directory)
 cd, work_dir

 ;***********  逐时相处理所有MOD13Q1数据  ***********

 DOY=['033', '129', '225', '305']  ;4个时相

 for i=0, 3 do begin
   ;逐时相循环处理

   ;将当前时相所有MODIS文件名写入一个文本文件
   fns=file_search('*'+DOY[i]+'*.hdf', count=fnums)
   openw, lun, 'inputfiles.txt', /get_lun
   printf, lun, fns, format='(a)'
   free_lun,lun

   ;调用MRT命令完成镶嵌处理
   spawn, 'MRTMOSAIC -i inputfiles.TXT -s " 0 1 0 0 0 0 0 0 0 0 0 0 " '+$
     '-o MOSAIC_TMP.hdf', /hide

   ;调用MRT命令完成投影转换处理
   spawn, 'RESAMPLE -p MOD13Q1.prm -i MOSAIC_TMP.hdf -o '+$
     'MOD13Q1_2015'+DOY[i]+'.tif', /hide

 endfor

 ;删除中间文件
 file_delete, 'MOSAIC_TMP.hdf'
 file_delete, 'inputfiles.txt'


 ;***********  将处理后GeoTIFF数据合并为1个ENVI文件  ***********

 ;读入所有GeoTIFF文件，保存为二进制文件
 o_fn='EVI'  ;结果文件名
 openw, lun, o_fn, /get_lun
```

```
fns=file_search('MOD13Q1*.tif', count=fnums)
for i=0, fnums-1 do begin
  EVI=read_tiff(fns[i])  ;读取GeoTIFF文件
  writeu, lun, EVI*0.0001  ;转换为EVI真值
endfor

free_lun, lun

;获取Map_info信息，写入ENVI头文件
envi_open_data_file, fns[0], r_fid=fid, /tiff
envi_file_query, fid, ns=ns, nl=nl
map_info=envi_get_map_info(fid=fid)
envi_file_mng, id=fid, /remove
bnames='2015'+DOY
envi_setup_head, fname=o_fn, ns=ns, nl=nl, nb=fnums, $
  data_type=4, offset=0, interleave=0, bnames=bnames, $
  map_info=map_info, /write

end
```

在运行上面的 IDL 代码之前，需要将预先保存的 MRT 处理参数文件（MOD13Q1.prm）存放到 MOD13Q1 文件夹中。

利用 MRT 对第 273～280 天（2015273）的 MOD09Q1 的第 1 和第 2 波段反射率以及 MOD09A1 数据的第 3～7 波段反射率进行镶嵌和投影转换，将 7 个波段地表反射率合并为一个 ENVI 格式文件，并根据其比例系数 0.0001 通过波段运算 b1*0.0001 将地表反射率转换为真值。图 9.4 给出了处理得到的反射率数据。

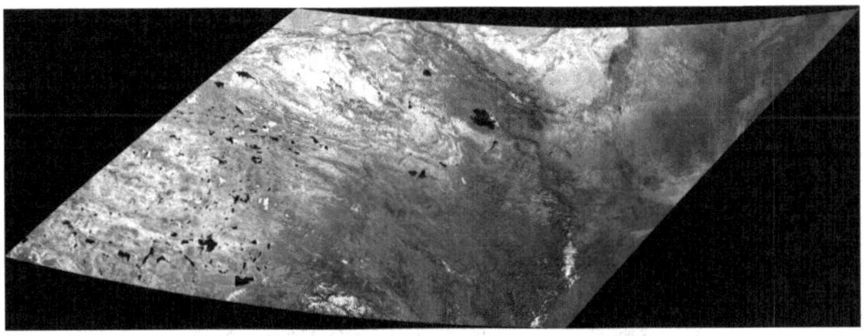

图 9.4　处理完的反射率数据（214 标准假彩色合成）

MOD09 数据中存在少量大于 1 或者小于 0 的异常值数据，其中有部分为填充值（–28672×0.0001 = –2.8672）。需要通过坏值插补操作修复这些异常值，否则会对分类精度产生影响。

ENVI 主菜单→Topographic→Replace Bad Values，在 DEM Input File 对话框选择地表反射率文件，打开 Replace Bad Data Parameters 对话框（图 9.5），在该对话框中 Bad Value Threshold Range 栏的 Max 文本框输入 0，对小于 0 的异常值数据进行插补。然后再一次

进行坏值插补操作，在 Replace Bad Data Parameters 对话框 Bad Value Threshold Range 栏的 Min 文本框输入 1，对大于 1 的异常值数据进行插补。

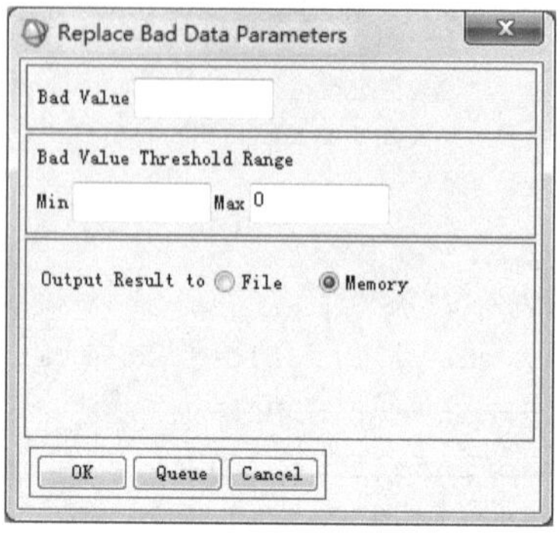

图 9.5　Replace Bad Data Parameters 对话框

9.3.2　SRTM DEM 数据预处理

SRTM DEM 数据以每个 1 度经纬网格为一个独立的 hgt 文件，该格式文件可在 ENVI 中直接打开。**ENVI 主菜单→File→Open Image File**，打开所有的 SRTM DEM 数据。**ENVI 主菜单→Map→Mosaicking→Georeferenced**，打开 Map Based Mosaic 窗口，**Map Based Mosaic 窗口菜单→Import→Import Files**，在打开的 Mosaic Input Files 对话框导入所有 SRTM DEM 数据（图 9.6）。由于 SRTM DEM 的每个文件为一个单独的 1 度经纬网格，彼此相邻且没有重叠，不需要对每个文件的 Entry 进行额外的设置，**Map Based Mosaic 窗口菜单→File→Apply**，得到镶嵌后的 DEM 数据。

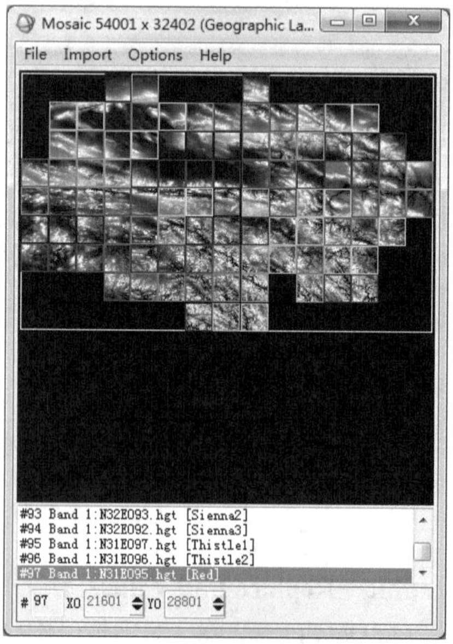

图 9.6　Mosaic 窗口导入的 SRTM DEM 数据

SRTM DEM 数据采用的是地理坐标系，需要进行投影转换，转成 Albers 投影。**ENVI 主菜单→Map→Convert Map Projection**，在 Convert Map Projection 对话框设置输出投影为基于 Krassovsky 椭球体的 Albers 投影，将分辨率改为 250m 以与 MODIS 数据一致，坐标转换方法选择 Triangulation（三角网法），重采样方法选择 Bilinear（双线性插值），完成投影转换（图 9.7）。

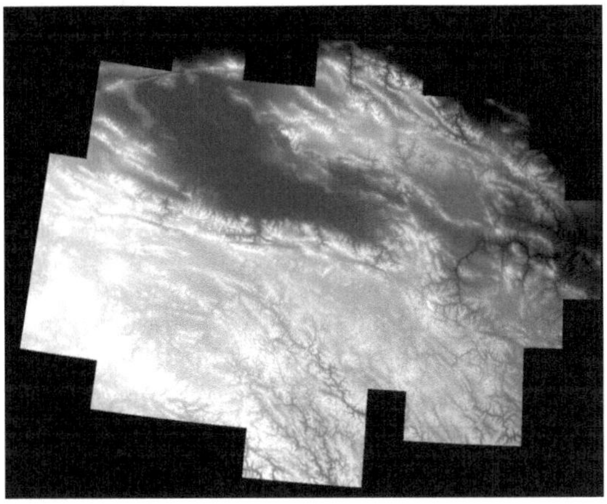

图 9.7　投影转换后的 SRTM DEM 数据

9.3.3　裁切处理

利用 **ENVI 主菜单→Basic Tools→Layer Stacking** 将处理后的 4 个 EVI 波段、7 个反射率波段和 1 个 DEM 波段合并为 1 个 ENVI 格式文件，合成时选择 Exclusive（取交集）。

打开青海省行政界线 Shapefile 文件，将其转换为 evf 文件。然后 **ENVI 主菜单→Basic Tools→Resize Data (Spatial/Spectral)** 或者 **ENVI 主菜单→Basic Tools→Subset Data via ROIs**，基于青海省矢量数据对合并后的遥感数据文件进行空间裁切。图 9.8 给出了裁切后得到的遥感数据。在此预处理过程中不进行掩膜的原因是在后面计算坡度和空间纹理时掩膜边界处像元会产生异常值。

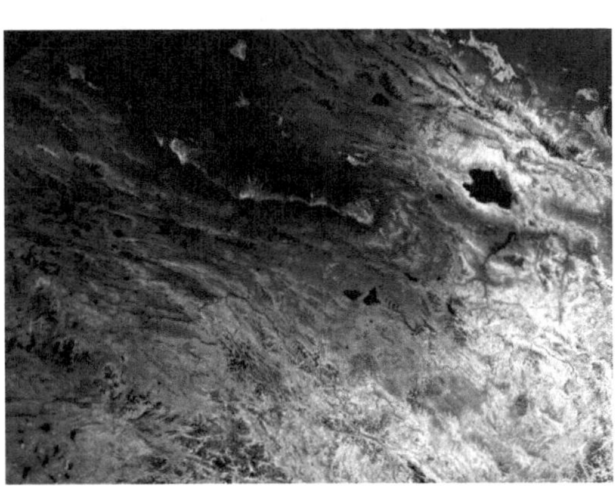

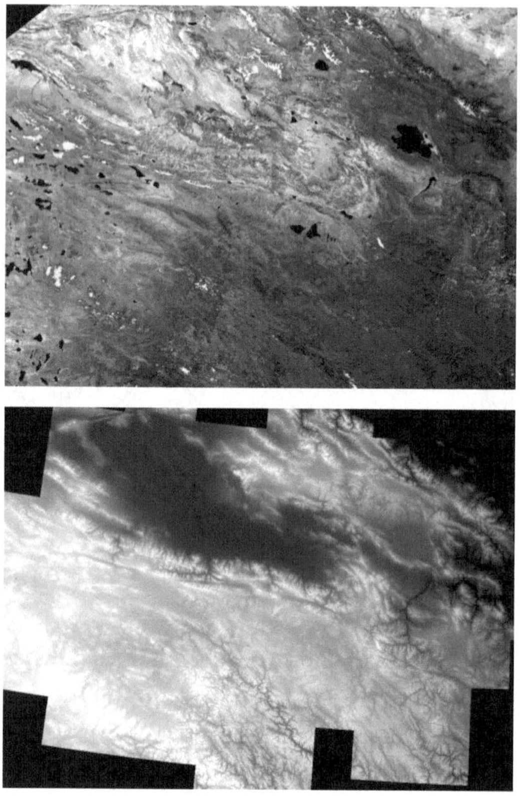

图 9.8　裁切后的数据

依次为第 225 天时相的 EVI、反射率 214 标准假彩色合成图和 SRTM DEM

为了后续工作的便利，可修改合并后文件中的各波段名称。Available Bands List 窗口鼠标右击处理后文件，**右键菜单→Edit Header...**，打开 Header Info 窗口，在 Edit Attributes 下拉菜单选择 Band Names...，修改各个波段名称，结果见图 9.9。

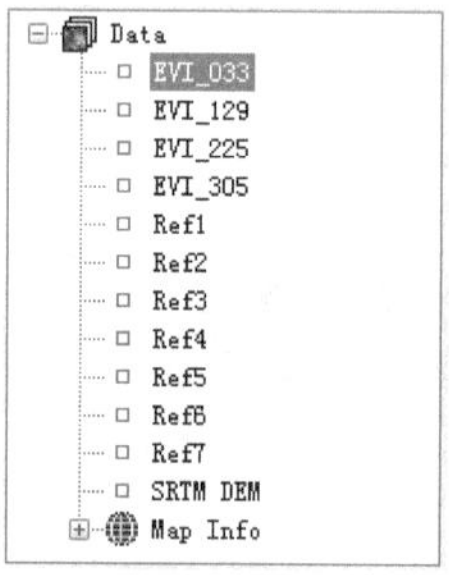

图 9.9　修改后的波段名称

9.4　土地覆盖分类

9.4.1　分类特征提取

前面处理得到了 4 个时相的 EVI、7 个波段的地表反射率以及 DEM 数据，除了将这

12 个波段数据作为分类特征之外，为了提高地物的区分度还需增加几个分类特征：改进的归一化水体指数（MNDWI）、坡度以及空间纹理特征。

运用波段运算计算 MNDWI，在 Enter an expression 文本框内输入波段运算公式：(b4-b5)/(b4+b5)，分别将波段变量 b4、b5 和 MODIS 第 4、5 波段反射率关联起来，计算得到 MNDWI（图 9.10）。

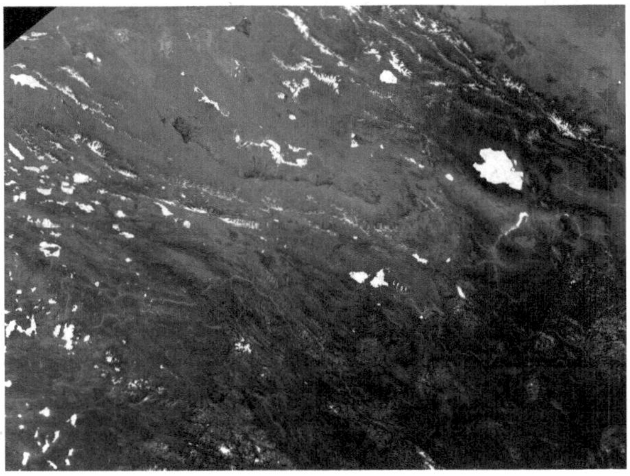

图 9.10　MNDWI

ENVI 主菜单→Topographic→Topographic Modeling，在 Topo Model Input DEM 对话框中选择 SRTM DEM 波段，打开 Topo Model Parameters 对话框（图 9.11）。Topographic Kernel Size 文本框设置地形核尺寸为 5；在 Select Topographic Measures to Compute 列表中选择 Slope (Degrees)，计算得到坡度数据（图 9.12）。

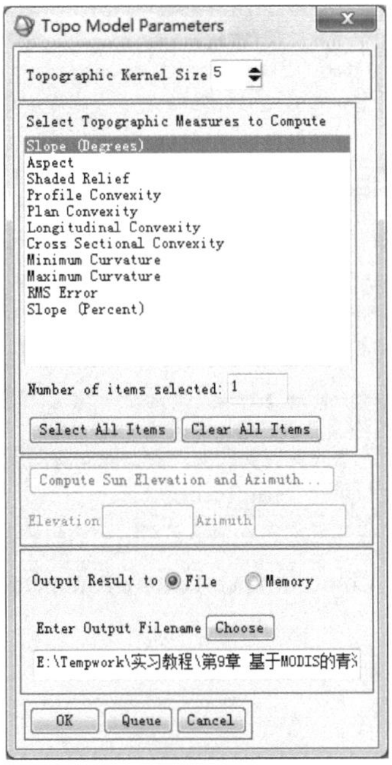

图 9.11　Topo Model Parameters 对话框

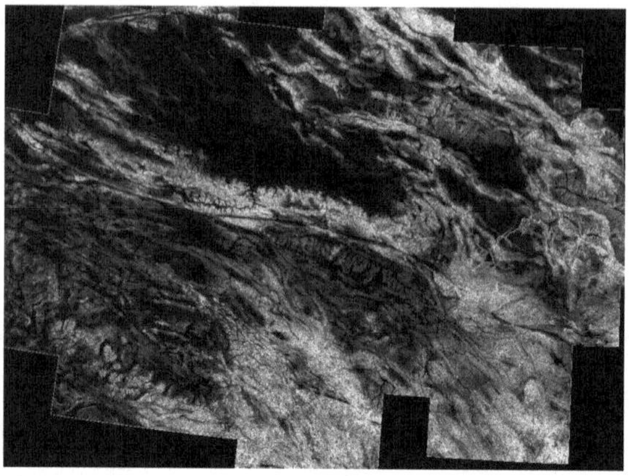

图 9.12　坡度

基于灰度共生矩阵计算空间纹理信息只能针对单个灰度图像进行，因此首先对反射率数据进行主成分变换，然后对第一主分量进行纹理分析。**ENVI 主菜单→Transform→Principal Components→Forward PC Rotation→Compute New Statistics and Rotate**，对 MODIS 第 1～7 波段反射率进行主成分变换。然后 **ENVI 主菜单→Filter→Texture→Co-occurrence Measures**，在 Texture Input File 对话框选择 PCA 变换第一主分量，打开 Co-occurrence Texture Parameters 对话框（图 9.13）。在 Textures to Compute 栏勾选 Homogeneity（均质度）；Processing Window 栏的 Rows 和 Cols 均设为 3，即采用 3×3 窗口进行处理；Greyscale quantization levels 设为 64，即采用 64 级灰度。计算得到研究区的均质度（图 9.14）。

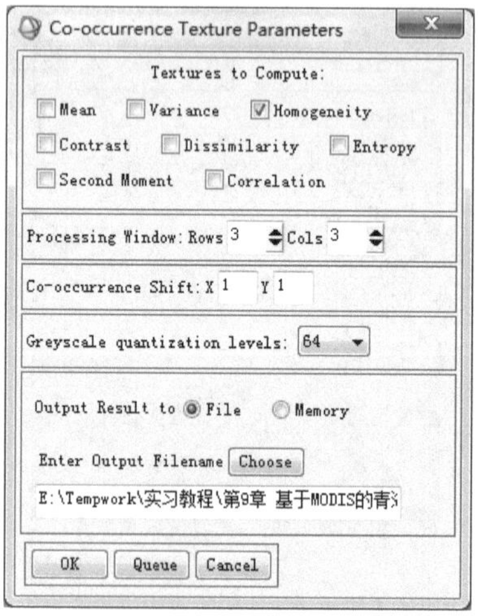

图 9.13　Co-occurrence Texture Parameters 对话框

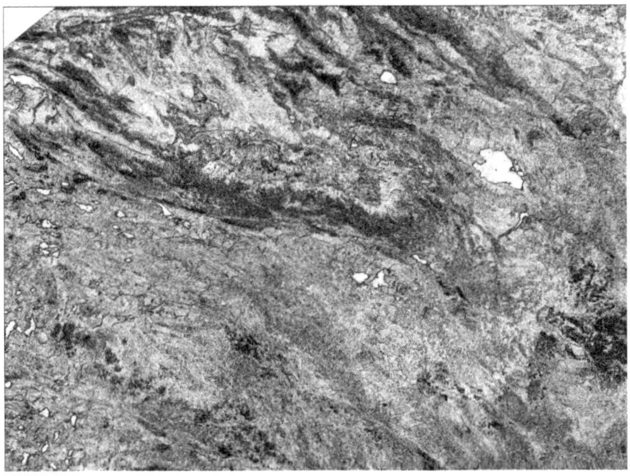

图 9.14　均质度

利用 **ENVI 主菜单→Basic Tools→Layer Stacking** 或者 **ENVI 主菜单→File→Save File As→ENVI Standard** 将 MNDWI、坡度以及均质度三个特征与原先的 12 个分类特征（4 个时相的 EVI、7 个波段的地表反射率以及 DEM）合并为 1 个 ENVI 格式文件，并基于青海省边界矢量数据对该文件进行掩膜操作，将青海省之外区域掩膜为背景值–1。

9.4.2　训练样本选择

打开 MODIS 反射率数据，在 Image 窗口点击右键，**右键菜单→ROI Tool...**打开 ROI Tool 窗口（图 9.15）。在 ROI Tool 窗口创建城镇、裸地、林地、灌丛、农田、草地、水体和冰雪这 8 种地物的 ROI，并修改各 ROI 的颜色。

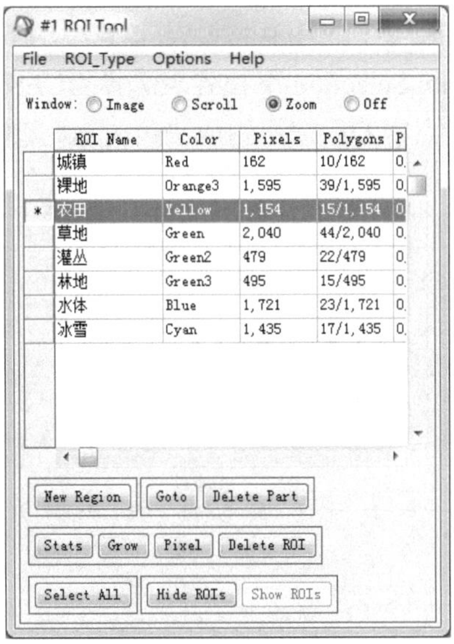

图 9.15　ROI Tool 窗口

Image 窗口菜单→Tools→SPEAR→Google Earth→Jump to location，启动 Google Earth，在 Google Earth 中定位到 ENVI 中当前像元位置上（图 9.16）。参考 Google Earth 高分辨率图像，在 MODIS 图像上选择各类地物 ROI。

图 9.16　Google Earth 窗口

选好 ROI 之后，**ROI Tool 窗口菜单→File→Save ROIs...**，将选择的训练样本保存为 ROI 文件。

9.4.3　决策树分类

安装 RuleGen 扩展模块后，**ENVI 主菜单→Classification→Decision Tree→RuleGen→Classifier**，在 Select Input File 对话框选择包含 15 个分类特征的分类数据文件，点击 OK 按钮后弹出 RuleGen-Classifier 窗口（图 9.17）。在该窗口的 Input Data Selection 栏选择所有的训练样本 ROI，Algorithm Selection 下拉列表选择 QUEST 算法，Output File Selection 栏设置输出决策树文件名，点击 OK 按钮生成决策树 txt 文件。

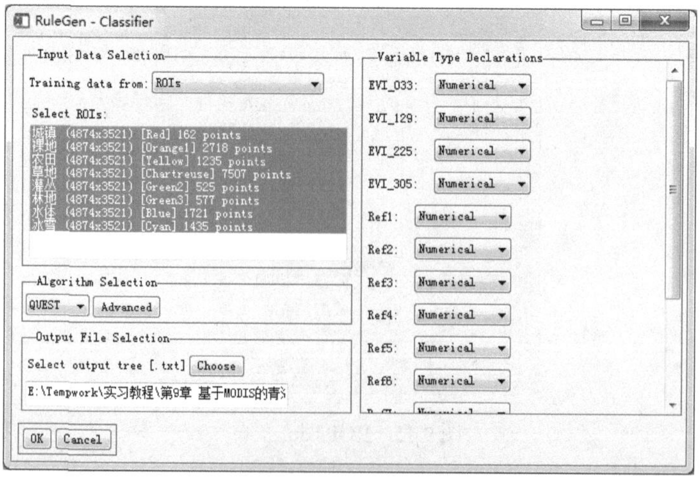

图 9.17　RuleGen-Classifier 窗口

生成决策树 txt 文件后，**ENVI 主菜单→Classification→Decision Tree→Execute Existing Decision Tree**，选择决策树 txt 文件，导入已建立的决策树进行分类。

在研究区范围较大或者地表比较复杂的情况下，一次分类很难得到比较理想的分类结果。需要对分类结果进行分析后在原 ROI 基础上进行修改，尤其是明显被误识别的区域，最好增加一些训练样本。然后重新进行分类，根据分类结果再次修改 ROI，再次分类……直到最终得到满意的分类结果（图 9.18）。

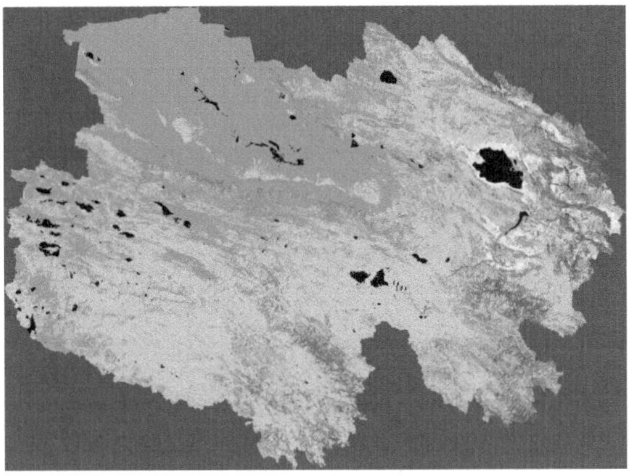

图 9.18　青海省土地覆盖分类结果

需要注意的是，青海省范围之外的背景值也会参与分类，需要根据青海省掩膜文件再次掩膜，将青海省范围之外的区域像元值掩膜为 0。

9.4.4　分类后处理

Image 窗口菜单→Tools→Color Mapping→Class Color Mapping，打开 Class Color Mapping 窗口（图 9.19），修改分类结果中各个地物类型的颜色。修改完之后，**Class Color Mapping 窗口菜单→Options→Save Changes**，保存修改。

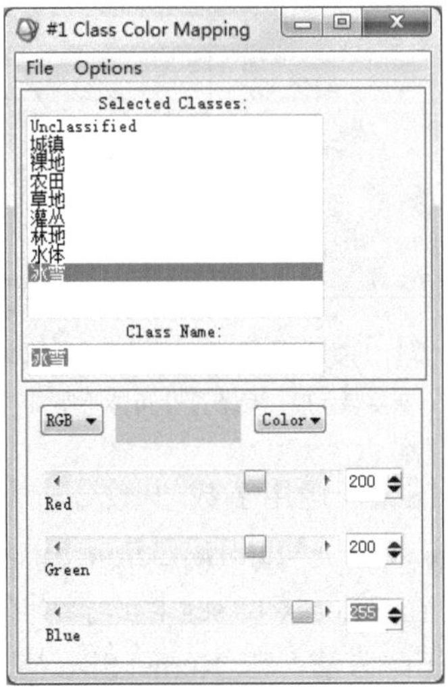

图 9.19　Class Color Mapping 窗口

分类结果中可能有少数几处地物类型错分的情况，比如大柴旦湖边的盐田被错分为冰雪覆盖。针对这种情况，可以使用叠加分类功能对分类结果进行手工修改。**Image 窗口菜单→Overlay→Classification...**，打开 Interactive Class Tool 窗口（图 9.20）。**Interactive Class Tool 窗口菜单→Edit→Model: Polygon Delete from Class**，选择将多边形从类别中删除的修改模式，**Interactive Class Tool 窗口菜单→Edit→Set delete class value...**，在打开的 Set delete class value 对话框中选择裸地，表示将选中的地物类别改到裸地类别中。

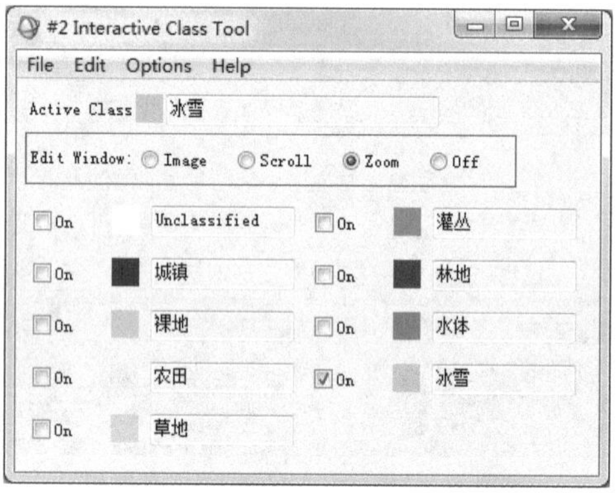

图 9.20　Interactive Class Tool 窗口

在 Interactive Class Tool 窗口点击冰雪类别前的颜色方框，将其激活。将 Edit Window 切换到 Zoom 窗口，在 Zoom 窗口中错分的冰雪像元上勾绘多边形将其改为裸地类别。完成修改后，**Interactive Class Tool 窗口菜单→File→Save Changes to File...**保存结果（图 9.21）。

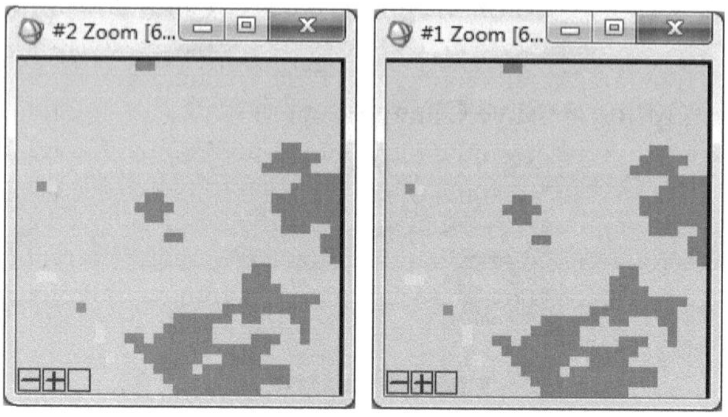

图 9.21　类别修改前后的对比（局部）

灰度显示时，色彩变化可能不明显

分类结果中存在较多的碎图斑，运用多数/少数分析方法进行碎斑处理。**ENVI 主菜单→Classification→Post Classification→Majority/Minority Analysis**，打开 Majority/Minority Parameters 对话框（图 9.22），在 Select Classes 栏选择所有要进行碎斑处理的地物类型；在 Analysis Method 栏选择 Majority 方法；在 Kernel Size 栏设置卷积核尺寸为 3×3； Center Pixel Weight 设为 1，执行 Majority 处理得到碎斑处理后的结果（图 9.23）。

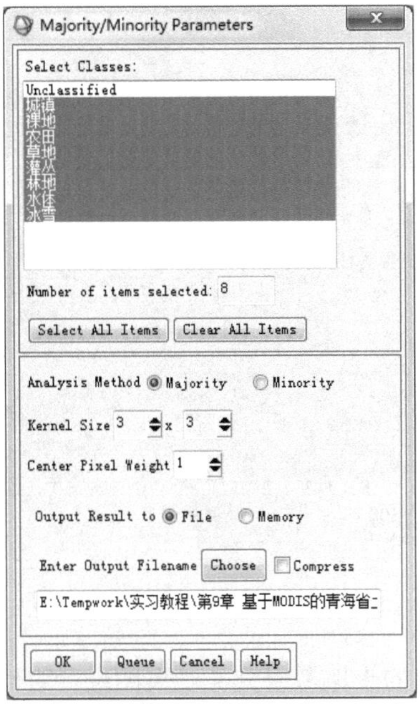

图 9.22　Majority/Minority Parameters 对话框

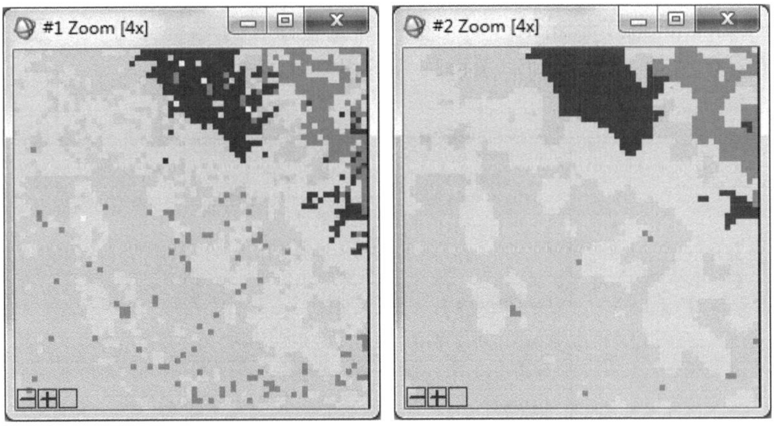

图 9.23　多数分析前后的对比（局部放大 6 倍）

Image 窗口菜单→Overlay→Annotation…，打开 Annotation 窗口，在处理后的分类结果图基础上添加指北针、图例和比例尺等制图要素，输出得到青海省土地覆盖分类图（图 9.24）。

9.4.5　精度评价

为了保证精度验证的可靠性，建模样本与验证样本要彼此独立。因此，重新选取 ROI 作为验证样本。为了降低各类地物数量不平衡对总体分类精度的影响，用于验证的各类地物 ROI 像元数尽可能相近。

图 9.24　青海省土地覆盖分类图

将验证样本 ROI 与最终的土地覆盖分类结果图进行对比，基于混淆矩阵进行精度评价。**ENVI 主菜单→Classification→Post Classification→Confusion Matrix→Using Ground Truth ROIs**，在 Classification Input File 对话框选择青海省土地覆盖文件，在随后打开的 Match Classes Parameters 对话框中确保验证 ROI 名称与分类结果中的地物类型名称匹配（图 9.25），计算得到混淆矩阵分析报告（图 9.26）。

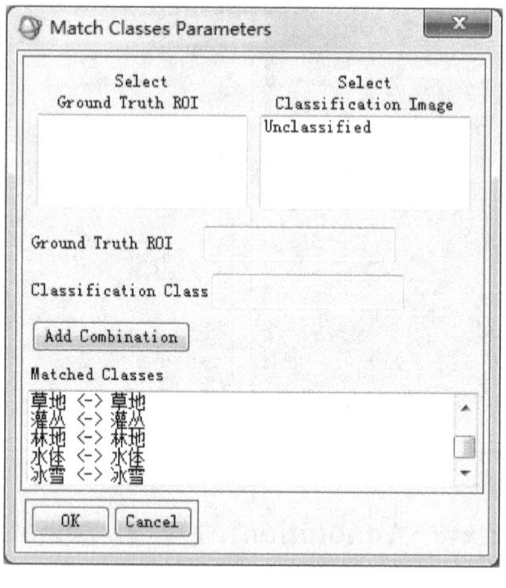

图 9.25　Match Classes Parameters 对话框

通过混淆矩阵分析报告可知，本次分类结果的总体分类精度为 94.68%，Kappa 系数为 0.94。详细的混淆矩阵以及各类地物的错分误差、漏分误差、制图精度与用户精度见表 9.1 和表 9.2。

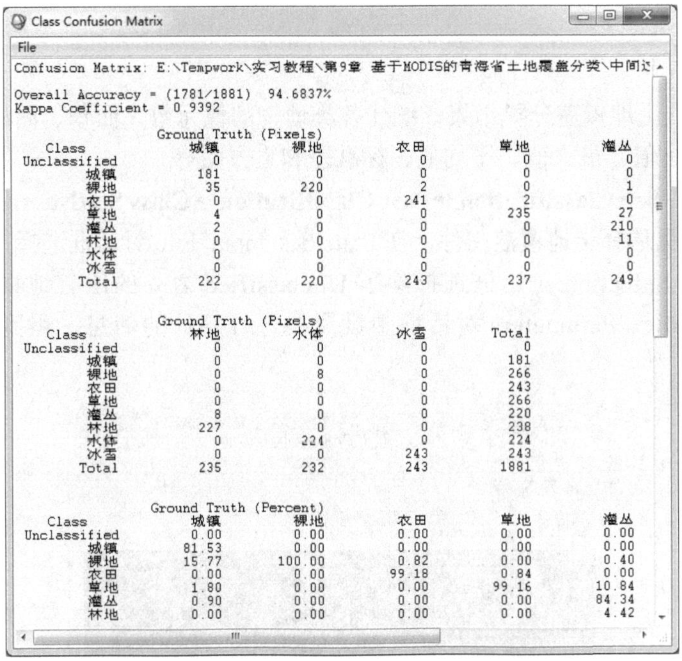

图 9.26　Class Confusion Matrix 窗口

表 9.1　混淆矩阵

地物	验证样本								
	城镇	裸地	农田	草地	灌丛	林地	水体	冰雪	总计
城镇	181	0	0	0	0	0	0	0	181
裸地	35	220	2	0	1	0	8	0	266
农田	0	0	241	2	0	0	0	0	243
草地	4	0	0	235	27	0	0	0	266
灌丛	2	0	0	0	210	8	0	0	220
林地	0	0	0	0	11	227	0	0	238
水体	0	0	0	0	0	0	224	0	224
冰雪	0	0	0	0	0	0	0	243	243
总计	222	220	243	237	249	235	232	243	1881

表 9.2　各类地物的制图精度、用户精度、错分误差和漏分误差　（单位：%）

地物类型	制图精度	用户精度	错分误差	漏分误差
城镇	81.53	100	0	18.47
裸地	100	82.71	17.29	0
农田	99.18	99.18	0.82	0.82
草地	99.16	88.35	11.65	0.84
灌丛	84.34	95.45	4.55	15.66
林地	96.6	95.38	4.62	3.4
水体	96.55	100	0	3.45
冰雪	100	100	0	0

9.4.6　统计分析

根据青海省土地覆盖分类结果，统计各类地物的像元数、面积、面积比例以及各类地物 EVI 的最小值、最大值、平均值、标准差和直方图等。

ENVI 主菜单→Classification→Post Classification→Class Statistics，在 Classification Input File 对话框选择土地覆盖文件，在 Statistics Input File 对话框选择第 225 天时相的 EVI，在 Class Selection 对话框选择除了 Unclassified 之外的所有地物类型，最后在 Compute Statistics Parameters 对话框中设置要进行统计的信息，得到分类统计结果（图 9.27）。

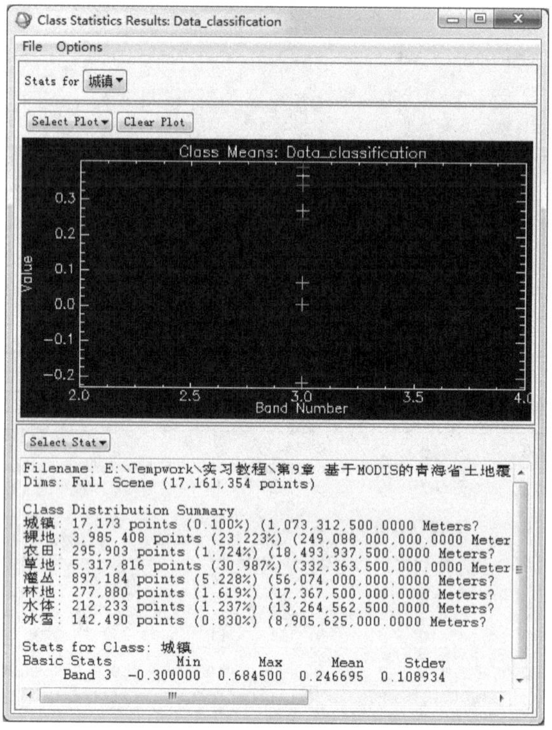

图 9.27　Class Statistics Results 窗口

将分类统计结果中的各类地物的面积及 EVI 统计信息导出到 Excel 等软件，绘制图表（表 9.3 和图 9.28）。

表 9.3　青海省各类地物的面积

地物类型	面积/km^2
城镇	1073.31
裸地	249088.00
农田	18493.94
草地	332363.50

续表

地物类型	面积/km^2
灌丛	56074.00
林地	17367.50
水体	13264.56
冰雪	8905.63

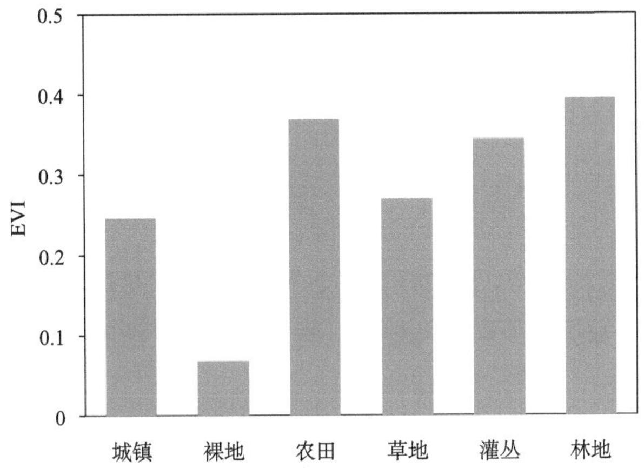

图 9.28　青海省各类地物 EVI 平均值

第 10 章　基于 MODIS 的锡林郭勒植被变化监测

本章数据列表

文件名	描述
Xilingol.shp(.dbf, .shx, .prj)	锡林郭勒盟边界 Shapefile 数据
MOD13A3 文件夹	2000～2017 年每年 8 月 MOD13A3 数据

10.1　实 习 概 况

基于 MODIS 植被指数产品对锡林郭勒盟 2000～2017 年植被覆盖度的时空变化进行监测。掌握 MODIS 数据预处理、批处理、基于像元二分法的植被覆盖度计算以及一元线性回归分析等内容。

10.2　研 究 方 法

10.2.1　植被覆盖度计算

像元二分模型将像元的植被覆盖结构分为纯像元和混合像元两类（Gutman and Ignatov, 1998）。纯像元被植被完全覆盖，覆盖度为 1。混合像元由植被和非植被部分构成，其 NDVI 值为植被覆盖部分的 NDVI 值与非植被覆盖部分的 NDVI 值的线性加权：

$$\mathrm{NDVI} = f_v \cdot \mathrm{NDVI}_v + \left(1 - f_v\right) \cdot \mathrm{NDVI}_0 \tag{10.1}$$

式中，NDVI 为像元 NDVI 值；f_v 为像元植被覆盖度；NDVI_v 和 NDVI_0 分别为植被覆盖部分和非植被覆盖部分的 NDVI 值，即纯植被和纯裸地像元的 NDVI 值。

公式（10.1）可写为另外一种形式：

$$f_v = \frac{\mathrm{NDVI} - \mathrm{NDVI}_0}{\mathrm{NDVI}_v - \mathrm{NDVI}_0} \tag{10.2}$$

计算植被覆盖度需要已知纯植被和纯裸地像元的 NDVI 值（NDVI_v 和 NDVI_0），通常情况下取直方图累计频率为 5%和 95%的 NDVI 值作为 NDVI_0 和 NDVI_v。$\mathrm{NDVI} \leqslant \mathrm{NDVI}_0$ 的像元植被覆盖度为 0，$\mathrm{NDVI} \geqslant \mathrm{NDVI}_v$ 的像元植被覆盖度为 1。

在水体较多的区域为了避免水体面积过大对 NDVI_v 和 NDVI_0 取值产生影响，可将水体去除（水体判别条件为 $\mathrm{NDVI}<0$）后统计非水体像元 NDVI 累计直方图，再对 NDVI_0 和 NDVI_v 取值。

10.2.2　变异系数

计算每个像元 2000～2017 年植被覆盖度的变异系数来评价在此期间植被覆盖的稳定性，计算公式为

$$\mathrm{CV}=\frac{\sigma}{\mu} \tag{10.3}$$

式中，CV 为变异系数；σ 为植被覆盖度时间序列的标准差；μ 为植被覆盖度时间序列的均值。变异系数低，说明植被覆盖度时序比较稳定；变异系数高，说明植被覆盖度年际变化比较明显，时序不稳定。

10.2.3　年际变化率计算

采用一元线性回归方法计算每个像元 2000～2017 年植被覆盖度的变化趋势，计算公式为

$$y(t)=a\cdot t+b \tag{10.4}$$

式中，$y(t)$为 t 年份的植被覆盖度；a 为斜率，即年际变化率；b 为截距。年际变化率大于 0，说明植被覆盖度在此期间呈上升趋势；年际变化率小于 0，说明植被覆盖度在此期间呈下降趋势。利用 F 检验计算回归方程的置信水平，对植被覆盖度年际变化率进行显著性检验。

10.3　数据预处理

MODIS 的植被指数产品 MOD13A3 为 GRID 格式的 MODIS 陆地产品，利用 MRT 软件进行镶嵌和投影转换处理。

以 2000 年 8 月的 MOD13A3 为例：打开 MRT（图 10.1），点击 Open Input File 按钮导入该时相的所有 MOD13A3 数据。由于只针对 NDVI 数据进行分析，Selected Bands 列表中仅保留 1_km_monthly_NDVI 波段，其余波段均移到 Available Bands 列表中；如果想提高运算速度，UL Corner 和 LR Corner 文本框可以设置空间范围，默认值为输入图像的全部范围；点击 Specify Output File...按钮设置输出文件名，文件名称末尾加上.tif 后缀，设置输出文件为 GeoTIFF 文件格式；Resampling Type 设为 Bilinear（双线性插值）。

输出数据采用基于 Krassovsky 椭球体的 Albers 投影，Output Projection Type 下拉列表选择 Albers Equal Area（Albers 等积投影）。点击 Edit Projection Parameters...按钮打开 Projection Parameters 对话框，SMajor 和 SMinor 文本框设置椭球体长轴半径和短轴半径为 6378245.0 和 6356863.0；STDPR1 和 STDPR2 文本框设置双标准纬线为 25°N 和 47°N；CentMer 文本框设置中央经线为 105°E（图 10.2）；Output Pixel Size 设为 1000m。

点击 Save Parameter File...按钮，将当前的处理参数保存为 MOD13A3.prm 文件。最后点击 Run 按钮，完成 MODIS 数据的镶嵌和投影转换处理，结果见图 10.3。

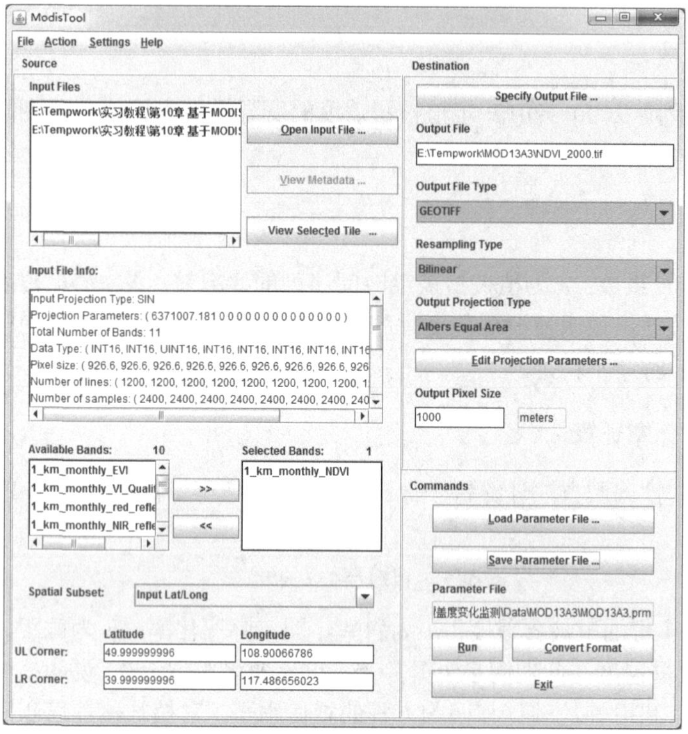

图 10.1　MRT 工作界面

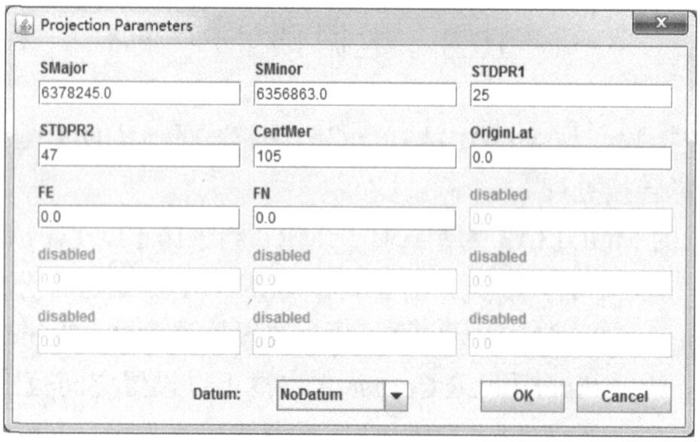

图 10.2　Projection Parameters 对话框

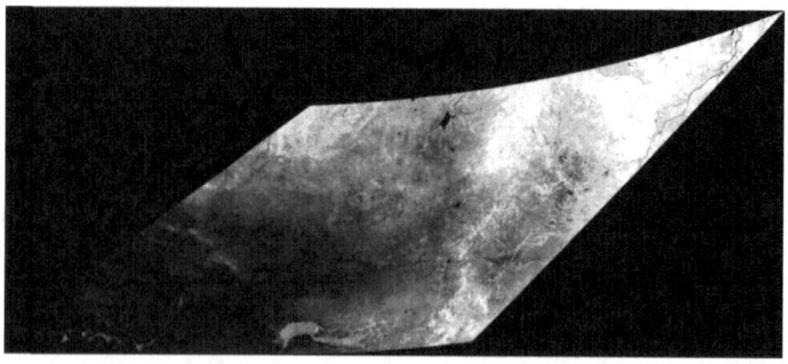

图 10.3　MRT 处理完的 NDVI 数据

按照同样的方式分别处理 2000～2017 年的 MODIS NDVI 数据，利用 **ENVI 主菜单→Basic Tools→Layer Stacking** 或者 **ENVI 主菜单→File→Save File As→ENVI Standard** 将研究区 18 年的 NDVI 合并为 1 个 ENVI 格式文件。

根据 MODIS 植被指数产品 1_km_monthly_NDVI 数据集的转换系数（10000），通过波段运算将 NDVI 转换为真值：**ENVI 主菜单→Basic Tools→Band Math**，打开 Band Math 对话框。在 Enter an expression 文本框内输入波段运算公式：b1/10000.0，通过 Map Variable to Input File 将波段变量 b1 和 NDVI 整个文件关联起来，执行波段运算得到 18 年的 NDVI 真值。

也可以编写 IDL 程序来完成上述 MODIS 数据处理工作，IDL 代码如下：

```
pro process_MOD13A3
  ;调用MRT完成MODIS的镶嵌和投影转换

  work_dir=dialog_pickfile(title='选择MOD13A3数据所在路径', /directory)
  cd, work_dir

  ;***********  逐时相处理所有MOD13A3数据  ***********

  ny=18  ;年数
  years=string(indgen(ny)+2000, format='(i4)')  ;年份

  for i=0, ny-1 do begin
    ;逐年循环处理

    ;将当前时相所有MODIS文件名写入一个文本文件
    fns=file_search('MOD13A3.A'+years[i]+'*.hdf', count=fnums)
    openw, lun, 'inputfiles.txt', /get_lun
    printf, lun, fns, format='(a)'
    free_lun,lun

    ;调用MRT命令完成镶嵌处理
    spawn, 'MRTMOSAIC -i inputfiles.txt -s " 1 0 0 0 0 0 0 0 0 0'$
      +' 0 0 " -o MOSAIC_TMP.hdf', /hide

    ;调用MRT命令完成投影转换处理
    spawn, 'RESAMPLE -p MOD13A3.prm -i MOSAIC_TMP.hdf -o'+$
      ' MOD13A3_'+years[i]+'.tif', /hide

  endfor

  ;删除中间文件
  file_delete, 'MOSAIC_TMP.hdf'
  file_delete, 'inputfiles.txt'
```

```
;***********  将处理后GeoTIFF数据合并为1个ENVI文件  ***********

;读入所有GeoTIFF文件，保存为二进制文件
o_fn='NDVI'  ;结果文件名
openw, lun, o_fn, /get_lun

fns=file_search('MOD13A3*.tif', count=fnums)
for i=0, fnums-1 do begin
  NDVI=read_tiff(fns[i])  ;读取GeoTIFF文件
  writeu, lun, NDVI*0.0001  ;转换为NDVI真值
endfor

free_lun, lun

;获取Map_info信息，写入ENVI头文件
envi_open_data_file, fns[0], r_fid=fid, /tiff
envi_file_query, fid, ns=ns, nl=nl
map_info=envi_get_map_info(fid=fid)
envi_file_mng, id=fid, /remove
envi_setup_head, fname=o_fn, ns=ns, nl=nl, nb=fnums, data_type=4, $
  offset=0, interleave=0, bnames=years, map_info=map_info, /write

end
```

在运行上面的 IDL 代码之前，需要将预先保存的 MRT 处理参数文件（MOD13A3.prm）存放到 MOD13A3 文件夹中。

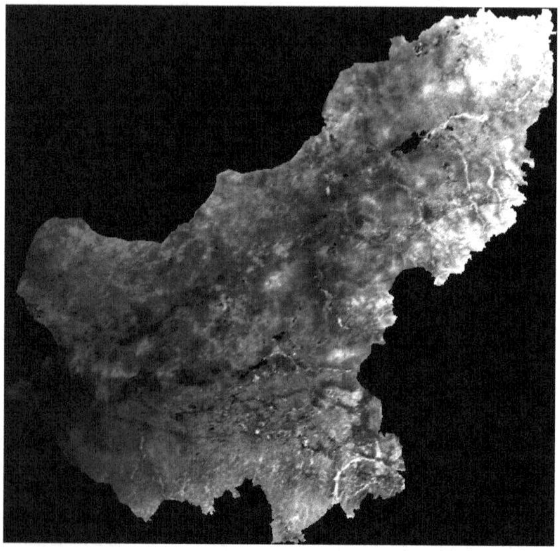

图 10.4　裁切和掩膜后的 NDVI 数据（2000 年）

在 ENVI 中打开锡林郭勒盟行政界线 Shapefile 文件，将其转换为 evf 文件。通过 **ENVI 主菜单→Basic Tools→Subset Data via ROIs** 基于锡林郭勒盟边界矢量数据对前面处理得到的 NDVI 文件进行空间裁切和掩膜处理，研究区之外的掩膜背景值设为–1。图 10.4 给出了裁切和掩膜处理后得到的遥感数据。

10.4　植被覆盖度计算

运用像元二分模型计算锡林郭勒盟植被覆盖度，需要统计该地区非水体区域 NDVI 累计直方图，以确定每年的 $NDVI_v$ 和 $NDVI_0$。

首先建立锡林郭勒盟的非水体掩膜文件，由于在上面的数据处理过程中，将锡林郭勒盟范围之外区域掩膜为背景值–1，而水体的简单判别条件为 NDVI<0，因此直接保留 NDVI 大于等于 0 的像元即符合要求的锡林郭勒盟非水体像元。

载入裁切、掩膜后的锡林郭勒 NDVI 数据，**ENVI 主菜单→Basic Tools→Masking→Build Mask**，Select Input Display 选择载入锡林郭勒 NDVI 的显示窗口，打开 Mask Definition 窗口。**Mask Definition 窗口菜单→Options→Import Data Range...**，选择锡林郭勒 2000 年 NDVI 波段，在 Input for Data Range Mask 对话框的 Data Min Value 文本框内输入 0，表示保留 NDVI 大于等于 0 的像元值（图 10.5）。点击 Apply 按钮，创建 2000 年的掩膜（图 10.6）。

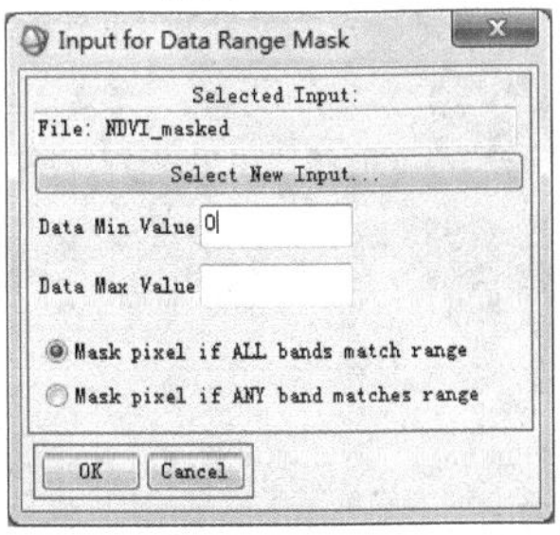

图 10.5　Input for Data Range Mask 对话框

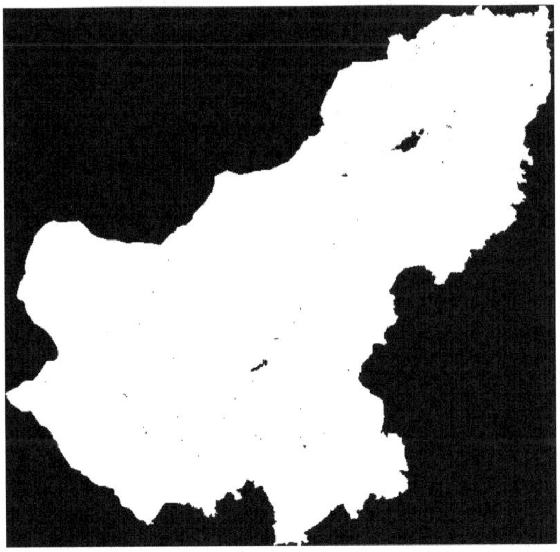

图 10.6　2000 年锡林郭勒盟非水体掩膜

ENVI 主菜单→Basic Tools→Statistics→Compute Statistics，在 Compute Statistics Input File 对话框选择 NDVI 文件，点击 Spectral Subset 按钮仅选择 2000 年 NDVI 波段，点击 Select Mask Band 按钮选择刚才创建的掩膜文件（只对锡林郭勒盟范围内的非水体像元进行统计），在 Compute Statistics Parameters 对话框中勾选 Histograms 复选框，统计直方图。从统计得到的 NDVI 累计直方图中读取出 2000 年累计频率为 5%和 95%的 NDVI 值分别约为 0.152 和 0.577，即 $NDVI_0$ 和 $NDVI_v$ 值。

根据像元二分模型进行波段运算计算 2000 年植被覆盖度。NDVI 值在 $NDVI_0$ 和 $NDVI_v$ 值之间时，运用公式（10.2）计算植被覆盖度。$NDVI \leqslant NDVI_0$ 的像元植被覆盖度为 0，$NDVI \geqslant NDVI_v$ 的像元植被覆盖度为 1，即根据公式（10.2）计算得到的植被覆盖度小于 0 的设为 0，大于 1 的设为 1。

ENVI 主菜单→Basic Tools→Band Math，打开 Band Math 对话框，在 Enter an expression 文本框内输入波段运算公式：((b1-0.152)/(0.577-0.152)>0)<1，通过 Map Variable to Input File 将波段变量 b1 和 2000 年 NDVI 关联起来，执行波段运算得到 2000 年的植被覆盖度（图 10.7）。在 Available Bands List 窗口鼠标右击该文件，**右键菜单→Quick Stats...**进行快速统计，检查该数据最小和最大值是否为 0 和 1。

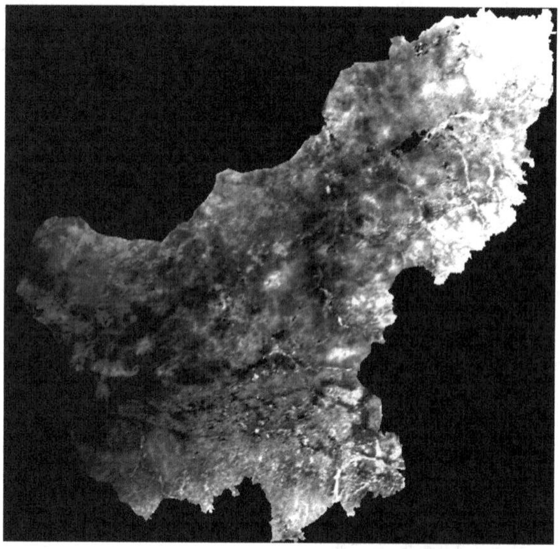

图 10.7　2000 年锡林郭勒盟植被覆盖度

采用类似操作，分别计算得到 2001～2017 年锡林郭勒盟植被覆盖度。利用 **ENVI 主菜单→Basic Tools→Layer Stacking** 或者 **ENVI 主菜单→File→Save File As→ENVI Standard** 将这 18 年的植被覆盖度合成为 1 个文件。

也可以编写 IDL 程序来完成上述植被覆盖度计算工作，IDL 代码如下：

```
pro VegFraction
  ;基于像元二分法逐年计算植被覆盖度
```

```
;*****************  打开NDVI数据文件  *****************

fn=dialog_pickfile(title='选择NDVI数据', get_path=work_dir)
cd, work_dir
envi_open_file, fn, r_fid=fid
envi_file_query, fid, ns=ns, nl=nl, nb=nb, dims=dims, $
  data_type=data_type, bnames=bnames
map_info=envi_get_map_info(fid=fid)


;******************  逐年（波段）计算植被覆盖度  ******************

Fv=fltarr(ns, nl, nb)

for ib=0, nb-1 do begin

  ;读入NDVI数据
  NDVI=envi_get_data(fid=fid, dims=dims, pos=ib)

  ;统计锡林郭勒范围内非水体像元的NDVI累计直方图
  w=where(NDVI gt 0, count)
  ht=histogram(NDVI[w], nbins=1000, locations=locations)
  ht_acc=total(ht, /cumulative)/count

  ;分别计算累计频率为5%和95%的NDVI值作为NDVI0和NDVIv
  w1=where(ht_acc gt 0.05)
  NDVI0=locations[w1[0]-1]
  w2=where(ht_acc ge 0.95)
  NDVIv=locations[w2[0]]

  ;调用cal_VegFraction函数计算覆盖度
  Fv[*, *, ib]=cal_VegFraction(NDVI, NDVI0, NDVIv)

endfor


;******************  保存植被覆盖度结果  ******************

o_fn=dialog_pickfile(title='植被覆盖度保存为')
envi_write_envi_file, Fv, out_name=o_fn, $
  /no_copy, ns=ns, nl=nl, nb=nb, out_dt=4, $
  map_info=map_info, bnames=bnames, /open

end
```

```
;##########################################################

function cal_VegFraction, NDVI, NDVI0, NDVIv
  ;计算植被覆盖度
  ;参数NDVI为归一化植被指数，NDVI0和NDVIv分别为纯裸地和纯植被的NDVI值

  ;像元二分法
  result=(NDVI-NDVI0)/(NDVIv-NDVI0)

  ;将NDVI小于NDVI0（即fv<0）或者水体区域（NDVI<0）的像元植被覆盖度值改为0
  w=where(NDVI le NDVI0 or NDVI le 0)
  result[w]=0

  ;将NDVI大于NDVIv（即fv>1）的像元植被覆盖度值改为1
  w=where(NDVI ge NDVIv)
  result[w]=1

  ;将研究区外的像元植被覆盖度值设为-0.1
  w=where(NDVI le -0.9999)
  result[w]=-0.1

  return, result

end
```

IDL 程序计算得到的植被覆盖度与前面波段运算得到的植被覆盖度数值可能有细微差异，这是由于两者在计算 $NDVI_0$ 和 $NDVI_v$ 值过程中直方图分级数不同以及小数点后精度不同的差异所导致的。

10.5　植被时间变化分析

统计 2000～2017 年锡林郭勒盟的年平均植被覆盖度，并分析该地区植被的时间变化规律。

首先创建锡林郭勒盟掩膜文件。**ENVI 主菜单→Basic Tools→Masking→Build Mask**，Select Input Display 选择载入锡林郭勒盟 NDVI 的显示窗口，打开 Mask Definition 窗口。**Mask Definition 窗口菜单→Options→Import EVFs...**，选择锡林郭勒盟边界矢量文件，创建掩膜（图 10.8）。

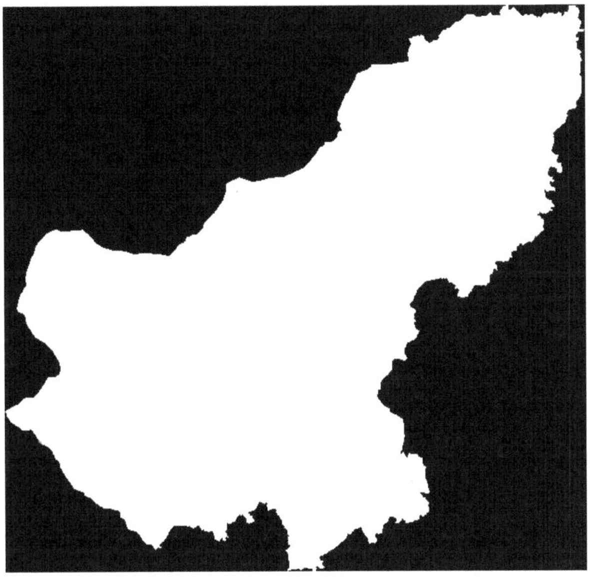

图 10.8　锡林郭勒盟掩膜

ENVI 主菜单→Basic Tools→Statistics→Compute Statistics，在 Compute Statistics Input File 对话框选择植被覆盖度文件，点击 Select Mask Band 按钮选择锡林郭勒盟掩膜文件（只对锡林郭勒盟范围内像元进行统计），得到统计结果（图 10.9）。

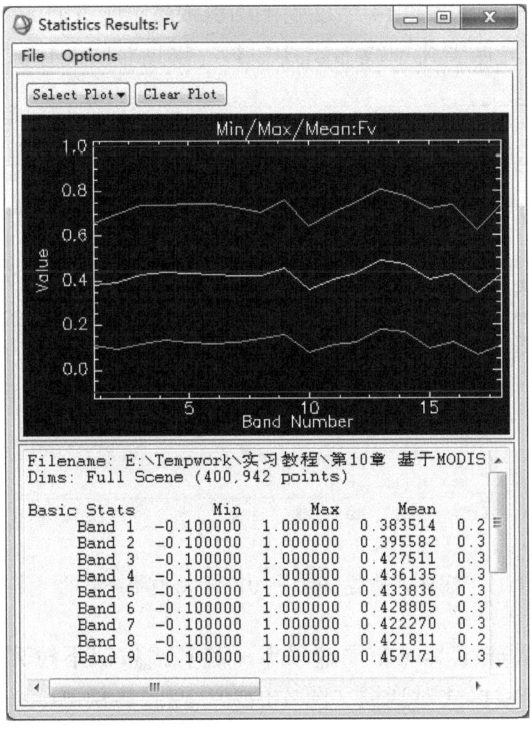

图 10.9　Statistics Results 窗口

Statistics Results 窗口的绘图栏给出了各个年份（波段）NDVI 的平均值、最大值、最小值和平均值加减一个标准差的曲线图。在 Statistics Results 窗口的图形栏点击右键，**右键菜单→File→Save Plot As→ASCII...**，打开 Output Plots to ASCII File 对话框（图 10.10），在 Select Plots to Output 栏选择 Mean: Fv (18 bands)，即 18 年的逐年平均植被覆盖度，将其保存为 ASCII 码文件。

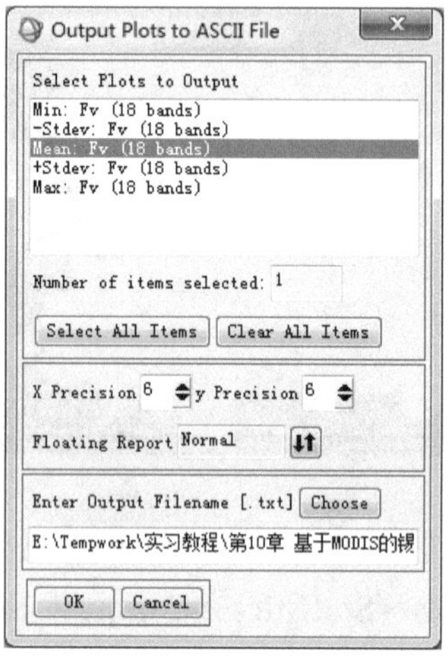

图 10.10 Output Plots to ASCII File 对话框

在 Excel 中导入刚才保存的 18 年逐年平均植被覆盖度文件，绘制锡林郭勒盟 2000～2017 年植被覆盖度的时间变化曲线（图 10.11）。根据时间变化曲线分析研究区在此 18 年间植被覆盖度的动态变化。

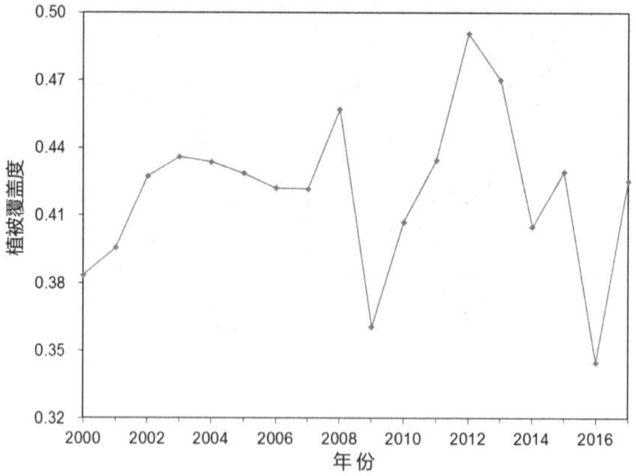

图 10.11 锡林郭勒盟 2000～2017 年植被覆盖度的时间变化

Excel 工具栏→图表工具→布局选项卡→趋势线按钮下拉列表→其他趋势线选项(M)...，打开设置趋势线格式对话框（图 10.12），在趋势预测/回归分析类型栏选择线性单选框，并勾选对话框下部的显示公式(E)和显示 *R* 平方值(*R*)复选框，在曲线图上添加线性回归拟合直线、线性回归方程及 R^2。

图 10.12　设置趋势线格式对话框

线性回归方程为 y=0.0003x–0.2287，R^2 为 0.0024。说明锡林郭勒盟地区在 2000～2017 年植被覆盖度整体上呈轻微的升高趋势，但是升高趋势不显著。

10.6　植被空间变化分析

逐像元统计 2000～2017 年锡林郭勒盟植被覆盖度的多年平均值以及年际变化率，分析该地区植被的空间变化特征。

可以通过波段运算计算各像元的多年平均植被覆盖度，但是需要将波段运算公式中的 18 个波段变量分别与 18 年的植被覆盖度波段关联起来，过于烦琐，而逐像元进行一元线性回归计算年际变化率无法通过波段运算实现。因此，编写 IDL 程序逐像元计算植被覆盖度多年平均值、年际变化率以及置信水平。IDL 代码如下：

```
pro VegF_Spatio_variations
  ;逐像元计算植被覆盖度的多年平均值与年际变化率

  ;*****************  打开植被覆盖度数据文件  *****************

  fn=dialog_pickfile(title='选择植被覆盖度文件', get_path=work_dir)
  cd, work_dir
  envi_open_file, fn, r_fid=fid
  envi_file_query, fid, ns=ns, nl=nl, nb=nb, dims=dims, $
    data_type=data_type, bnames=bnames
  map_info=envi_get_map_info(fid=fid)
```

```
;************** 计算多年平均值与年际变化率 ***************
result=fltarr(ns, nl, 4) ;4个波段为多年平均值、变异系数、年变化率和置信水平

x=indgen(nb)
for il=0, nl-1 do begin
  ;逐行循环

  data_line=envi_get_slice(fid=fid, line=il)  ;取出一行数据

  for is=0, ns-1 do begin
    ;逐像元计算多年平均值、年际变化率和置信水平

    ;取出一个像元的数据
    data_pixel=transpose(data_line[is, *])

    ;多年平均值
    result[is, il, 0]=mean(data_pixel)

    ;变异系数
    result[is, il, 1]=stddev(data_pixel)/mean(data_pixel)

    ;一元线性回归分析
    a=regress(x, data_pixel, ftest=ftest)
    result[is, il, 2]=a[0]  ;年际变化率
    result[is, il, 3]=f_pdf(ftest, 1, nb-1-1)  ;置信水平


  endfor
endfor

;保存结果
bnames=['Average', 'CV', 'Gradient', 'Confidence']
o_fn=dialog_pickfile(title='结果保存为')
envi_write_envi_file, result, out_name=o_fn, /no_copy, $
  ns=ns, nl=nl, nb=4, data_type=4, interleave=0, $
  offset=offset, map_info=map_info, bnames=bnames

end
```

IDL 程序运行后得到的结果文件包含 4 个波段，分别为多年平均植被覆盖度、变异系数、植被覆盖度年际变化率和置信水平。

Image 窗口菜单→Tools→Color Mapping→Density Slice...，对多年平均植被覆盖度和变异系数进行密度分割。**Image 窗口菜单→Overlay→Annotation...**，打开 Annotation

窗口，添加指北针、图例和比例尺进行制图输出，得到锡林郭勒盟平均植被覆盖度及变异系数空间分布图（图 10.13）。根据该图分析锡林郭勒盟植被覆盖度的空间分布特征。

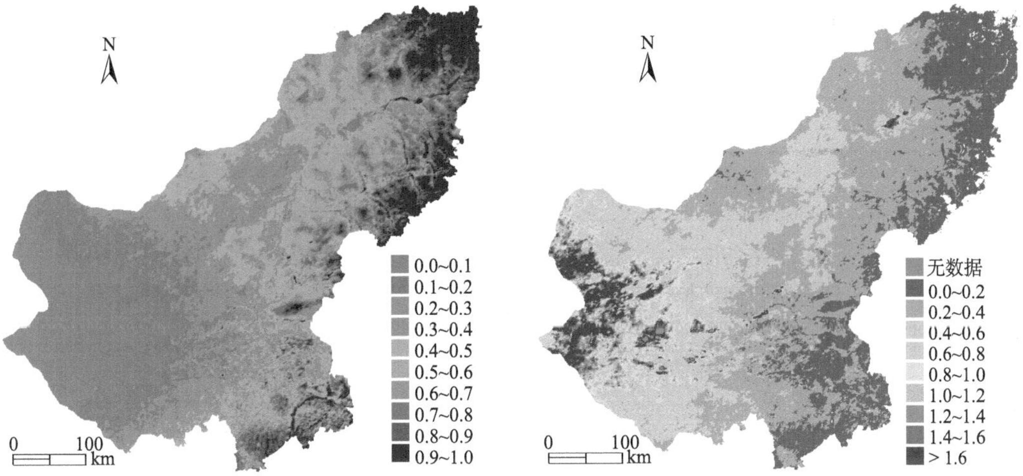

图 10.13　2000～2017 年锡林郭勒盟平均植被覆盖度（左）和变异系数（右）

对植被覆盖度年际变化率和置信水平进行密度分割，并添加指北针、图例和比例尺进行制图输出，得到锡林郭勒盟植被覆盖度年际变化率和置信水平空间分布图（图 10.14）。根据该图分析锡林郭勒盟植被变化趋势的空间分布特征。

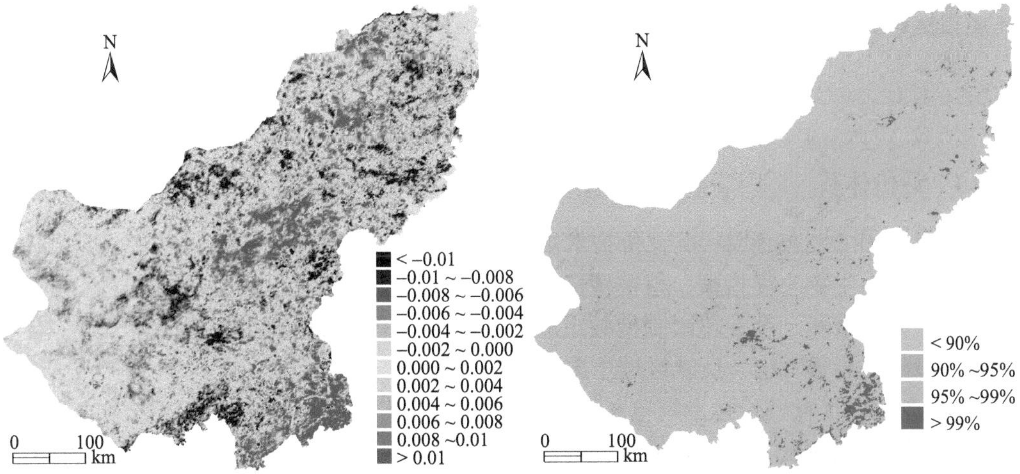

图 10.14　2000～2017 年锡林郭勒盟植被覆盖度年际变化率（左）和置信水平（右）

第 11 章　基于 GF1/WFV 的南京市生态环境评价

本章数据列表

文件名	描述
Adm_Nanjing.shp(.dbf, .shx, .prj)	南京市行政区划 Shapefile 数据
gwr_pm25_2015.tif	2015 年全球 $PM_{2.5}$ 格网数据
OLI_20170721(.hdr)	2017 年 7 月 21 日的 Landsat8/OLI 数据
SVDNB_npp_20150801-20150831_75N060E_vcmcfg_v10_c20.1509301759.avg_rade9h.tif	2015 年 8 月亚太地区 NPP/VIIRS 月合成夜间灯光强度数据
GDEM 文件夹	ASTER GDEM 数据
GF1_WFV4_E118.7_N31.9_20150803_L1A0000958764 文件夹	2015 年 8 月 3 日 GF1/WFV4 数据

11.1　实 习 概 况

基于 GF1/WFV 等遥感数据提取多种生态环境指标，在此基础上对南京市生态环境进行评价。掌握 GF1/WFV、VIIRS 夜间灯光数据和全球 $PM_{2.5}$ 格网数据的预处理、生态环境指标计算和综合评价等内容。

11.2　研 究 方 法

11.2.1　评价体系

根据我国《生态环境状况评价技术规范》（HJ 192—2015）的要求，生态环境状况评价指标体系由生物丰度指数、植被覆盖指数、水网密度指数、土地胁迫指数、污染负荷指数五个分指数和一个环境限制指数组成，以区域为单元根据这些指标计算一个综合的生态环境状况指数（EI）反映区域生态环境的整体状态。

《生态环境状况评价技术规范》最终计算得到的是一个数值，只能表明区域的整体生态环境状况，无法反映生态环境状况的空间差异。另外，评价体系中的某些指标需要大量的统计资料作为支撑，然而详细、准确的统计资料往往难以获取。

有学者尝试对技术规范中的评价指标进行改进，利用遥感数据直接提取各种环境评价指标，对区域生态环境质量进行评价（刘瑞等，2012；刘盼等，2018）。参考前人研究，并结合南京市自身特点，本实习基于遥感数据计算生物丰度指数、植被覆盖指数、水体指数、人类活动指数和污染负荷指数作为评价指标（表 11.1），对南京市生态环境进行综合评价。

表 11.1　评价指标体系

指标	指标属性
生物丰度指数	正向
植被覆盖指数	正向
水体指数	正向
人类活动指数	逆向
污染负荷指数	逆向

11.2.2　评价指标

1. 生物丰度指数

参考《生态环境状况评价技术规范》，当生物多样性指数没有动态更新时，生物丰度指数变化等于生境质量指数的变化。不同土地覆盖类型的生境质量指数见表 11.2。

表 11.2　各土地覆盖类型的生境质量指数

土地覆盖类型	建设用地	未利用地	耕地	林地	草地	水域湿地
权重值	0.04	0.01	0.11	0.35	0.21	0.28

2. 植被覆盖指数

利用植被覆盖度表征植被覆盖指数。植被覆盖度可利用像元二分模型计算，该模型将像元的植被覆盖结构分为纯像元和混合像元两类（Gutman and Ignatov，1998）。纯像元被植被完全覆盖，覆盖度为 1。混合像元由植被和非植被部分构成，其 NDVI 值是植被覆盖部分 NDVI 值与非植被覆盖部分 NDVI 值的线性加权：

$$\mathrm{NDVI} = f_v \cdot \mathrm{NDVI}_v + \left(1 - f_v\right) \cdot \mathrm{NDVI}_0 \tag{11.1}$$

式中，NDVI 为像元 NDVI 值；f_v 为像元的植被覆盖度；NDVI_v 和 NDVI_0 分别为植被覆盖部分和非植被覆盖部分的 NDVI 值，即纯植被和纯裸地像元的 NDVI 值。由上式可得

$$f_v = \frac{\mathrm{NDVI} - \mathrm{NDVI}_0}{\mathrm{NDVI}_v - \mathrm{NDVI}_0} \tag{11.2}$$

计算植被覆盖度需要已知纯植被和纯裸地像元的 NDVI 值（NDVI_v 和 NDVI_0），通常情况下取直方图累计频率为 5%和 95%的 NDVI 值作为 NDVI_0 和 NDVI_v。$\mathrm{NDVI} \leqslant \mathrm{NDVI}_0$ 的像元植被覆盖度为 0，$\mathrm{NDVI} \geqslant \mathrm{NDVI}_v$ 的像元植被覆盖度为 1。

3. 水体指数

本实习利用归一化水体指数（NDWI）表征水体信息，计算公式如下：

$$\mathrm{NDWI} = \frac{G - \mathrm{NIR}}{G + \mathrm{NIR}} \tag{11.3}$$

式中，NDWI 为归一化水体指数；G 和 NIR 分别为绿波段和近红外波段的 DN 值或者反射率。

4. 人类活动指数

人类活动指数用于评价区域内人类活动对生态环境的影响程度，人类活动对生态环境干扰越强则生态环境状况越差。本实习利用夜间灯光强度表征人类活动指数，数据来自 NPP/VIIRS 月合成夜间灯光强度数据，该数据基于 NPP/VIIRS 传感器的 DNB 波段（Day/Night 波段）进行月平均合成，并消除了杂散光、闪电、月光、云覆盖等影响。

5. 污染负荷指数

污染负荷指数用于评价区域内所受纳的环境污染压力，污染程度越高则生态环境状况越差。本实习利用 $PM_{2.5}$ 浓度表征污染负荷指数，数据来自全球 $PM_{2.5}$ 年平均浓度格网数据。该数据集是基于 MODIS、MISR 和 SeaWiFS 气溶胶光学厚度遥感产品，运用 GEOS-Chem 大气化学传输模型将大气柱气溶胶光学厚度转换为近地表 $PM_{2.5}$ 含量，并运用地理加权回归模型和地面观测值对遥感估算值进行修正（van Donkelaar et al.，2016）。

11.2.3　生态环境状况指数计算

为了消除评价指标量纲不同的影响，对计算得到的五个评价指标进行极差归一化处理，使各评价指标取值范围为 0～100。公式如下：

$$x' = \frac{x - x_{\min}}{x_{\max} - x_{\min}} \cdot 100 \tag{11.4}$$

式中，x'为归一化的评价指标值；x 为原始的评价指标值；$x_{\max}$ 和 $x_{\min}$ 分别为研究区范围内评价指标的最大值和最小值。

采用标准差系数法确定各评价指标的权重，首先计算出各个指标的标准差，然后对其进行归一化处理，结果即为各个指标的权重。公式如下：

$$w_i = \sigma_i \Big/ \sum_{i=1}^{n} \sigma_i \tag{11.5}$$

式中，w_i 为指标 i 的权重；σ_i 为指标 i 的标准差；n 为指标数目。

生态环境状况指数（EI）的计算公式为：

$$\mathrm{EI} = w_1 \cdot \mathrm{AI} + w_2 \cdot \mathrm{VI} + w_3 \cdot \mathrm{WI} + w_4 \cdot (100 - \mathrm{HI}) + w_5 \cdot (100 - \mathrm{PI}) \tag{11.6}$$

式中，EI 为生态环境状况指数；AI、VI、WI、HI 和 PI 分别为归一化处理后得到的生物丰度指数、植被覆盖指数、水体指数、人类活动指数和污染负荷指数，由于 HI 和 PI 为逆向指标，其指标值表现为（100–HI）和（100–PI）的形式；w_1、w_2、w_3、w_4 和 w_5 分别为这五个评价指标的权重。

根据计算得到的生态环境状况指数值，参考《生态环境状况评价技术规范》将研究区生态环境分为 5 级，即优、良、一般、较差和差（表 11.3）。

表 11.3　生态环境状况分级

等级	分级	EI 分值
1	优	≥ 75
2	良	55～75
3	一般	35～55
4	较差	20～35
5	差	< 20

11.3　数据预处理

11.3.1　GF1/WFV 数据预处理

GF1/WFV 数据为包含 RPC 信息的 L1A 文件，需要进行正射校正处理，不过正射校正后的 GF1/WFV 数据仍然存在一定的定位误差。因此，基于某景具有准确地理定位的遥感参考图像（如 Landsat8/OLI）对其进行正射校正。

打开 GDEM 目录下的所有 ASTER GDEM 数据，**ENVI 主菜单→Map→Mosaicking→Georeferenced**，打开 Mosaic 窗口导入所有 ASTER GDEM 数据(图 11.1)。ASTER GDEM 数据按 1 度经纬网格分幅，彼此相邻而无重叠，因此不需要额外设置各镶嵌文件的 Entry 属性。

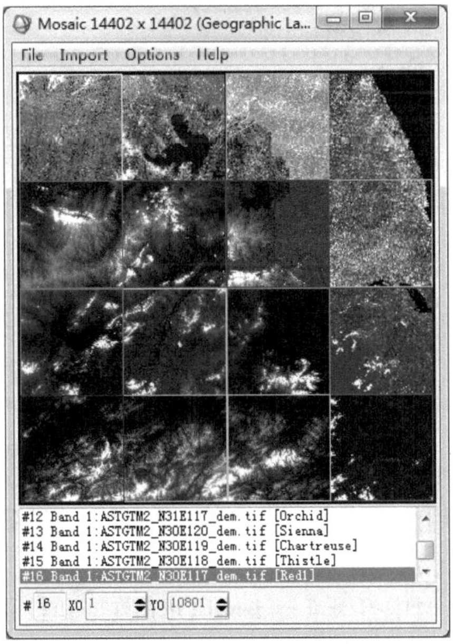

图 11.1　镶嵌过程

ASTER GDEM 有一些异常值，比如负值等，需要对镶嵌结果进行修正。**ENVI 主菜单→Topographic→Replace Bad Values**，在 DEM Input File 对话框选择镶嵌得到的 GDEM

数据，打开 Replace Bad Data Parameters 对话框。在对话框 Bad Value Threshold Range 栏的 Max 文本框输入 0，设置负值为坏值，完成坏值插补。

ENVI5.3 SP1 集成工作界面提供了根据参考图像对包含 RPC 信息遥感图像进行正射校正的功能。在 ENVI 集成界面中打开 Landsat8/OLI 数据、GF1/WFV4 数据和修正后的 ASTER GDEM 文件，**Toolbox 栏→Geometric Correction→Orthorectification→RPC Orthorectification Using Reference Image**，打开 RPC Orthorectification Using Reference Image 窗口（图 11.2）。Input Raster 文本框选择 GF1/WFV4 数据；Input Reference Raster 文本框选择具有准确地理定位信息的参考图像，此处选择 Landsat8/OLI 数据；Input DEM Raster 文本框选择 DEM 数据（DEM 空间范围必须能够覆盖整个待校正图像），此处选择修正后的 ASTER GDEM 数据，要求不高的情况下也可以选择 ENVI 自带的 30 秒分辨率（约 900m）全球 DEM 数据；DEM Is Height Above Ellipsoid 单选框用于设置 DEM 值是否是椭球高，此处选择 No；Requested Number of GCPs 文本框设置控制点数目为 100；Resampling Method 下拉列表设置重采样方法为 Bilinear（双线性插值）；Grid Spacing 文本框设置格网间隔为默认值 10；Output Raster 和 Output GCPs 分别用于设置输出正射校正结果图像和生成的控制点文件。

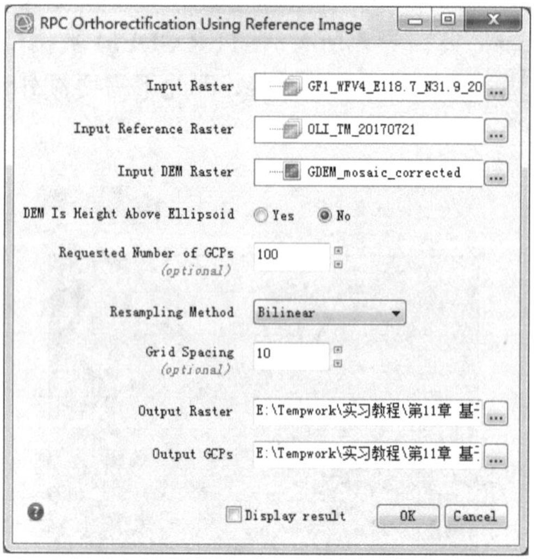

图 11.2　RPC Orthorectification Using Reference Image 窗口

点击 OK 按钮进行正射校正，得到根据 Landsat8/OLI 和 DEM 数据校正后的 GF1/WVF 数据。需要注意的是，利用此功能进行正射校正时输出结果图像的分辨率是根据图像自身参数信息确定的，用户无法调整。

在 ENVI 经典工作界面中打开 Landsat8/OLI 数据和校正后的 GF1/WFV4 数据，通过 Geographic Link 将两者按地理坐标连接起来显示，可以看出两幅图像空间上匹配良好。

土地覆盖分类以 WFV 数据和 DEM 数据作为分类特征。在 ENVI 经典工作界面中打开修正后的 ASTER GDEM 文件，利用 **ENVI 主菜单→Basic Tools→Layer Stacking** 将校正后的 GF1/WFV4 和 ASTER GDEM 合并为一个文件。

ENVI 主菜单→File→Open Vector File，打开南京市行政区划 Shapefile 文件，将其转换为 evf 文件。**ENVI 主菜单→Basic Tools→Resize Data (Spatial/Spectral)**或 **ENVI 主菜单→Basic Tools→Subset Data via ROIs**，基于南京市矢量数据对合并后的文件进行空间裁切，结果见图 11.3。

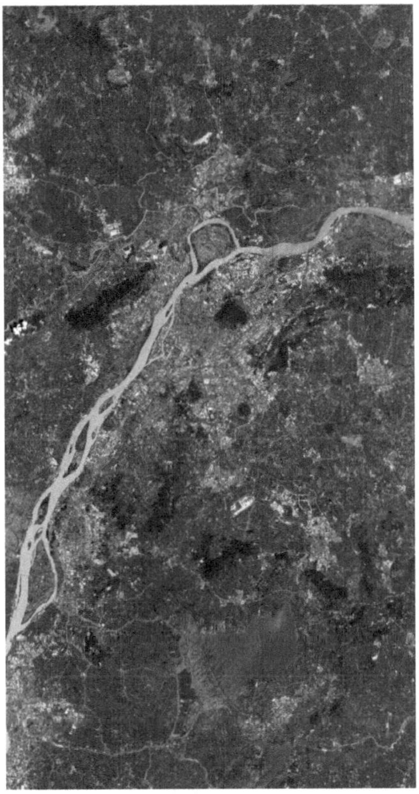

图 11.3　裁切后的 WFV 数据

11.3.2　VIIRS 夜光数据预处理

在 ENVI 中直接打开 2015 年 8 月 NPP/VIIRS 夜间灯光强度数据 GeoTIFF 文件。该数据基于经纬度坐标系，空间分辨率为 0.004167°。进行投影转换，转换为与正射校正后的 GF1/WFV 一致的 UTM 投影，在投影转换同时利用南京市矢量数据对其进行空间裁切，并将其重采样为 19m，与 GF1/WFV 一致。

ENVI 主菜单→Map→Convert Map Projection，在 Convert Map Projection Input Image 对话框选择 NPP/VIIRS 夜光数据，点击 Spatial Subset 按钮打开 Select Spatial Subset 对话框，选择 ROI/EVF 方式导入南京市矢量数据。此处需要注意的是，ENVI 基于矢量数据计算空间范围，而矢量数据和投影转换后的图像数据如果投影类型不同，可能会导致输出图像矢量范围的边缘区域有缺失值，此处最好将裁切范围设置得比参考矢量数据空间范围略大。可以在 Select Spatial Subset 对话框的 Samples 和 Lines 栏手工调整起始和终止行列号，比如将起始行号和列号减小几个像元，将终止行号和列号增加几个像元，使初步裁切得到的数据范围略大于矢量数据范围。

设置裁切范围后在 Select Spatial Subset 对话框点击 OK 按钮，打开 Convert Map Projection Parameters 对话框（图 11.4）。在对话框左部 Output Projection and Map Extent 栏点击 Change Proj…按钮设置输出投影为 UTM 投影(50N 分带，WGS84 基准面)，X Pixel Size 和 Y Pixel Size 均设为 19m，回车后 Output X Size 和 Output Y Size 均随之发生变化；右部 Conversion Parameters 栏的 Method 下拉列表设置坐标转换方法为 Polynomial 多项式法，Polynomial Degree 设为 2（二阶多项式）；Resampling 下拉列表设置重采样方法为 Bilinear（双线性插值）。最后设置结果文件保存方式，完成投影转换。

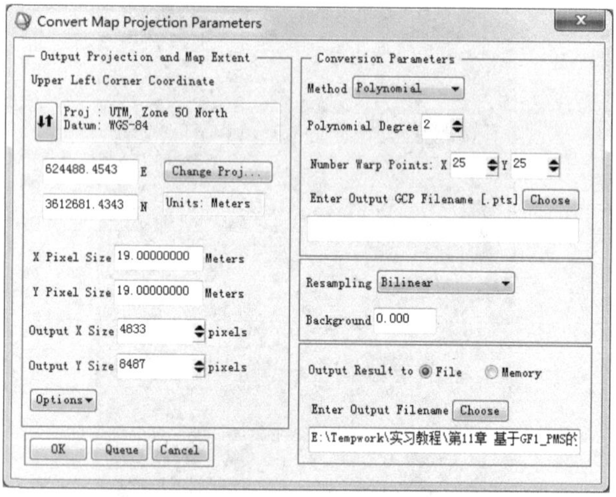

图 11.4　Convert Map Projection Parameters 对话框

虽然在投影转换过程中已经基于南京市矢量数据进行了裁切处理，但是投影转换结果图像仍然会比南京范围大一些，哪怕严格基于南京市矢量数据裁切也是如此，因为先前裁切基于的是较粗分辨率的输入图像。

对投影转换后的 VIIRS 夜间灯光强度数据再次裁切，**ENVI 主菜单→Basic Tools→Resize Data (Spatial/Spectral)**，基于南京市矢量数据对其进行空间裁切操作。虽然该数据与前面得到的 WFV 数据有相同的投影系与空间分辨率，但是由于各像元坐标值并不完全一致，裁切结果图像尺寸可能存在一行或者一列的出入。这种情况下可以在 Select Spatial Subset 对话框的 Samples 和 Lines 栏手工修正，使裁切后图像尺寸与 WFV 数据一致，或者在随后打开的 Resize Data Parameters 对话框的 Samples 和 Lines 栏修改也可以。裁切后的 VIIRS 夜间灯光强度数据见图 11.5。

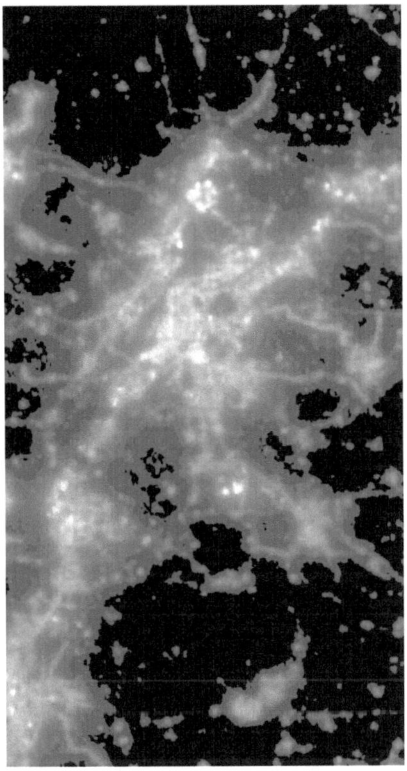

图 11.5　裁切后的夜间灯光强度

11.3.3　$PM_{2.5}$ 格网数据预处理

利用 ENVI 直接打开 2015 年全球 $PM_{2.5}$ 浓度格网数据 GeoTIFF 格式文件。该数据基于经纬度坐标系，空间分辨率为 0.01°。由于该数据中存在若干坏值，最好先基于南京市矢量数据对其进行空间裁切，对裁切后的 $PM_{2.5}$ 数据进行坏值插补，然后再做投影转换和重采样，否则投影转换和重采样过程中如果采用双线性插值或者立方卷积插值方法，会导致坏值附近的正常值受到坏值的“污染”。

ENVI 主菜单→Basic Tools→Resize Data (Spatial/Spectral)，基于南京市矢量数据对其进行空间裁切操作。此处同样最好将裁切范围设置得比参考矢量数据空间范围略大，使初步裁切得到的数据范围略大于矢量数据范围。

裁切得到的 $PM_{2.5}$ 浓度数据中有一些异常值（-3.4×10^{38}），需要进行插补。**ENVI 主菜单→Topographic→Replace Bad Values**，在 DEM Input File 对话框选择 $PM_{2.5}$ 浓度数据，打开 Replace Bad Data Parameters 对话框（图 11.6）。在该对话框 Bad Value Threshold Range 栏的 Max 文本框输入 0，对小于 0 的异常值数据进行插补。

ENVI 主菜单→Map→Convert Map Projection，在 Convert Map Projection Input Image 对话框选择修正后的 $PM_{2.5}$ 浓度数据，在 Select Spatial Subset 对话框设置输出投影为 UTM 投影（50N 分带，WGS84 基准面），输出像元分辨率为 19m，坐标转换方法为

Polynomial 多项式法（二阶），重采样方法为 Bilinear（双线性插值）；最后设置结果文件保存方式，完成投影转换。

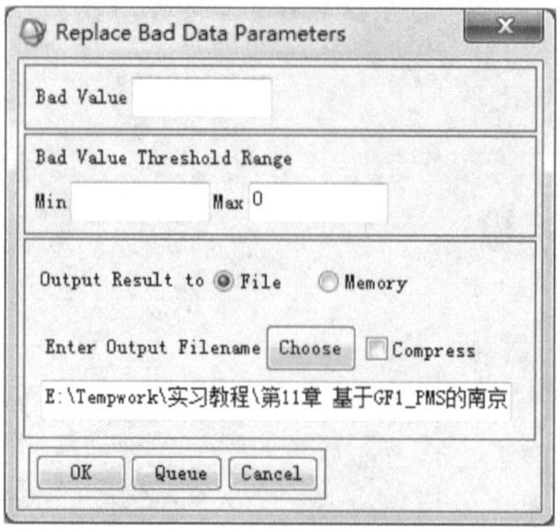

图 11.6　Replace Bad Data Parameters 对话框

ENVI 主菜单→Basic Tools→Resize Data (Spatial/Spectral)，基于南京市矢量数据对投影转换后的 $PM_{2.5}$ 浓度数据再次裁切。如果裁切结果图像尺寸与 WFV 图像尺寸存在细微的出入，采用与前面同样的方式修正输出图像的行列数使裁切后的图像尺寸与 WFV 数据一致。裁切后的 $PM_{2.5}$ 浓度见图 11.7。

图 11.7　裁切后的 $PM_{2.5}$ 浓度

11.4　评价指标提取

11.4.1　生物丰度指数提取

为了提取生物丰度指数，首先对南京市进行土地覆盖分类，分为建筑、裸地、水体、林地和农田共 5 种地物类型。分类特征除了前面处理得到的 WFV 多光谱数据和 ASTER GDEM 之外，还引入了归一化植被指数（NDVI）和归一化水体指数（NDWI）。另外，考虑到 WFV 数据波段少而分辨率高，空间纹理信息丰富，对 WFV 多光谱数据进行主成分变换，取第一主分量运用灰度共生矩阵方法计算出均值（Mean）、方差（Variance）、均质度（Homogeneity）、对比度（Contrast）、非相似性（Dissimilarity）、熵（Entropy）、角二阶矩（Second Moment）和相关性（Correlation）等 8 个空间纹理信息参与分类，构建了包含 15 个波段的综合分类数据。

在 Google Earth 高分辨率图像的辅助下，通过目视解译选取 5 种地物的训练区 ROI。**ENVI 主菜单→Classification→Supervised→Support Vector Machine**，运用支持向量机方法进行分类，得到南京市土地覆盖分类图（图 11.8）。

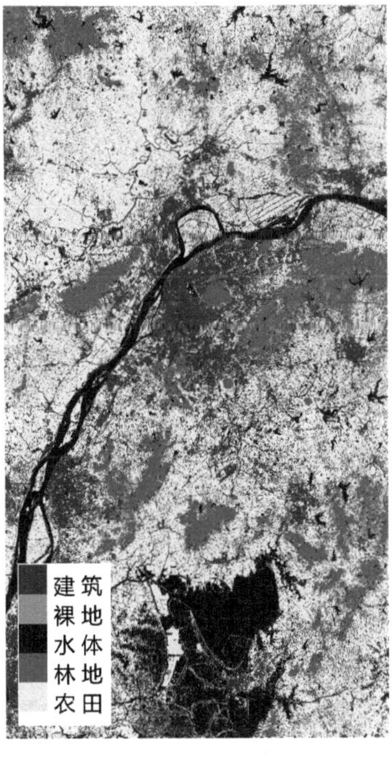

图 11.8　南京市土地覆盖分类图

根据表 11.2 对建筑、裸地、水体、林地和农田这五种地物像元赋生物丰度值。分类结果中这五种地物的像元值分别为 1、2、3、4、5，在 Enter an expression 文本框内输入波段运算公式：(b1 eq 1)*0.04+(b1 eq 2)*0.01+(b1 eq 3)*0.28+(b1 eq 4)*0.35+(b1 eq 5)*0.11，将波段变量 b1 和土地覆盖分类结果关联起来，计算得到生物丰度指数。

运用波段运算对生物丰度指数进行归一化处理，在 Band Math 对话框的 Enter an expression 文本框内输入波段运算公式：(b1-0.01)/(0.35-0.01)*100，将波段变量 b1 和生物丰度指数关联起来，执行波段运算将其拉伸到 0～100 区间。

依据南京市掩膜文件对归一化之后的生物丰度指数进行掩膜，得到南京市生物丰度指数（图 11.9）。

图 11.9　南京市生物丰度指数图

11.4.2　植被覆盖指数提取

ENVI 主菜单→Transform→NDVI，选择裁切后的 GF1/WFV 数据，计算得到 NDVI。也可以通过波段运算公式(float(b4)-b3)/(float(b4)+b3)计算 NDVI。

计算植被覆盖度需要统计南京市范围内非水体区域累计直方图，以获取 $NDVI_0$ 和 $NDVI_v$ 值。首先运用波段运算创建南京市范围内非水体掩膜，在 Band Math 对话框的 Enter an expression 文本框内输入波段运算公式：b1 ne 3 and b2 eq 1，分别将波段变量 b1、b2 和土地覆盖（土地覆盖数据中，水体像元值为 3）以及南京市掩膜关联起来，计算得到南京市非水体掩膜（图 11.10）。

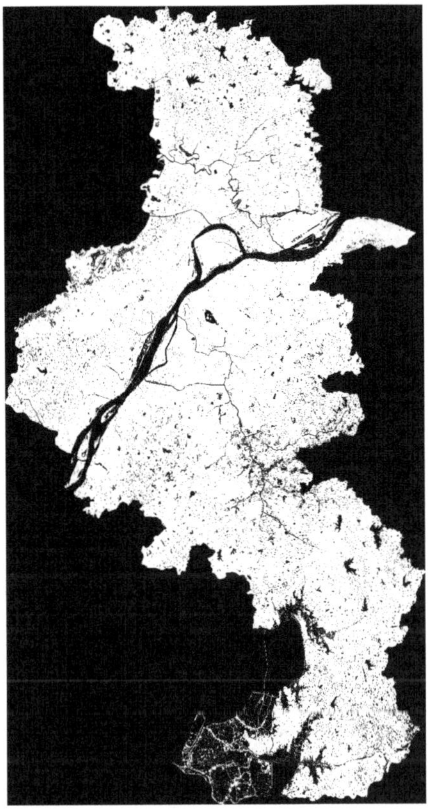

图 11.10　南京市非水体掩膜

ENVI 主菜单→Basic Tools→Statistics→Compute Statistics，在 Compute Statistics Input File 对话框选择 NDVI 数据，点击 Select Mask Band 按钮选择前面建立的掩膜文件（只对南京市范围内的非水体像元进行统计）。在 Compute Statistics Parameters 对话框中勾选 Histograms 复选框，统计直方图。从统计得到的 NDVI 累计直方图中读取出累计频率为 5%和 95%的 NDVI 值大约为–0.0795 和 0.612，即 $NDVI_0$ 和 $NDVI_v$ 值。

NDVI 值在 $NDVI_0$ 和 $NDVI_v$ 值之间时，用公式（11.2）计算植被覆盖度。$NDVI \leqslant NDVI_0$ 的像元植被覆盖度为 0，$NDVI \geqslant NDVI_v$ 的像元植被覆盖度为 1。即根据公式（11.2）计算得到的植被覆盖度小于 0 的设为 0，大于 1 的设为 1。在 Band Math 对话框的 Enter an expression 文本框内输入波段运算公式：(((b1+0.0795)/(0.612+0.0795)>0)<1)*100，将波段变量 b1 和 NDVI 关联起来，执行波段运算得到植被覆盖度，并同时将其拉伸到 0～100 区间。

依据南京市掩膜文件对归一化之后的植被覆盖度进行掩膜，得到南京市植被覆盖指数（图 11.11）。

图 11.11　南京市植被覆盖指数图

11.4.3　水体指数提取

根据公式(11.3)运用波段运算计算 NDWI，在 Band Math 对话框的 Enter an expression 文本框内输入波段运算公式：(float(b2)-float(b4))/(float(b2)+float(b4))，分别将波段变量 b2、b4 和 GF1/WFV 数据的第 2、4 波段关联起来，计算得到 NDWI。

运用公式（11.4）对 NDWI 进行归一化处理。首先基于南京市掩膜数据对 NDWI 进行统计，得到南京市范围内 NDWI 的最小值与最大值分别为–0.516832 和 0.542234。通过波段运算进行归一化处理，在 Band Math 对话框的 Enter an expression 文本框内输入波段运算公式：(b1+0.516832)/(0.542234+0.516832)*100，将波段变量 b1 和 NDWI 关联起来，进行归一化处理。也可以通过 **ENVI 主菜单→Basic Tools→Strecth Data** 运用数据拉伸功能对水体指数进行归一化处理，拉伸的时候注意 Statistics Subset 选择南京市的矢量边界文件，即基于南京市范围内的统计结果对数据进行拉伸。

依据南京市掩膜文件对归一化之后的 NDWI 进行掩膜，得到南京市水体指数（图 11.12）。

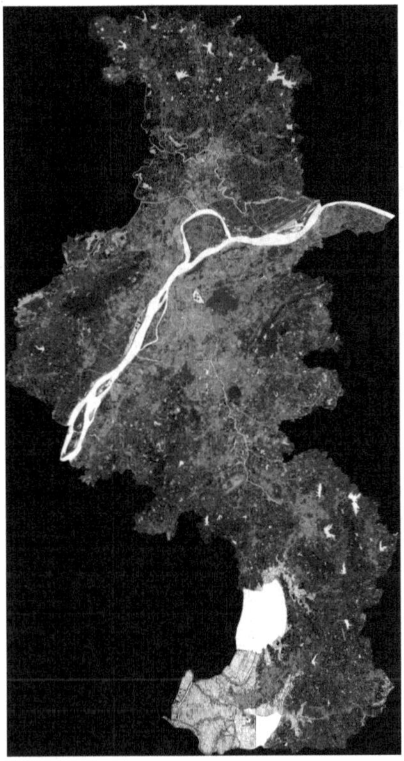

图 11.12　南京市水体指数图

11.4.4　人类活动指数提取

运用公式（11.4）对 VIIRS 夜间灯光强度进行归一化处理。首先基于南京市掩膜数据对夜间灯光强度进行统计，得到南京市范围内夜间灯光强度的最小值与最大值分别为–0.047117 和 131.796326。需要注意的是，南京市范围内夜间灯光强度的分布极不均衡，绝大多数的像元都集中在低值区（图 11.13）。从累计直方图可知，99%的像元夜间灯光强度值低于 39.2474，为了达到更好的区分度，将–0.047117～39.2474 的南京市夜间灯光强度值归一化到 0～100，大于 39.2474 的夜间灯光强度值均拉伸为 100。

通过波段运算完成上述处理。在 Band Math 对话框的 Enter an expression 文本框内输入波段运算公式：(((b1+0.047117)/(39.2474+0.047117))<1)*100，将波段变量 b1 和夜间灯光强度关联起来，进行归一化处理。

依据南京市掩膜文件对归一化之后的夜间灯光强度数据进行掩膜，为了消除背景值在计算生态环境状况指数时的影响，掩膜背景值设为 100，得到南京市人类活动指数（图 11.14）。

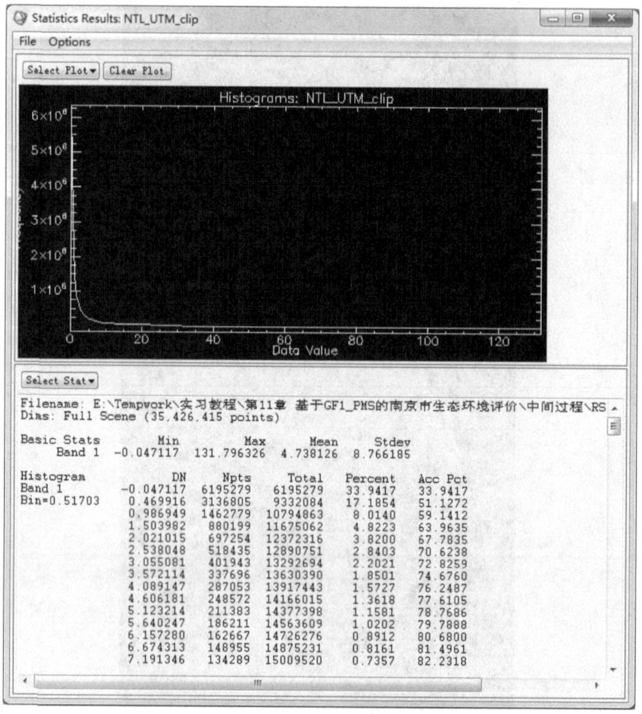

图 11.13　南京市夜间灯光强度统计结果

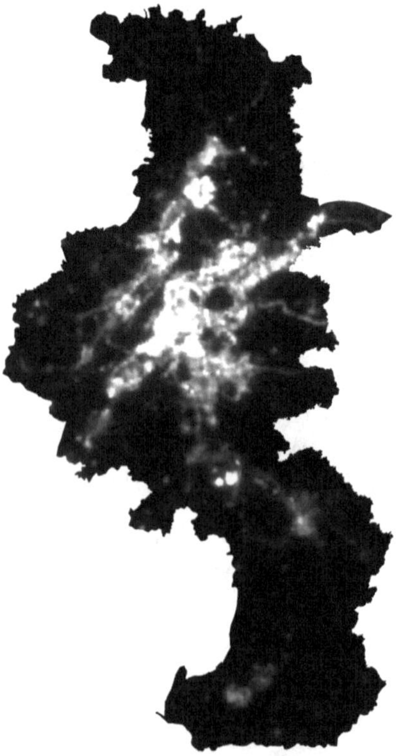

图 11.14　南京市人类活动指数图

11.4.5　污染负荷指数提取

运用公式（11.4）对 $PM_{2.5}$ 浓度数据进行归一化处理。首先基于南京市掩膜数据对 $PM_{2.5}$ 浓度进行统计，得到南京市范围内 $PM_{2.5}$ 浓度的最小值与最大值分别为 54.877563 和 73.898666。通过波段运算进行归一化处理，在 Band Math 对话框的 Enter an expression 文本框内输入波段运算公式：(b1-54.877563)/(73.898666-54.877563)*100，将波段变量 b1 和 $PM_{2.5}$ 浓度关联起来，进行归一化处理。

依据南京市掩膜文件对归一化之后的 $PM_{2.5}$ 浓度进行掩膜，为了消除背景值在计算生态环境状况指数时的影响，掩膜背景值设为 100，得到南京市污染负荷指数（图 11.15）。

图 11.15　南京市污染负荷指数图

11.5　生态环境综合评价

ENVI 主菜单→Basic Tools→Statistics→Compute Statistics，在 Compute Statistics Input File 对话框选择生物丰度指数，点击 Select Mask Band 按钮选择南京市掩膜文件，对南京市范围内的生物丰度指数进行统计，获取其标准差。通过类似操作，获取南京市范围内植被覆盖指数、水体指数、人类活动指数、污染负荷指数的标准差，运用标准差系数法[公式（11.5）]计算各指标的权重，结果见表 11.4。

表 11.4　评价指标体系标准差和权重系数

指标	标准差	权重系数
生物丰度指数	31.30	0.25
植被覆盖指数	31.53	0.26
水体指数	19.62	0.16
人类活动指数	20.87	0.17
污染负荷指数	19.65	0.16

通过波段运算根据公式计算生态环境状况指数(EI)，在 Band Math 对话框的 Enter an expression 文本框内输入波段运算公式：0.25*b1+0.26*b2+0.16*b3+0.17*(100-b4)+0.16*(100-b5)，将波段变量 b1、b2、b3、b4、b5 分别与生物丰度指数、植被覆盖指数、水体指数、人类活动指数、污染负荷指数关联起来，进行计算得到南京市生态环境状况指数（图 11.16）。

图 11.16　南京市生态环境状况指数

根据表 11.4 对生态环境状况进行分级。可以通过密度分割或者决策树分类来完成生态环境状况的分级操作，此处采用决策树方法进行分级。

ENVI 主菜单→Classification→Decision Tree→Build New Decision Tree，打开 ENVI Decision Tree 窗口建立决策树。

点击 Node 1 节点打开 Edit Decision Properties 对话框，在 Expression 文本框输入判断条件：b1 gt 0，点击 OK 按钮打开 Variable / File Pairings 窗口将 b1 变量与生态环境状况指数关联起来。该节点用于判断是否为背景值（背景值为 0），符合判断条件的像元按照 Yes 分支进入 Class 1 叶节点，不符合判断条件的像元按照 No 分支进入 Class 0 叶节点。

点击 Class 0 叶节点弹出 Edit Class Properties 对话框，在 Name 文本框设置类别的名称为 Background，像元值设为 0，并在下面的 RGB 栏修改类别颜色。

点击 Class 1 叶节点单击鼠标右键，**右键菜单→Add Children** 将该叶节点改为中间节点。然后点击该节点，打开 Edit Decision Properties 对话框，在 Expression 文本框输入判断条件：b1 gt 75，在 Yes 分支的 Class 1 叶节点中设置类别名称为优，像元值为 1，并修改类别颜色；在 No 分支的 Class 1 叶节点**右键菜单→Add Children** 将该叶节点改为中间节点，在 Expression 文本框输入判断条件：b1 gt 55。

按同样的方式，逐级修改，最终建立决策树（图 11.17）。

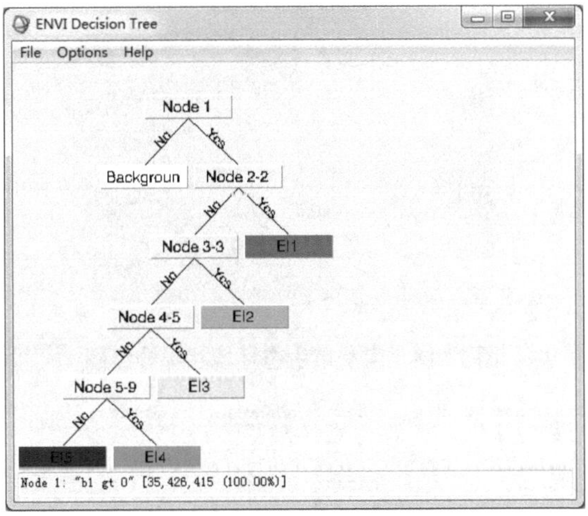

图 11.17　建立的决策树

ENVI Decision Tree 窗口菜单→Options→Execute...执行该决策树对生态环境状况进行分级，并叠加南京市矢量数据。**Image 窗口菜单→Overlay→Annotation...**，打开 Annotation 窗口，添加指北针、图例和比例尺，得到南京市生态环境状况分级图（图 11.18）。基于该图像可以对南京市生态环境状况的空间分布特征进行分析。

ENVI 主菜单→Basic Tools→Statistics→Compute Statistics，基于南京市掩膜对生态环境状况分级图进行统计，获取各类生态环境状况等级面积比例（图 11.19），并在 Excel 中绘制各类生态环境状况等级面积比例图（图 11.20）。

分别统计南京市各个区的平均生态环境状况指数并绘图（图 11.21），在此基础上可分析南京市各区的生态环境状况。

图 11.18　南京市生态环境状况分级图

Basic Stats		Min	Max	Mean	Stdev	
Band 1		1	5	2.679577	0.769552	

Histogram	DN	Npts	Total	Percent	Acc Pct
Band 1	1	862473	862473	4.7252	4.7252
	2	6455764	7318237	35.3688	40.0940
	3	8825178	16143415	48.3500	88.4440
	4	1886442	18029857	10.3351	98.7791
	5	222839	18252696	1.2209	100.0000

图 11.19　南京市生态环境状况统计结果

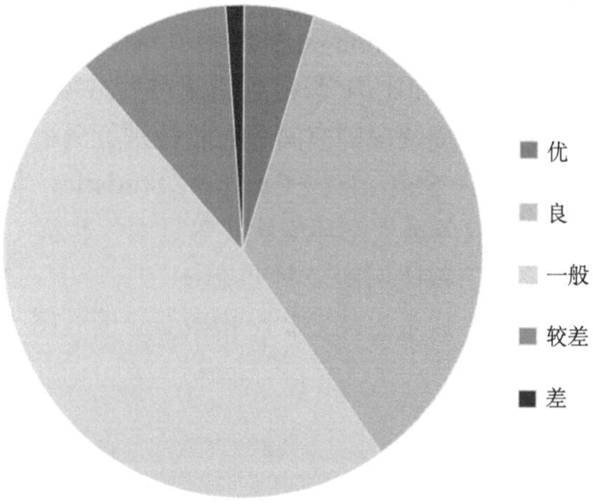

图 11.20　南京市生态环境状况各等级面积比例图

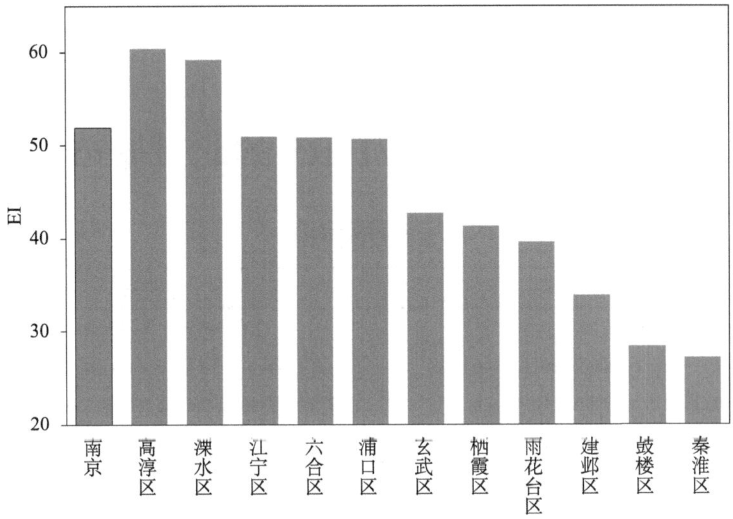

图 11.21　南京市各区 EI 平均值

第 12 章 基于 Landsat8/TIRS 的北京城市热岛研究

本章数据列表

文件名	描述
Adm_Beijing.shp(.dbf, .shx, .prj)	北京市行政区划 Shapefile 数据
MOD05_L2.A2017191.0220.006.2017191133440.hdf	2017 年 7 月 10 日 TERRA/MODIS 水汽产品
LC81230322017191LGN00 文件夹	2017 年 7 月 10 日 Landsat8 数据（WRS 号：123-32）
LC81230332017191LGN00 文件夹	2017 年 7 月 10 日 Landsat8 数据（WRS 号：123-33）

12.1 实 习 概 况

基于 Landsat8/TIRS 数据反演地表温度，在此基础上研究北京城市热岛效应。掌握 Landsat8 数据的亮度温度计算、比辐射率计算、地表温度反演以及城市地表热岛分析等内容。

12.2 研 究 方 法

12.2.1 辐射定标与亮温计算

Landsat8 数据的辐射定标公式为

$$L_i = \mathrm{Gain}_i \cdot \mathrm{DN}_i + \mathrm{Offset}_i \tag{12.1}$$

式中，L_i 为第 i 波段的表观辐射亮度值，单位为 $\mathrm{W/(m^2 \cdot sr \cdot \mu m)}$；$\mathrm{DN}_i$ 为第 i 波段的灰度值；Gain_i 和 Offset_i 分别为第 i 波段的增益和偏移值，单位与辐射亮度值相同。定标系数值可以从 Landsat8 头文件（***_MTL.txt）中获取（表 12.1）。

表 12.1 Landsat8/TIRS 的定标系数

波段	Gain	Offset
B10（即 TIRS 第 1 波段）	3.3420E–04	0.10000
B11（即 TIRS 第 2 波段）	3.3420E–04	0.10000

Landsat8/TIRS 数据的亮度温度计算公式为

$$T_i = K_{i,2} / \ln(1 + K_{i,1} / L_i) \tag{12.2}$$

式中，T_i 为 TIRS 第 i 波段的亮度温度，单位为 K；$K_{i,1}$ 和 $K_{i,2}$ 为常数（表 12.2）；L_i 为辐射亮度，单位为 $\mathrm{W/(m^2 \cdot sr \cdot \mu m)}$。

表 12.2　K_1 和 K_2 值

波段	K_1/[W/(m^2·sr·μm)]	K_2/K
B10（即 TIRS 第 1 波段）	774.8853	1321.0789
B11（即 TIRS 第 2 波段）	480.8883	1201.1442

12.2.2　地表温度劈窗算法

Rozenstein 等（2014）针对 Landsat8/TIRS 数据提出了一种地表温度劈窗反演算法，其计算公式如下：

$$T_s = A_0 + A_1 \cdot T_{10} - A_2 \cdot T_{11} \tag{12.3}$$

式中，T_s 为地表温度，单位为 K；T_{10} 和 T_{11} 分别是 Landsat8 数据第 10 和第 11 波段（即 TIRS 第 1 和第 2 波段）的亮度温度，单位为 K；A_0、A_1、A_2 为劈窗算法的参数，分别定义如下：

$$\begin{aligned} A_0 &= \frac{a_{10}D_{11}\left(1-C_{10}-D_{10}\right)}{\left(D_{11}C_{10}-D_{10}C_{11}\right)} - \frac{a_{11}D_{10}\left(1-C_{11}-D_{11}\right)}{\left(D_{11}C_{10}-D_{10}C_{11}\right)} \\ A_1 &= 1 + \frac{D_{10}}{\left(D_{11}C_{10}-D_{10}C_{11}\right)} + \frac{b_{10}D_{11}\left(1-C_{10}-D_{10}\right)}{\left(D_{11}C_{10}-D_{10}C_{11}\right)} \\ A_2 &= \frac{D_{10}}{\left(D_{11}C_{10}-D_{10}C_{11}\right)} + \frac{b_{11}D_{10}\left(1-C_{11}-D_{11}\right)}{\left(D_{11}C_{10}-D_{10}C_{11}\right)} \end{aligned} \tag{12.4}$$

$$\begin{aligned} C_i &= \varepsilon_i \tau_i \\ D_i &= (1-\tau_i)[1+(1-\varepsilon_i)\tau_i] \end{aligned} \tag{12.5}$$

式中， a_{10}、a_{11}、b_{10}、b_{11} 为经验系数，取值见表 12.3；ε_i 为第 i 波段地表比辐射；τ_i 为第 i 波段大气透过率。

表 12.3　经验系数 a_{10}、a_{11}、b_{10}、b_{11} 的值（Rozenstein et al., 2014）

温度范围/℃	a_{10}	b_{10}	a_{11}	b_{11}
0～30	−59.1391	0.4213	−63.3921	0.4565
0～40	−60.9196	0.4276	−65.224	0.4629
10～40	−62.8065	0.4338	−67.1728	0.4694
10～50	−64.6081	0.4399	−69.0215	0.4756

中纬度夏季大气模式下，大气透过率的计算公式如下：

$$\begin{cases} \tau_{10} = -0.1134 \cdot w + 1.0335 \\ \tau_{11} = -0.1546 \cdot w + 1.0078 \end{cases} \tag{12.6}$$

式中，w 为大气水汽含量，单位为 g/cm^2。

12.2.3　比辐射率计算

运用混合像元法计算研究区的地表比辐射率。混合像元法将遥感像元看作多种地物的混合，每种地物的比辐射率是确定的，像元的比辐射率取决于像元中各种地物所占比例及每种地物的比辐射率（Sobrino et al., 2004）。混合像元的比辐射率计算公式如下：

$$\varepsilon_i = f_v \cdot R_v \cdot \varepsilon_{i,v} + (1 - f_v) \cdot R_0 \cdot \varepsilon_{i,0} + \mathrm{d}\varepsilon \tag{12.7}$$

其中，

$$\mathrm{d}\varepsilon = \begin{cases} 0.0038 \cdot f_v & f_v \leqslant 0.5 \\ 0.0038 \cdot (1 - f_v) & f_v > 0.5 \end{cases} \tag{12.8}$$

$$\begin{cases} R_v = 0.9332 + 0.0585 \cdot f_v \\ R_s = 0.9902 + 0.1068 \cdot f_v \\ R_m = 0.9886 + 0.1287 \cdot f_v \end{cases} \tag{12.9}$$

式中，ε_i 为第 i 波段的比辐射率；f_v 为像元的植被覆盖度；R_v 和 R_0 分别为植被和非植被的温度比率；$\mathrm{d}\varepsilon$ 反映了地形对比辐射率的影响。

地表分为三种类型：水体、自然地表和城镇地表。水体像元的组成均一，自然地表像元由植被和裸土构成，城镇地表像元由建筑和植被构成。水体、植被、裸土和建筑的 TIRS 两个热红外波段（B10 和 B11）比辐射率见表 12.4（宋挺等，2015）。

表 12.4　地物的地表比辐射率

地物	B10	B11
水体	0.99683	0.99254
植被	0.98672	0.98990
裸土	0.96767	0.97790
建筑	0.964885	0.975115

运用公式（12.7）计算地表比辐射率，首先要计算植被覆盖度。运用像元二分模型计算植被覆盖度，将像元的植被覆盖结构分为纯像元和混合像元两类（Gutman and Ignatov，1998）。纯像元被植被完全覆盖，覆盖度为 1。混合像元由植被和非植被部分构成，其 NDVI 值是植被覆盖部分的 NDVI 值与非植被覆盖部分的 NDVI 值的线性加权：

$$\mathrm{NDVI} = f_v \cdot \mathrm{NDVI}_v + (1 - f_v) \cdot \mathrm{NDVI}_0 \tag{12.10}$$

式中，NDVI 为像元 NDVI 值；f_v 为像元的植被覆盖度；NDVI_v 和 NDVI_0 分别为植被覆盖部分和非植被覆盖部分的 NDVI 值，即纯植被和纯裸地像元的 NDVI 值。由上式可得

$$f_v = \frac{\mathrm{NDVI} - \mathrm{NDVI}_0}{\mathrm{NDVI}_v - \mathrm{NDVI}_0} \tag{12.11}$$

计算植被覆盖度需要已知纯植被和纯裸地像元的 NDVI 值（NDVI_v 和 NDVI_0），通常情况下取直方图累计频率为 5%和 95%的 NDVI 值作为 NDVI_0 和 NDVI_v，$\mathrm{NDVI} \leqslant \mathrm{NDVI}_0$ 的像元植被覆盖度为 0，$\mathrm{NDVI} \geqslant \mathrm{NDVI}_v$ 的像元植被覆盖度为 1。

12.2.4　城市热岛分析

城市地表热岛强度（SUHI）定义为城市地表温度与郊区乡村地表温度之差，反映城区温度高于郊区乡村的程度。SUHI 的计算公式为（刘勇洪等, 2014）

$$\mathrm{SUHI}_i = T_i - \frac{1}{n}\sum T_{\mathrm{crop}} \tag{12.12}$$

式中，SUHI_i 为图像上第 i 个像元对应的城市地表热岛强度；T_i 为第 i 个像元的地表温度，单位为 K；n 为图像中郊区的农田像元数目；T_{crop} 为郊区农田的地表温度，单位为 K。

为确保遥感图像上所选郊区农田的代表性，一般选取城市周围 2～3 个典型郊区农田区域，每个典型区范围在 5 像元×5 像元以上。选择的郊区农田应具有下列特点：①大面积覆盖与城中心高差很小的平坦开阔农田；②结构稳定，种植制度和土壤性质在相当长时间内很少发生变化；③离城中心相对较远，不易受城市化环境污染带来的影响。

根据所选择典型农田像元，统计其地表温度平均值作为郊区农田基准值计算整幅图像的 SUHI，并将 SUHI 划分为 7 个等级来表征热岛强度（表 12.5）。

表 12.5　热岛强度 SUHI 分级（刘勇洪等, 2014）

等级	热岛强度等级定义	热岛强度/℃
1	强冷岛	<–7
2	较强冷岛	–7～–5
3	弱冷岛	–5～–3
4	无热岛	–3～3
5	弱热岛	3～5
6	较强热岛	5～7
7	强热岛	> 7

热岛比例指数（UHPI）用于定量衡量不同地区不同时相的热岛强度大小，UHPI 值越大，热岛现象越严重。UHPI 的计算公式如下（刘勇洪等, 2014）：

$$\mathrm{UHPI} = \frac{1}{m}\sum_{i}^{n} w_i p_i \tag{12.13}$$

式中，UHPI 为城市热岛比例指数；m 为热岛强度等级数；i 为城区温度高于郊区温度等级序号；n 为城区温度高于郊区温度的等级数；w_i 为第 i 级的权重，取等级值；p_i 为第 i 级所占百分比例。本实习中，$m=7$，$n=3$。

12.3　数据预处理

12.3.1　转换数据格式

打开 ENVI 集成工作界面，**File→Open** 打开两景 Landsat8 目录下的***_MTL.txt 文件，载入两景 Landsat8 文件。**File→Save as→Save as .... (ENVI, NITF, TIFF, DTED)**，

将打开的两景 Landsat8 文件中的 OLI 多光谱波段和 TIRS 热红外波段保存为 ENVI 标准文件。

12.3.2　镶嵌

在 ENVI 经典工作界面中打开已保存为 ENVI 标准文件的两景 OLI 和 TIRS 数据。**ENVI 主菜单→Map→Mosaicking→Georeferenced**，分别对 OLI 和 TIRS 数据进行镶嵌操作。在镶嵌过程中，注意要在 Entry 对话框中将 Data Value to Ignore 值设为 0，即镶嵌过程中忽略值为 0 的背景值（图 12.1）。

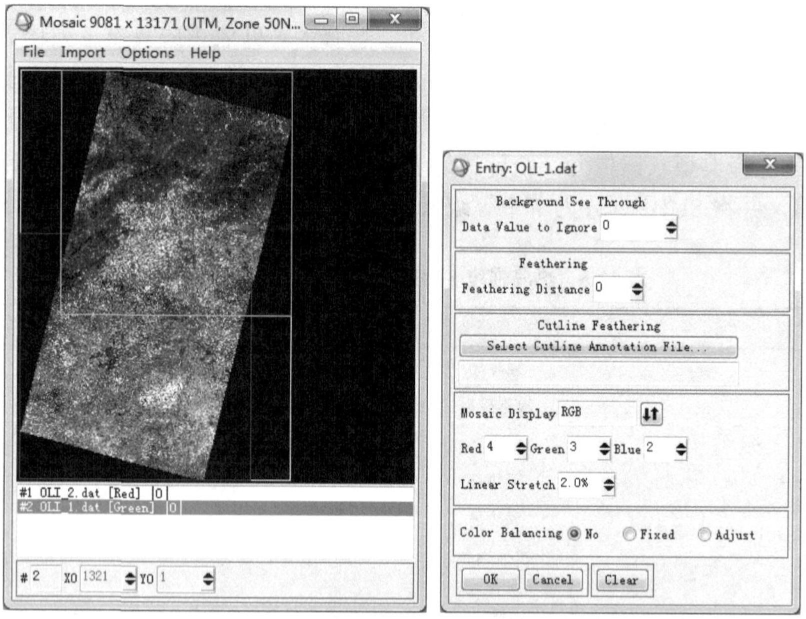

图 12.1　镶嵌过程（以 OLI 文件为例）

12.3.3　裁切

ENVI 主菜单→File→Open Vector File，打开北京市行政区划 Shapefile 文件，将其转换为 evf 文件。**ENVI 主菜单→Basic Tools→Resize Data (Spatial/Spectral)**，依据北京市矢量文件对镶嵌后的 Landsat/OLI 和 TIRS 数据进行空间裁切。

12.3.4　掩膜

需要注意的是，虽然在上一步已经根据北京市行政区划矢量文件对 OLI 和 TIRS 数据进行了裁切操作。但是，WRS 号为 123-32 和 123-33 的两景 Landsat8 数据并不能完全覆盖整个北京市，其西部门头沟区有一小块区域在 Landsat8 图像覆盖范围之外。为了在后续工作中排除此处缺失区域的影响，需要创建一个掩膜文件，仅仅将北京市范围内的有值区域作为研究区。此外，由于 OLI 和 TIRS 数据的空间范围并不完全一致，并且 TIRS

两个波段的空间范围也略有差异，需要根据北京市矢量文件、OLI 和 TIRS 值域范围三个条件来建立掩膜。

ENVI 主菜单→Basic Tools→Masking→Build Mask，打开 Mask Definition 窗口。**Mask Definition 窗口菜单→Options→Import EVFs...**，选择北京市矢量文件。然后 **Mask Definition 窗口菜单→Options→Import Data Range...**，选择 OLI 文件，在 Input for Data Range Mask 对话框的 Data Min Value 文本框内输入 1，并选中 Mask pixel if ANY band matches range 单选框，表示 OLI 文件任意一个波段的值大于 0 即保留（图 12.2）。接着 **Mask Definition 窗口菜单→Options→Import Data Range...**，选择 TIRS 文件，在 Input for Data Range Mask 对话框的 Data Min Value 文本框内输入 1，并选中 Mask pixel if ALL bands match range 单选框，表示 TIRS 文件任意一个波段的值大于 0 即保留。最后 **Mask Definition 窗口菜单→Options→Selected Attributes [Logical AND]**，对三个 Mask 条件进行逻辑与操作，同时满足这三个条件的像元才保留。点击 Apply 按钮，创建掩膜（图 12.3）。

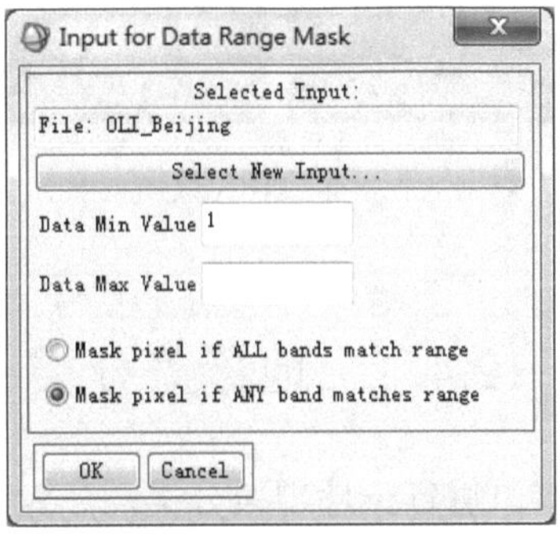

图 12.2　Input for Data Range Mask 对话框

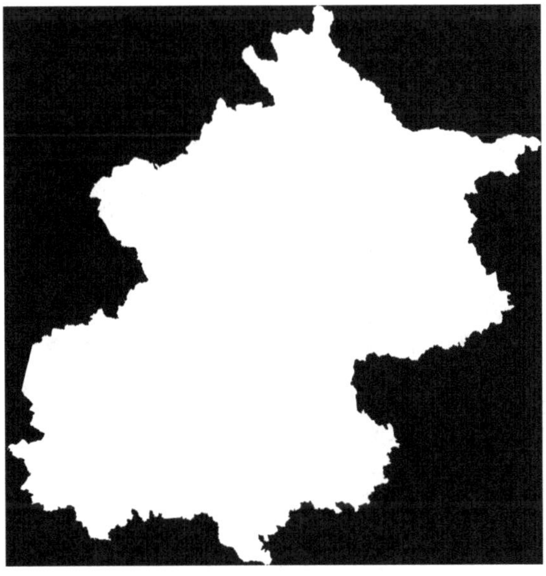

图 12.3　北京市掩膜

ENVI 主菜单→Basic Tools→Masking→Build Mask，基于刚建立的掩膜文件分别对 OLI 和 TIRS 数据进行掩膜处理，结果如图 12.4。

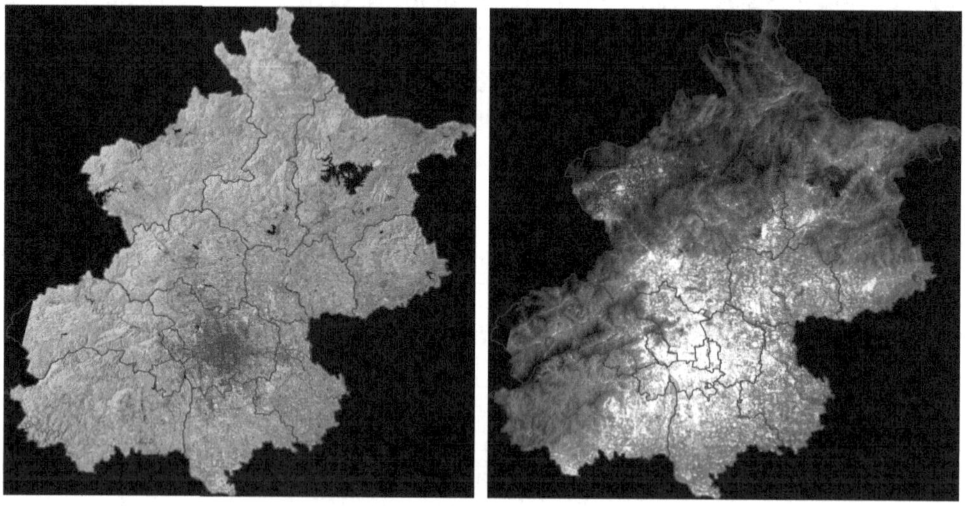

图 12.4　裁切、掩膜后的 OLI 数据（左）和 TIRS 数据（右）（均叠加了北京市行政界线）

12.4　土地覆盖分类

基于 Landsat8 数据对北京市进行土地覆盖分类，分为建筑、裸地、水体、林地和农田共 5 种地物类型。主要分类特征为 OLI 多光谱数据第 1～7 波段和 TIRS 热红外数据。

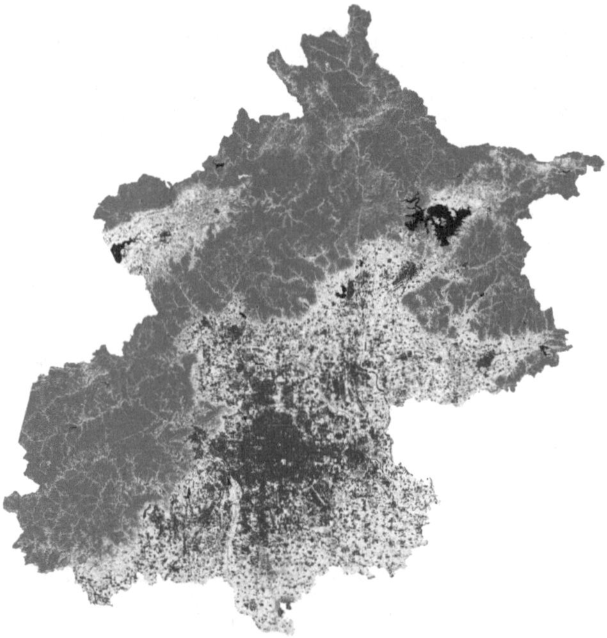

图 12.5　北京市土地覆盖分类图

此外，为了提高地物的识别能力，引入了归一化植被指数（NDVI）和改进的归一化水体指数（MNDWI），并根据 OLI 多光谱数据进行主成分变换，选取第一主分量运用灰度共生矩阵方法计算均质度（Homogeneity）信息参与分类，构建了包含 12 个波段的综合分类数据。

在 Google Earth 高分辨率图像的辅助下通过目视解译选取 5 种地物的训练区 ROI。**ENVI 主菜单→Classification→Decision Tree→RuleGen→Classifier**，基于 QUEST 算法生成决策树 txt 文件。**ENVI 主菜单→Classification→Decision Tree→Execute Existing Decision Tree**，载入生成的决策树 txt 文件进行分类，得到北京市土地覆盖分类图。由于该分类结果对零值像元也同样进行了分类（均被识别为水体），根据前面创建的北京市掩膜文件对分类结果进行掩膜操作（图 12.5）。

12.5　地表温度反演

12.5.1　辐射定标与亮温计算

ENVI 主菜单→Basic Tools→Band Math，打开 Band Math 对话框。在 Enter an expression 文本框内输入波段运算公式：3.3420E-04*b1+0.1，通过 Map Variable to Input File 将波段变量 b1 和 TIRS 整个文件关联起来，执行波段运算得到 TIRS 第 1、2 波段的辐射亮度。

在 Band Math 对话框的 Enter an expression 文本框内输入波段运算公式：1321.0789/alog(1+774.8853/b1)，将波段变量 b1 和 TIRS 第 1 波段定标后的辐射亮度关联起来，执行波段运算得到 TIRS 第 1 波段的亮度温度。采用类似操作，通过波段运算公式 1201.1442/alog(1+480.8883/b1)计算得到 TIRS 第 2 波段的亮度温度。

12.5.2　地表比辐射率计算

1. 计算植被覆盖度

ENVI 主菜单→Transform→NDVI，选择裁切、掩膜后的北京市 Landsat8/OLI 数据，打开 NDVI Calculator Parameters 对话框，在 NDVI Bands 栏的 Red 和 Near IR 文本框分别输入 4、5（OLI 的第 4、5 波段对应红和近红外波段），计算得到北京市 NDVI。也可以通过波段运算公式(float(b5)-b4)/(float(b5)+b4)计算 NDVI。

ENVI 主菜单→Basic Tools→Statistics→Compute Statistics，在 Compute Statistics Input File 对话框选择 NDVI 数据，点击 Select Mask Band 按钮选择前面建立的掩膜文件（只对北京市范围内的有效值像元进行统计），在 Compute Statistics Parameters 对话框中勾选 Histograms 复选框，统计直方图。从统计得到的 NDVI 累计直方图中读取出累计频率为 5%和 95%的 NDVI 值大约为 0.096 和 0.537，即 $NDVI_0$ 和 $NDVI_v$ 值。

NDVI 值在 $NDVI_0$ 和 $NDVI_v$ 值之间时，运用公式（12.11）计算植被覆盖度。$NDVI \leqslant NDVI_0$ 的像元植被覆盖度为 0，$NDVI \geqslant NDVI_v$ 的像元植被覆盖度为 1，即根据公式（12.11）计算得到的植被覆盖度小于 0 的设为 0，大于 1 的设为 1。

在 Band Math 对话框的 Enter an expression 文本框内输入波段运算公式：((b1-0.096)/(0.537-0.096)>0)<1，将波段变量 b1 和 NDVI 关联起来，执行波段运算得到植被覆盖度（图 12.6）。在 Available Bands List 窗口鼠标右击该文件，**右键菜单→Quick Stats...**进行快速统计，检查该数据最小和最大值是否为 0 和 1。

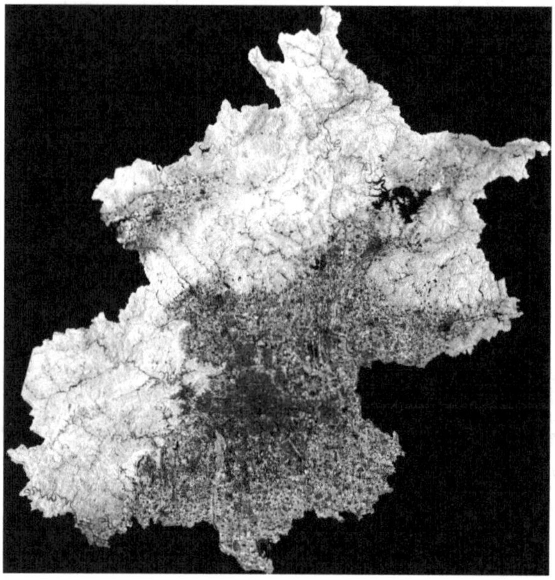

图 12.6　北京市植被覆盖度图

2. 计算 dε

根据公式（12.8）计算 dε。在 Band Math 对话框的 Enter an expression 文本框内输入波段运算公式：(0.0038*b1)*(b1 le 0.5)+(0.0038*(1-b1))*(b1 gt 0.5)，将波段变量 b1 和植被覆盖度关联起来，执行波段运算得到 dε。

3. 计算地表比辐射率

水体、自然地表和城镇的比辐射率计算公式各不相同，将这三种地物分开进行波段运算计算比辐射率。

土地覆盖图中建筑、裸地、水体、林地和农田的类型编码值分别为 1、2、3、4、5，即像元值为 1 表示城镇、2～4 表示自然地表、5 表示水体。

对于水体，在 Band Math 对话框的 Enter an expression 文本框内输入波段运算公式：(b1 eq 5)*0.99683，将波段变量 b1 和土地覆盖数据关联起来，执行波段运算得到水体像元 TIRS 第 1 波段的比辐射率。在该波段运算公式中，(b1 eq 5)用于将土地覆盖值为 5 的像元（即水体像元）提取出来赋值为 1，其余像元赋值为 0。采用类似操作，通过波段运算公式(b1 eq 5)*0.99254 计算出水体像元 TIRS 第 2 波段的比辐射率。

对于自然地表，在 Band Math 对话框的 Enter an expression 文本框内输入波段运算公式：(b1 ge 2 and b1 le 4)*(b2*(0.9332+0.0585*b2)*0.98672+(1-b2)*(0.9902+0.1068*b2)*

0.96767+b3)，将波段变量 b1、b2、b3 分别和土地覆盖数据、植被覆盖度、dε 关联起来，执行波段运算得到自然地表像元 TIRS 第 1 波段的比辐射率。在该波段运算公式中，(b1 ge 2 and b1 le 4)用于将土地覆盖值为 2～4 的像元（即自然地表像元）提取出来赋值为 1，其余像元赋值为 0。采用类似操作，通过波段运算公式(b1 ge 2 and b1 le 4)*(b2*(0.9332+0.0585*b2)*0.9899+(1-b2)*(0.9902+0.1068*b2)*0.9779+b3)计算出自然地表像元 TIRS 第 2 波段的比辐射率。

对于城镇，在 Band Math 对话框的 Enter an expression 文本框内输入波段运算公式：(b1 eq 1)*(b2*(0.9332+0.0585*b2)*0.98672+(1-b2)*(0.9886+0.1287*b2)*0.964885+b3)，将波段变量 b1、b2、b3 分别和土地覆盖数据、植被覆盖度、dε 关联起来，执行波段运算得到城镇像元 TIRS 第 1 波段的比辐射率。在该波段运算公式中，(b1 eq 1)用于将土地覆盖中为 1 的像元（即城镇像元）提取出来赋值为 1，其余像元赋值为 0。采用类似操作，通过波段运算公式(b1 eq 1)*(b2*(0.9332+0.0585*b2)*0.9899+(1-b2)*(0.9886+0.1287*b2)*0.975115+b3)计算出城镇像元 TIRS 第 2 波段的比辐射率。

分别计算得到水体、自然地表和城镇比辐射率后，在 Band Math 对话框的 Enter an expression 文本框内输入波段运算公式：b1+b2+b3，将波段变量 b1、b2、b3 分别和前面计算得到的水体、自然地表和城镇的 TIRS 第 1 波段的比辐射率关联起来，执行波段运算得到整个研究区 TIRS 第 1 波段的比辐射率。采用类似操作，计算得到整个研究区 TIRS 第 2 波段的比辐射率。**ENVI 主菜单→File→Save File As→ENVI Standard**，将这两个波段的比辐射率合成为 1 个文件。

12.5.3　大气透过率计算

计算大气透过率需要已知水汽含量。水汽含量数据通过同日的 TERRA/MODIS 水汽产品 MOD05 获取。2017 年 7 月 10 日 TERRA/MODIS 过境时间为 10:20，Landsat8 过境时间为 10:53，可以认为这两个时刻的大气水汽状况相近。

ENVI 主菜单→File→Open External File→Generic Formats→HDF，打开 HDF4 格式的 MODIS 水汽产品文件。在 HDF Dataset Selection 对话框的 Select HDF Datasets 列表中选择 Total Column Precipitable Water Vapor（大气可降水量）打开（图 12.7）。

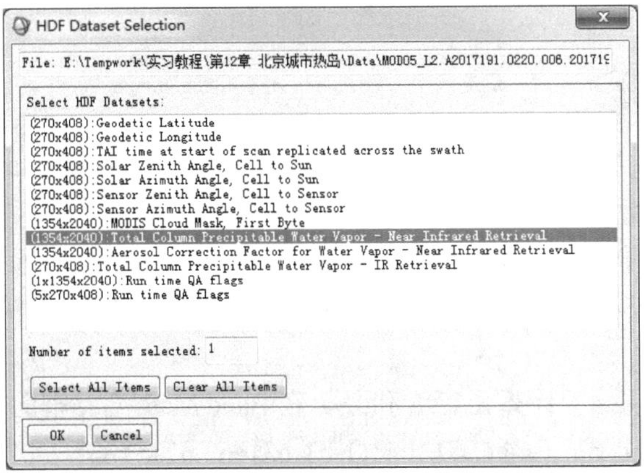

图 12.7　HDF Dataset Selection 对话框

MODIS 水汽产品为 Swath 格式的 MODIS 数据，其科学数据集本身不具有投影坐标，地理定位信息以单独的经纬度方式存在，需要对其进行地理重定位处理。**ENVI 主菜单→Map→Georeference MODIS**，选中打开的 MODIS 水汽产品文件对其进行地理重定位操作。在 Georeference MODIS Parameters 对话框设置输出投影为 Geographic Lat/Lon 或者 UTM 等，因为只需要从该数据中获取一个水汽值，对输出投影没有特殊要求。在随后打开的 Registration Parameters 对话框中要注意，由于 ENVI 该功能存在缺陷，地理重定位后的 MODIS 文件通常在左右两侧会有少部分区域缺失，北京市大部分区域恰好位于此景数据地理重定位后的缺失区域。为了避免这种情况，手工修改输出文件左上角的坐标，如将原先的东经 116.50894369 修改为 115（图 12.8），表示将地理重定位输出范围西侧边界由东经 116.5°修改为 115°。这样使得重定位水汽数据包含北京市大部分范围。

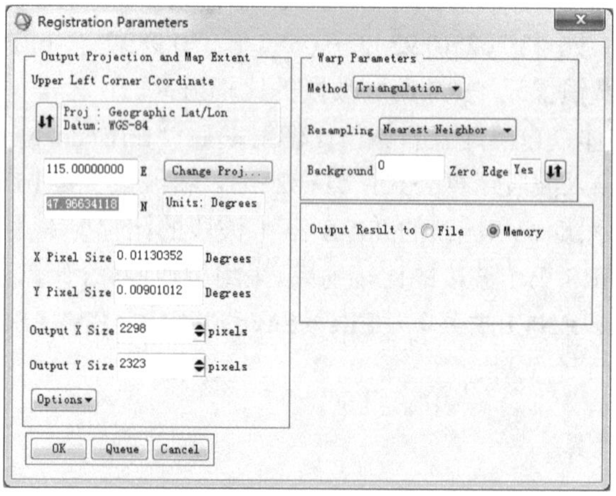

图 12.8　Registration Parameters 对话框

从地理重定位后的 MODIS 水汽数据中读取出北京市水汽含量约为 1954。根据 MODIS 水汽产品 Total Column Precipitable Water Vapor 数据集的转换系数（0.001），将其转换为真值 1.95cm，即 1.95g/cm^2。

根据公式（12.6），计算得到 TIRS 两个热红外波段的大气透过率 τ_{10} 和 τ_{11} 分别为 0.8124 和 0.7063。

12.5.4　地表温度计算

首先根据公式（12.5）计算 C_{10}、C_{11}、D_{10} 和 D_{11}。在 Band Math 对话框的 Enter an expression 文本框内分别输入波段运算公式：b1*0.8124 和(1-0.8124)*(1+(1-b1)*0.8124)，将波段变量 b1 和 TIRS 第 1 波段的比辐射率关联起来，执行波段运算得到 C_{10} 和 D_{10}。采用类似操作，通过波段运算 b2*0.7063 和(1-0.7063)*(1+(1-b2)*0.7063)计算得到 C_{11} 和 D_{11}。

然后根据公式（12.4）计算 A_0、A_1 和 A_2。在 Band Math 对话框的 Enter an expression 文本框内输入波段运算公式：(-64.6081*b4*(1-b1-b3)+69.0215*b3*(1-b2-b4))/(b4*b1-b3*b2)，将波段变量 b1、b2、b3、b4 和刚才计算得到的 C_{10}、C_{11}、D_{10}、D_{11} 关联起来，执行波段

运算得到 A_0。采用类似操作，分别通过波段运算公式 1+(b3+0.4399*b4*(1-b1-b3))/(b4*b1-b3*b2)和(b3+0.4756*b3*(1-b2-b4))/(b4*b1-b3*b2)计算得到 A_1 和 A_2。

最后，根据公式（12.3）计算地表温度。在 Band Math 对话框的 Enter an expression 文本框内输入波段运算公式：b0+b1*b10-b2*b11，将波段变量 b0、b1、b2、b10、b11 和计算得到的 A_0、A_1、A_2 以及 TIRS 第 1、2 波段亮度温度关联起来，执行波段运算得到北京市地表温度（图 12.9）。

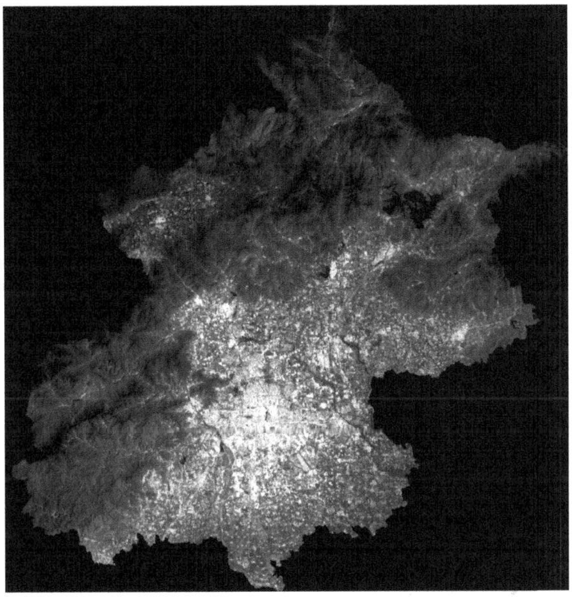

图 12.9　反演得到的北京市地表温度

也可以编写 IDL 程序来完成上述地表温度反演工作，代码如下。

```
pro LST
  ;运用劈窗算法从TIRS反演地表温度

  ;**********  打开Landsat8数据文件并设置相关参数  **********

  ;打开TM数据
  fn_TIRS=dialog_pickfile(title='选择TIRS数据', get_path=work_dir)
  cd, work_dir
  fn_OLI=dialog_pickfile(title='选择OLI数据')
  fn_landcover=dialog_pickfile(title='选择土地覆盖数据')
  envi_open_file, fn_TIRS, r_fid=fid_TIRS
  envi_open_file, fn_OLI, r_fid=fid_OLI
  envi_open_file, fn_landcover, r_fid=fid_landcover
  envi_file_query, fid_TIRS, ns=ns, nl=nl, nb=nb, dims=dims
  map_info=envi_get_map_info(fid=fid_TIRS)
```

```
;设定大气参数
vapor=1.95  ;大气水汽含量，单位g•cm-2
NDVI0=0.096  ;纯裸地NDVI值
NDVIv=0.537  ;纯植被NDVI值

;****************  辐射定标与亮温计算  ****************

;定标系数
Gain=3.3420E-04
Offset=0.1

;计算亮温的参数K1和K2值
K1=[774.8853, 480.8883]
K2=[1321.0789, 1201.1442]

;定标和亮温计算
Tb=fltarr(ns, nl, nb)  ;亮度温度数据
for ib=0, nb-1 do begin
  DN=envi_get_data(fid=fid_TIRS, dims=dims, pos=ib)
  L=Gain*DN+Offset
  Tb[*, *, ib]=K2[ib]/alog(1+K1[ib]/L)
endfor

o_fn=dialog_pickfile(title='亮度温度保存为')
envi_write_envi_file, Tb, out_name=o_fn, ns=ns, nl=nl, nb=nb, $
  data_type=4, interleave=0, map_info=map_info


;******************  计算比辐射率  ******************

;读入OLI第4、5波段数据计算NDVI
b4=envi_get_data(fid=fid_OLI, dims=dims, pos=3)
b5=envi_get_data(fid=fid_OLI, dims=dims, pos=4)
NDVI=(float(b5)-b4)/(float(b5)+b4)

;调用cal_VegFraction函数计算覆盖度
Fv=cal_VegFraction(NDVI, NDVI0, NDVIv)

;调用cal_Emiss函数计算比辐射率
landcover=envi_get_data(fid=fid_landcover, dims=dims, pos=0)
Emiss=cal_Emiss(Fv, landcover)

;保存比辐射率
```

```
 o_fn=dialog_pickfile(title='比辐射率保存为')
 envi_write_envi_file, Emiss, out_name=o_fn, ns=ns, nl=nl, nb=nb, $
   data_type=4, interleave=0, map_info=map_info


 ;***********  运用劈窗算法计算地表温度   ***********

 ;调用cal_LST计算地表温度
 LST_result=cal_LST(Tb, Emiss, vapor)

 ;保存地表温度
 o_fn=dialog_pickfile(title='地表温度保存为')
 envi_write_envi_file, LST_result, out_name=o_fn,  ns=ns, nl=nl, $
   nb=1, out_dt=4, interleave=interleave, map_info=map_info

end


;############################################################

function cal_VegFraction, NDVI, NDVI0, NDVIv
  ;计算植被覆盖度
  ;参数NDVI为归一化植被指数，NDVI0和NDVIv分别为纯裸地和纯植被的NDVI值

  ;像元二分法
  result=(NDVI-NDVI0)/(NDVIv-NDVI0)

  ;将NDVI小于NDVI0（即fv<0）的像元植被覆盖度值改为0
  w=where(NDVI le NDVI0)
  result[w]=0

  ;将NDVI大于NDVIv（即fv>1）的像元植被覆盖度值改为1
  w=where(NDVI ge NDVIv)
  result[w]=1

  return, result

end


;############################################################

function cal_Emiss, FV, landcover
  ;计算比辐射率
```

```
;参数NDVI为植被覆盖度，landcover为土地覆盖

;水体、植被、裸土和建筑在TIRS第1和第2波段的比辐射率
Emiss_b1=[0.99683, 0.98672, 0.96767, 0.964885]
Emiss_b2=[0.99254, 0.98990, 0.97790, 0.975115]

sz=size(Fv)
ns=sz[1] & nl=sz[2]
Emiss1=fltarr(ns, nl)
Emiss2=fltarr(ns, nl)

;计算dε
de=fltarr(ns, nl)
w1=where(fv le 0.5, complement=w2)
de[w1]=0.0038*fv[w1]
de[w2]=0.0038*(1-fv[w2])

;计算Rv、Rs和Rm
Rv=0.9332+0.0585*fv
Rs=0.9902+0.1068*fv
Rm=0.9886+0.1287*fv

;水体的比辐射率
w=where(landcover eq 5)
Emiss1[w]=Emiss_b1[0]
Emiss2[w]=Emiss_b2[0]

;自然地表的比辐射率
w=where(landcover ge 2 and landcover le 4)
Emiss1[w]=Emiss_b1[1]*Fv[w]*Rv[w]+Emiss_b1[2]*(1-Fv[w])*Rs[w]+de[w]
Emiss2[w]=Emiss_b2[1]*Fv[w]*Rv[w]+Emiss_b2[2]*(1-Fv[w])*Rs[w]+de[w]

;城镇的比辐射率
w=where(landcover eq 1)
Emiss1[w]=Emiss_b1[1]*Fv[w]*Rv[w]+Emiss_b1[3]*(1-Fv[w])*Rm[w]+de[w]
Emiss2[w]=Emiss_b2[1]*Fv[w]*Rv[w]+Emiss_b2[3]*(1-Fv[w])*Rm[w]+de[w]

return, [[[Emiss1]],[[Emiss2]]]

end

;############################################################
```

```
function cal_LST, Tb, Emiss, vapor
  ;基于劈窗算法计算地表温度
  ;参数Tb、vapor、Emiss分别为亮温、水汽含量和地表比辐射率

  ;计算大气透过率
  Trans1=-0.1134*vapor+1.0335
  Trans2=-0.1546*vapor+1.0078

  ;各项参数
  C10=trans1*Emiss[*, *, 0]
  C11=trans2*Emiss[*, *, 1]
  D10=(1-trans1)*(1+(1-Emiss[*, *, 0])*trans1)
  D11=(1-trans2)*(1+(1-Emiss[*, *, 1])*trans2)
  a10=-64.6081  &  b10=0.4399
  a11=-69.0215  &  b11=0.4756
  A0=(a10*D11*(1-C10-D10)-a11*D10*(1-C11-D11))/(D11*C10-D10*C11)
  A1=1+(D10+b10*D11*(1-C10-D10))/(D11*C10-D10*C11)
  A2=(D10+b11*D10*(1-C11-D11))/(D11*C10-D10*C11)

  ;计算地表温度
  result=A0+A1*Tb[*, *, 0]-A2*Tb[*, *, 1]
  return, float(result)

end
```

12.6　城市热岛效应分析

选取若干远离城区的典型农田像元 ROI，对地表温度进行统计得到平均值 307.75K（即 34.60℃）作为郊区农田基准值。根据公式（12.12），在 Band Math 对话框的 Enter an expression 文本框内输入波段运算公式：b1-307.75，将波段变量 b1 和反演得到的地表温度关联起来，执行波段运算得到北京城市地表热岛强度（SUHI）。

根据表 12.5 对热岛强度（SUHI）进行分级。可以通过密度分割或者决策树分类来完成 SUHI 的分级操作，此处采用决策树方法进行分级。

ENVI 主菜单→Classification→Decision Tree→Build New Decision Tree，打开 ENVI Decision Tree 窗口建立决策树。

点击 Node 1 节点打开 Edit Decision Properties 对话框，在 Expression 文本框输入判断条件：finite(b1, /nan)，点击 OK 按钮打开 Variable / File Pairings 窗口将 b1 变量与 SUHI 关联起来。该节点用于判断是否为背景值（背景值为–NaN），符合判断条件的像元按照 Yes 分支进入 Class 1 叶节点，不符合判断条件的像元按照 No 分支进入 Class 0 叶节点。

点击 Class 1 叶节点弹出 Edit Class Properties 对话框，在 Name 文本框设置类别的名

称为 Background，像元值设为 0，并在下面的 RGB 栏修改类别颜色。

点击 Class 0 叶节点单击鼠标右键，**右键菜单→Add Children** 将该叶节点改为中间节点。然后点击该节点，打开 Edit Decision Properties 对话框，在 Expression 文本框输入判断条件：b1 le -7，在 Yes 分支的 Class 1 叶节点中设置类别名称为 SUHI1，像元值为 1，并修改类别颜色。在 No 分支的 Class 1 叶节点**右键菜单→Add Children** 将该叶节点改为中间节点，在 Expression 文本框输入判断条件：b1 le -5。

逐级修改，最终建立决策树（图 12.10）。

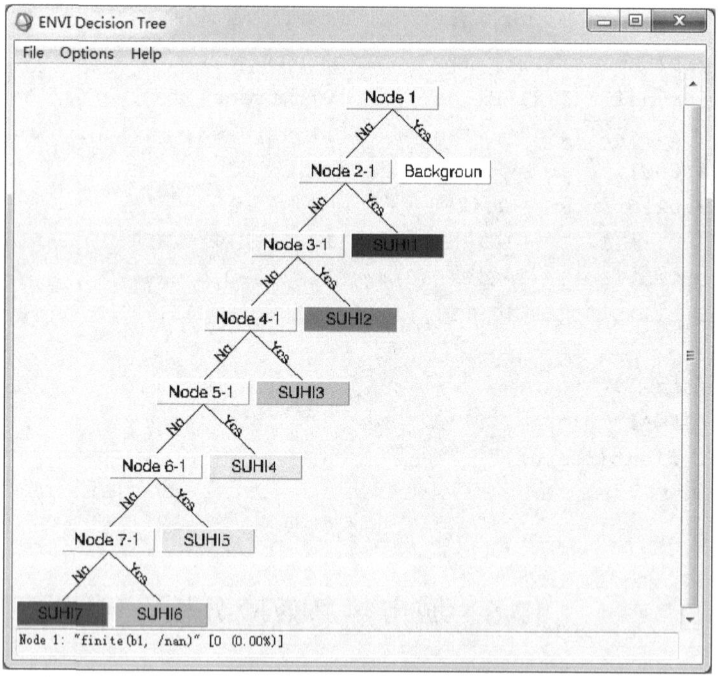

图 12.10　建立的决策树

ENVI Decision Tree 窗口菜单→Options→Execute...执行该决策树，得到 SUHI 分级图。**Image 窗口菜单→Overlay→Annotation...**，打开 Annotation 窗口，添加指北针、图例和比例尺，得到北京市 SUHI（图 12.11）。基于该图像可以对北京市地表城市热岛的空间分布特征进行分析。

ENVI 主菜单→Basic Tools→Statistics→Compute Statistics，基于北京市掩膜文件对 SUHI 分级图进行统计，获取各类热岛等级区面积比例（图 12.12），在 Excel 中绘制各类热岛等级区面积比例图（图 12.13）。

根据公式（12.13）计算 UHPI，得到北京市的 UHPI 值为 0.2634，分别计算北京市各个区的 UHPI 并绘图（图 12.14），在此基础上可分析北京市各区热岛强度状况。

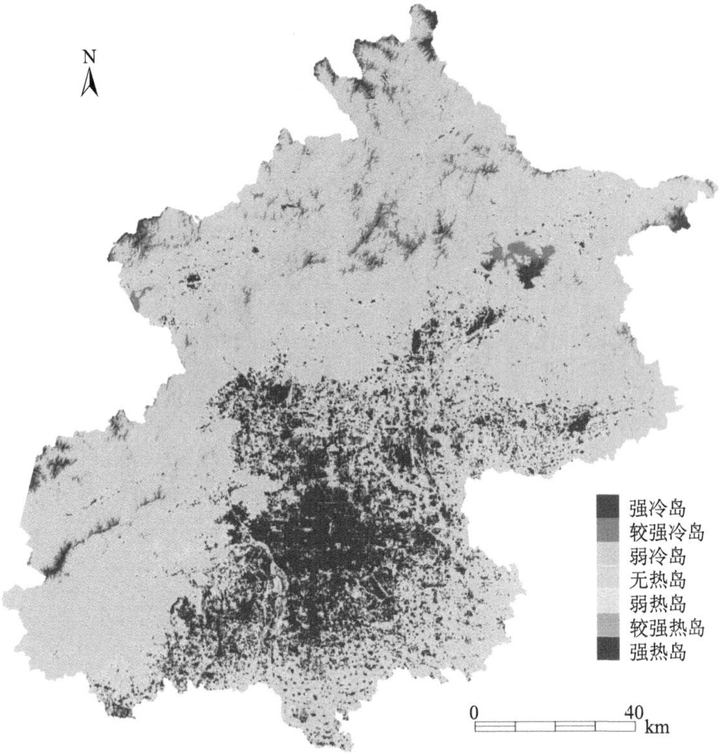

图 12.11　北京市 SUHI 图

Basic Stats	Min	Max	Mean	Stdev
Band 1	1	7	4.436971	1.349174

Histogram	DN	Npts	Total	Percent	Acc Pct
Band 1	1	160890	160890	0.8657	0.8657
	2	719598	880488	3.8721	4.7379
	3	2114487	2994975	11.3780	16.1159
	4	10060907	13055882	54.1374	70.2533
	5	1659605	14715487	8.9303	79.1835
	6	1108175	15823662	5.9631	85.1466
	7	2760360	18584022	14.8534	100.0000

图 12.12　北京市 SUHI 统计结果

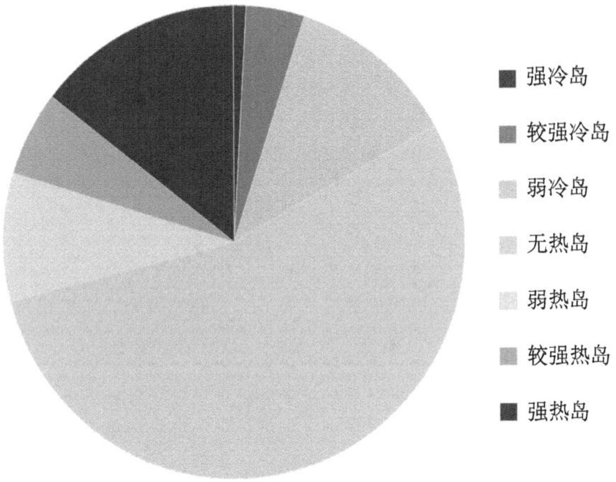

图 12.13　北京市各级 SUHI 比例图

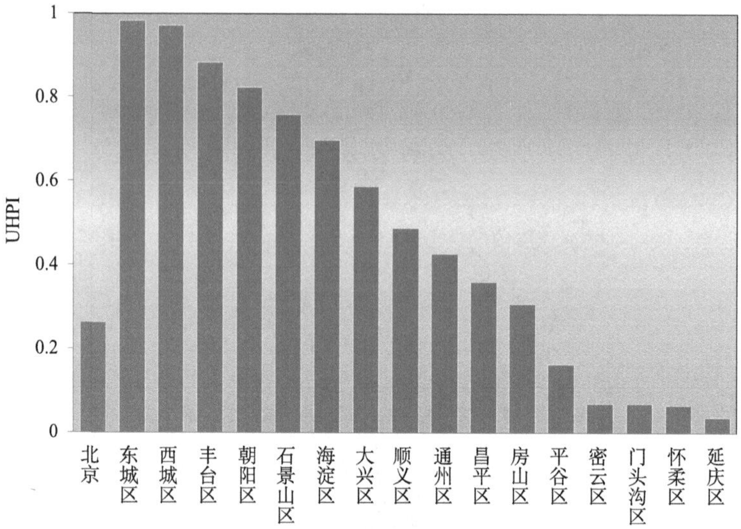

图 12.14　北京市各区 UHPI 值

第 13 章　基于 Landsat5/TM 的滇池叶绿素 a 浓度估算

本章数据列表

文件名	描述
Chla.csv	内陆水体 24 个样本的叶绿素 a 浓度数据
Dianchi.shp(.dbf, .shx, .prj)	滇池湖区边界 Shapefile 数据
MOD04_L2.A2003323.0440.061.2017264111146.hdf	2003 年 11 月 19 日 MODIS 气溶胶产品
Spectra.csv	内陆水体 24 个样本的光谱数据
Spectral response_L5_TM.csv	Landsat5/TM 波谱响应函数文件
LT51290432003323BJC00 文件夹	2003 年 11 月 19 日 Landsat5/TM 数据

13.1　实 习 概 况

基于内陆水体光谱数据和叶绿素 a 浓度数据建立叶绿素浓度 a 的遥感反演模型，并以滇池为例，基于 Landsat5/TM 数据生成滇池叶绿素 a 浓度的空间分布图。掌握光谱数据处理、建模、Landsat5/TM 数据大气校正以及叶绿素 a 浓度空间分布制图等内容。

13.2　研 究 方 法

13.2.1　Landsat5/TM 光谱模拟

根据内陆水体样本实测光谱数据和 Landsat5/TM 光谱响应函数，模拟水体样本在 Landsat5/TM 各个波段的反射率，公式如下：

$$\rho_i = \frac{\int_{\lambda_1}^{\lambda_2} \rho(\lambda) S_i(\lambda) \mathrm{d}\lambda}{\int_{\lambda_1}^{\lambda_2} S_i(\lambda) \mathrm{d}\lambda} \tag{13.1}$$

式中，ρ_i 为 Landsat5/TM 第 i 波段的反射率；λ 为波长；λ_1 和 λ_2 分别为第 i 波段的最小波长和最大波长；$\rho(\lambda)$为波长 λ 处的反射率；$S_i(\lambda)$为 Landsat5/TM 第 i 波段波长 λ 处的光谱响应函数。

13.2.2　叶绿素 a 浓度建模与验证

参考前人研究（冯驰等, 2015），对各样本叶绿素 a 浓度取自然对数，对 Landsat5/TM 第 1～4 波段反射率比值取自然对数，计算叶绿素 a 浓度对数值与各波段比值对数值之间的相关系数。取相关性最高的波段比值对数值作为自变量，以叶绿素 a 浓度对数值作为因变量，构建一元线性回归模型。公式如下：

$$\ln\left(\mathrm{Chl_a}\right) = a \cdot \ln\left(x\right) + b \tag{13.2}$$

式中，$\mathrm{Chl_a}$ 为叶绿素 a 浓度，单位为 mg/L；x 为前面确定的波段比值；a 和 b 为回归系数。

为了保证精度验证的可靠性，将所有的 24 个样本按照 7∶3 比例随机分割为两个部分，分别用于建模和验证。根据验证样本计算均方根误差（RMSE）和平均绝对百分比误差（MAPE）对叶绿素 a 浓度的估算模型进行精度评价。

$$\mathrm{RMSE} = \sqrt{\frac{\sum_{i=1}^{n}\left(\mathrm{Chl}_{\mathrm{a},i} - \mathrm{Chl}'_{\mathrm{a},i}\right)^2}{n}} \tag{13.3}$$

$$\mathrm{MAPE} = \frac{\sum_{i=1}^{m}\left|\mathrm{Chl}_{\mathrm{a},i} - \mathrm{Chl}'_{\mathrm{a},i}\right| \Big/ \mathrm{Chl}_{\mathrm{a},i}}{n} \cdot 100\% \tag{13.4}$$

式中，$\mathrm{Chl}_{\mathrm{a},i}$ 为第 i 个样本的实测叶绿素 a 浓度，单位为 mg/L；$\mathrm{Chl}'_{\mathrm{a},i}$ 为第 i 个样本的估算叶绿素 a 浓度，单位为 mg/L；n 为样本量。

13.3　数据预处理

13.3.1　光谱数据处理

利用 Excel 打开内陆水体样本光谱数据 Spectra.csv 文件（图 13.1）。该文件有 25 列，第 1 列为波长（波长范围为 400～1000nm，光谱分辨率为 1nm），第 2～25 列为 24 个样本的反射率。

	A	B	C	D	E	F	G	H	
1	Wavelengt	1	2	3	4	5	6	7	
2	400	0.01345	0.008537	0.009039	0.009431	0.020568	0.008908	0.014457	0.(
3	401	0.013606	0.008489	0.008995	0.009415	0.020424	0.008744	0.014341	0.(
4	402	0.013545	0.008445	0.008968	0.00933	0.020363	0.008648	0.014243	0.(
5	403	0.01322	0.008411	0.008951	0.009192	0.020393	0.008682	0.014132	0.(
6	404	0.013155	0.008374	0.008876	0.009232	0.020398	0.008592	0.014085	0.(
7	405	0.013207	0.008335	0.008797	0.009314	0.020389	0.008527	0.014044	0.(
8	406	0.013227	0.008299	0.00876	0.009317	0.020379	0.008612	0.01396	0.(
9	407	0.013246	0.008298	0.008722	0.009273	0.020358	0.008709	0.013903	0.(
10	408	0.013163	0.0083	0.008674	0.009215	0.020327	0.008765	0.013846	0.(
11	409	0.012775	0.00823	0.008611	0.009201	0.020291	0.008733	0.013711	0.
12	410	0.012476	0.008172	0.008572	0.009149	0.020263	0.008619	0.013626	0.(
13	411	0.01237	0.008142	0.008553	0.009065	0.020225	0.008495	0.013594	0.(
14	412	0.01237	0.008102	0.008503	0.009074	0.02008	0.008617	0.013466	0.(
15	413	0.012302	0.008057	0.008457	0.009074	0.019938	0.00873	0.013352	0.

图 13.1　内陆水体光谱数据内容

实测光谱数据与 Landsat5/TM 数据的波段并不对应，需要根据 Landsat5/TM 波段光谱响应函数将其转换为对应波段的反射率值。利用 Excel 打开 Landsat5/TM 波谱响应函数文件（图 13.2）。该文件有 7 列，第 1 列为波长（波长范围为 410～2400nm，光谱分辨率为 1nm），第 2～7 列为 6 个多光谱波段的响应值。

	A	B	C	D	E	F	G
1	Wavelength	B1	B2	B3	B4	B5	B7
2	410.0000	0.0000	0.0000	0.0000	0.0000	0.0000	0.0000
3	411.0000	0.0000	0.0000	0.0000	0.0000	0.0000	0.0000
4	412.0000	0.0000	0.0000	0.0000	0.0000	0.0000	0.0000
5	413.0000	0.0000	0.0000	0.0000	0.0000	0.0000	0.0000
6	414.0000	0.0000	0.0000	0.0000	0.0000	0.0000	0.0000
7	415.0000	0.0000	0.0000	0.0000	0.0000	0.0000	0.0000
8	416.0000	0.0000	0.0000	0.0000	0.0000	0.0000	0.0000
9	417.0000	0.0000	0.0000	0.0000	0.0000	0.0000	0.0000
10	418.0000	0.0000	0.0000	0.0000	0.0000	0.0000	0.0000
11	419.0000	0.0000	0.0000	0.0000	0.0000	0.0000	0.0000
12	420.0000	0.0007	0.0000	0.0000	0.0000	0.0000	0.0000
13	421.0000	0.0008	0.0000	0.0000	0.0000	0.0000	0.0000
14	422.0000	0.0008	0.0000	0.0000	0.0000	0.0000	0.0000
15	423.0000	0.0009	0.0000	0.0000	0.0000	0.0000	0.0000
16	424.0000	0.0009	0.0000	0.0000	0.0000	0.0000	0.0000
17	425.0000	0.0010	0.0000	0.0000	0.0000	0.0000	0.0000
18	426.0000	0.0013	0.0000	0.0000	0.0000	0.0000	0.0000
19	427.0000	0.0016	0.0000	0.0000	0.0000	0.0000	0.0000
20	428.0000	0.0020	0.0000	0.0000	0.0000	0.0000	0.0000
21	429.0000	0.0023	0.0000	0.0000	0.0000	0.0000	0.0000
22	430.0000	0.0027	0.0000	0.0000	0.0000	0.0000	0.0000
23	431.0000	0.0042	0.0000	0.0000	0.0000	0.0000	0.0000
24	432.0000	0.0060	0.0000	0.0000	0.0000	0.0000	0.0000
25	433.0000	0.0086	0.0000	0.0000	0.0000	0.0000	0.0000
26	434.0000	0.0113	0.0000	0.0000	0.0000	0.0000	0.0000
27	435.0000	0.0141	0.0000	0.0000	0.0000	0.0000	0.0000
28	436.0000	0.0170	0.0000	0.0000	0.0000	0.0000	0.0000
29	437.0000	0.0216	0.0000	0.0000	0.0000	0.0000	0.0000
30	438.0000	0.0268	0.0000	0.0000	0.0000	0.0000	0.0000

图 13.2　Landsat5/TM 波谱响应函数文件内容

光谱数据 Spectra.csv 文件的波段范围为 400～1000nm，而 Landsat5/TM 前 4 个波段的波长范围均在 410～1000nm 内（图 13.3），针对这两个文件统一截取 410～1000nm 波长范围内的数据进行建模。

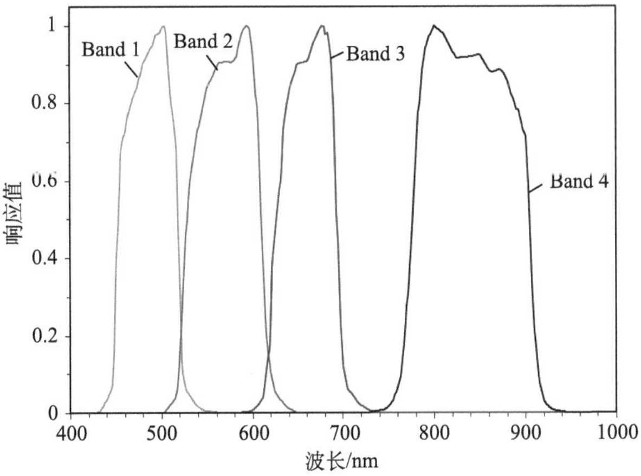

图 13.3　Landsat5/TM 波谱响应函数

新建一个 Excel 文件，将 410～1000nm 波长范围的光谱数据和 Landsat5/TM 第 1～4 波段响应值复制到该表格文件中，比如波长在 A 列、24 个样本反射率在 B～Y 列，Landsat5/TM 的 4 个波段响应值在 Z～AC 列。

在某个单元格（如 AE2 单元格）输入计算函数：=SUMPRODUCT(B2:B592,$Z2:$Z592)/SUM($Z2:$Z592)，计算得到样本 1 对应于 Landsat5/TM 第 1 波段的反射率。在该函数中，SUMPRODUCT 函数用于计算对应数组元素的乘积之和，B2:B592 为样本

1 在 B2:B592 行（波长范围 410～1000nm）的反射率，$Z2:$Z592 为 Landsat5/TM 第 1 波段在 B2:B592 行（波长范围 410～1000nm）的响应值。向右拖动填充柄计算出样本 2～样本 24（C～Y 列）的第 1 波段反射率。计算得到第 1 波段反射率后，采用类似操作计算得到所有样本第 2～4 波段的反射率。

计算得到 24 个样本第 1～4 波段反射率后，复制这些数据并转置粘贴数值到新的 Excel 文件。该文件包含 4 列（A～D 列），分别为 4 个波段反射率。计算各个波段之间比值的对数值作为自变量。在某单元格（如 E2 单元格）输入计算函数：=LN(B2/A2)，计算得到样本 1 第 2 波段和第 1 波段反射率比值的对数值，向下拖动填充柄将样本 2～样本 24 第 2 波段和第 1 波段反射率比值的对数值计算出来。采用类似操作，计算得到其他几个波段比值的对数值。

通过类似操作计算 24 个样本叶绿素 a 浓度的对数值，将其和各波段比值对数值合并为一个数据集用于后面的建模与验证。该数据文件包含 8 列，第 1 列为样本编号，第 2 列为叶绿素 a 浓度对数值，第 3～8 列为各反射率比值的对数值（图 13.4）。

	A	B	C	D	E	F	G	H
1	Sample	ln(Chla)	ln(B2/B1)	ln(B3/B1)	ln(B4/B1)	ln(B3/B2)	ln(B4/B2)	ln(B4/B3)
2	1	4.858415	0.66965	0.12536	-0.00127	-0.54429	-0.67092	-0.12663
3	2	4.680502	0.630669	0.083491	-0.39517	-0.54718	-1.02584	-0.47866
4	3	4.850559	0.628933	0.120239	-0.16947	-0.50869	-0.7984	-0.28971
5	4	5.054306	0.662776	0.124814	-0.31952	-0.53796	-0.9823	-0.44434
6	5	4.638652	0.488655	0.068835	-0.62481	-0.41982	-1.11346	-0.69364
7	6	3.87617	0.744316	0.30749	-0.60175	-0.43683	-1.34606	-0.90924
8	7	4.380986	0.58086	0.167674	-0.46999	-0.41319	-1.05085	-0.63766
9	8	4.223162	0.755895	0.305471	-0.55771	-0.45042	-1.3136	-0.86318
10	9	4.309206	0.65265	0.237405	-0.48761	-0.41524	-1.14026	-0.72502
11	10	4.189489	0.805515	0.332162	-0.61398	-0.47335	-1.41949	-0.94614
12	11	5.051143	0.703255	0.273028	-0.30131	-0.43023	-1.00456	-0.57433
13	12	4.947619	0.72734	0.182924	-0.20059	-0.54442	-0.92793	-0.38352
14	13	4.769977	0.756224	0.297375	-0.28242	-0.45885	-1.03864	-0.57979
15	14	4.696859	0.740129	0.2699	-0.31558	-0.47023	-1.05571	-0.58548
16	15	4.591142	1.244173	0.554523	-2.54286	-0.68965	-3.78703	-3.09738
17	16	4.810913	0.684818	0.28707	-0.06505	-0.39775	-0.74987	-0.35212
18	17	4.927085	0.734316	0.374148	-0.17335	-0.36017	-0.90767	-0.5475
19	18	4.379273	0.678907	0.291561	-0.46857	-0.38735	-1.14748	-0.76013
20	19	3.949956	0.545251	0.224684	-0.34588	-0.32057	-0.89113	-0.57056
21	20	3.835745	0.281602	0.110563	-0.16074	-0.17104	-0.44234	-0.2713
22	21	3.662811	0.488459	0.18043	-0.33026	-0.30803	-0.81872	-0.51069
23	22	4.579788	0.570702	0.157848	-0.43709	-0.41285	-1.00779	-0.59494
24	23	4.637608	0.624198	0.105591	-0.50509	-0.51861	-1.12929	-0.61068
25	24	4.77201	0.713405	0.093994	0.362162	-0.61941	-0.35124	0.268167

图 13.4　包含因变量和自变量的数据集

也可以编写 IDL 程序来完成上述光谱数据处理工作，代码如下。

```
pro data_processing, Ref
;数据预处理，根据Landsat5/TM光谱响应函数将实测光谱转换为前4个波段反射率
;并计算波段之间反射率比值的对数，将对数值和叶绿素含量的对数值保存到一个文件中

  ;*********************    打开文件    *********************

  ;打开叶绿素a文件
  fn=dialog_pickfile(title='选择叶绿素a文件', get_path=work_dir)
  cd, work_dir
```

```
Chla=read_csv(fn, header=header1)

;打开光谱数据文件
fn=dialog_pickfile(title='选择光谱数据文件')
spectra=read_csv(fn, header=header2)
ns=n_elements(header2)-1  ;样本数

;打开光谱响应函数文件
fn=dialog_pickfile(title='选择光谱响应函数文件')
rsr=read_csv(fn, header=header3)
bnames=header3[1:4]  ;波段名称
nb=n_elements(bnames)  ;波段数


;*******************    计算波段反射率    *******************

;分别截取410～1000nm波长范围内的光谱数据和光谱响应函数的数组下标
w1=where(spectra.(0) ge 410 and spectra.(0) le 1000)
w2=where(rsr.(0) ge 410 and rsr.(0) le 1000)

Ref=fltarr(nb, ns)  ;存储转换得到的波段反射率
for ib=0, nb-1 do begin
;逐波段进行计算

  ;取出当前波段410～1000nm波长范围内的响应值
  t_rsr=rsr.(ib+1)
  t_rsr=t_rsr[w2]

  for is=0, ns-1 do begin
  ;逐样本进行计算

     ;取出当前样本410～1000nm波长范围内的反射率值
     t_spectra=spectra.(is+1)
     t_spectra=t_spectra[w1]

     ;计算该波段反射率
     Ref[ib, is]=total(t_rsr*t_spectra)/total(t_rsr)

  endfor
endfor

;保存反射率结果
o_fn=dialog_pickfile(title='波段反射率保存为')+'.csv'
write_csv, o_fn, [transpose(chla.(0)), Ref], header=['Sample', bnames]
```

```
;******************  计算波段比值对数   ********************

;nb个波段抽取出2个波段的组合数
nr=fix(factorial(nb)/(factorial(2)*factorial(nb-2)))
rnames=strarr(nr)  ;波段比值名称

Ratio=fltarr(nr, ns)  ;存储各波段反射率比值
ii=0
for i=0, nb-2 do begin
  for j=i+1, nb-1 do begin

    ;计算当前组合波段比值
    Ratio[ii, *]=Ref[j, *]/Ref[i, *]

    ;生成波段比值名称
    rnames[ii]='ln('+bnames[j]+'/'+bnames[i]+')'

    ii=ii+1

  endfor
endfor

;保存波段比值对数结果
o_fn=dialog_pickfile(title='数据集保存为')+'.csv'
;将叶绿素含量和波段比值合并为一个数组，并求对数
result=[transpose(Chla.(0)), transpose(alog(Chla.(1))), alog(Ratio)]
write_csv, o_fn, result, header=['Sample', 'ln(Chla)', rnames]

end
```

13.3.2 遥感数据预处理

ENVI 主菜单→File→Open Image File，选择 LT51290432003323BJC00 文件夹内的 LT51290432003323BJC00_MTL.txt 文件，在 ENVI 中直接打开 Landsat5/TM 文件的所有波段：6 个多光谱波段和 1 个热红外波段。

ENVI 主菜单→Basic Tools→Preprocessing→Calibration Utilities→Landsat Calibration，打开 ENVI Landsat Calibration 对话框（图 13.5），对 Landsat5/TM 多光谱数据进行辐射定标，得到辐射亮度数据。

打开滇池湖区边界 Shapefile 文件，将其转换为 evf 文件。通过 **ENVI 主菜单→Basic Tools→Resize Data (Spatial/Spectral)**或者 **ENVI 主菜单→Basic Tools→Subset Data via ROIs**，基于滇池边界矢量数据对定标后的 Landsat5/TM 辐射亮度数据进行空间裁切，

图 13.6 给出了裁切后得到的遥感数据。

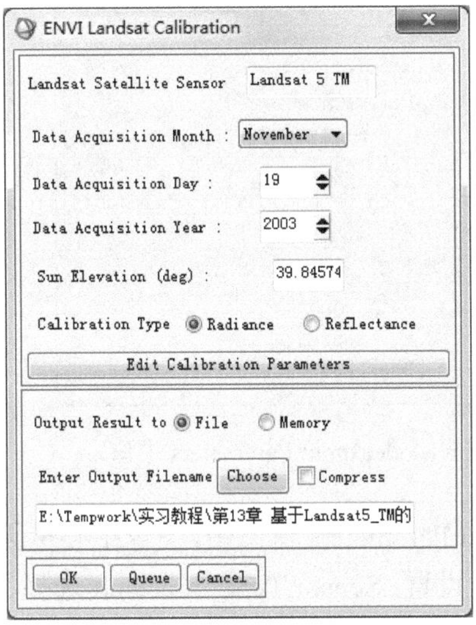

图 13.5　ENVI Landsat Calibration 对话框

图 13.6　裁切后的滇池研究区 Landsat5/TM 辐射亮度图像

运用 FLAASH 进行大气校正需要已知水平能见度。根据同日的 TERRA/MODIS 气溶胶产品 MOD04 获取研究区附近的 550nm 气溶胶光学厚度值，约为 0.032。这一数值非常低，除了研究区空气质量很好的原因之外，也有部分原因可能是 MODIS 气溶胶光学厚度反演算法的误差。在这么低的 AOD 水平下，大气对于遥感成像的影响主要是瑞利散射，气溶胶的影响非常小。

550nm 气溶胶光学厚度值与水平能见度的转换公式为（Vermote et al., 1994）

$$V_0 = \exp[-\ln(\tau_{550} / 2.7628) / 0.79902] \tag{13.5}$$

式中，V_0 为能见度，单位为 km；τ_{550} 为 550nm 气溶胶光学厚度。

根据公式（13.5）将 550nm 气溶胶光学厚度值转换为水平能见度 264.98km。

FLAASH 大气校正模块要求输入的遥感数据必须是 BIL 或者 BIP 格式，并具有各波段的中心波长信息。**ENVI 主菜单→Basic Tools→Convert Data (BSQ、BIL、BIP)**，将辐射亮度文件由 BSQ 顺序转换为 BIL 顺序。由于 ENVI 在打开 GeoTIFF 格式 Landsat/TM 数据时已导入各波段中心波长信息，此处不需要再次输入各个波段的中心波长。

ENVI 主菜单→Basic Tools→Preprocessing→Calibration Utilities→FLAASH，打开 FLAASH Atmospheric Correction Model Input Parameters 窗口（图 13.7）。点击 Input Radiance Image 按钮，选择 BIL 格式的 Landsat5/TM 辐射亮度数据为输入文件。FLAASH

模型的辐射亮度单位为 μW/(cm^2·sr·nm)，而定标后的 Landsat5/TM 辐射亮度单位为 W/(m^2·sr·μm)，两者之间相差 10 倍，因此在 Single scale factor 文本框输入 10。

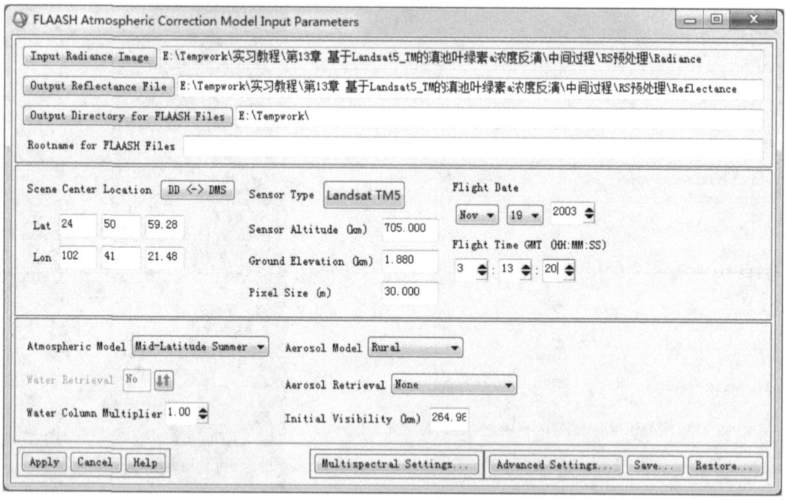

图 13.7　FLAASH Atmospheric Correction Model Input Parameters 窗口

FLAASH Atmospheric Correction Model Input Parameters 窗口中，图像中心位置 Scene Center Location 由 FLAASH 自动提取，不需特别设置；Sensor Type 下拉列表选择 Landsat TM5；Sensor Altitude(km)文本框输入传感器高度，此处 FLAASH 会自动设为 Landsat5 的高度（705km）；Ground Elevation (km)文本框输入研究区海拔 1.88km；Pixel Size(m)文本框输入遥感图像空间分辨率，此处 FLAASH 会自动提取；Flight Date 和 Flight Time GMT (HH:MM:SS)分别设置成像日期和时间（成像日期为 2003 年 11 月 19 日，成像时间为格林尼治时间 3 点 13 分 20 秒，由 LT51290432003323BJC00_MTL.txt 文件可得）。

Atmospheric Model 下拉列表选择 Mid-Latitude Summer（中纬度夏季）；Water Retrieval 箭头切换按钮设置为 No，不进行水汽反演；Water Column Multiplier 文本框输入 1，直接采用中纬度夏季大气模型的水汽含量；Aerosol Model 下拉列表选择 Rural（乡村型）；Aerosol Retrieval 下拉列表选择 None，不进行气溶胶反演；Initial Visibility (km)文本框输入能见度 264.98km。

完成 FLAASH 参数设置后，点击 Apply 按钮进行大气校正，得到地表反射率数据。FLAASH 模型将校正后的反射率数据乘以 10000 保存为整型数据，需要通过波段运算将其转换为真值。**ENVI 主菜单→Basic Tools→Band Math**，打开 Band Math 对话框，在 Enter an expression 文本框内输入波段运算公式：b1/10000.0，通过 Map Variable to Input File 将波段变量 b1 和反射率整个文件关联起来，执行波段运算得到 7 个波段的反射率真值。

13.4　滇池叶绿素 a 浓度估算

13.4.1　建立估算模型

打开包含叶绿素 a 浓度对数值与各波段比值对数值的数据文件，在某单元格（如 C27 单元格）输入计算函数：=CORREL($B2:$B25,C2:C25)，计算得到第 1 个变量 ln(B2/B1) 与叶绿素 a 含量对数值之间的相关系数，向右拖动填充柄计算出随后 5 个变量与叶绿素 a 含量对数值的相关系数。

叶绿素 a 含量与 6 个变量的相关系数分别为 0.32、–0.07、0.14、–0.58、0.03、0.14。叶绿素 a 含量与第 4 个变量对数值 ln(B3/B2)的相关系数最高，因此选择该变量作为自变量构建一元线性回归模型。

将 24 个样本按照 7∶3（即 17∶7）的比例随机分割为建模样本和验证样本。在刚才建立的数据集文件某单元格（如 I2 单元格）输入函数：=rand()，生成一个随机数，向下拖动填充柄计算出本列共 24 个随机数。然后基于该列进行排序（排序区域为整个数据集），将排完序的前 17 个样本作为建模样本，后 7 个样本作为验证样本，实现建模和验证样本的随机分割。

选中排序后的前 17 个样本叶绿素含量对数值以及 ln(B3/B2)值，绘制散点图。**Excel 工具栏→图表工具→布局选项卡→趋势线按钮下拉列表→其他趋势线选项(M)...**，添加趋势线（一元回归直线），并显示公式和 R^2（图 13.8）。

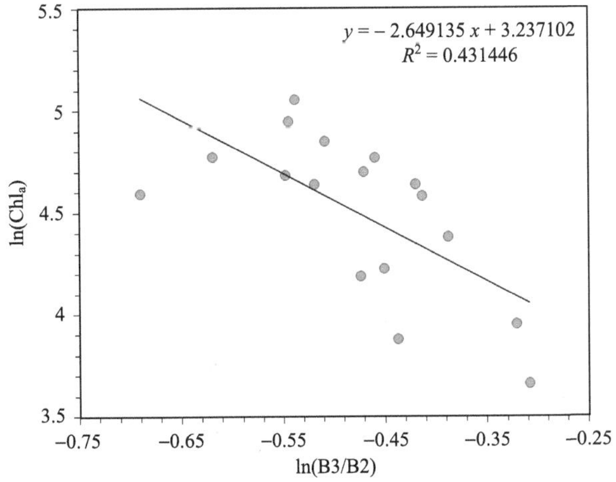

图 13.8　叶绿素 a 含量对数值与 B3/B2 对数值的散点图

建立的回归方程为 $y = –2.649135x+3.237102$，判定系数 R^2 为 0.43。

将得到的回归方程应用于验证样本计算叶绿素含量估算值，对模型精度进行验证。另起一列，比如在 J19 单元格中输入函数：=EXP(–2.649135*F19+3.237102)，计算得到第 1 个验证样本的叶绿素 a 估算值，向下拖动填充柄计算出第 2～7 个验证样本的叶绿素 a 估算值。

在另一列单元格（如 K19 单元格）中输入函数：=EXP(B19)，将第 1 个验证样本的叶绿素 a 对数值转换为叶绿素真值，向下拖动填充柄计算出第 2～7 个验证样本的叶绿素 a 值。

在另一列单元格（如 L19 单元格）中输入函数：=ABS(J19-K19)/K19*100，计算得到第 1 个验证样本的相对误差绝对值，拖动填充柄计算得到第 2～7 个验证样本的相对误差绝对值。在下方空白单元格内输入函数：=AVERAGE(L19:L26)，计算得到平均绝对百分比误差（MAPE）为 25.62%。在下方空白单元格内输入函数：=SQRT(SUMPRODUCT((K19:K25-J19:J25),(K19:K25-J19:J25))/COUNTA(K19:K25))，计算得到验证均方根误差（RMSE）为 44.76mg/L。图 13.9 给出了 7 个验证样本观测值与估算值的散点图。

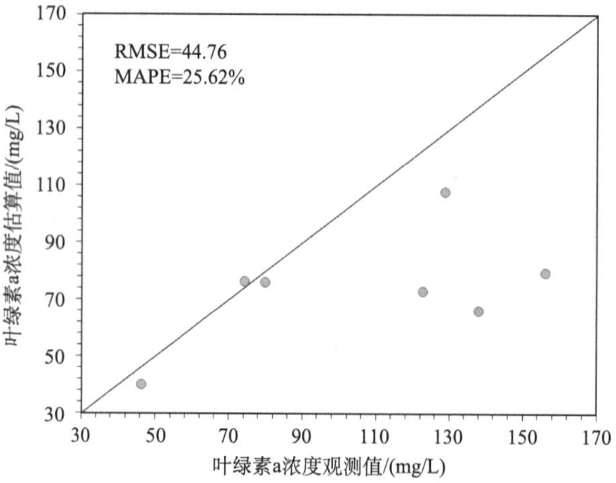

图 13.9　验证结果散点图

需要说明的是，由于每次随机分割得到的建模和验证数据集不同，并且样本量较小，所以每次得到的回归模型和验证精度也不相同。

13.4.2　叶绿素 a 浓度制图

打开经过大气校正的滇池地区 Landsat5/TM 地表反射率数据，根据建立的叶绿素估算模型计算叶绿素 a 浓度。**ENVI 主菜单→Basic Tools→Band Math**，打开 Band Math 对话框。在 Enter an expression 文本框内输入波段运算公式：exp(-2.649135*alog(b3/b2)+3.237102)，将波段变量 b2、b3 和 TM 第 2、3 波段地表反射率关联起来，执行波段运算，得到叶绿素 a 浓度。

ENVI 主菜单→Basic Tools→Masking→Build Mask，Select Input Display 选择载入滇池地区叶绿素 a 的显示窗口，打开 Mask Definition 窗口。**Mask Definition 窗口菜单→Options→Import EVF…**，选择滇池湖泊边界矢量文件，创建滇池湖区掩膜。然后 **ENVI 主菜单→Basic Tools→Masking→Apply Mask**，对叶绿素 a 浓度进行掩膜处理，屏蔽滇池湖区之外的数据。

Image 窗口菜单→Tools→Color Mapping→Density Slice...，对叶绿素 a 浓度进行密

度分割。**Image 窗口菜单→Overlay→Annotation...**，打开 Annotation 窗口，添加指北针、图例和比例尺进行制图输出，得到滇池叶绿素 a 浓度空间分布图（图 13.10）。根据该图可分析滇池叶绿素 a 浓度的空间分布特征。

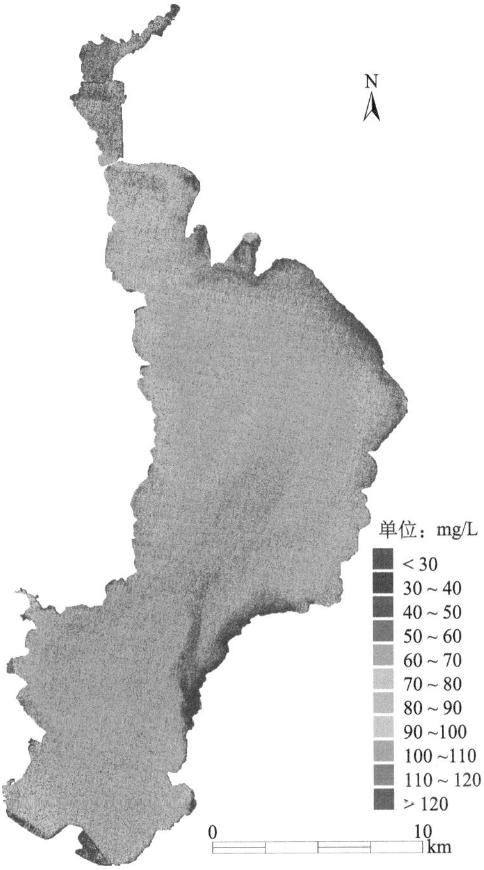

图 13.10　滇池叶绿素 a 浓度空间分布图

参考文献

陈端伟, 束炯, 王强, 等. 2006. 遥感图像格式 GeoTIFF 解析. 华东师范大学学报(自然科学版), (2): 18-26.

邓磊, 付姗姗. 2015. ENVI 图像处理基础实验教程. 北京: 测绘出版社.

邓书斌, 于强, 骆知萌, 等. 2009. ENVI 下基于 GLT 的风云三号气象卫星几何校正方法研究. 遥感信息, (2): 98-99.

邓书斌. 2014. ENVI 遥感图像处理方法. 2 版. 北京: 高等教育出版社.

冯驰, 金琦, 王艳楠, 等. 2015. 基于 GOCI 影像和 M 水体光学分类的内陆湖泊叶绿素 a 浓度遥感估算. 环境科学, 36(5): 1557-1564.

刘盼, 任春颖, 王宗明, 等. 2018. 南瓮河自然保护区生态环境质量遥感评价. 应用生态学报, 29(10): 3347-3356.

刘瑞, 王世新, 周艺, 等. 2012. 基于遥感技术的县级区域环境质量评价模型研究. 中国环境科学, 32(1): 181-186.

刘勇洪, 徐永明, 马京津, 等. 2014. 北京城市热岛的定量监测及规划模拟研究. 生态环境学报, 23(7): 1156-1163.

吕长春, 王中武, 钱少猛. 2003. 混合像元分解模型综述. 遥感信息, (3): 55-58, 60.

宋挺, 段峥, 刘军志, 等. 2015. Landsat8 数据地表温度反演算法对比. 遥感学报, 19(3): 451-464.

谭琨, 杜培军, 王小美. 2011. 利用分离性测度多类支持向量机进行高光谱遥感影像分类. 武汉大学学报(信息科学版), 36(2): 171-175.

韦玉春, 汤国安, 汪闽, 等. 2015. 遥感数字图像处理教程. 2 版. 北京: 科学出版社.

徐永明, 刘勇洪, 魏鸣, 等. 2007. 基于 MODIS 数据的长江三角洲地区土地覆盖分类. 地理学报, 62(6): 640-648.

徐永明, 覃志豪, 陈爱军. 2010. 基于查找表的 MODIS 逐像元大气校正方法研究. 武汉大学学报(信息科学版), 35(8): 959-962, 1010.

徐永明, 张宇, 白琳. 2016. 基于遥感数据监测若尔盖高原植被覆盖度变化. 高原气象, 35(3): 643-650.

徐永明. 2014. 遥感二次开发语言 IDL. 北京: 科学出版社.

杨树文, 董玉森, 罗小波, 等. 2015. 遥感数字图像处理与分析——ENVI 5.x 实验教程. 北京: 电子工业出版社.

张强, 李朝奎, 董小姣, 等. 2015. 基于 CRUISE 决策树分类算法的遥感影像分类研究. 湖南科技大学学报(自然科学版), 30(1): 97-103.

赵英时. 2013. 遥感应用分析原理与方法. 2 版. 北京: 科学出版社.

朱文泉, 林文鹏. 2015a. 遥感数字图像处理——实践与操作. 北京: 高等教育出版社.

朱文泉, 林文鹏. 2015b. 遥感数字图像处理——原理与方法. 北京: 高等教育出版社.

Chander G, Markham B L, Barsi J A. 2007. Revised Landsat-5 thematic mapper radiometric calibration. IEEE Geoscience and Remote Sensing Letters, 4(3): 490-494.

Gutman G, Ignatov A. 1998. The derivation of the green vegetation fraction from NOAA/AVHRR data for use in numerical weather prediction models. International Journal of Remote Sensing, 19(8): 1533-1543.

HDF Group. 2017a. HDF4 User's Guide, Release 4. 2. 13.

HDF Group. 2017b. HDF5 User's Guide, Release 1. 8. 20.

ITT Visual Information Solutions. 2008. FLAASH Module User's Guide.

Loh W Y, Shih Y S. 1997. Split selection methods for classification trees. Statistica Sinica, 7(4): 815-840.

Nishihama M, Wolfe R, Solomon D, et al. 1997. MODIS level 1A earth location: Algorithm theoretical basis document (Version 3.0).

Qu J J, Gao W, Kafatos M, et al. 2006. Earth Science Satellite Remote Sensing. Volume 2: Data, Computational Processing, and Tools. Beijing: Tsinghua University Press.

Rozenstein O, Qin Z, Derimian Y, et al. 2014. Derivation of land surface temperature for Landsat-8 TIRS using a split window algorithm. Sensors, 14: 5768-5780.

Sobrino J A, Jimenez-Munoz J C, Paolini L. 2004. Land surface temperature retrieval from Landsat TM5. Remote Sensing of Environment, 90(4): 434-440.

van de Griend A A, Owe M. 1993. On the relationship between thermal emissivity and the normalized difference vegetation index for nature surfaces. International Journal of Remote Sensing, 14(6): 1119-1131.

van Donkelaar A V, Martin R V, Brauer M, et al. 2016. Global estimates of fine particulate matter using a combined geophysical-statistical method with information from satellites, models, and monitors. Environmental Science & Technology, 50(7): 3762-3772.

Vermote E F, Tanre D, Deuz e J L, et al. 1994. Second simulation of the satellite signal in the solar spectrum: User manual. University of Maryland/Laboratoire d'Optique Atmospherique.

附录 “基础操作篇”数据索引

文件名	描述	章
ASTGTM2_NJ(.hdr)	南京市 ASTER GDEM 数据（已修正）	第 5、6 章
ASTGTM2_NJ_origin(.hdr)	南京市 ASTER GDEM 数据（未修正）	第 3 章
COMS_GOCI_L1B_GA_20180408001641.he5	2018 年 4 月 8 日 COMS/GOCI L1B 数据	第 2 章
ETM+_NJ_20150505(.hdr)	南京市 2015 年 5 月 5 日 Landsat7/ETM+数据	第 3 章
Gulou.evf(.dbf)	南京市鼓楼区边界 evf 数据	第 3 章
HJ_CCD_NJ_20110513(.hdr)	南京市 2011 年 5 月 13 日 HJ1A/CCD 数据	第 3 章
MYD021KM.A2005288.0520.005.2009117182209.hdf	2005 年 10 月 15 日 AQUA/MODIS L1B 数据	第 2～4 章
Nanjing_districts.shp(.dbf, .shx, .prj)	南京市行政区划 Shapefile 数据	第 3 章
PMS_NJ_20171009_MSS(.hdr)	南京市 2017 年 10 月 9 日 GF2/PMS 多光谱数据	第 4、6 章
PMS_NJ_20171009_Pan(.hdr)	南京市 2017 年 10 月 9 日 GF2/PMS 全色数据	第 4 章
TM_NJ_20060520(.hdr)	南京市 2006 年 5 月 20 日 Landsat5/TM 数据	第 3 章
TM_NJ_20100819(.hdr)	南京市 2010 年 8 月 19 日 Landsat5/TM 数据	第 1～8 章
FY3_VIRR 文件夹	FY3C/VIRR L1 数据	第 3 章
GF4_PMS_20170609 文件夹	2017 年 6 月 9 日 GF4/PMS 数据	第 2 章
HJ1B_CCD1_20180418 文件夹	2018 年 4 月 18 日 HJ1B/CCD1 数据	第 2 章
L5_TM_20011129 文件夹	2001 年 11 月 29 日 Landsat5/TM 数据	第 2 章
L5_TM_20100819 文件夹	2010 年 8 月 19 日 Landsat5/TM 数据	第 2 章
L8_20130811 文件夹	2013 年 8 月 11 日 Landsat8 数据	第 2 章
MOD13A3 文件夹	TERRA/MODIS 植被指数产品 MOD13A3 数据	第 3 章